# 교육학개론

정일환 · 정재걸 · 주동범 · 류영숙 · 조태윤 · 김경선 · 김정희 · 정현숙 · 손판이 공저

Introduction to Education

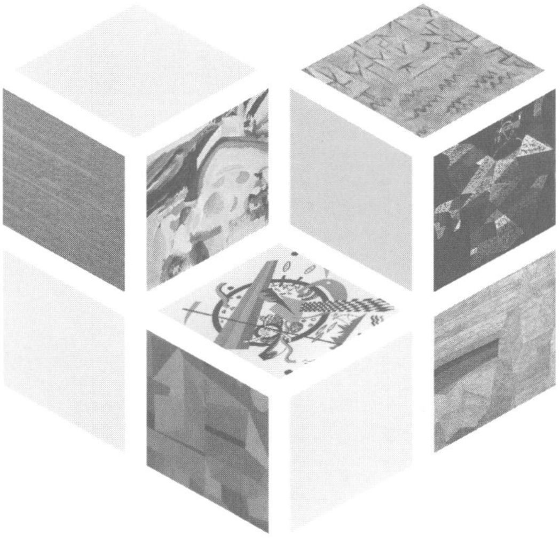

학지사

# 머 리 말

교육현상이나 교육활동에 관한 과학적이며 체계적인 탐구는 이론적으로 교육학이라는 학문의 탄생을 가져왔으며, 이론의 결집체로서의 교육학은 교육현장에서 발생하는 다양한 교육적 실천행위에 대한 처방책을 제공해 주고 있다. 그리고 다양한 교육실제는 새로운 교육이론을 개발·정립하는 데 동기를 부여하게 된다. 이와 같은 교육의 실천 장소인 '학교현장(firing line)'과 '상아탑 세계(ivory tower)'와의 결합은 교육을 통한 개인적·사회적 발전에 기여하게 되는 추축(樞軸, pivot)으로 작용하게 될 것임은 두말할 나위가 없다.

무궁한 세계가 열려 있는 학교현장의 구성원들과 함께 호흡할 수 있는 예비교사의 양성은 상아탑이 일조해야 할 소중한 작업이라고 할 수 있다. 그 귀중한 작업에 감히 배움의 뜻을 같이하는 구성원들이 미진하지만 하나의 열매를 맺고자 하였다. 이 책을 통하여 교육에 관한 다양한 내용과 요소 그리고 실천적 행위들을 접하게 되어, 실천의 장인 학교현장에 입문하는 데는 물론 한 차원 높은 교육세계(education world)를 이해하는 데 도움이 될 수 있으면 한다.

이 책은 사회 및 교육환경의 변화에 따라 2003년에 집필·발간한 『교육학 기초』, 2008년 『교육의 이해』, 2013년 『교육학개론』, 2018년 『교육학의 이해』를 토대로 1개의 장(교육연구방법의 이해)을 새롭게 집필하고, 12개의 장도 내용을 대폭 보완하여 서명도 『교육학개론』으로 명명하였다. 이 책의 체제는 총 13장으로 구성되어 있는 바, 제1장에서는 교육의 본질을 규명하고, 교육의 유형과 교육의 정치적·경제적·사회적 목적에 대해 기술하였으며, 제2장은 교육에 대한 일반적 연구방법인 양적연구방법과 질적연구방법의 의미 및 특성, 절차, 양적연구방법과 질적연구방법의 비교 등을 중심으로 서술하였다. 제3장은 한국 근대교육을 근대기와 일제강점기를 중심으로 서술하였다. 제4장과 제5장에서는 현대교육의 기본 특징을 형성한 역사적 계기들과 다양한 교육실제에 작용하고 있는 사상적 기반을 살펴보았다. 제6장에서는 교육과 사회와의 관계를 파악하고, 교육사회학의 주요 이론을 소개하였으며, 제7장에서는 학습자의 심리적 이해 측면에서 인간발달과 교육, 학습자의 인지적 · 정의적 특성을 기술하였다.

제8장과 제9장에서는 교육현장에서 실제 운용되고 있는 교육내용의 선정과 조직을 기초로 교육과정의 운영과 평가에 대해 다루었으며, 효율적인 수업을 위한 다양한 교수매체를 소개하였다. 제10장에서는 학습자 자신의 이해와 최근 날로 심각해지고 있는 학교폭력과 더불어 교육현장에서 직면하는 문제들을 스스로 해결할 수 있도록 도움을 주는 생활지도 및 상담의 이론과 실제에 대해 설명하였다. 제11장에서는 교직사회의 이해를 돕기 위해 교직생활 및 교육활동이 전개되는 장소인 학교조직의 구조와 특성, 학교경영체제에 대해 설명하였다. 제12장에서는 교육의 경제적 가치를 교육투자의 경제적 효과 측면에서 기술하였으며, 제13장에서는 학교현장에서 요구되는 특수아에 대한 이해를 도모하고자 특수교육에 대해 개관하였다.

이와 같이 이 책에서는 교육현상과 활동을 분석하기 위하여 교육에 대한 새로운 패러다임을 적용하려고 노력하였다. 따라서 교육학 전공학생 및 교직과목으로서 교육학개론을 수강하는 학생은 물론 실제 학교조직에서 근무하는 교사 및 교육에 관심이 있는 일반인들에게 교육학의 입문서로 전반적인 이해를 돕고자 하는 데 초점을 두었다.

집필진들은 교육학에 대한 꾸준한 탐구를 통하여 이 책을 지속적으로 수정 · 보완함으로써 독자들이 만족하고 소중히 간직하는 책으로 남도록 노력할 것임을 밝혀 둔다. 끝으로 어려운 여건에도 불구하고 이 책의 발간을 위해 격려와 지원을 해 주신 학지사 김진환 사장님과 편집부 직원들께 감사를 드린다.

2024년 2월

대표 저자 정일환 씀

# 차 례

제 1 장

# 교육의 의의와 목적

이 장에서는 '교육이란 무엇인가?'라는 측면에서 인간의 삶과 관련하여 교육에 대한 전반적인 이해를 돕고자 한다. 먼저 교육의 어의, 정의 그리고 교육의 비유 등을 통해 교육의 필요성과 가능성을 제시한다. 또한 교육의 형태 및 유형에 따라 각각 교육이 어떤 특성을 갖고 있는가를 탐색하여 제시한다. 그리고 국가 · 사회 발전 측면에서 교육의 정치적 · 경제적 · 사회적 목적을 중심으로 살펴보고자 한다.

## 1. 교육의 비유적 이해

교육은 인간을 인간답게 만드는 작용이다. 인간답다는 것은 이성적 존재로서의 인간이 옳고 그름을 스스로 판단할 수 있고, 사회가 요구하는 바람직한 방향으로 자신의 욕구를 통제하여 행위할 수 있으며, 세계의 질서에 통합될 수 있는 조화롭고 균형 있는 미적 감수성을 통해 만족스러운 삶을 살아갈 수 있다는 것을 의미한다. 교육은 인간성의 형성작용이라고 할 수 있지만, 인간성을 무엇으로 규정하느냐에 따라 교육의 내용과 방법은 달라질 수 있다.

현재 우리나라의 교육은 서양과 동양의 여러 교육이념과 제도가 혼재되어 있다. 한국의 전통교육은 유교적 정치이념을 실현하는 것이었고, 이것은 덕치(德治)의 이념을 통해 윤리와 문화 전달로서의 교육적 역할을 하는 것이었다. 교화(敎化)를 통해 백성들의 의식과 사회에 예속되어 있는 질서를 유지하는 것이 전통교육의 목적과 방법이었다. 이와 같이 서구의 교육적 이상은 인간에게 내재되어 있는 선험적 이성과 감성의 작용을 이끌어 내어 자유인이 되게 하는 것이다. 사회의 질서와 전통을 유지하기 위한 외적 작용으로서의 교육보다는 전통과 관습에 대해 스스로 판단하여 옳고 그름을 결정할 수 있는 자율적 인간으로의 성장을 목표로 한다. 따라서 단순한 교화와 주입보다는 대화와 문답을 통해 인간에게 내재되어 있는 잠재 가능성을 밖으로 이끌어 내는 교육방법을 선호한다.

해방 이후 한국 사회는 오랜 기간 동안 유지되어 온 전통적인 교육내용과 방법에 대한 반성과 분석 없이 급격하게 서양의 교육제도를 정착시켰다. 이에 따라 현재의 한국 교육은 서양문화의 이상에 따라 창의적이고 자기주도적인 인간상을 교육목적과 방향으로 설정하고 있지만, 실제 학교 현장에서는 대학입시를 통해 입신양면(立身揚名)을 실현하려는 사회 분위기에 맞추어 주입식 교육방법이 만연해 있다. 그리고 이러한 혼란한 상황에서 우리는 교육적 위기를 극복하기 위해 여러 가지 해결방안을 모색하고 있다.

복잡하고 다양한 학교 현장의 교육문제들을 합리적으로 해결하기 위해서는 교육의 근원으로 되돌아가는 것이 필요하다. 따라서 우선 교육에 대한 어의를 통해 교육의 본질과 동서양 교육의 차이점과 공통점을 밝히고, 교육을 바라보는 관점에 따라 교육의 정의를 기능적 · 규범적 · 조작적 정의로 구분하여 살펴보고자 한다. 한편, 교육의 어원적 해자(解字) 및 개념 분석뿐만 아니라 Scheffler의 교육에 대한 비유적 상징을 통하여 사회적 관점에서 교육의 이원적 방향에 대한 이해를 돕고자 한다.

## 1) 교육의 어의

'교육'이라는 낱말의 뜻을 고찰해 보면 교육의 교(敎)는 본받음(效), 가르침(訓), 알림(告), 훈계(訓戒), 학문(學), 도덕(道德), 종교(宗敎) 등 다양한 뜻을 가지고 있는 한자로서 '방향을 제시하여 그곳으로 이끈다'는 뜻과 '모범을 보이고 이렇게 하지 않으면 안 된다'는 의미를 가지고 있다. 육(育)은 기름(養), 낳음(生), 자람(成) 등의 뜻을 가지고 있으며, '육성한다' '올바르게 자라남' 등을 의미한다. 이것은 인간이 내면적으로 지니고 있는 천성, 곧 타고난 소질과 성품을 보호, 육성하는 과정을 뜻하는 것이다. 그리고 나아가 교육을 받는 자리에 있는 사람이 가지고 있는 '성장하는 힘' '발육하는 힘'을 전제로 하여 그 자발성과 창조성을 충분히 조장시켜서 자립을 키워 주는 것을 의미한다(한국민족문화대백과, http://encykorea.ask.ac.kr).

동양에서는 교육(敎育)의 의미를 밝히는 사례로는 『맹자(孟子)』의 '진심장(盡心章)' 가운데 군자유삼락장(君子有三樂章)에 나오는 득천하영재이교육지삼락야(得天下英才而敎育之三樂也)를 들 수 있다. 그 의미는 온 세상의 뛰어난 인재를 모아 놓고 이들을 교육하는 것이 군자가 취할 세 가지 큰 즐거움 가운데 하나라는 뜻이다. 또한 허신(許愼)의 『설문해자(說文解字)』에 따르면, 교(敎)는 효(孝)와 복[攵(攴)]의 결합으로서 '상소시하소효(上所施下所效)'라고 하였다. 효(孝)는 하소효(下所效)로 피교육자 혹은 아랫사람 또는 미성숙자가 모방한다, 학습한다, 배운다는 뜻으로, 복(攵)은 상소시(上所施)로 '교육자 혹은 손윗사람 또는 성인, 성숙자가 지도하고 편달한다'는 뜻으로 풀이된다. 즉, 윗사람이 알려 주고 아랫사람이 본받는다는 의미이다. 그리고 육(育)은 양자사작선야(養子使作善也)로 '자식을 양육하여 선행을 행하도록 한다'라는 의미이다. 따라서 교육이란 연소자가 선을 행하도록 양육하기 위해 연장자가 모범을 보이고 모방하게 하는 과정이라고 할 수 있다.

한편, 서양에서 교육을 뜻하는 용어로는 education(영어), éducation(프랑스어), Erziehung(독어), Paidagogen(희랍어) 등을 들 수 있다. 영어의 education과 프랑스어 éducation은 라틴어 educare에서 유래한 것으로, 'e'의 '밖으로'와 'ducare'의 '끌어 낸다'가 합쳐진 합성어이다. 어원에 따르면, educare와 educere로의 e는 밖으로(out)라는 의미이고, ducare는 끌어올린다 또는 끌어낸다는 의미이다. 따라서 서양에서의 교육이란 인간이 지니고 있는 잠재 가능성을 밖으로 이끌어 낸다는 의미이며, 또한 그 가능성을 바람직한 방향으로 최대한 끄집어 올려서 신장・발전시킨다는 의미라고 볼 수 있다.

동양에서의 교육은 교사가 성현으로서 모범을 보이고 학생은 그를 모방함으로써 수기(修己)를 통해 공공의 선을 실천해 나가는 자기수양의 과정이라고 할 수 있고, 서양에서의 교육은 학생들에게 내재되어 있는 선험적 성장 가능성을 있는 그대로 인정하고, 스스로 이끌어 낼 수 있도록 적절한 교육환경을 조성해 주는 자기실현의 과정으로 인식된다. 동양과 서양 모두 학생이 주체적 존재로서 바람직한 인격을 형성하고 자아실현을 하기 위해 교육의 중요성과 필요성을 인정하고 있지만, 이를 위한 교사의 역할은 차이가 있다고 볼 수 있다.

이처럼 동서양을 막론하고 교육의 어의는 내부의 자연적 성장의 힘과 외부의 영향력과의 합력(合力)에 의하여 성립되는 인간성 형성의 작용을 말하며, 이는 타고난 그대로의 인간성을 바탕으로 참되고 가치 있는 인간으로 이루어 보려는 작용을 의미한다(한국민족문화대백과, http://encykorea.ask.ac.kr).

## 2) 교육의 정의

교육의 의미를 구체적으로 밝히는 것이 정의이며, 사회과학에서 정의를 규정하는 데 있어서는 진위(眞僞)가 있을 수 없으며, 다만 규정한 정의에 대한 정당화를 나름대로 제시해 주게 된다. 교육을 정의하는 것은 매우 어려운 일이나, 교육을 정의하는 것을 통해 교육현상이 뜻하는 바를 근본적으로 밝힐 수 있고, 그 목적과 나아갈 방향을 제시받을 수 있기 때문에 교육에 대해 명확히 밝히는 것은 교육을 연구하는 데 있어서 필수적인 과제이다.

일반적으로 교육은 시대와 사회의 여건, 교육학자 자신의 주의나 세계관 및 인생관에 따라 각기 다르게 정의된다. 즉, 교육을 바라보는 가치와 시대적 관점에 따라 다르게 규정되고 실천된다. 도덕적・인격적 면을 중시한 Kant는 교육은 인간을 인간답게 형성하는 작용이라고 보았고, 문화와 지식을 강조한 Spranger는 비교적 성숙한 사람이 미숙한 사람을 자연의 상태에서 이상의 상태로 끌어올리기 위하여 문화재를 통하여 유의적(有意的) · 구체적 · 계속적으로 인간을 변화시키는 문화작용, 즉 전달과 경신(更新)의 작용이 교육이라고 하였다.

Dewey는 교육을 경험의 재구성을 통한 아동의 성장으로 정의하였다. 여기서 성장은 성숙의 의미와 관련하여 이해될 수 있다. 성숙의 전제조건은 미성숙으로서 이는 어떤 능력의 결핍을 의미하는 것이 아니라 성장할 가능성을 의미한다. 성숙을 거친 성장은 경험된 사실에 반성적 사고를 바탕으로 주체적이고 성찰적인 인식작용을 통해 이루어진다. 교육은 경험된 활동들의 방향을 환경에 따라 수정할 수 있는 적극적 · 능동적 · 주체적인 탐구작용과 활동을 전제로 하며, 개인이 경험을 재구성하는 과정에서 교육의 목적은 고정되지 않는다. 지성은 환경과의 상호작용을 통해 끊임없이 재구성되기 때문에 지적 성장은 지속적으로 이루어진다. 즉, Dewey에게 있어서 교육은 다양한 환경과 상호작용하는 과정에서 나타나는 문제해결을 위한 연속적이고 역동적인 지적 성장의 과정인 것이다(김수연, 신창호, 2021).

개인주의 심리학적 입장에서 Rousseau나 Key는 인간의 자기발전을 위한 모든 조성작용을 교육이라고 보고, 개인의 발전은 자율적인 것으로서 교육은 다만 이 자율적인 길을 개척하는 데 도움을 주는 것으로 그쳐야 한다고 주장하였다. 사회적 관점의 Pestalozzi는 교육을 사회의 계속적인 개혁 수단으로 보면서 자아나 자율적인 개인의 완성보다는 국가의 발전 또는 사회 개조의 측면을 중시하였다. 종교적 관점의 Willman이나 Maritain은 교육을 신의 의사를 실현하는 과정으로 보았다. 즉, 개인이 어떤 소질을 지니고 어느 시대에 어떤 민족의 일원으로 특정한 환경에 태어났음은 신에 의한 것으로, 교육은 신을 향한 인간 영혼의 완성에 공헌하는 것으로 보았다(한국민족문화대백과, http://encykorea.ask.ac.kr).

서술적 차원과 규범적 차원으로 교육의 의미를 구분하기도 한다(이돈희, 1995). 여기서 서술적 이해로서의 교육은 주로 교육의 변화를 기술하거나 설명한다는 것을 뜻한다. 즉, 교육이 인간의 무엇을 변화시키는 과정이라면 그 변화의 내용이 어떻게 기술 혹은 설명될 수 있는가—행동 변화로서의 교육, 문화 획득으로서의 교육, 경험 개조로서의 교육, 습관 형성으로서의 교육, 지식 획득으로서의 교육—를 제시하면서 교육의 의미를 밝히고 있다. 규범적 이해로서의 교육은 교육의 내재적 가치를 강조하는 것으로, 외부에서 주어지는 수단으로서 교육을 반대하고 교육 자체의 본래적 의미를 밝힌다. 교육활동 안에 작용하는 내적 논리를 밝힘으로써 교육과정 안에서 가치 있는 교육의 목적을 규정한다. 주로 성장으로서의 교육, 자아실현으로서의 교육 등으로 표현된다.

영국의 교육철학자인 Peters는 『윤리학과 교육(Ethics and Education)』(1970)에서 교육을 단지 생활을 위한 준비로 보지 않고, 교육은 미성숙한 아동을 문명사회로의 입문을 위한 성년식, 가치 있는 삶의 형식의 입문이라고 보았다. 이것은 교육을 단순한 활동이 아닌 어떤 특정한 준거를 지닌 활동으로 보는 것이며, 이때 교육의 준거는 교육과 교육이 아닌 것을 판별하는 기준이 된다. Peters는 교육의 준거로서 규범적 준거, 인지적 준거, 과정적 준거를 제시하였다.

규범적 준거(normative criterion)는 교육이 가치 있는 것의 전달을 내포하는 바, 교육받은 사람이 장차 거기에 헌신할 만한 가치가 있는 것을 전수해 주어야 한다는 것이다. 이것은 교육이라는 개념 자체가 지니고 있는 것으로, 교육은 중립적이지 않으며 가치 있는 것을 추구하는 활동이어야 한다는 것을 의미한다. 인지적 준거(cognitive criterion)는 지식, 이해 그리고 생동적인 지적 안목과 관련된다. 즉, 교육받은 사람은 단순하게 지식과 기술에 통달한 사람을 말하는 것이 아니라 모종의 개념적 틀을 가지고 있어야 한다는 것이고, 이는 다양한 현상에 대한 원리를 이해하고 있다는 것을 의미한다. 즉, 원리에 대한 이해를 통해 세상을 보는 안목이 달라지고, 원리를 적용함으로써 세계에 대한 인식 능력을 확장할 수 있다. 과정적 준거(procedural criterion)는 교육이 학생의 의도와 자발성을 전제로 하고, 학생의 의지를 무시하지 않으며, 도덕적이고 정당한 방법으로 교육하여야 한다는 것이다. 이성적 존재인 인간은 누구나 존중받을 권리를 가지고 있으므로 학습자는 교육받은 내용에 대해 학습할 수 있는 방법을 스스로 선택할 수 있어야 한다는 것을 의미한다(김종건, 2003).

교육에 대한 일반적 정의는 교육을 어떤 관점으로 바라보느냐에 따라 기능적 정의, 규범적 정의, 조작적 정의로 구분된다.

### (1) 기능적 정의

교육의 기능적 정의(functional definition)란 '교육을 무엇을 위한 수단으로 규정하는 입장'이다. 이는 교육의 도구적 가치를 중요시하는 정의로서, 예를 들면 의자는 사람이 앉는 도구로써의 기능을 가지고 있지만, 높은 곳에 올라갈 수 있는 받침대로써의 기능도 가지고 있고, 추울 때에 난로를 데우는 땔감으로써의 기능도 가지고 있다. 이와 같이 교육은 다양한 기능을 수행하는 의미로 정의될 수 있다.

'교육은 국가 · 사회 발전을 위한 수단이다' '교육은 경제발전에 필요한 수단이다' '교육은 사회와 문화의 계승 및 발전의 수단이다' '교육은 개인의 사회적 출세를 위한 수단이다' 등으로, 개인이나 사회에 기여해야 하는 대상에 따라 교육에 대한 다양한 기능적 정의를 내릴 수 있다. 이러한 기능적 정의는 교육의 본래적 의미보다는 수단적 가치를 중요시하는 입장이다. 이러한 기능적 교육관에 치중하게 되면 그 가능성과 당위성이 인정된다고 해도 교육 본래의 가치 실현에는 소홀하게 되고, 다른 분야에 비해 교육지체 현상을 초래하게 된다. 또한 교육을 개인의 출세를 위한 수단으로 봄으로써 교육의 여러 가지 부조리 현상을 초래할 가능성을 배제할 수 없게 된다(이형행, 1996: 13). 수단으로써의 교육은 인간을 외재적 목적에 종속시키게 됨으로써 학생의 내적 성장과 자율성을 제한하는 결과를 가져올 수 있다.

### (2) 규범적 정의

규범적 정의(normative definition)는 교육의 내재적 가치와 관련되는 것으로, 교육의 궁극적 목적을 통해 규정된다. 교육의 궁극적 목적은 인간을 바람직한 방향으로 성장시키는 것으로, 이것은 인간을 외부적 가치 실현을 위한 수단이 아니라 그 자체로서 존중한다는 것을 의미한다. 이성적 존재로서 인간은 옳고 그름을 판단할 수 있는 존재이며, 자율적 인간으로서의 성장은 교육 그 자체의 목적이 된다. Kant는 교육을 인간의 도덕적 품성 도야라고 규정하면서 '인간은 교육에 의해서만 인간이 될 수 있다'라고 하여 미래의 도덕적 선의 실현을 위해서 현재에 대한 절제와 극기 단련을 요구하고 선 의지의 실천을 중시한다. 그는 교육의 목적을 인간의 도덕성 완성에 두고 있으며, 이것은 교육 그 자체의 내재적 가치에 기반하여 교육에 대한 정의를 내리는 것이다.

교육의 궁극적 목적으로서 어떤 가치와 진리를 내세우느냐에 따라 규범적 또는 목적론적 정의가 가능하다. '교육은 민주시민이 갖추어야 할 자질을 함양하는 과정이다' '교육은 영원한 진리나 가치로의 접근 과정이다' '교육은 인간을 인간답게 형성하는 과정이다' 등이 대표적인 예이다. 결국, '인간을 인간답게 형성한다는 것은 도덕적 · 인격적 목표에 접근시키려는 과정'으로 볼 수 있다(김병성, 1992: 15-17).

교육에 있어서는 기능적 측면도 중요하지만 진정한 의미의 교육목적에 입각한 규범적 정의도 동시에 고려되어야 한다. 따라서 규범적 정의는 교육의 가치 실현을 위한 교육 자체의 발전에 더 큰 비중을 두는 입장이다. 즉, 교육에 대한 규범적 또는 목적론적 정의는 국가 · 사회적 차원에서나 개인적 차원에서 모두 인격 완성이나 자아실현이라는 내재적 가치의 실현 또는 영원한 진리나 가치를 추구하는 것을 교육의 중요한 목적으로 내세우고 있다.

### (3) 조작적 정의

조작적 정의(operational definition)에서 교육은 인간행동의 체계적 변화과정으로 규정된다. 이 견해에서 중요한 것은 교육의 기능적 · 규범적 정의와는 달리 인간행동 그 자체를 교육의 가장 중요한 관심의 대상으로 하여 인간행동의 변화과정을 직접 다룬다는 것이다.

인간행동의 특성은 운다, 뛴다, 말한다, 기뻐한다 등의 비교적 관찰하기 쉬운 외현적 행동뿐만 아니라 지식, 태도, 사고력, 자아개념 등과 같이 비가시적이고 내현적인 관찰에 의해서도 포착하기 힘든 내면적 행동도 포함한다(정범모, 1968: 21-22). 여기서 교육이 보다 더 관심을 갖는 행동 특성은 밖으로 표출되는 표면적 행동보다는 과학적으로나 교육적으로 보다 의미 있는 내면적 행동이다.

변화는 육성, 조성, 함양, 계발, 교정, 개선, 발달 등을 포함하는 포괄적인 개념이다(정범모, 1968: 21). 조작적 정의에 있어서 교육은 이러한 인간행동이 자연적으로 변화해 가는 데 관심이 있는 것이 아니라 그것을 의도적으로 변화시키는 데 주된 관심이 있다. 교육은 인간행동을 능동적으로 변화시킬 수 있다는 신념과 가능성을 전제로 한다. 인간행동의 변화라는 관점에서 볼 때, 교육에서 발전적이거나 퇴보적인 변화도 있을 수 있다. 이때 좋고 나쁜 교육을 판단하는 기준은 사회 구성원의 가치관에 달려 있다.

인간행동의 체계적인 변화과정에 내포된 의미는 인간의 바람직한 변화를 위해 계획적인 과정이 포함되어야 한다는 것을 말한다. 계획적이라는 것은 첫째, 기르고자 하는 또는 길러야 할 인간행동에 대한 명확한 설정과 의식이 있다는 것, 둘째, 이렇게 하면 이것은 길러진다는 이론과 실증의 뒷받침이 있는 계획과 과정이 있다는 것을 의미한다(정범모, 1991: 16-22). 이것은 교육적인 것과 교육적이지 않은 것 간의 구별을 명백하게 해 준다. 교육에는 의도적이고 계획적인 과정이 포함되어야 한다.

교육에 대한 이러한 정의는 교육의 핵심이 인간이라고 하는 것을 명백하게 하고 있으며, 계획적인 변화라고 하는 표현을 통하여 인간이 불완전한 상태에서 완전한 상태를 향해서 나아가려고 하는 노력을 잘 표현해 주고 있다. 또한 계획적인 변화라고 하는 것은 교육의 과정에서 발견될 수 있는 일정한 법칙에 의해 교육을 이해하려는 것을 의미하기 때문에 과학적 이해 또는 교육의 학문적 발달을 암시해 주기도 한다(신용일, 1993: 20).

인간을 변화시킬 수 있다는 전제하에서 성립되는 교육은 인간을 바람직하게 변화시킴으로써 이것을 바탕으로 정치, 경제, 사회 등도 변화시킬 수 있다는 신념과 연결된다. 왜냐하면 경제성장과 더불어 정치적 · 사회적 안정 등도 인간의 변화 가능성에 입각하기 때문이다. 교육에서 인간의 행동을 변화시키는 경우에 일정한 이상과 방향이 있게 되는 바, 결국 정치적 · 경제적 · 사회적 · 문화적 이념과 연계하여 파악되어야 함을 의미한다. 따라서 인간행동의 계획적인 변화라는 교육에 대한 정의에서는 교육의 정치적 · 경제적 · 사회적 · 문화적 성격이 함께 고려되어 논의되어야 할 것이다.

### 3) 교육의 비유적 이해

Scheffler(1978)는 『교육의 언어(The Language of Education)』라는 책에서 교육의 의미를 두 가지 은유(metaphor)를 통해서 기술하였다. 하나는 아동을 '진흙(clay)'으로, 교사는 이 진흙을 주형화하는 사람으로 보는 것으로, 이것은 교육을 긍정적인 측면에서 사회화의 기능으로 기술하는 것이다. 또 다른 하나는 아동을 '성장하는 식물'로, 교사는 이러한 식물을 가꾸는 정원사로 보고, 교육을 개인적인 성장으로 기술하는 것이다. 이 비유는 문화적 압박으로부터 인간을 보호하고, 사회적 구속으로부터 해방시키며, 참된 인간의 잠재력을 달성할 수 있도록 해 주는 것을 교육의 본질로 보는 입장이다(Zachariah, 1985: 1-21).

'진흙'으로서 교육을 비유하는 관점에 대한 비판적인 시각들이 1960년대 후반부터 생겨나기 시작하였고, '성장하는 식물'로서 교육을 비유하는 견해들은 1960년대 후반부터 1970년대 후반까지 지속되었다. 교육을 '성장하는 식물'로 비유한 학자들은

Freire, Illich 등을 들 수 있으며, 이러한 관점들을 가장 효율적으로 교육에 적용한 학자들은 종속이론가와 갈등론자들이다. 교육의 의미와 기능을 이해하기 위해 '진흙 덩어리로서의 인간(people as lumps of clay)'과 '성장하는 식물로서의 인간(people as growing plants)' 비유가 내포하고 있는 가정들을 기술하면 다음과 같다.

### (1) 진흙 덩어리로서의 인간

- 인간은 삶을 살아가는 데 있어서 형식적인 교육을 받기 전까지는 무기력한 존재이지만, 교육을 통해 유용한 인간이 된다. 즉, 형식적인 교육은 인간을 적극적이고 활동적으로 만든다.
- 교육은 경험이 풍부한 교사들이 진흙 덩어리를 주형에 주입하는 것에 비유된다. 주형자로서 교사들은 진흙 덩어리를 어떤 모양으로 만들 것인지에 대해 정확하게 알아야 한다.
- 모든 가용한 진흙은 주형 과정과 절차에 따라 형상화된다.
- 자연적 생산품으로서 진흙은 질의 향상이 일어난다. 주형자들은 이들 중에서 일부를 아름다운 도자기로 만들 수 있다. 그러나 아름다운 상품으로 만들고 완성시키는 과정에서 많은 진흙이 버려진다.
- 주형과정은 계층을 만들어 내는 분화과정이며, 이를 더욱 효율적이고 효과적으로 촉진시켜 준다.
- 진흙은 쉽게 망가뜨려지기 때문에 가능한 한 빨리 수용할 만한 형상으로 주형화시켜야 한다.
- 서구 사회는 그들의 진흙 주형화의 축적된 경험들이 다른 나라들이 가지고 있는 것보다 우월하다고 보고 있다. 따라서 서구의 국가들은 교육의 발전과정에서 교육활동을 활성화하고 연구하는 데 있어 제3세계 국가들이 지니고 있는 경험들에 대해 낮게 평가한다.

이와 같은 '진흙 덩어리'로서의 교육에 대한 비유는 교육의 과정보다는 결과가 중시되고, 아동의 흥미보다는 노력이 중시되는 교육원리를 강조한다. 그리고 교육방법에 있어서도 주입식 교육을 중시한다.

### (2) 성장하는 식물로서의 인간

씨앗에서 식물이 발아 후 성장하여 꽃이 피어나듯, 교육은 아동이 가지고 있는 잠재된 능력을 어떤 목적을 향해 차례대로 전개해 나아가는 과정으로 비유하는 입장이다.

- 아동은 식물과 마찬가지로 자연적인 유기체이다.
- 좋은 토양, 적정한 정도의 빛과 열 및 영양소가 공급된다면 식물은 무성하게 자라고 아름다운 꽃을 피우게 될 것이다. 즉, 이상적인 교육은 연약한 식물과 같이 아동을 조심스럽게 다루고, 교육과정, 교수방법과 학습 분위기를 통하여 아동이 성장할 수 있도록 잠재력을 실현시킬 수 있는 기회를 제공해 준다.
- 대부분의 경우, 형식적인 교육체제는 현행 문화적 질서의 이데올로기적 헤게모니를 수용하고 지지하기 때문에 아동의 자연적 호기심이나 성장 잠재력을 약화시키거나 소멸시킨다. 연령에 따른 학급 · 학년 편성, 전문적 교사, 패키지화(정형화)된 교과목, 강제 출석, 자격증 그리고 잠재적 교육과정 등은 학교가 문화적 압박으로서 역할을 수행하고 있음을 보여 주고 있다. 따라서 아동의 잠재력을 충분히 성장시킬 수 있는 교육적 · 사회적 · 문화적 조건과 환경을 조성해야 한다.
- 과거에는 인간의 목적을 달성하기 위해서 사회조직을 형성하였다. 즉, 법률, 규칙은 모든 인간으로 하여금 그들의 잠재력을 발휘하기 위해 확립되었다. 그러나 오늘날의 사회제도들은 권력을 가진 소수집단의 이익을 위한 목적으로 전환되었다. 인간으로 하여금 그들의 진정한 잠재력을 발휘하기 위해서는 각 개인의 독특성을 존중하는 인류의 문화적 유산의 전승에 대한 실제적인 새로운 개념을 투입하는 것이 필요하다.
- 각기 다른 다양한 문화는 때와 장소에 따라 그 문화의 구성원에게 특정의 혜택을 부여하는 기능을 한다. 우리는 자신의 문화에 매여 있기 때문에 주변의 세계를 다루는 다양한 시각과 대안적인 전략을 간과하는 경향이 있다. 각 나라의 문화는 우열을 가릴 수 없다. 이는 문화상대주의보다는 문화다원주의를 견지하는 것이다.
- 학교는 문화 질서를 창조하는 참된 학습을 촉진시키는 데 적극적 역할을 수행하여야 한다.

- 교사는 학생이 이데올로기적 헤게모니를 인식할 수 있도록 용기를 북돋아 주어야 하며, 새로운 사회질서를 창출하는 환경을 조성하는 데 주력해야 한다. 그리고 이러한 과정에서 교사와 학생은 지속적으로 상호작용하면서 학습하고 변화를 추구해야 한다.

이와 같은 '성장하는 식물'로서의 교육의 비유는 아동발달의 잠재 가능성에 대한 확고한 신뢰를 기반으로 기존의 주형으로서의 교육과는 다른 새로운 교육체제의 가능성과 방향을 제시해 준다.

## 2. 교육의 형태 및 유형

교육의 형태를 분류하는 방식은 그 기준을 어떻게 설정하느냐에 따라 다양하게 나타날 수 있다. 교육의 의도성이나 목적의식의 유무에 따라 형식적(의도적) 교육과 비형식적(무의도적) 교육으로 구분하기도 하고, 교육의 목적이나 성격에 따라 일반교육과 특수교육으로 구분하거나, 교육의 장을 중심으로 가정교육, 학교교육, 사회교육 및 평생교육으로 구분하기도 한다. 교육대상의 발달단계에 따라 유아교육, 아동교육, 청소년교육 및 성인교육으로 분류하기도 하며, 학교단계에 따라 유치원교육, 초등교육, 중등교육 및 고등교육으로 구분하기도 한다. 이 절에서는 다양한 분류 가운데 가장 일반적인 방법으로서 형식교육과 비형식교육으로 구분하여 기술하고, 아울러 교육이 이루어지는 장을 중심으로 한 가정교육, 학교교육, 사회・평생교육을 중심으로 탐색하여 제시한다.

### 1) 형식교육과 비형식교육

#### (1) 형식교육

교육의 유형화에 있어서 교육활동이 전개되고 있는 장소, 대상, 목적 등을 동시에 고려하여 분류할 때 형식교육과 비형식교육으로 분류할 수 있다. 즉, 형식교육(formal education)이란 교육작용을 가하는 측이나 이를 받아들이는 측이 모두 계획적이라는 뜻이다. 국가가 학력이나 학위를 공식적으로 인증하는 단계적 교육은 학교(유아 · 초 · 중등 및 고등 교육)라는 매우 체계적이고 제도적인 장치에 의해 이루어진다. 교육기관, 성인훈련기관, 직장에서의 체계적인 교육프로그램을 통해 이루어질 수 있다. 교육작용을 가하는 학교와 이를 받아들이는 학생이 효과적인 교육작용을 위해 잘 조직되고 계획되어 있는 경우이다. 특정한 지도와 조직된 학습자가 일정한 장소에서 사전에 잘 조직된 교육내용을 매개로 하여 의도하는 방향으로 교육하는 과정이 바로 의도적 교육이다.

의도적 교육의 구성요소로는 조직화된 학교, 학급, 교육청과 교육부를 비롯한 교육행정체제를 포함하는 학교시설, 교사, 교재 및 학생과 일정한 교육목적, 학습활동, 교사와 학생의 인간관계 및 상호작용 등을 들 수 있다. 이것이 바로 학교교육을 대표하고 학교교육의 중핵을 이루는 작용이라고 할 수 있다. 어떤 방향으로 교육을 시키겠다는 이념과 목표가 설정되고, 모든 교재와 시설이 완비되어 있고, 실천적 교육계획이 마련되어 있는 것 등 교육에 필요한 모든 형식요건이 갖추어져 있다. 이런 뜻에서 형식적 교육을 의도적 교육이라고 한다(임진권, 이계윤, 1974: 17-18).

교육받기를 원하는 많은 학생을 일정한 장소에 모아서 그들에게 짧은 시간 내에 풍부한 내용을 교육하기 위해서는 교육이 제도화되지 않을 수 없다. 형식적 교육은 산업 조직이나 정부 조직에 있어서와 마찬가지로 능률과 체계 확립을 위하여 많은 공헌을 하였다. 그러나 형식적인 교육제도가 가지는 문제점도 있다. 교육이 제도화되어 있기 때문에 개인의 독특한 특성이나 창조성이 무시되어 교육의 비인간화 현상이 나타나기 쉽다. 학교는 졸업장을 발급해 주는 하나의 공장(school as a factory)처럼 인식되는 경우도 있다. 학교 졸업장을 받아서 좋은 곳에 취직하고 출세하느냐에 보다 관심이 큰 것도 교육이 형식화되는 상황에서 빚어지는 현상이다.

### (2) 비형식교육

학교교육 이외의 모든 교육 현상이나 활동을 총칭하여 비형식교육(non-formal education)으로 분류하며, 형식교육과는 구분된다. 흔히 학교교육을 제외한 모든 교육을 학교 외 교육 또는 사회교육이라고 명명하기도 한다. 교육프로그램을 통한 학습활동이지만, 공식적으로 평가되어 학위나 자격증으로 인정되지 않는 학습을 의미한다. 형식교육과 동일하게 교실, 교사, 학생, 교과서, 시간표 등을 모두 갖추는 등 계획적이고 체계적이며 조직화된 교육과정을 포함하고 있으나, 국가의 학력 · 학위 인증을 받지 않은 교육인 것이다.

비형식교육의 교육구조는 가정과 지역사회 그리고 각종 사회단체와 대중매체를 통한 사회교육적 기능을 수행하는 모든 형태의 교육을 포함한다. 비형식적 사회구조는 그들 나름대로의 교육목적과 내용을 의도적 혹은 무의도적으로 전달하는 기능을 수행하고 있으나 학교교육에 비하면 체계적이지 못하며, 조직화되지 않은 상황에서 실시되는 교육이라고 할 수 있다(김병성, 1992: 53).

비형식교육기관으로서 가정의 중요성은 동서고금을 막론하고 강조되어 왔다. 가정교육은 부모가 갖는 가치관, 태도, 교육적 포부, 사회 · 경제적 지위 등과 가정의 생활규범, 가족 규모 그리고 가족 구성원의 관계 등의 요소에 따라 교육의 질이 달라지게 된다. 또한 교육자로서 부모의 역할과 학습자로서의 자녀 간의 상호작용 관계가 어떠하냐에 따라 그 교육적 효과는 다르게 나타난다.

가정 이외의 비형식교육기관으로 교회를 포함하여 각종 사회단체를 들 수 있다. 각종 사회단체란 YMCA, YWCA, 4H 클럽 등의 자원단체와 더불어 각종 기업, 산업체, 금융기관 그리고 공공기관 등 크고 작은 모든 사회단체 등을 포함한다. 각종 사회단체는 각기 고유의 목적과 기능을 가지고 조직되어 운영되는데, 그 공통적 기능의 하나가 교육적이라는 점이다. 이들 기관 및 단체들은 조직형태나 기능이 어떠하든, 교육방법이 어떠하든 그들의 활동과업은 구성원들에게 교육적인 영향을 주기 때문에 모든 사회단체는 넓은 의미의 교육적인 기능을 수행하게 된다(김병성, 1992: 54).

최근에 와서 산업체나 정부 산하기관의 연수원에서는 형식적인 학교교육에 못지 않은 의도적이고 체계적인 교육프로그램을 중심으로 사회교육의 기능을 수행하고 있다. 교육이 갖는 비형식적 사회구조 중 대중에게 가장 큰 교육적 영향을 주는 것은 대중매체이다. 신문과 잡지 등 인쇄매체로부터 라디오, 텔레비전, 컴퓨터, 스마트폰 등 통신매체에 이르기까지 모든 대중매체의 발달은 사회교육적 기능을 더욱 촉진시키는 데 기여하고 있다.

무형식교육(informal education)은 활동의 주 목적이 교육은 아니지만 그 안에서 많은 가르침과 배움이 일어나는 과정을 말한다. 주로 교습에 의한 과정보다는 스스로 학습하는 과정에 의해 이루어진다. 흥미나 놀이를 위한 것은 아니며, 활동이나 참여를 통해 무언가를 새롭게 배우거나 알게 되는 학습경험을 포함한다. 보통 일상적인 직업 관련 활동이나 가사, 여가활동을 통해 이루어지는 학습을 의미한다.

앞에서 기술한 바와 같이, 이론적 또는 학술적으로 형식교육과 비형식교육은 구분되어 그 영역을 달리하는 듯이 보이지만, 최근의 정치, 경제, 사회, 과학기술 및 교육환경의 변화는 형식교육과 비형식교육 간의 경계에 대한 명확한 구분을 어렵게 하고 있다. 이에 교육활동을 담당하고 전개하는 교육기관(education institute)의 공식성 수준과 교육활동(education activity)이 운영 및 전개되는 형식성 수준에 따라 형식교육과 비형식교육은 [그림 1−1]과 같이 설명할 수 있다[1].

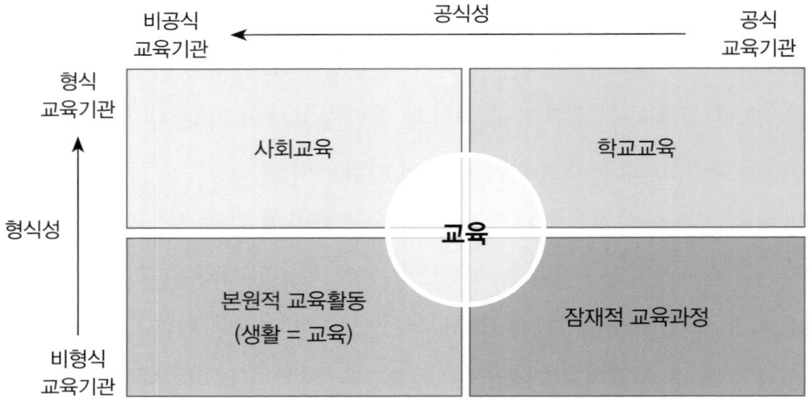


[그림 1−1] **형식교육과 비형식교육의 영역**

[그림 1−1]에 제시한 바와 같이, 앞서 설명한 교육, 교육활동, 교육행위 등은 교육기관의 공식성(구조, 조직, 제도, 법규)의 정도에 따라 공식교육기관과 비공식교육기관으로, 그리고 교육활동이나 행위의 형식성(교육과정, 교재, 교수방법, 평가 등)의 정도에 따라 형식적 교육활동과 비형식적 교육활동으로 구분할 수 있다.

전통적으로 정부와 사립재단에 의해 전개되는 학교교육은 공식교육기관으로서 형식교육활동이 이루어지는 1사분면에 위치하며, 비공식교육기관이며 형식교육활동

1) OECD프로젝트의 보고서인 「The Role of National Qualifications System in Promoting Lifelong Learning」(OECD, 2015)에서 규정된 개념 정의는 다음과 같다. 형식학습(formal learning)은 교육기관, 성인훈련기관, 직장에서의 체계적인 교육프로그램을 통한 학습으로, 학위나 자격증의 형태로 사회적으로 공식 인정되는 것을 의미한다. 비형식학습(non-formal learning)은 교육프로그램을 통한 학습활동이지만, 공식적으로 평가되어 학위나 자격증으로 인정되지 않는 학습을 의미한다. 무형식학습(informal learning)은 일상적인 직업 관련 활동이나 가사, 여가활동을 통해 이루어지는 학습을 의미한다.

이 전개되는 사회교육기관은 2사분면에 위치한다고 볼 수 있다. 학교교육(공식교육기관)에서 나타나는 잠재적 교육과정 혹은 잠재적 교육활동은 4사분면에 위치하게 되며, 비공식교육기관에서 매우 비형식적(무형식적)으로 교육활동이 이루어지는 것은 '생활=교육'이라고 할 수 있다.

그러나 정치, 경제, 사회발전, 과학기술의 발전, 교통통신 혁명과 이에 따른 인간의 삶의 질 향상 추구, 지식정보화 사회, 4차 산업혁명시대에 따른 지식의 양적 팽창과 질의 고도화, 이로 인한 학교교육의 한계, 평생학습사회의 구현, 국가의 평생교육에 대한 책임 증가 등과 같은 제반 환경들은 교육학에서 전통적으로 형식교육과 비형식교육이라는 이분법적 구분의 경계를 허물고 상호보완적 관계를 도모하게 하고 있다.

## 2) 가정교육, 학교교육, 사회교육

### (1) 가정교육

인간은 가정에서 태어나 가정에서 한 평생을 살아간다. 몇몇 사회에서는 가정 이외의 장소에서 인간을 양육하는 곳도 있으나, 인류의 대부분은 부모의 사랑을 받고, 가정에서 성장한다. 가정은 혈연으로 결합된 공동체 사회이다. 여기서는 인간의 성장에 있어서 가정의 중요성과 특징, 그리고 미래 사회에 있어서의 가정교육의 역할 등을 살펴본다.

#### ① 가정의 중요성과 특징

현대사회에서 학교교육과 사회(평생)교육기관이 아무리 발달되었다고 하더라도 가정이 인간의 성장과정에서 차지하고 있는 중요성은 무시할 수 없다. 특히, 최근 사회문제로 등장하고 있는 정신질환, 가치관의 갈등, 권위주의와 편견, 청소년의 비행과 범죄, 인간의 왜곡된 성격 등은 자녀가 어렸을 때 부모와의 관계, 또는 가정교육의 형태와 깊은 관련성을 가진다.

아동기와 청소년기는 기본적인 습관, 인간관계 및 행동의 원리 등이 형성되는 시기이기 때문에 이 시기에 가정교육을 통하여 확고한 인생관을 형성하지 않으면 학습할 기회를 한평생 갖지 못하게 된다. 어린이들은 가정에서 부모로부터 사랑받고 또한 남을 사랑하게 되는 것도 배운다. 정서적 불안정과 행동의 탈선은 대부분 사랑의 결함에서 기인한다는 것이 많은 연구에서 보고되고 있다. 아무리 호의적인 환경에 놓인다고 하더라도 사랑이 결핍된 아이는 그렇지 않은 아이들에 비하여 정신적 질병을 앓을 가능성이 높다. 사랑을 받지 못하고 자라난 사람은 늘 인생을 불행한 것으로 생각하기 쉽고, 정신적으로나 육체적으로 건강하지 못한 경우가 많으며, 또한 사회적으로 많은 문제점을 갖게 된다. 이러한 측면에서 가정의 중요성이 강조되는 것이다.

현대사회의 전반적인 변동과정에서 가족의 특성이 점차 바뀌어 가고 있다. 첫째, 가족 기능상의 변화를 들 수 있다. 현대 가족이 생식과 애정의 기능을 제외한 다른 여러 본래의 기능을 점차 타 사회집단에 이양하게 됨으로써 가족의 사회화 기능이 변질 및 약화되는 경향을 보이고 있다. 특히, 경제적 · 생산적 기능의 이양은 가정생활과 직업을 분리시키고, 부모의 가외취업을 촉진시키며, 가족 구성원의 공동적 경험의 폭을 감소시킴으로써 사회화의 장으로서 가정의 성격을 크게 변화시켰다. 그리고 가족의 종교적 · 오락적 기능의 약화도 가족 구성원의 가치관과 신념을 동질화시킬 수 있는 상호작용을 크게 감소시킬 뿐만 아니라 이들 간의 심리적 유대감을 약화시키는 결과를 가져왔다. 무엇보다도 유치원이나 학교와 같은 공식교육기관에 가족의 본래적인 사회화 기능의 상당한 부분을 넘겨 주게 되었다.

또 다른 하나의 변화는 가족 구성상의 변화로서 부부가족의 비율이 늘어나고 자녀수가 일반적으로 줄어들고 있어 이러한 추세가 어린이의 사회화에 영향을 미친다고 볼 수 있다. 핵가족화나 소가족화 현상은 가족에 있어서 역할관계를 단순화시키고, 어린이들이 조부모나 친척, 형제들과 따로 떨어져 살아감으로써 자녀양육의 책임이 부모에게만 집중되는 경향이 있다. 이와 더불어 어머니의 취업 증가 추세로 인하여 일과시간에 어른들 없이 어린이들만이 집에 남아 있게 된다. 또한 가족 이동이 빈번해지고, 가족의 계층과 직업이 자주 변함으로써 어린이의 성장에 대한 가족의 하위 문화적 영향의 일관성이 줄어든다는 사실을 지적할 수 있다. 그리고 이러한 잦은 이동은 어린이의 행동과 성장에 작용하는 주변의 사회적 영향을 약화시킨다(이홍우, 1979: 47-48).

### ② 가정교육의 역할

가정교육은 인간의 일생에서 가장 기초적인 것으로서 어린이들이 한평생 지니고 살아갈 인간과 사회에 대한 기본적인 태도와 사회규범을 습득시켜 준다. 그러나 우리나라의 가정이 이러한 기능을 잘 수행하고 있는지를 깊이 고려해 볼 필요가 있다.

가정교육에 부모가 제대로 역할을 하지 못하는 경우, 자녀의 경험이 제한된다는 것을 충분히 인식할 수 있다. 자녀에 대한 부모의 지나친 간섭이나 학업성적에 대한 부모의 과도한 관심도 문제로 제기될 수 있다. 오늘날, 개방사회에서의 행동 원리는 각자의 독립성과 자율성을 존중한다. 가정은 민주적 평등의식을 학습하고 실천하는 장소가 되어야 한다. 가정이 이러한 기능을 수행하기 위해서는 부모의 적정한 관여가 요청된다. 어떤 문제를 논의하는 데 부모가 자녀와 공동으로 참여함으로써 자녀는 인간 사회의 원리를 폭넓게 이해할 수 있을 것이다. 아울러 아버지가 교육은 어머니의 일로 알거나, 어머니가 교육은 어머니만의 고유한 일로 알고 있는 의식은 고쳐져야 할 것이다.

또한 부모와 자녀와의 관계에 있어서는 부모가 자녀를 좀 더 독립적인 인격체로 인정해야 하며, 동시에 자녀는 독립적인 생활을 하는 태도를 형성해야 할 것이다. 부모가 이루지 못한 인생의 꿈을 자녀를 통하여 달성하려고 하거나 자녀가 부모에게 전적으로 의존하려고 하는 경우, 부모와 자녀 사이에는 긴장과 갈등이 일어난다는 점을 인식해야 한다. 이와 함께 부모는 자녀가 지적인 면에서의 성장뿐만 아니라 도덕성이나 사회성, 정서발달에 도움이 되는 전인교육에 좀 더 관심을 가져야 한다. 특히, 다문화사회에서 가정교육은 무엇보다도 사랑과 이해를 바탕으로 하는 인간관계와 서로 협동하는 태도가 중요하다. 가정은 '부모와 자녀가 함께 끄는 수레'라고 하는 말이 있다. 인간은 인공지능(AI)이나 달나라에 갈 수 있을 만큼 기술과 과학을 발전시켰다. 그러나 자기 자신의 바로 곁에 있는 가까운 사람들과 '의미 있게' 지내는 방법을 잘 알지 못하고 있다. 가정에서 부모와 자녀가 서로 믿고 화목한 생활을 하게 되는 것은 이러한 인류의 과제를 풀게 되는 첫걸음이라고 할 수 있다. 가정교육의 중요성도 바로 여기에 있다.

### (2) 학교교육

#### ① 학교의 개념

'학교'의 어원상의 개념은 School(영어), Schule(독어)가 고대 그리스에서 '여가'를 뜻하는 scole라는 단어에서 유래하였다. 현대의 여가란 사람들이 모여서 책이나 보는 것을 의미하기도 하지만, 이는 고대인이 가지고 있었던 지혜에 대한 무지와 오해에서 비롯된 것이거나, 아니면 의도적으로 학교를 말살하려는 특정한 집단의 이론가들이 퍼뜨린 모함이라고 해석할 수 있다(김안중, 1995: 29-30). 고대인에게 학교가 '여가'였던 까닭은 고대인이 가지고 있었던 '여가'라는 말의 특수한 의미 때문이었다.

고대 그리스와 로마 시대부터 시작하여 중세에 이르기까지 서양인이 '여가'라고 불렀던 것은 인간이 도달할 수 있는 최상의 지식 상태를 뜻하는 말이었다. 그들이 '여가'라는 말을 통해서 전달하고자 했던 지식 상태는 사물의 모습을 있는 그대로 받아들이는 정신의 상태, 즉 '관조(觀照)'를 뜻하는 것이었다. 그러므로 현대인에게는 '한가'라는 말이 '일하다가 남은 시간' 또는 '소일거리를 찾아야 하는 무료한 시간'처럼 부정적인 의미를 가지고 있음에 비해서, 고대인에게 '여가'라는 것은 세상과 그 속의 사물들을 바르게 보고 그 속에서 인간 자신의 존재 의미를 확인하는 매우 바람직한 상태를 나타내는 것이었다(김안중, 1995: 21-24).

② 학교제도의 개념과 구조

학교제도(school system)는 학제 혹은 학교교육제도와 동의어로 사용되며, 한 나라의 교육활동의 근간이 되는 학교교육제도를 말한다. 이것은 학교계통과 학교단계에 따른 교육목표, 수업 연한, 취학 연령, 학교 간의 종적 연결과 계열 간, 학교 간의 횡적 연결 등에 관한 제도와 운영을 의미한다. 여기서는 학교계통이란 계열별로 구성된 종적·수직적인 각종의 학교계열을 의미하고, 학교단계는 초등교육, 중등교육, 고등교육으로 분리되는 각종 유형의 학교를 횡적·수평적으로 분리하거나 구분하는 학교계제(school ladder)를 의미한다.

정부 수립 이후 민주주의 교육원리를 도입하여 형성된 현행 우리나라의 학교제도는 그동안 부분적인 수정 및 보완은 있었지만 6-3-3-4제의 기간학제와 이를 보완하고 사회·평생교육적 성격을 지니는 방계학제로 형성되어 있다. 현행 학교제도의 구조를 제시하면 [그림 1-2]와 같다.

전통적으로 교육을 중시해 온 우리나라는 이러한 학교제도 속에서 교육을 통한 사회적 이동과 사회에 필요한 인력을 양성하는 데 초점을 둔 정책을 추진해 오고 있다. 그동안 교육기회의 확대로 교육에 대한 국민들의 욕구 충족과 국가·사회 발전에 필요한 인력을 양성 및 공급하고 있다.

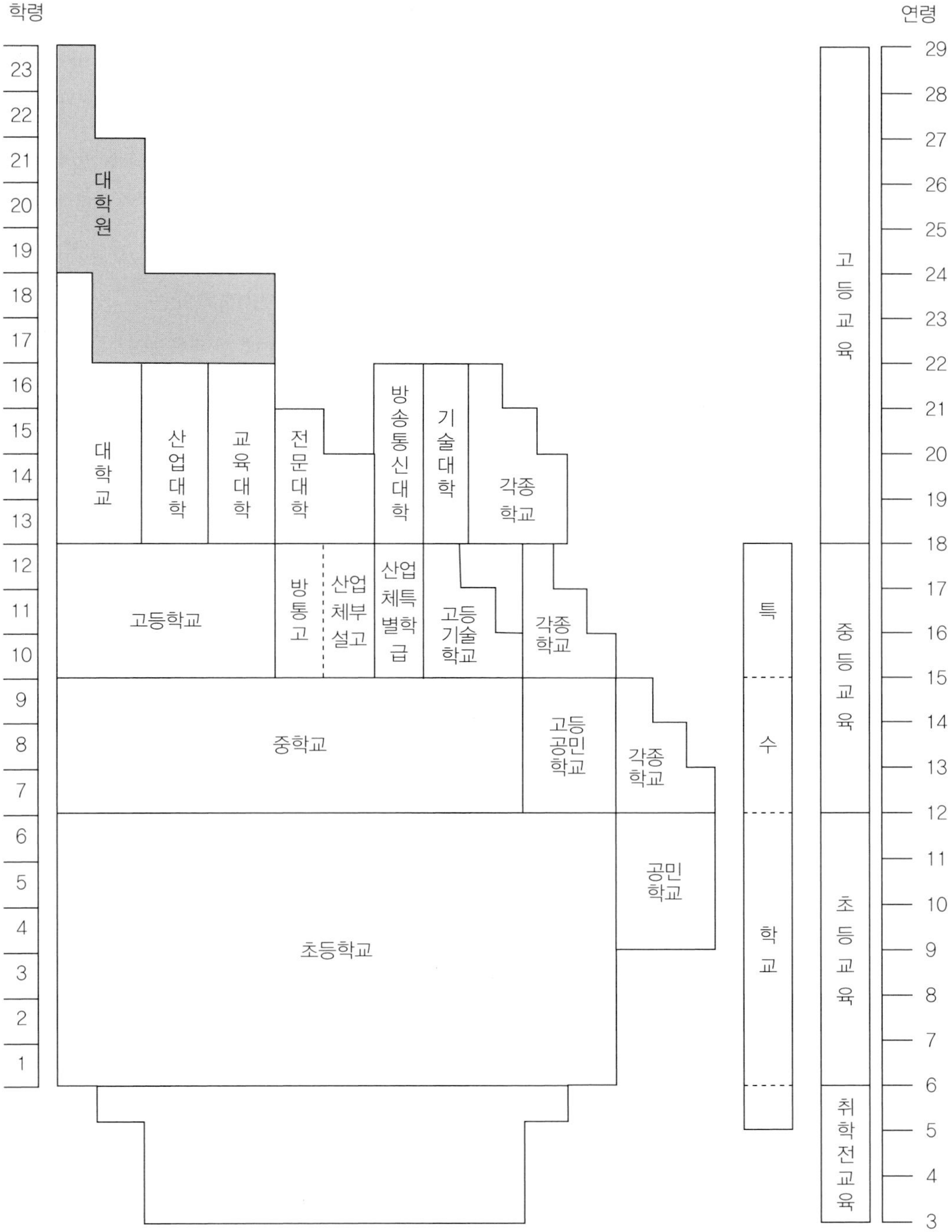


[그림 1-2] 우리나라의 현행 학교제도

출처: 교육부, 한국교육개발원(2022).

학교제도는 일반적으로 국가의 사회계층 구성 여부에 따라 단선형 학교제도와 복선형 학교제도로 구분되고 있다. 우리나라의 학제는 「교육기본법」에 의한 법정 학제의 성격을 가지고 있으며, 학제에는 단선형(single ladder system)과 복선형(dual ladder system)의 2종이 있는데, 우리나라 학제는 단선형을 채택하고 있다. 초등학교(6년), 중학교(3년), 고등학교(3년), 대학(4년)의 6−3−3−4제가 우리나라의 기본학제가 되며, 이외에 이들 기본학제에 따른 공민학교(公民學校), 고등공민학교, 고등기술학교 및 각종 학교로 연결되는 방계(傍系)학제가 있다. 이러한 방계학제는 기간학제의 보완적 기능을 수행하거나 일종의 사회교육의 성격을 가지고 정규학교의 교육과정에 준하는 교육을 실시하고 있다.

6−3−3−4제를 근간으로 하는 단선형 학제는 균등한 교육기회와 개인의 능력에 따른 자아실현의 극대화를 위한 것이다. 학제상 단선형과 복선형의 구별은 교육목적과 교육내용에 따라서도 상이하게 나타나지만, 상급학교와의 연결관계로도 파악될 수 있다. 즉, 기초교육(초등학교 수준), 중간교육(중 · 고등학교 수준), 종국교육(대학교육)의 연결관계를 중심으로 상급학교에의 연결이 단일화되어 있는 것이 단선형 학제이며, 상급학교와의 연결관계가 복선적인 것이 복선형 학제이다.

우리나라 학제상 기초교육 단계에는 초등학교, 공민학교가 속하며, 중간교육 단계에는 중학교, 고등학교, 고등공민학교, 기술학교, 고등기술학교, 특수학교, 각종 학교 등이 있다. 다만 이 중간교육 단계의 학교 중에서도 고등학교, 고등기술학교, 특수학교 등은 보통교육과 전문교육을 병행하고 있으므로 전문(직업)교육을 하는 학교는 종국교육으로 보아야 할 것이다. 그리고 종국교육 단계에는 대학, 교육대학, 전문대학 등의 고등교육기관이 속하며, 대학원은 대학 내에 포함되어 있다(서울대학교 교육연구소, 1995).

### ③ 학교교육의 역할

학교는 현대사회에서 두 가지 주요한 역할을 담당한다고 할 수 있다. 그중 하나는 미래 사회의 구성원들에게 사회생활을 하는 데 필요한 지식과 기술, 문화, 가치관이나 사회규범을 전승 혹은 가르쳐 주는 일이다. 이것을 학교의 교수기능(또는 사회화기능)이라고 한다면, 다른 하나의 주요한 기능은 학교의 선발기능이다. 학교는 사회가 필요로 하는 미래의 인력(인적자원)을 선발하는 기능을 수행한다. 달리 말하면 현대

사회에서 학교는 사회의 공인된 기관으로서 미래의 사회 구성원을 그 범주에 따라 분류하여 적절한 사회적 지위나 직위를 획득하게 하는 역할을 수행한다.

고전적 교육이론가들과 비판적 교육이론가들 모두가 이 두 역할이 학교의 본질적 기능이라는 점에 대해서는 의견 일치를 보이지만, 학교역할의 구체적 내용과 이것들이 본질적으로 어떤 종류의 사회적 이익을 증진시키는 데 도움을 주는가에 대해서는 상반된 견해를 제시하고 있다. 다시 말해서 고전적 교육이론가들은 학교는 현대의 4차 산업혁명시대, 지식정보화 사회와 민주사회에서 살아가는 데 필요한 기술, 지식, 민주주의적 혹은 합리적인 사회규범 등을 아동에게 가르친다고 주장한다. 사회가 산업화되어 가고, 과학기술이 점점 발달되어 가며, 지식의 양이 증대되어 감에 따라 더 많은 계층의 사람들이 정치적 · 경제적 · 사회적 활동에 참여할 기회가 확대되어 간다. 즉, 학교는 4차 산업혁명시대와 민주사회에서 살아가는 데 필요한 기술, 지식, 사회규범을 아동에게 가르쳐 주는 주요한 사회화 기관이다.

또한 학교는 본질적으로 개인의 적성과 능력에 따라서 미래 사회의 사회 구성원을 선발하는 기능을 수행한다. 그렇다고 하여 모든 고전적 교육이론가가 학교가 언제나 이와 같은 기능을 성공적으로 수행해 왔다고 주장하는 것은 아니다. 많은 기능주의 사회학자는 현행 학교가 가난한 학생에게 교육의 기회를 균등하게 제공해 주지 않고 있다는 점을 지적하고 있다. 그러나 그들은 모두 학교교육이 근본적으로 능력 위주의 사회를 만드는 데 기여해 왔다는 점을 부정하지는 않는다.

한편, 비판적 교육이론가들은 학교가 민주사회를 이룩하는 원동력이라든가 재능 있는 학생들을 선발하는 기관이라는 점을 부인한다. 이들에 의하면, 학교에서 배운 기술이나 지식은 직장에서 보다 높은 지위를 획득하거나, 직장에서 요구하는 일을 능률적으로 수행하는 데 별로 도움을 주지 못한다고 보고 있다. 그들은 사회에서의 성공 여부는 학생의 지능이나 능력보다는 학생의 사회 · 경제적 배경에 따라 좌우된다고 주장한다. 즉, 학교가 학생에게 지식과 기술을 가르치고 있다는 사실을 부인하지는 않지만, 보다 더 중요한 학교의 기능은 현대의 불평등한 사회질서를 유지시키기 위한 것으로 본다.

비판적 교육이론가들은 미래 사회의 구성원에게 직장에서 요구되는 위계적 질서를 유지하는 데 필요한 특성들을 가르쳐 주는 것이 학교의 주된 기능이라고 주장한다. 즉, 학교는 주로 학생에게 민주적인 규범들을 가르쳐 주는 것이 아니라, 상관의 명령을 충실히 이행하고, 직장에서 모범적인 태도를 보이고, 시간을 엄수하는 등의 사회규범을 가르쳐 준다는 것이다. 다시 말하면 그들은 학교는 불평등한 사회질서를 합리화시키고, 계층 간의 불평등을 강화시켜 왔으며, 결코 사회적 평등을 증대시키거나 민주적 규범을 가르쳐 주지 않는다고 보고 있다. 교육기회의 확대나 대중교육의 확산은 교육의 기회 균등을 증대시키는 데 기여하기보다는 오히려 기존의 사회질서를 합리화시키는 데 기여해 왔다는 것이다.

앞에서 살펴본 바와 같이, 고전적 교육이론가들과 비판적 교육이론가들은 교육기회의 균등, 사회 평등, 잠재적 교육과정의 내용, 학교와 사회와의 관계 등에서 상반된 입장을 보이고 있다. 이러한 학교교육의 사회적 역할에 대한 서로 다른 이론들에 직면하여 많은 교육학자가 두 입장 모두 학교교육의 본질적 기능을 잘 설명하지 못하고 있다고 주장하면서 그 대안을 제시하는 데 주력하고 있다. 이러한 교육의 사회적 기능에 대한 내용은 제6장 '교육사회의 이해'에서 구체적으로 다루게 된다.

### (3) 사회 · 평생 교육

사회교육의 개념은 크게 광의와 협의로 나누어 규정할 수 있다. 전자는 교육을 크게 학교교육과 사회교육으로 양분하자는 것으로, 사회교육의 정의에 학교 외의 모든 교육을 포함시키려고 한다. 이 견해에 따르면, 사회교육은 학교 외 교육과 동의어가 되며, 취학 전 교육까지도 포함시키게 된다. 이에 비해 후자는 취학 전 교육을 제외한 청소년 및 성인의 학교 외 교육을 사회교육으로 파악하고 있다. 평생교육은 학교교육과 사회교육을 동시에 포괄하는 개념으로, 대부분의 국가가 평생교육 이념 아래에 교육체제를 형성 · 운영하고 있다.

「교육기본법」 제10조에 명시되어 있는 바와 같이, 전 국민을 대상으로 하는 모든 형태의 평생교육은 장려되어야 하며, 평생교육의 이수는 법령이 정하는 바에 의하여 그에 상응하는 학교교육의 이수로 인정될 수 있다. 그리고 평생교육시설의 종류와 설립, 경영 등 평생교육에 관한 기본적인 사항은 따로 법률로 정하고 있다.

사회의 급속한 변화에 따라 우리는 학교를 졸업한 후 사회에서도 학습을 받지 않으면 안 되게 되어 있다. 우리나라의 평생교육은 다양한 민간단체 및 정부 차원의 사회교육기관을 통하여 국민들의 다양한 교육적 요구를 충족시키고 있다. 학교교육만으로는 급증하는 지식정보화 사회와 지구화(globalization)라는 세계사적 변화 조류에 도전하는 데 한계가 있을 수밖에 없다. 지식 · 정보의 폭증, 지식 · 정보 수명의 단축, 무한 경쟁의 세계 구도 속에서 선택이 아닌 필수 생존 전략으로서의 국제경쟁력과 자생력을 확보하기 위하여 현대인에게는 필연적으로 '요람에서 무덤까지' 평생에 걸친 지속적인 전 생애학습이 요청되고 있다.

이러한 관점에서 볼 때 평생학습 차원에서 가정교육과 학교교육 그리고 사회교육의 세 유형이 일체화되고 연계 및 통합됨으로써 균형 발전을 이루어 교육력이 극대화되고 있으며, 이에 따라 교육의 총체적 역량을 강화해야 할 필요성이 점증되고 있다.

이와 같이, 종래에는 학교교육이 교육의 전부인 것처럼 학교교육 기회의 확대, 교육내용과 방법의 질 개선 등에 주로 노력을 기울여 왔으나, 학교교육의 획일화에 의한 인간소외 현상 등의 문제는 여전히 해결되지 못하고 있다. 따라서 제4차 산업혁명시대, AI시대에 우리는 일정한 기간 동안만 교육을 받는다는 생각에서 벗어나 개인의 평생 동안 교육에 참여한다는 평생교육의 중요성을 인식하고, 교육의 평생화를 통하여 '평생학습사회(life-long learning society)'를 형성해 나가고 있다.

학습사회의 구현은 교육을 정치, 경제, 사회, 문화 발전과의 관계 속에서 이루어지는 밀접한 상호작용 과정으로 보고, 교육과 사회의 모든 부분이 통합되어야 한다는 의미를 지닌다. Faure(1972: 161)는 사회를 구성하고 있는 모든 부문에 학습기회를 제공하고 교육활동에 참여하게 하는 사회를 학습사회라고 정의하였다. 인간의 학습 내지 교육의 많은 부문이 학교 외의 가정과 사회환경에서 직접적인 체험을 통하여 이루어지고 있고, 인간 생활의 많은 부분과 인생의 모든 기간을 통해서 교육이 이루어지고 있는 것이다.

학습사회는 일생동안 이루어지는 평생교육과 같이 사회에 있어서의 모든 교육활동이나 학습체험을 포함한다. 학습사회와 평생교육의 관계는 학습사회가 평생교육의 도달 목적이며, 전제조건이 된다고 볼 수 있다. 즉, 모든 사회가 학교교육을 받는 사회(schooled society)로부터 평생학습도시와 같이 학습사회로 탈바꿈해 가지 않으면 평생교육의 이념은 실현될 수 없을 것이다.

## 3. 교육의 정치적 · 경제적 · 사회적 목적

교육은 국가나 사회 발전의 한 부문으로서 그 고유한 기능을 수행하고, 사회의 제반 부분들과 상보적인 관계를 가진다. Goodlad(1984)는 교육이 사회적 · 지적 · 개인적 · 직업적 목적을 가지며, 이러한 목적은 학생, 교사, 학부모에 의해 형성된다고 주장하였다. 즉, 직업적인 것은 일을 준비하는 수단으로, 사회적인 것은 복잡한 사회생활을 준비하는 수단으로, 지적인 것은 개개인의 책무성, 재능 그리고 자유로운 표현력을 발전시키는 수단으로 교육의 목적과 기능이 결정된다는 것이다.

1949년에 제정된 「교육법」에 의하여 우리나라의 교육목적이 최초로 설정되어 명문화되었다. 「교육법」은 현재 「교육기본법」으로 개정되었으며, 「교육기본법」 제2조(교육이념)에 "교육은 홍익인간(弘益人間)의 이념 아래 모든 국민으로 하여금 인격을 도야(陶冶)하고 자주적 생활능력과 민주시민으로서 필요한 자질을 갖추게 함으로써 인간다운 삶을 영위하게 하고 민주국가의 발전과 인류공영(人類共營)의 이상을 실현하는 데 이바지하게 함을 목적으로 한다."라고 명시하여 국민교육의 기본이념을 설정하였다.

2022 개정 교육과정에서는 「교육기본법」 제2조의 교육이념하에 학교교육을 통해 길러 내고자 하는 인간상으로 전인적 성장을 바탕으로 자아정체성을 확립하고 자신의 진로와 삶을 개척하는 자기주도적인 사람, 기초 능력의 바탕 위에 다양한 발상과 도전으로 새로운 것을 창출하는 창의적인 사람, 문화적 소양과 다원적 가치에 대한 이해를 바탕으로 인류 문화를 향유하고 발전시키는 교양 있는 사람, 공동체의식을 가지고 세계와 소통하는 민주시민으로서 배려와 나눔을 실천하는 더불어 사는 사람을 설정하고 있다.

2022 개정 교육과정 총론에서는 추구하는 인간상을 길러 내기 위하여 학생이 갖추어야 할 여섯 가지 핵심 역량을 제시하고 있다. 즉, 자아정체성과 자신감을 가지고 자신의 삶과 진로에 필요한 기초 능력과 자질을 갖추어 자기주도적으로 살아갈 수 있는 자기관리 역량, 문제를 합리적으로 해결하기 위하여 다양한 영역의 지식과 정보를 처리하고 활용할 수 있는 지식정보처리 역량, 폭넓은 기초 지식을 바탕으로 다양한 전문 분야의 지식, 기술, 경험을 융합적으로 활용하여 새로운 것을 창출하는 창의적 사

고 역량, 인간에 대한 공감적 이해와 문화적 감수성을 바탕으로 삶의 의미와 가치를 발견하고 향유하는 심미적 감성 역량, 복잡화 · 다양화되는 사회를 살아가기 위해 상호협력성 및 공동체를 강조하기 위한 협력적 소통 역량, 지역 · 국가 · 세계 공동체의 구성원에게 요구되는 가치와 태도를 가지고 공동체 발전에 적극적으로 참여하는 공동체 역량을 제시하고 있다. '2022 개정 교육과정'은 현행 교육과정에 제시된 역량의 큰 틀을 유지하고, 우리 교육이 지향해야 할 가치와 교과 교육의 방향과 성격 등을 바탕으로 변동성, 불확실성, 복잡성이 특징인 미래 사회에 대응할 수 있도록 역량을 체계화한 교육과정이다.

교육과 사회발전(societal development)을 연계시켜 볼 때, 교육의 목적은 정치적 · 경제적 · 사회적 측면에서 논의될 수 있다. 여기서 정치적 목적은 미래의 시민을 양성하고, 정치체제 안정 그리고 정치체제를 구체화하는 것이며, 사회적 목적은 사회적 안정을 제공하고 사회발전 방향의 제시와 사회개혁과 관련된다. 그리고 경제적 목적은 인적자원 개발, 경제발전 계획 수립 및 노동시장에 필요한 인력을 선발하고 분류하는 것을 의미한다. 이러한 정치적 · 경제적 · 사회적 목적은 상호 연계 및 중복되는 측면이 있는 바, 예를 들면 교육을 통해 빈곤을 퇴치한다는 것은 경제적인 목적뿐만 아니라 사회적인 목적을 동시에 포함한다(Spring, 1989, 2015).

### 1) 교육의 정치적 목적

교육의 정치적 목적은 앞서 기술한 바와 같이, 미래 시민 양성과 정치체제의 안정 그리고 정치체제를 구체화하는 것이라고 할 수 있다. 이것의 의미는 교육제도나 교육활동이 정치조직의 특성에 따라 달라진다는 것을 말한다. 정치사회의 안정은 민주주의 정착의 전제조건이 아니라 민주주의의 정착 정도에 따라 정치사회의 안정이 이루어지게 된다.

정치적 목적은 집권층이 누구인가에 따라 달라지게 되며, 초기에는 집권층의 신분에 의하던 것이 근대국가로 발전하면서 점차적으로 지식 수준의 정도에 따라 그 목적이 결정되었다. 능력 중심, 엘리트 중심의 정치지도자와 관료 양성은 교육의 중요한 정치적 목적 중의 하나이다. 특히, 능력주의(meritocracy)는 모든 사회 구성원에게 그들의 능력을 개발하고 신분 상승을 위한 동등한 기회를 제공하는 사회체제라고 할 수 있다. 능력주의 사회에서 학교는 시민을 훈련하고 분류하는 데 핵심적인 기관으로 작용하게 된다. 교육의 선발성에 기초한 사회의 제안은 Plato의 『국가론』에서 찾을 수 있다. 관리자들은 가장 능력 있는 사람으로서 보다 많은 교육을 받은 사람이 되었던 것이다.

한편, 정치가들은 교육을 통해서 그들의 이념이나 가치 등을 아이들에게 주입시켜 내면화시키고, 이를 통해 정치활동을 담당할 정치가들을 배출하게 된다. 그리고 교육을 통해 한 정치체제 내에 존재하는 다양한 이해관계의 대립과 갈등을 조정하고 한 나라의 국민으로서 일체감을 갖도록 한다. Mann이 지적한 바와 같이, 사회 구성원들은 교육을 통하여 보편적인 가치를 갖도록 하고, 이를 정치 사회화(political socialization)의 목적과 연결하여 정치적 · 사회적 질서를 유지하도록 하고 있다(Spring, 1989: 7-8).

모든 국민이 동일한 정치적 성향을 지니기는 어렵다. 정치가들은 정치적 합의와 애국심을 발휘하는 기관으로서 학교를 이용하게 되는데, 민주주의 사회에서는 학교에 대한 정치적 개입이 지나친 점을 경고하고 있다. 즉, 학교가 개인의 이익이나 욕구충족보다는 사회나 정치집단의 목적이나 이익을 위해서 정치적으로 이용하는 것이 합당한가에 대해 고려해 보아야 할 것이다. 교육은 본질적으로 정치와 관련성을 지니고 있지만, 교육을 정치적 목적의 통제 수단으로 이용해서는 안 될 것이다. 민주정치의 성숙화를 통하여 교육에 대한 정치와 행정의 부당한 개입을 지향하고, 올바른 의미에서 교육의 정치적 중립성을 보장함으로써 교육 발전을 도모해야 할 것이다.

### 2) 교육의 경제적 목적

교육과 경제는 상호 영향을 주고받는 관계에 있는 바, 이는 교육이 경제성장과 국가의 부를 증대시키고 기술개발을 촉진시키게 된다는 것을 의미한다. 교육의 경제적 목적은 노동시장에 필요한 인력 양성 및 개발에 주력하는 것과 노동력에 따르는 훈련과 분류의 측면 그리고 교육을 통해서 결국 노동시장에서 필요한 기능이나 기술을 습득하고 태도를 함양하게 하는, 즉 사회화를 촉진시키는 것과 관련된다(Spring, 1989, 2015).

우선 교육은 인력의 양성 및 공급과 노동 생산성 향상을 통해 경제성장을 촉진시키며, 국민들의 가치관과 투자 및 소비 형태를 합리적인 방향으로 변화시키게 된다. 또한 경제발전이 실현됨에 따라 정부 재정에 여유가 생기고, 국민의 생활수준이 높아지며, 교육에 대한 투자가 확대되고, 교육을 받고자 하는 욕구도 상승하여 교육기회의 확대와 교육여건의 개선을 촉진하게 된다. 그러나 교육투자에 대한 효과는 장기적인 회임기간(gestation period)이 소요되므로 교육의 경제적 효과를 동일 시점에서 측정한다는 것은 그 의미가 더욱 제한된다. 교육투자의 경제적 가치에 대한 논의는 제12장 '교육의 경제적 가치'에서 상세히 다루게 된다.

아울러 교육은 학생의 능력과 적성에 따라 학생을 선발, 분류하며, 장래의 직업, 사회 · 경제적 지위 그리고 경제적 소득 정도를 예언해 주기도 한다. 교육은 젊은이들을 사회화시키고, 졸업자들에게 그에 상응하는 보상과 지위를 부여해 줄 뿐만 아니라 사회 구성원 각자의 능력과 관심에 적합한 직업을 선택하는 제도적 장치로 기능을 한다(Spring, 1989: 21). 그러나 교육의 선발 및 분류 기능이 개인의 능력이나 업적보다는 단지 졸업장이나 학위의 소유 여부를 중시함으로써 실제 노동시장이나 사회구조면에서 많은 문제점을 야기하고 있다. 따라서 교육의 기회 균등, 학생의 선발 및 분류 방식 그리고 경제구조와 고용제도 등에서 많은 개선이 뒤따라야 할 것이다.

### 3) 교육의 사회적 목적

사회는 개인의 집합체로서 존재한다. 개인은 집단에 참여하는 과정 속에서 성장 및 발달한다. 현대사회의 고도의 산업화는 개인에게 급격한 사회 변화를 수용하라는 요구를 따르지 않을 수 없게 만들었다. 우리는 개인인 동시에 사회의 일원이기에 인간으로서 이상을 구현하는 것과 동시에 사회 이상에 의하여 규정된다. 즉, 모든 사람이 사회 속에서 지유와 평등과 행복을 누릴 수 있는 가장 바람직한 사회를 실현시키는 데 이바지할 수 있는 교육이 되어야 한다는 것이다.

교육의 사회적 목적은 사회적 안정을 제공하고, 사회발전의 방향을 제시하며, 사회개혁을 시도한다는 것이다(Spring, 1989, 2015). 교육은 개인에게 사회적 산물, 이념, 이상, 관습, 전통 등을 알고 습득하게 함으로써 그 사회 안정을 유지시켜 나가는 수단, 즉 사회화의 보수적 기능과 더불어 사회를 변화 및 개혁시키는 진보적 기능을

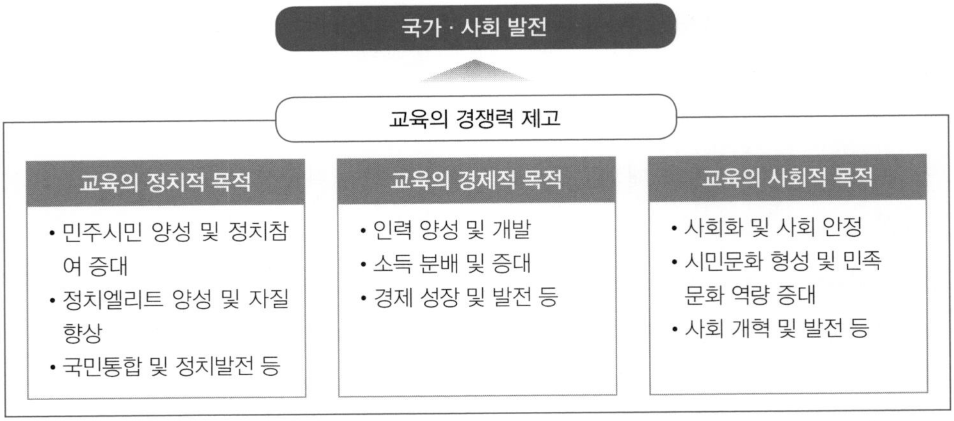


[그림 1-3] **교육의 목적과 국가 · 사회 발전과의 관계**

출처: Spring(1989, 2015)을 토대로 작성.

동시에 지니고 있다. 따라서 교육은 사회현상에 대한 종속변인인 동시에 독립변인으로 작용하게 되므로 교육은 사회분화의 존속 및 유지의 기능과 함께 사회문화를 개혁 및 창조하는 기능을 수행한다(김병성, 1992; 김신일 외, 2002; 차경수, 2010).

이를 종합해 보면 [그림 1-3]에 제시된 바와 같이, 교육의 정치적 · 경제적 · 사회적 목적은 학교교육에 있어 폭넓게 지지받아 왔다. 교육의 정치적 목적은 정치적 여론에 의해 함께 만들어 가는 민주주의 공동사회 건설을 위함이며, 학교는 '좋은 정부(good goverment)'를 위한 핵심 역할을 한다. 교육의 경제적 목적은 학생 선발로서 학교를 현 노동시장의 인력 확보를 위한 준비 기관으로 보는 것이다. 그리고 교육의 사회적 목적은 범죄, 빈곤 및 다른 사회적 질병으로부터 사회를 보호하고, 동시에 바람직한 사회발전의 방향을 제시해 주는 데 있다고 할 수 있다.

## 참고문헌

권두승(1991). 한국 사회교육의 변천에 관한 사회학적 분석. 고려대학교 대학원 박사학위 청구논문.

교육부, 한국교육개발원(2022). 2021 한국교육통계 연보.

김병성(1992). **교육학총론**. 서울: 양서원.

김수연, 신창호(2021). 듀이(J. Dewey)와 주희(朱熹)의 교육목적 비교: 학교와 사회(The

school and society)와 소학(小學)을 중심으로. 한국인격교육학회, 15(2), 5-21.
김수일(1982). 사회교육기관 실태 조사연구. 서울: 한국교육개발원.
김신복(1995). 교육과 정치 · 경제 · 사회. 교육학연구, 33(2). 경기: 한국교육학회.
김신일, 황종건, 한승희, 김종서(2002). 평생교육개론. 경기: 교육과학사.
김안중(1995). 학교의 본질: 오늘날 학교의 기능은 그 본질에 충실한가. 교육학연구, 33(4), 21-34.
김영모(1983). 2000년대의 사회발전과 교육. 서울: 교육과학사.
김종건(2003). 교육의 준거와 교과의 교육목적. 교육과정연구, 21(4), 25-50.
서울대학교 교육연구소(1995). 교육학용어사전. 서울: 하우동설.
신용일(1993). 교육학개론신강. 서울: 동문사.
이돈희(1995). 교육철학개론. 서울: 교육과학사.
이성진(1994). 한국교육학의 맥. 서울: 나남출판.
이형행(1996). 교육학개론. 서울: 양서원.
이홍우(1979). 교육학개론. 서울: 교육과학사.
임진권, 이계윤(1974). 교육원리. 서울: 동문사.
장진호(1983). 교육과 사회. 서울: 대은출판사.
정구현, 배규한, 이달곤, 최영명(1994). 21세기 한국의 사회발전 전략: 성장 · 복지 · 환경의 조화. 서울: 도서출판 나남.
정범모(1968). 교육과 교육학. 서울: 배영사.
정범모(1990). 교육과 국가발전. 서울: 교육출판사.
정범모 편(1991). 교육난국의 해부: 한국교육의 진단과 전망. 서울: 도서출판 나남.
차경수(2010). 교육사회학의 이해(개정판). 경기: 양서원.
최운실(1993). 한국사회교육의 과거, 현재, 미래 탐구. 서울: 한국교육개발원.
한림과학원 편(1996). 정보사회 그 문화와 윤리. 서울: 도서출판 소화.
함종한, 허경회 편저(1992). 한국교육의 새로운 선택. 서울: 21세기 정책연구원.
황정규(1995). 21세기에 대비한 교육적 인간상. 광복 50주년 기념 논문집, 6권 교육. 서울: 한국학술진흥재단.
황종건(1978). 한국의 사회교육. 서울: 교육과학사.

Collins, R. (1979). *The credential society*. New York: Academic Press.
Faure, E. et al. (1972). *Learning to be: The world of education today and tomorrow*. Paris: UNESCO.
Goodlad, J. I. (1984). *A place called school*. New York: McGraw-Hill.
Harrison, P. (1980). *The third world tomorrow: A report from the battlefront in the war*

*against poverty*. England: Penguin Book.

Henslim, J. M. (1995). *Sociology: A down to earth approach* (4th ed.). New York: Longman Inc.

Scheffler, I. (1978). *The language of education*. Chicago: University of Chicago Press.

Spring, J. (1989). *American education*. New York: Routledge.

Spring, J. (2015). *American education* (17th ed.). New York: Routledge.

Peters, R. S. (1970). *Ethics and education*. London: Allen and Unwin.

Zachariah, M. (1985). Lumps of clay and growing plants: Dominant metaphors of the role of education in the Third World, 1950-1980. *Comparative Education Review, 29*(1), 1-21.

한국민족문화대백과. http://encykorea.ask.ac.kr

제2장

# 교육연구방법의 이해

교육에 대한 연구를 수행하기 위한 방법은 매우 다양하다. 교육과 관련된 어떤 주제를 탐구하느냐에 따라 구체적인 연구방법은 달라질 수 있다. 그럼에도 불구하고 일반적으로 교육연구방법은 크게 양적연구방법과 질적연구방법으로 구분된다. 따라서 이 장에서는 양적연구방법의 의미 및 특징, 유형, 구성요소, 활용 및 장점, 목차 구성 등을 중심으로 살펴보며, 질적연구방법의 의미 및 특징, 유형, 일반적 과정 등을 중심으로 살펴본다. 그리고 양적연구방법과 질적연구방법의 비교를 제시하고자 한다.

# 1. 양적연구방법

## 1) 양적연구방법의 의미 및 특징

양적연구방법(quantitative research method)의 의미는 널리 알려져 있지만 여기서는 대표적인 몇 가지 정의를 제시하면서 그 의미를 살펴보기로 한다. 먼저 Cohen과 Manion(1980)에 따르면, 양적연구방법은 경험적 방법(empirical method)과 경험적 진술(empirical description)을 사용하는 교육연구방법이다. 경험적 방법은 실제 세계에서 되어야 하는 것이 아니라 실제 세계의 경우에 대한 기술적(descriptive) 진술로 정의된다. 그리고 일반적으로 경험적 진술은 수치적 용어로 표현된다. Creswell(1994)은 수학적 기반방법(특히 통계)을 사용하여 분석된 수치 데이터를 수집함으로써 현상을 설명하는 연구방법의 한 유형이라고 정의하였다.

이러한 정의에 기초하여 양적연구방법의 의미 속에 포함되어 있는 주요 특징을 살펴보면 다음과 같다. 첫째, 현상의 설명이다. 이것은 양적연구방법이든, 다른 연구방법이든 간에 모든 연구방법의 핵심 요소이다. 우리는 어떤 연구를 시작할 때 항상 무언가를 설명하려고 한다. 교육연구방법에서 이것은 연구의 문제가 될 수 있다. 둘째, 수치 데이터의 수집이다. 이 특징은 수학적 기반방법을 사용하는 분석과 밀접하게 연관되어 있다. 수학적 기반방법을 사용하기 위해서는 데이터가 숫자 형식이어야 한다. 셋째, 데이터 분석을 위한 수학적 기반방법 특히 통계의 사용이다. 이것은 사람들이 양적연구방법을 생각할 때 일반적으로 생각하는 것이며, 양적연구방법에서 가장 중요한 부분으로 간주된다.

요컨대, 양적연구방법은 일반적으로 사회적 실체를 측정하는 데 초점을 둔다. 양적연구방법 또는 양적연구문제는 양화(quantity)를 추구하고 수치적으로 연구를 확립하려고 한다. 양적연구방법 연구자들은 세상을 객관적으로 결정될 수 있는 실체로 본다. 따라서 데이터 수집과 분석과정에서의 엄격한 안내가 매우 중요하다.

### 2) 양적연구방법의 유형

양적연구방법에는 여러 가지 유형이 있다. 예를 들어, 조사연구(survey research), 실험연구(experimental research), 준실험연구(quasi-experimental research) 등으로 분류할 수 있다. 양적연구방법 연구자들은 조사, 실험 및 준실험을 포함한 여러 가지 연구설계를 활용한다. 양적연구방법 유형에는 고유한 일반적인 특성이 있다. 조사연구는 모집단의 특성이나 행동을 예측할 목적으로 자료를 수집하기 위한 방법이며, 모집단을 대표하는 표본을 대상으로 연구를 진행한다. 실험연구는 연구자들이 한 가지 또는 그 이상의 종속변인에 미치는 효과를 검증하기 위해 한 가지 또는 그 이상의 독립변인을 조작하거나 통제하는 유형의 방법이다. 준실험연구는 처치(treatment)와 결과 측정, 실험 단위 등의 측면에서 실험연구와 유사한 방법을 포함한다.

### 3) 양적연구방법의 구성요소

양적연구방법을 수행할 때 연구자는 '연구 단위(research unit)와 변인(variable)'의 개념에 대해 명확히 이해하고 있어야 한다. 양적연구방법을 위해 데이터(data)를 수집할 때 우리는 사람으로부터 데이터를 수집해야 한다. 우리가 데이터를 수집하는 사람을 '연구 단위, 단위 또는 사례(case)'라고 한다. 모집단의 표본에서 데이터를 추출해야 하는 경우에 표본을 '표집 단위(sampling unit)'라고 한다. 이들은 모두 같은 의미이며, 연구 결과를 표집 단위로부터 모집단에 일반화할 수 있다.

단위에서 수집하는 데이터를 변인이라고 한다. 변인은 우리가 관심을 갖고 수집하고자 하는 단위의 어떤 특성이다(예를 들어, 성별, 연령, 자아존중감). 변인의 이름은 이 데이터가 단위 간에 다르다는 사실을 나타낸다. 우리가 연구하고자 하는 단위 간에 차이가 없다면 흥미로운 연구를 수행할 수 없을 것이다.

가설(hypothesis)은 일련의 사실을 설명하는 잠정적 설명이며, 계속적인 탐구를 통해 검증될 수 있다. 우리는 가설을 기각할지 또는 잠정적으로 수용할지를 결정하기 위해 적합한 데이터를 수집하고 통계 기법을 사용한다. 가설의 수용은 항상 잠정적이다. 왜냐하면 새로운 데이터로 인해 나중에 기각될 수 있기 때문이다.

## 4) 양적연구방법의 활용 및 장점

먼저, 양적연구방법을 활용하면서 답을 찾을 좋은 연구문제를 고려할 필요가 있다. 양적연구방법을 활용하기에 적합한 여섯 가지 주요 연구문제 유형은 다음과 같다. ① 양적인 답을 원할 때이다. 질적 또는 비수치적 방법은 분명히 수치적 답을 우리에게 제공하지 않는다. ② 수치적 변화는 양적연구방법을 사용하면서 정확하게 연구될 수 있다. ③ 양적연구방법은 집단 분류(audience segmentation)를 위해 유용하다. 이것은 모집단을 구성원들이 서로 비슷하고 다른 집단과 구분되는 집단으로 나눔으로써 이루어진다. 양적연구방법은 집단 분류의 크기를 추정하기 위해 사용된다. ④ 양적연구방법은 의견, 태도, 행동을 계량화하고, 특정 사안에 대해 전체 모집단이 어떻게 느끼는지를 알아보는 데 유용하다. ⑤ 양적연구방법은 어떤 현상을 설명하는 데 적합하다. ⑥ 양적연구방법은 가설의 검증에 적합하다.

앞서 제시한 ①에서 ④까지는 상황을 기술하려고 하기 때문에 '기술적 연구'라고 하며, 기술 통계(descriptive statistics)를 사용한다. ⑤와 ⑥은 상황을 기술하기보다는 설명하려고 하기 때문에 '추론적 연구'라고 하며, 추론 통계(inferential statistics)를 사용한다. 양적연구방법의 궁극적인 목적은 표본(sample)에서 발견된 '사실'을 모집단에 일반화하는 것이다.

일반적으로 양적연구방법의 장점은, ① 대규모로 모집단의 추정치를 제공하고, ② 통계치로 요약할 수 있는 결과를 제공하며, ③ 집단 간의 통계적 비교가 가능하고, ④ 정교하고 확정적이며 표준화가 이루어져 있고, ⑤ 발생, 추세 수준 등을 측정할 수 있다는 것 등이다.

## 5) 양적연구방법의 목차 구성

먼저, '연구자 스스로 양적연구방법을 수행하는 경우'에 연구방법 부분의 목차 구성을 제시하면 〈표 2-1〉과 같다. 여기에 제시된 연구방법 목차 구성은 교육학의 세부 학문 분야에 따라 다를 수 있다.

'연구대상' 부분에서는 연구자가 연구대상으로 삼는 모집단(population)이 누구인지를 먼저 기술하고, 모집단으로부터 표본(sample)을 어떻게 표집(sampling)하였는

〈표 2-1〉 연구방법 부분의 목차 구성: 연구자 스스로 양적연구방법을 수행하는 경우

Ⅲ. 연구방법

1. 연구대상
2. 측정도구
   가. 독립변인
   나. 종속변인
3. 자료 수집방법
4. 자료 분석방법

Ⅳ. 결과

지 표집방법을 기술하고 구체적인 표집과정까지 기술할 필요가 있다. 이런 과정을 거쳐 최종 표본이 몇 명이며, 표본의 특성을 표로 제시할 필요가 있다.

'측정도구' 부분에서는 독립변인 및 종속변인별로 측정도구를 기술할 필요가 있다. 기존의 측정도구를 사용한다면 측정도구를 개발한 저자(들)를 기술하고 참고문헌에 제시할 필요가 있다. 측정도구의 내용을 기술하고 예시적인 문항을 제시하며, 문항이 어떻게 측정되었는지(예를 들어, Likert식 5점 척도)를 기술할 필요가 있다. 더불어 측정도구의 신뢰도 계수(예를 들어, Cronbach $\alpha$계수)를 제시할 필요가 있다.

'자료 수집방법'에서는 자료를 수집한 연월일을 기술하고 어떤 방식으로(예를 들어, 온라인 또는 현장 방문 자료 수집) 수집하였는지 그 절차를 구체적으로 기술할 필요가 있다. '자료 분석방법'에서는 연구문제별로 통계분석 기법을 기술할 필요가 있다.

다음으로, '패널데이터 등 이미 구축된 데이터를 사용하여 양적연구방법을 수행하는 경우'에 연구방법 부분의 목차 구성은 〈표 2-2〉와 같다. 여기에 제시된 연구방법 목차 구성은 교육학의 세부 학문 분야에 따라 다를 수 있다.

〈표 2-2〉 연구방법 부분의 목차 구성: 패널데이터 등 이미 구축된 데이터를 사용하여 양적연구방법을 수행하는 경우

Ⅲ. 연구방법

1. 데이터 및 표본
2. 변인
   가. 독립변인
   나. 종속변인
3. 자료 분석방법

Ⅳ. 결과

최근 각종 패널데이터 등 이미 구축된 데이터를 활용한 양적 연구물(학술대회 발표 논문, 학술지 논문 등)이 많이 발간되고 있어 패널데이터 등에 대한 관심이 높아지고 있다. '연구자 스스로 양적연구방법을 수행하는 경우'와 달리 '이미 구축된 데이터를 사용하여 양적연구방법을 수행하는 경우'에는 목차 구성을 달리할 필요가 있다.

'데이터 및 표본' 부분에서는 연구자가 사용한 데이터에 대한 구체적인 내용을 제시할 필요가 있다. 여기서 '연구대상'이라는 절 제목보다는 '데이터 및 표본'이라는 절 제목이 더 적합하다. 이미 구축된 데이터는 연구대상이 정해져 있기 때문에 연구대상이라는 절 제목이 불필요하다. 따라서 데이터를 기술하고, 이 데이터로부터 도출된 표본을 기술할 필요가 있다. 그리고 최종 표본이 몇 명이며, 표본의 특성을 표로 제시할 필요가 있다.

'변인' 부분에서는 독립변인 및 종속변인을 측정하는 문항을 기술할 필요가 있다. 이미 구축된 데이터를 사용하기 때문에 측정도구는 없다고 볼 수 있다. 따라서 '변인'을 측정하는 문항을 제시하는 것이 더 적합하다. 더불어 문항이 어떻게 측정되었는지(예를 들어, Likert식 5점 척도)를 기술할 필요가 있으며, 문항의 신뢰도 계수(예를 들어, Cronbach $\alpha$계수)를 제시할 필요가 있다.

이미 구축된 데이터를 사용하기 때문에 '자료 수집 절차'에 대한 기술은 불필요하다. 따라서 '자료 분석방법'만을 기술하며, 연구문제별로 통계분석 기법을 기술할 필요가 있다.

## 2. 질적연구방법

### 1) 질적연구방법의 의미

질적연구방법(qualitative research method)은 여러 학문과 철학적 전통에 영향을 받은 연구방법이다. 이 연구방법은 인류학이나 사회학 등에 기원을 갖는 복잡하고 오래된 역사를 가지고 있으며, 정확한 의미는 전통과 학문체계에 따라 다양하다(Denzin & Lincoln, 2011). 여기서는 질적연구방법의 일반적인 정의를 중심으로 질적연구방법의 의미를 제시하고자 한다.

질적연구방법에 대해 Maanen(1979)은 질적연구방법이란 빈도(frequency) 등 수치적 방법 이외의 방법으로 현상을 해석하고, 재코딩하고, 설명하는 다양한 방법론을 의미하는 광범위한 개념이라고 하였다. Merriam(1988)은 질적연구방법이란 자연스러운 상황, 현장, 자료 수집의 도구로서의 연구자, 과정으로서의 결과물, 귀납적 분석방법, 참여자들의 관점과 의미를 중요시하는 연구방법이라고 하였다. Wang(2021)은 질적연구방법이란 특정 사례의 세세한 내용을 이해하고, 연구에서 발견된 것을 끊임없이 변화하는 세계와 연결하고자 하는 연구방법이며, 해석학적 · 구성주의적 전통에 의한 영향으로 객관적 실재는 완전하게 이해되거나 발견될 수 없으며, 실재를 바라보는 많은 다양한 방식이 있다고 생각하는 연구방법이라고 주장하였다.

한편, 성태제(2020)에 따르면 질적연구방법이란 개인이 사회현상을 자신의 경험으로 해석하고 이해하는 해석학적 입장에 바탕을 둔다. 해석은 원래 그 표현이 생겨났던 정신적인 삶으로 거슬러 올라가는 행위이다. 거슬러 올라간다는 말은 상대방의 체험 속으로 들어간다는 의미이다. 개인의 체험을 온전히 이해하기 위해서는 경험의 전체와 부분이 상호작용하는 해석적 순환 또는 지속적 해석과정(hermeneutic circle)이 이루어져야 가능하다. 질적연구방법은 언어나 문자의 형태로 제시된 자료 속에 내포된 상대적 진리의 의미를 지극히 주관적인 관점에서 해석하는 방법이다. 질적연구방법에서의 실재란 양적연구방법에서와는 달리 다양한 가치관을 가진 개인들의 사회적 상호작용의 결과로 파악한다. 그러므로 진리는 늘 유동적이고 상대적이다. 진리는 상황의 맥락과 연결될 뿐이다. 질적연구방법 연구자는 직접 연구에 참여하여 작은 목소리, 작은 이야기에 귀를 기울이고 그 일이 어떻게, 왜 일어났는지 또 그 일을 일으킨 요인이 무엇인지를 살핀다.

그리고 유기웅 등(2021)에 따르면, 양적연구방법의 인식론적 틀이 되는 합리주의적 · 실증주의적 전통에서 질적연구방법의 인식론적 가정인 해석적 · 자연주의적 탐구(연구자의 통제나 조작 가능성을 거부하고 연구자가 자연스러운 연구 상황에 참여하여 행하는 탐구)가 어떻게 다른지 다섯 가지 측면에서 설명이 가능하다.

첫째, 합리주의적 전통에서는 연구자로부터 분리되어 독립적으로 존재하는 객관적인 실재(reality)의 존재를 인정하지만, 자연주의적 입장에서는 객관적인 실재는 존재할 수 없으며 연구의 대상, 즉 실재는 연구자의 인식과정 가운데 구성된다(구성주의). 그러므로 실재는 분할이 불가능하다. 둘째, 실증주의적 전통에서는 연구자와 연구대상의 분리가 가능하지만, 자연주의적 입장에서는 양자 간의 상호 영향이 필연적으로 존재한다. 셋째, 실증주의적 전통에서는 과학적 탐구과정을 통해서 보편적이고 법칙적인 지식을 생산할 수 있다고 본 반면, 자연주의적 입장에서는 현상과 대상, 사례에 대한 풍부한 기술을 통해 해당 사례에 가장 적합한 지식을 만들어 낸다고 본다. 그리고 그 지식은 독자들이 각자 관심을 갖는 영역에 대한 시사점을 얻어 갈 때 일반화된다고 한다. 넷째, 실증주의적 전통에서는 연구 결과에 영향을 미친 요인을 확인할 수 있지만, 자연주의적 입장에서는 어떤 사건이나 행위의 원인은 다양한 요인이 복합적으로 작용하여 발생한 것으로 이해하기 때문에 이러한 요인들을 구분하여 이해하는 것이 불가능하다고 본다. 다섯째, 실증주의적 전통에서는 연구자의 가치 개입은 체계적 연구설계를 통해서 막을 수 있다고 보지만, 자연주의적 입장에서는 연구자의 가치관, 연구환경, 문화 등에 내재된 가치는 연구의 설계과정에 있어 필연적으로 개입될 수밖에 없다고 주장한다.

종합하면 질적연구방법은 어떤 수치적인 통계나 수학적인 분석의 도구를 사용하는 양적연구방법과 달리 다양한 방법을 활용해서 수집한 자료들을 비수학적인 방식의 분석과정을 활용해서 연구의 결과물을 도출하는 연구방법이라고 할 수 있다. 질적연구방법은 일반적인 현상보다는 주관적인 인식론에 기반을 두어 심층적인 이해가 필요한 현상에 대해 연구할 때에 사용하는 연구방법이라고 할 수 있다.

## 2) 질적연구방법의 특징

Creswell(2009)이 제시한 질적연구방법의 특징은 다음과 같다.

첫째, 자연 그대로의 연구 상황 설정이다. 질적연구방법 연구자는 참여자가 연구와 관련한 문제나 사안을 경험하는 장소 내에서 자료를 수집한다. 또한 있는 그대로의 상황에서 질적연구방법 연구자는 오랫동안 면대면 상호작용을 한다.

둘째, 핵심적인 검사도구로서의 연구자이다. 질적연구방법 연구자들은 문서를 조사하고, 행동을 관찰하고, 참여자와의 면접을 통해 직접 자료를 수집한다. 이들은 자료 수집도구인 계획안을 사용할 수도 있지만, 정보를 실제로 수집하는 이는 연구자이다. 이들은 다른 연구자들이 개발한 질문지나 검사도구를 사용하거나 그것에 의존하지 않는다.

셋째, 다양한 자료 출처이다. 질적연구방법 연구자는 보통 하나의 자료 출처에 의존하기보다는 면접, 관찰, 문서와 같은 다양한 형태의 자료를 수집한다. 그런 후 모든 자료를 검토하고 이해하며, 모든 자료를 관통하는 범주나 주제로 조직한다.

넷째, 귀납적 분석이다. 질적연구방법 연구자는 점차 더 추상적인 정보 단위로 자료를 조직함으로써 아래에서 위로 자신만의 패턴, 범주, 주제를 만들어 나간다. 이 귀납적 절차는 연구자가 전체적인 일련의 주제를 확정하기 전까지 주제와 자료 사이를 오가는 것을 의미한다.

다섯째, 참여자에게 있어서의 의미이다. 전반적인 질적연구방법 절차에서 질적연구방법 연구자는 자신이 연구에 부여하거나 연구에 담을 의미가 아닌, 어떤 문제나 사안이 참여자에게 지니는 의미를 파악하는 것에 지속적으로 초점을 맞춘다.

여섯째, 발현적 설계(emergent design)이다. 질적연구방법 절차는 발현적이다. 이 말은 연구 초기에는 설계를 꼼꼼하게 규명할 수 없다는 의미이며, 질적연구방법 연구자가 현장에 들어가 자료를 수집하기 시작하면서 계획은 변경될 수 있다는 의미이다.

일곱째, 이론의 활용이다. 질적연구방법 연구자는 자신의 연구를 검토하기 위해 다양한 조망을 사용한다.

여덟째, 해석적(interpretive) 탐구이다. 질적연구방법은 질적연구방법 연구자가 보고, 듣고, 이해한 것을 해석하는 해석적 탐구의 형태를 지닌다. 해석은 그 배경, 역사, 문맥, 사전 지식과 별개일 수 없다.

아홉째, 전체적 서술(holistic account)이다. 질적연구방법 연구자는 연구에서 다루는 문제나 사안에 대해 복잡한 그림을 전개하려고 한다. 이것은 다양한 관점을 바탕으로 상황 속의 많은 요인을 규명하고, 더 큰 그림을 그리는 것을 포함한다.

### 3) 질적연구방법의 유형

질적연구방법의 유형은 학문 분야에 따라 또는 학자에 따라 다양하게 분류되므로 질적연구방법의 유형을 모두 제시하기가 어렵다. 따라서 여기서는 일반적으로 많이 활용되는 유형인 문화기술지 연구, 현상학적 연구, 근거이론, 질적사례연구, 내러티브 연구 등을 제시한다(천정웅, 2019).

### (1) 문화기술지 연구

문화기술지 연구(ethnographic study)는 문화적 또는 사회적 집단이나 체계에 대한 기술과 해석을 다룬다. 문화를 이해하고 기술하는 이론에 입각하여 쓰게 되며, 문화기술지가 갖는 시사점은 왜 문화적인 차이를 보이는가 그리고 그것들은 왜 그러는가를 알아내는 것이다.

문화기술지 연구는 연구자가 주로 관찰이나 면접 자료를 수집하면서 오랜 기간 동안 자연 상태의 환경에 있는 기존의 문화집단을 연구하는 탐구전략을 세운다. 연구과정은 유연하며, 연구 현장 환경에서 접하는 생명이 있는 실재에 응하여 맥락적으로 전개되어 간다.

문화기술지 연구는 문화인류학에서 발생한 것으로, 특정 집단의 문화적인 양식에 중점을 두고 이를 총체적으로 기술하고자 하는 방법이다. 기본적으로 집단의 문화와 가치 등에 대한 관찰을 통해 이를 보다 생생하고 포괄적으로 기술하는 것을 목적으로 한다. 이러한 목적을 가지고 우선적으로는 내부자 관점에서 인간의 행동을 이해하기 위한 노력에 많은 비중을 두며, 참여 관찰과 현장 기록의 방법을 주로 사용한다. 문화기술지 연구의 초점은 사회 상황에서 벌어지고 있는 문화에 있으며, 문화를 공유하고 있는 집단의 행동 · 신념 · 언어 면에서 공유된 패턴을 기술하고 해석하는 것을 연구 목적으로 한다.

### (2) 현상학적 연구

현상학적 연구(phenomenological study)는 하나의 개념이나 현상에 대한 개인의 체험의 의미를 기술한다. 이 연구는 일상생활의 경험(체험)을 실제적 · 함축적으로 서술함으로써 현상의 본래 모습과 의미를 이끌어 내고 이를 통해 현상을 체험한 사람을 이해하고자 하는 것이다. 현상학적 연구의 연구자는 현상을 체험한 사람의 체험의 의미를 기술한 것에 초점을 두면서 본질에 대한 직관의 방법을 강조한다.

현상학적 연구는 현상을 체험한 사람에 대한 이해를 위해 바로 그 사람, 즉 연구참여자의 심정으로 들어가서 현상을 바라보는 내부자(emic) 관점을 매우 중요하게 여긴다. 실제 이러한 관점은 현상학뿐만 아니라 질적연구방법에서 매우 중요하게 요구되는 것이기도 하다. 그리고 현상학적 연구에서 중요한 개념으로 비중을 두는 것은 지향성(intentionality)이다. 지향성은 인간의 삶은 항상 누군가를 지향하고 있다는 전제를 갖고 있고, 이 지향된 관계 안에서 상호 주관성이 있음을 중시한다. 따라서 같은 주제라도 연구자에 따라 그 깊이와 질이 상이하게 나올 수 있으며, 연구참여자와 연구참여자의 체험의 의미를 해석하는 연구자의 상호 주관성이 연구 내용과 깊이를 결정한다.

현상학적 연구는 연구자가 연구참여자를 묘사함으로써 현상에 관련된 인간경험의 본질을 확인하는 탐구전략이다. 생생한 경험을 이해한다는 것은 방법뿐만 아니라 철학으로서의 현상학에 주목하는 것이고, 연구 절차는 의미의 패턴과 관계를 개발하기 위해 광범위하고 장기적인 참여가 요구되며, 소수의 대상을 연구하는 것이 포함된다.

### (3) 근거이론

근거이론(grounded theory)은 체계적인 과정을 통해 특정 이론을 개발 및 발전시키는 데 목적이 있다. 다수의 연구참여자의 응답을 분류하여 개념과 범주를 도출하고, 범주들을 연결시킴으로써 최종적으로 이론을 개발한다. 1960년대에 Strauss와 Glaser에 의해 주장된 근거이론은 현재까지도 질적연구를 수행하는 많은 연구자에 의해 다양한 형태로 활용되고 있다. 근거이론은 연구자가 연구참여자의 관점에 근거한 과정, 행동, 상호작용의 일반적 · 추상적 이론을 추출하는 탐구전략이다(Creswell, 2009).

근거이론은 기존의 이해 틀이나 다른 선행연구에 근거하지 않고 순수하게 발생하는 현상에 관해 주목하고, 이에 대한 자료를 추출한 후 자료에 근거한 이해를 생성시켜 나가는 것, 그리고 더 나아가 이러한 이해와 설명에 기초하여 예측까지 하는 것에 중요한 의미를 부여한다. 기본적으로 근거이론은 이론의 생성을 강조한다.

근거이론의 과정에는 다단계에 걸친 자료 수집하기와 정보의 범주 정제하기, 상호 관련짓기가 포함된다. 이 이론의 주요 특징은 생성되는 범주로 자료를 연속 비교하는 것과 정보의 유사성과 차이를 극대화하기 위해 서로 다른 집단을 이론적 표집하는 것이다. 이는 확률적인 자료 수집을 통한 대표성의 확보와는 달리, 현상의 심층적 분석을 위해 분석적 연구의 틀과 개념을 가장 잘 확보할 수 있는 자료를 찾는 과정이다.

근거이론 연구방법은 연구의 도구로서 학습하는 연구자를 중심에 두고 연구자가 자료에 대한 완전한 포화도(saturation)의 이해를 얻을 때까지 연구대상 및 자료와의 반복적인 상호작용을 요구하며, 이러한 이해를 코딩을 통해 이론의 형태로 표현하는 것을 요구한다. 주의할 점은 이렇게 발생된 이론은 그 자체로 최종적이고 완결한 것이 아니며, 다른 사례 및 연구대상을 통한 검증 및 다른 자료 및 분석에 대한 지속적

비교를 통해 수정 및 보완될 수 있는 잠정적이고 비완결적이라는 것이다. 또한 연구 내용을 몇 개의 범주로 유형화하게 되는데, 여기서 이론적 표본은 연구자가 전개하고자 하는 이론의 형태에 따른 포화된 범주들에 대해 얼마나 넓고 다양하게 그룹을 선택했는지에 기초를 두고 판단하는 것이다. 포화는 범주의 속성을 발전시킴에 있어 더 이상 추가할 자료가 없는 상태를 의미한다.

### (4) 질적사례연구

질적사례연구(qualitative case study)는 일반적으로 수량화된 데이터를 이용하여 가설을 검증하는 방법보다는 특정 사례를 관통하고 있는 독특한 특성에 대한 통찰력, 발견적 맥락, 맥락에 대한 해석에 관심을 두고 있으며, 연구문제에 대한 가설 검증을 목표로 하는 실증주의적 전통과는 달리 분석대상에 대한 현상을 전체적으로 이해하는 데 초점을 둔다. 그리고 분석대상에 대한 이해를 목표로 특정 현상에 내재된 의도와 의미를 그 현상이 관련되어 있는 상황적 맥락 속에서 파악하는 것이다.

Stake(1995)는 사례연구를 본질적 사례연구와 도구적 사례연구로 나누었다. 본질적 사례연구는 사례 자체에 대해 관심을 가지고 수행하는 연구이다. 이러한 연구에서 연구자는 특정한 사례에 대해 보다 깊이 알고자 하는 목적으로 사례연구를 수행한다. 도구적 사례연구는 그 사례를 통해 어떤 다른 것을 알고자 하는 연구이므로 사례 자체가 목적이라고 할 수 없다. 다만 그 사례가 다른 어떤 것의 예가 되어 주기 때문에 그 사례를 도구로서 이용하는 것이다.

한편, Merriam(1998)은 사례연구를 서술적 사례연구, 해석적 사례연구, 평가적 사례연구로 구분하여 그 목적을 다르게 정의하였다. 서술적 사례연구는 연구되는 현상에 대해 설명하는 것을 목적으로 한다. 역사적 사례연구가 여기에 속한다. 이러한 연구는 전적으로 이론적이고 서술적인 것으로, 기존의 어떤 가설이나 일반화와 전혀 상관없이 연구대상에 대한 기본적인 서술만을 목적으로 한다. 해석적 사례연구는 풍부하고 상세한 양의 서술과 더불어 이론적 가정에 대한 설명, 지지 등을 위해 수행된다. 이 연구는 자료를 분석한 후 어떤 추상화나 범주화의 단계까지, 더 나아가 분석을 거치게 된다. 평가적 사례연구는 서술과 해석, 판단을 모두 포함하는 결과를 도출하는 것을 목적으로 한다. 따라서 종합적으로 판단할 수 있는 확실한 근거를 찾는 것이 핵심이며, 평가를 최종적이고 궁극적인 행위로 간주한다.

### (5) 내러티브 연구

내러티브(narrative)는 현상인 동시에 연구방법으로서 인간을 이해하고자 하는 많은 학문에서 긴 역사를 가지고 연구되어 왔다. 내러티브는 질적연구방법의 하나로서 인간 경험에 초점을 두고 있고, 인간 경험의 기본적인 구조이며, 또한 총체적인 질(holistic quality)을 가지고 있다. 내러티브는 연구자가 개인의 삶을 연구하고, 1명 또는 그 이상의 개인에게 그들의 삶에 대한 이야기를 제시해 달라고 요구하는 탐구전략이다. 개인의 삶에 대한 정보는 종종 연구자에 의해 이야기식 연대기로 재진술된다. 마지막에는 개인의 삶으로부터 나온 관점과 연구자의 삶으로부터 나온 관점이 협동적인 이야기로 결합된다.

내러티브 연구(narrative inquiry)는 독특한 개인의 경험에 대한 내러티브, 즉 삶의 이야기를 분석 자료로 사용하며, 내러티브 속에 담겨 있는 경험의 의미를 심도 있게 분석한다. 내러티브 연구에서는 주로 시간적 흐름에 따라 내러티브를 정리하고 이를 분석함으로써 개인에게 일어난 사건의 경험을 재조직하고, 새로운 의미를 발견하며, 그 사건들이 개인에게 어떤 영향을 미쳤는지 연구한다. 내러티브 연구는 특정한 맥락 안에서 사람들에 의해 경험된 현상을 기술하고 설명함으로써 더 큰 이해와 의미를 얻는 데 그 목적이 있다. 따라서 패러다임 안에서 행해지는 내러티브 연구는 기술적이며 설명적이다.

내러티브 연구에서 이야기와 내러티브는 서로 혼용해서 사용되지만, 시간적 배열의 작은 구성과 집합이라는 개념으로 구분한다. 즉, 이야기와 내러티브를 구분할 때 이야기는 큰 이야기로, 내러티브는 작은 이야기의 형식을 지닌다. 내러티브가 사건들을 시간적 순서로 구성한 이야기라고 하면, 이야기는 이러한 내러티브들이 모인 큰 이야기가 된다. 따라서 내러티브가 구성하는 이야기의 형식은 플롯(plot)의 형식을 따른다.

## 4) 질적연구방법의 일반적 과정

질적연구방법의 일반적 과정은 주제 선정 후 자료 수집과 자료 분석의 과정을 거치게 되지만, 구체적으로 보면 자료를 수집하고 해석하는 과정에서 시행착오를 거치면서 진행된다. 필요한 경우에는 추가적인 인터뷰(interview)를 하거나 참여관찰

(participatory observation) 등을 통해 연구내용을 보완하면서 진행된다. 따라서 질적 연구방법 연구자는 불확실한 상황에서 스스로 연구 진행과정에 대한 종합적인 판단을 해야 하며, 일반적으로 연구설계, 표집에 따른 연구참여자 선정, 자료 수집, 자료 분석 및 해석 등의 절차를 따른다.

Cohen, Manion과 Morrison(2000)은 질적연구방법의 과정으로 17단계를 소개하였는데, 그 내용은 다음과 같다.

1. 연구의 일반적 목표와 목적 달성
2. 연구목표와 연구목적의 조작화방법 결정
3. 연구문제(research question) 설정
4. 연구의 우선순위와 제약을 확인 및 정리
5. 연구설계 착수
6. 연구의 초점 확인
7. 연구의 방법론 확인
8. 윤리적 문제 확인
9. 연구의 이용자 또는 청취자(audience) 확인
10. 도구 준비
11. 샘플링
12. 연구기간
13. 필요한 자원
14. 타당성과 신뢰성
15. 자료 분석
16. 자료의 확증과 타당성
17. 연구의 보고서 작성

## 3. 양적연구방법과 질적연구방법의 비교

양적연구방법은 구조화되고 수치로 나타낼 수 있는 데이터(data)를 수집 · 처리하

는 데 일차적인 관심을 둔다. 실증주의적 인식론을 수용하고 통계적으로 분석될 수 있는 데이터가 수집될 때 양적 데이터가 확보된다. 양적연구방법 연구자는 연구에 앞서 연구문제나 가설을 설정하고, 그 연구문제나 가설을 검증하기 위해 자료를 수집하고 분석한다. 양적연구방법에서는 선행연구의 이용, 연구문제나 가설 설정, 연구대상, 변인의 처리, 연구 결과 분석 등을 포함한다.

질적연구방법은 주관적인 판단, 감정, 의견, 믿음 등이 포함되는 이야기에 초점을 둔다. 해석주의적 인식론의 관점을 취하고, 수집되는 자료가 연구참여자들의 언어나 어떤 표현일 때에 질적 자료가 수집되는 경우가 많다. 질적연구방법은 연구대상으로 선정된 사람들이 자신들의 사회 세계와 행위에 대하여 어떤 의미를 부여하고, 상황을 정의하고, 그에 따라서 행위하는 것을 그들의 관점에서 이해하려는 것이다.

한편, 데이터의 수집 및 분석 측면에서 양적연구방법이 수집 및 처리하는 데이터는 구조화-범주화 또는 부호화되어서 계산될 수 있는 데이터이다. 반면에 질적연구방법이 수집 및 처리하는 데이터는 연구참여자가 직접 구성한 데이터와 연구자가 분석 과정에서 해석하고 구조화한 데이터이다. 양적연구방법과 질적연구방법을 비교하여 제시하면 〈표 2-3〉과 같다(Matthew & Ross, 2010).

〈표 2-3〉 **양적연구방법과 질적연구방법의 비교**

| 양적연구방법 | 질적연구방법 |
|---|---|
| • 실증주의적 존재론과 인식론에 기반함 | • 해석주의적 존재론과 인식론에 기반함 |
| • 연구문제 또는 가설을 검증 가능하게 구성함 | • 부수적인 질문을 활용해 연구질문을 도출함 |
| • 대상을 계산하고 통계 분석을 실시하여 연구문제를 해결하거나 가설을 검증함 | • 사태를 기술, 설명하고 연구참여자들의 이해, 믿음, 경험 등을 확보하여 연구질문에 답함 |
| • 데이터를 수집하기 전에 연구설계/전략 등이 확정됨 | • 연구설계/전략은 유동적이며 시간의 흐름에 따라 달라질 수 있음 |
| • 객관적임 | • 주관적임 |
| • 도구(질문지 등)를 활용하여 데이터를 수집함 | • 도구를 사용하지 않고, 연구자가 데이터 수집 도구라고 볼 수 있음 |
| • 데이터를 숫자나 코드로 나타냄 | • 데이터의 형식이 자유로움 |
| • 데이터를 일반화할 가능성이 있음 | • 데이터를 일반화할 가능성이 어려움 |

## 참고문헌


성태제(2020). **교육 연구방법의 이해**. 서울: 학지사.

유기웅, 정종원, 김영석, 김한별(2021). **질적 연구방법의 이해**. 서울: 박영story.

천정웅(2019). **질적연구방법 총론**. 경기: 양서원.

Cohen, L., & Manion, L. (1980). *Research methods in education*. London: Groom Helm.

Cohen, L., Manion, L., & Morrison, K. (2000). *Research methods in education* (5th ed.). London: Routledge Falmer.

Creswell, J. W. (1994). *Research design: Qualitative, quantitative, and mixed methods approaches*. London: SAGE.

Creswell, J. W. (2009). *Research design: Qualitative, quantitative, and mixed methods approaches* (3rd ed.). Thousand Oaks, CA: SAGE.

Denzin, N. K., & Lincoln, Y. S. (2011). *The SAGE handbook of qualitative research*. Thousand Oaks, CA: SAGE.

Maanen, J. V. (1979). Reclaiming qualitative methods for organizational research: A preface. *Administrative Science Quarterly, 24*(4), 520-526.

Matthew, B., & Ross, L. (2010). *Research methods: A practical guide for the social science*. London: Pearson Education.

Merriam, S. B. (1998). *Qualitative research and case study: Application in education*. New York: John Wiley & Sons.

Stake, R. E. (1995). *The art of case study research*. Thousand Oaks, CA: SAGE.

Wang, V. (2021). *Promoting qualitative research methods for critical reflection and change*. Hershey, PA: Information Science Reference.

제3장

# 한국 근대교육의 이해

이 장에서는 우리나라의 역사적 배경을 토대로 형식교육이 어떻게 시작되고, 어떠한 과정을 통해서 형식교육기관으로 발전되었는지 광복 이전까지의 교육에 주안점을 두고자 한다. 우리나라 교육의 역사적 접근에 관하여서는 시대사적 구분이나 용어, 정의 등은 학자에 따라 다양한 의견이 있음을 밝힌다.

여기서는 우선 우리나라의 학교라는 형식교육기관이 나타나기 이전의 교육목적, 내용 및 방법 등은 무엇인지를 탐색하여 제시한다. 그리고 우리나라 최초의 근대학교의 역사적 의미와 특징을 탐색하고, 갑오교육개혁, 일제강점기 교육에 저항하는 민족교육운동을 중심으로 살펴보고자 한다.

## 1. 전근대사회의 교육[1)]

인류가 학교라는 제도를 만들어 운영한 지 5천 년이 넘는다. 중국의 경우에는 기원전 11세기에 성립된 주(周)나라에 잘 정비된 학교가 있었다. 공자의 말대로 주대의 제도가 상(商)대의 제도를 본받고 또 상대의 제도가 하(夏)대의 제도를 본받았다고 한다면, 중국의 학교제도는 기원전 20세기로 거슬러 올라간다. 또한 수메르문명에서의 학교는 기원전 3천 년까지 거슬러 올라간다. 이처럼 인류가 학교라는 기관을 만들어 운영한 것은 역사에 기록된 것만 5천 년에 이른다고 할 수 있다. 그렇다면 이러한 학교는 왜 만들어졌으며, 학교에서는 무엇을 가르치고 배웠던 것일까?

인류 최초의 사회라고 하는 원시공동체 사회에서 교육은 삶과 완전한 일치를 이루고 있었다. 이 시기의 교육은 '앎=삶', 즉 생활과 완전히 일치된 형태로 전개되었다. 부모나 연장자를 따라 사냥과 낚시를 하고 또 열매를 따는 것을 배우며, 저녁에는 모닥불을 피워 놓고 둘러서서 춤을 추는 것이 바로 교육이었던 것이다. 교사라고 불리는 특정 집단도 없었고, 교실이라고 하는 일상생활과 분리된 공간도 없었으며, 생활과 동떨어진 교육내용도 결코 존재하지 않았던 것이다.

이러한 교육양식을 '본원적 교육양식'이라고 부른다. 여기서 '본원적'이라고 하는 말에는 두 가지 뜻이 있다. 그 한 가지는 물론 그것이 인류 '최초의' 교육양식이라는 것이다. 그리고 또 한 가지 의미는 제도교육이 전 생애를 포괄하는 현재에 이르기까지 삶 그 자체가 교육인 이러한 형태의 교육은 여전히 우리 교육에 있어서 가장 중요한 기능을 한다는 것이다. 후자의 의미를 좀 더 자세히 살펴보자.

본원적 교육은 '생활=교육'의 특징을 가지며, 교육을 형식화의 정도에 따라 구분할 때 가장 형식이 결여된 교육양식이다. 이것은 제1장에서 기술한 형식교육과 비형식교육과의 비교를 통해 보다 분명하게 드러난다. 형식교육은 학교교육과 같이 특정 자격을 갖춘 교사가 일정한 연령층의 학생에게 일정한 기준을 갖춘 교육기관에서 인가를 받은 교육내용을 가르치는 교육을 말한다. 그리고 비형식교육은 교사와 학생, 교육기관과 교육내용에 대한 형식은 있되, 형식교육만큼 그 기준이 엄격하지 않은 교

1) 이 절은 '정재걸(2010). 오래된 미래교육. 서울: 살림터.'를 참고하여 작성하였음.

육을 지칭한다. 예컨대, 백화점이나 언론기관에서 주관하는 문화강좌나 기업체에서 실시하는 신입사원 연수와 같은 것이 바로 그것이다.

그러나 우리는 학교나 문화강좌뿐만 아니라 박물관을 견학하여 선사시대의 유물들을 공부하기도 하고 극장이나 야외 공연장에서 영화를 관람함으로써 배우기도 한다. 공자가 "세 사람이 길을 가면 그 중에는 반드시 나의 스승이 될 만한 있다(三人行必有我師)."라고 했듯이, 심지어 친구 따라 술집이나 당구장에 가서 술과 당구를 배우는 것도 교육이라고 할 수 있다. 가정교육의 핵심이 아이들이 부모를 보고 배우는 것이듯이, 생활 속에서 이루어지는 무형식교육이 바로 본원적 교육이라고 할 수 있다. 그런데 이와 같은 본원적 교육이 모든 교육의 근본을 이룬다면 학교는 도대체 왜 만들어졌을까?

무언가 본원적 교육으로는 충분하지 않다는 상황이 학교를 발생하게 했을 것이다. 그렇다면 본원적 교육으로 충분하지 않은 상황은 어떻게 발생하였을까? 상식적으로 생각해 볼 수 있는 것은 사회가 복잡해지고 따라서 배워야 할 것이 많아져서 더 이상 일상생활 속에서 배우는 것만으로는 사회생활을 하기에 부족하다는 생각이 들게 되고, 그래서 보다 체계적이고 효과적으로 가르칠 수 있는 교육장소가 생겨났을 것이라고 생각해 볼 수 있다. 예컨대, 사회 분업이 확산되어 농사짓는 사람뿐만 아니라 농기구를 전문적으로 만드는 사람, 사냥을 전문으로 하는 사람, 장사를 전문으로 하는 사람도 나타나게 됨에 따라 농사꾼 집안에서 태어나면 장사나 사냥을 전문적으로 배울 수 없기 때문에 이 모든 것을 동시에 효과적으로 배우기 위해 학교가 생겼을 것이라는 추측이다. 그러나 이러한 추론은 사실과 다르다. 왜냐하면 최초의 학교에서는 그와 같은 생산활동과 관련된 내용은 가르치지 않았기 때문이다.

영어의 school이나 독일어의 schule, 프랑스어의 ecole의 어원은 모두 라틴어의 schola이다. 스콜라는 그 의미가 '여가'라는 뜻이라고 한다. 왜 여가라는 의미에서 학교라는 말이 파생되었을까? 학교의 발생은 여가계급, 즉 지배계급의 형성과 밀접히 관련된다. 모든 사회 구성원이 생산활동에 종사해야 생존할 수 있는 사회, 즉 생산력이 지극히 낮은 사회에서는 학교가 발생할 수 없다. 그러나 생산력이 일정 수준 발달하고 사회 구성원 중 일부는 일을 하지 않아도 먹고 살 수 있는 사회가 되면 이들 여가계급을 중심으로 학교가 나타나게 된다는 것이다. 그렇다면 이들 여가계급은 왜 학교를 만들게 되었을까?

최초의 학교에서 가르쳤던 교육내용은 생산활동과 전혀 무관한 것이었다. 최초의 학교는 종교 지도자를 길러 내는 종교 교육기관이었다. 그리고 그 후 5천 년간 학교는 대부분 경전과 그 해설서 그리고 이를 위한 문자를 공부하는 곳이었다. 경전이란 무엇인가? 그것은 궁극적인 깨달음을 얻은 인간의 체험과 지혜를 기록한 것이다. 인류의 성인이라고 하는 석가모니, 예수, 공자 등에 의해 체계화된 종교가 성립된 이후 학교는 이들의 체험과 지혜를 기록한 경전을 가르치고 배우는 곳이었다. 이러한 경전 공부는 머리와 지성만을 통해서도 전달될 수 있는 일반 기술지식과는 다르다. 경전에 실려 있는 정신의 지혜는 우리의 온 존재, 즉 마음과 머리, 육체와 정신이 한 덩어리가 되어 경험되고 터득되어야 한다. 그래서 학교는—최근 300년을 제외한다면—지난 5천 년 동안 자신의 내면을 성찰하는 곳, 깨달음을 얻는 곳이었다. 학교는 지식을 배우는 곳이 아니라 진실을 체험하는 곳이었다.

## 2. 우리나라 최초의 근대학교

### 1) '근대'의 의미

우리나라 최초의 근대학교는 어느 학교일까? 다음에서 살펴보겠지만 최초의 근대학교에 대한 설은 분분하다. 서양의 경우에 근대교육과 전근대교육을 구분하는 준거는 다음의 세 가지이다.

#### (1) 교육기회의 보편화

전근대교육에 있어서 교육기회는 제1계급이라고 하는 성직자들과 제2계급이라고 하는 귀족계급에게 한정되어 있었다. 이것이 제3계급인 시민계급과 제4계급인 노동자계급에게까지 확대된 것이 근대교육의 중요한 특징이라고 할 수 있다. 이러한 교육기회의 확대에 중요한 영향을 미친 사상은 천부인권 사상에서 도출되는 아동의 권리 확인과 그 교육적 표현으로서의 학습권 사상인데, 시민혁명의 대표적 사상가이며 근대 공교육체제의 주창자이기도 한 Condorcet는 교육을 자신의 인간적 권리의 평등을 현실화하는 수단으로서 인간의 가장 기본적인 권리라고 주장하였다. 그리고 공립학교는 이러한 '권리로서의 교육'을 보편적으로 현실화하기 위한 가장 유효한 수단이라고 주장하기도 하였다. 이러한 사상이 중세사회에서 일부 특권층에 한정되던 교육을 모든 계층, 모든 집단으로 확대하는 계기가 되었으며, 이에 따른 교육기회의 보편화가 근대교육의 가장 중요한 준거로 인정되고 있다.

#### (2) 교육의 세속화

근대교육의 또 하나의 준거는 역시 천부인권의 원리로부터 도출되는 것으로, 교육에서 양심의 권리 혹은 내면의 자유를 지키기 위해 종교적 영향력에서 벗어나 세속주의를 견지해야 한다는 것이다. 이러한 세속주의의 원리에 따라 기존에 교회가 가지고 있던 상당 부분의 교육권이 부모 혹은 부모가 위탁한 것으로 간주되는 국가로 넘어가게 되었다. 그리고 교육권을 물려받은 부모와 국가는 교육의 핵심적인 목표를 직업을 위한 준비교육으로 삼았다.

#### (3) 민족주의 교육

근대교육의 또 하나의 준거는 민족주의라고 할 수 있다. 자본주의의 발전은 하나의 경제단위로서 국민경제를 지향하고 이것이 이념적으로 민족주의로 발현된다. 따라서 중세적 질서의 구각(舊殼) 속에서 자본주의의 발전을 통해 민족의 이념을 획득하게 된 서구 유럽의 국가들은 민족의식을 불러일으키기 위해서 공교육체제를 서두르게 되었다. 이러한 민족주의 교육을 통해 기존의 기독교 중심의 보편교육은 사라지고 그 자리에 모국어, 모국역사 중심의 애국교육이 보편화되었던 것이다.

이와 같은 교육기회의 보편화, 교육의 세속화, 교육의 민족주의화라는 서구 근대교육의 세 가지 준거는 우리의 근대교육에 그대로 적용할 수 있을까? 이러한 세 가지 준거를 염두에 두고 우리나라 최초의 근대학교에 대한 네 가지 주장을 검토해 보기로 하자.

### 2) 최초의 근대학교에 대한 설

#### (1) 배재학당설

우리나라 최초의 근대학교를 배재학당이라고 주장하는 대표적인 학자는 오천석(2014)이다. 그는 1886년에 설립된 배재학당과 이화학당을 통해 신교육이 우리나라에 처음으로 뿌리를 내리게 되었다고 주장하며, 1886년을 우리 교육사상에서 '기념할 만한 해'라고 주장하였다. 배재학당은 1885년 7월에 미국 북감리회 소속인 Appenzeller가 서소문동에 집 한 채를 사서 두 칸 벽을 헐어 큰 방 하나를 만들어 학교를 시작한 것에서 출발하였다. 최초의 수업은 이겸라, 고영필이라고 하는 영어학습을 대단히 희망하는 두 청년에게 영어를 가르친 것이었다고 한다. 그러나 Appenzeller가 미국 선교본부에 보낸 기록에 "우리 선교학교는 1886년 6월 8일에 시작되어 7월 2일까지 수업이 계속되었는데 학생은 6명이었다."라고 하고 있어 이 해를 배재학당의 출발로 보고 있다.

배재학당의 근대교육적 성격을 오천석은 교육사상사적인 측면과 교육운영 방침의 두 가지로 나누어 지적하였다. 전자의 경우에 배재학당을 세우고 스스로 그 교장이 된 Appenzeller가 설립 다음해에 만든 학당훈, 즉 "크게 되려는 사람은 마땅히 남에게 봉사하는 사람이 되어야 한다(欲爲大者 當爲人役)."는 교육정신이 전통적 교육목적과 다른 근대성을 나타낸다고 말하고 있다. 즉, 전통사회에서 과거교육의 목적이 자신의 영달과 가문을 빛내는 것에 불과한 것에 비해 이처럼 남을 위한 교육이념을 제시한 것은 우리의 교육사에 있어서 획기적인 것이라는 것이다. 또한 교육운영 방침의 경우에도 ① 학년을 두 학기로 나누고, ② 하루의 일과를 시간으로 정해 진행시키며, ③ 입학과 퇴학의 절차를 엄격하게 규정하고, ④ 수업료를 옛날의 물품 대신 돈으로 받았으며, ⑤ 성적표를 만들어 부형이나 보호자에게 직접 보내고, ⑥ 근로를 장려한 것 등은 구 교육과 확실히 구별되는 '근대적 교육방식'이라고 오천석(2014)은 주장하였다.

그러나 이러한 오천석의 주장은 크게 잘못된 것이다. 여기서 자신을 위한 교육은 전통교육에서 강조하는 위기지학(爲己之學)을 잘못 이해한 것이다. 전통교육에서 진정한 공부는 자신을 변화시키는 공부라는 의미에서 자신을 위한 공부(爲己之學)라고 하고, 돈이나 명예 등 남에게 보이기 위한 목적으로 하는 공부를 위인지학(爲人之學)이라고 비판하고 있다. 또한 교육운영 방침의 여섯 가지도 '근로를 장려한 것'을 제외하면 근대교육의 특징이라고 보기 어렵다. 그렇다면 오천석이 배재학당이 최초의 근대학교라고 주장하는 궁극적인 이유는 무엇일까? 그것은 곧 '근대=서구화'라는 무의식적 전제이다. 그렇기 때문에 오천석의 배재학당설은 숭미 사대주의 정권인 이승만

정권하에서 아무런 의심 없이 받아들였던 것이다.

더구나 오천석은 배재학당이 민족의식의 고취에 중요한 역할을 했다고 주장하였는데, 이는 전혀 논리에 맞지 않다. 배재학당을 위시하여 미국 선교사들이 세운 선교계 학교는 미국의 이익을 대변하는 중요한 역할을 담당하였기 때문이다. 1898년에 미국이 필리핀을 점령하기 전까지 한국은 미국의 가장 중요한 침략 대상이었으며, 특히 자본주의 열강의 식민지 획득 경쟁에서 한 발 뒤처졌던 미국에 있어 한국은 풍부한 자원 공급지 및 과잉생산물의 판매시장이었을 뿐만 아니라 광대한 아시아 대륙 진출을 위한 군사, 전략적 기지였다.

이러한 상황 속에서 한국에 진출한 선교회는 계획적이고 조직적으로 침략의 첨병 역할을 하였다. 한국 최초의 선교사로 입국하여 우리나라 최초의 근대병원이자 의학교육기관을 설립한 미국공사 Horace N. Allen은 침략의 첨병이 되어 이권의 탈취를 비롯한 갖가지 권익 획득을 위해 활약하였으며, 오늘날 경신학교의 전신인 언더우드 학당을 설립한 미국 장로교파 Horace G.Underwood는 통상과 교회가 손을 맞잡아야 한다고 주장하였다. 배재학당은 체조와 교련 과목에 미국 공사관의 경비대원과 해병대원이 교관으로 동원되었으며, 학교 행사에는 한국 국기와 함께 미국 국기가 게양되었다. 또 선교사들은 일요일 교회당 예배를 강제로 시켜 교회에 불참한 학생을 퇴학시키기도 했으며, 학생들은 이러한 기독교 중심 교육을 반대하여 동맹 휴학을 하기도 하였다.

우리나라 최초의 근대학교로서 배재학당설은 1974년에 신용하가 원산학사가 우리나라 최초의 근대학교라고 주장하기 전까지 한국 교육사의 통설로 자리 잡았다.

### (2) 원산학사설

1883년 원산학사는 최초의 개항장 원산에서 개화파 관료들과 원산 주민들이 중심이 되어 기존의 개량서당을 확대해 설립한 학교이다. 이 학교는 문예반 50명과 무예반 200명을 선발하여 문예반은 경서(經書)를, 그리고 무예반은 병서(兵書)를 가르치되, 문무 공통으로 산수, 격치(格致; 과학), 각종 기기와 농업, 양잠(누에를 길러 고치를 만드는 것), 광채(광물 채광) 등의 실용과목을 가르쳤다고 한다. 이러한 기록을 중심으로 신용하는 원산학사의 설립 의의를 다음과 같이 주장하였다.

- 우리나라 최초의 근대학교가 종래의 통설과는 달리 우리나라 사람들이 자신의 손으로 설립하였다는 사실이 큰 역사적 의의가 있다.
- 정부의 개화정책에 앞서 민중들이 자발적으로 기금을 마련하여 설립하였다는 것에 의의가 있다.
- 외세의 침략이 노골화되는 지방의 개항장에서 나라를 지키고 발전시키기 위해 인재를 양성하고 신지식을 교육하려는 애국적 동기로 근대학교를 설립한 것은 큰 의의가 있다.
- 외국의 학교를 모방한 것이 아니라 종래의 교육기관인 서당을 개량서당으로 발전시켰다가 이를 다시 근대학교로 발전시킴으로써 역사적 계승을 나타냈다는 데 큰 의의가 있다.
- 학교 설립에 있어서 개화파 관료들과 민중이 호흡을 일치했다는 데 큰 의의가 있다.

그러나 이러한 주장은 왜 원산학사가 우리나라 최초의 근대학교인가를 말해 주는 것은 아니다. 원산학사가 최초의 근대학교였다는 근거는 외세에 저항하기 위해 설립한 학교였다는 것도 아니고, 관료와 민중이 힘을 합해 설립한 학교이기 때문도 아니다. 원산학사가 우리나라 최초의 근대학교라는 근거는 그 학교에서 기존의 학교와는 달리 서구의 신지식, 즉 '한역서학서(漢譯西學書)'를 교육내용으로 채택했다는 데 있다. 그러나 원산학사의 교육내용은 앞에서도 언급한 바와 같이 '경서'나 '병서'가 위주가 되고, 부수적으로 '시무(始務)에 긴요한 것', 즉 산수, 격치 등으로 되어 있으며, 덕원부사가 임금에게 보낸 상소문에서 원산학사를 설립하였으니 과거 시험에서 혜택을 달라고 한 것으로 보아 그 설립 목적도 전통적인 교육기관의 설립 목적과 크게 다르지 않다. 즉, 신용하의 원산학사설 역시 '근대=서구화'라는 무의식적 전제하에서 나온 것이다. 원산학사설이 박정희 정권이 독재를 정당화하기 위해 민족주체성 교육을 강조하던 시기에 때를 맞추어 나왔다는 것도 우연이 아니다.

### (3) 18세기 서당설

18세기 후반에 설립된 서당이 우리나라 최초의 근대학교라고 주장하는 사람은 정순우(1989)이다. 이 주장에서는 먼저 우리가 가지고 있는 근대교육에 대한 선입관을 버릴 것을 요구한다. 즉, 우리는 근대학교라는 말을 접할 때 자연스럽게 붉은 벽돌의 교사와 수학이나 과학 등의 서양식 학문 혹은 이화학당에서 시범을 보인 신식체조의 율동을 떠올린다. 그러나 벽돌과 수학과 체조는 근대의 의미와는 아무런 관련이 없다고 정순우 교수는 주장하였다. 즉, 우리의 근대교육은 우리나라의 전통교육이 해체되고 새로운 교육으로 변모해 나가는 과정에서 찾아야 한다는 것이다.

이런 맥락에서 정순우는 조선 후기 사회변동에서 나타난 몇 가지 특징적인 교육지표를 통해 근대교육의 기점을 새롭게 설정하였다.

첫째, 소농민의 교육주체로의 성장이다. 18세기에 이르러 신분관계의 혼란으로 교육과 신분의 상응관계가 무너지고 비사족(非士族) 중에서 상거래와 광작경영, 상품경제적 농업경영 등을 통해 부를 축적한 집단이 생기게 되었다. 이들을 소위 '자본주의의 맹아(萌芽)'의 담당자라고 하는데, 이들이 바로 기존의 양반 중심의 학교체제에 대신하여 새로운 학교를 설립하고 운영한 주체라는 것이다. 이들은 주로 기존의 서당계를 활용하여 훈장을 고용하고 일정 급료를 주어 자신들의 자녀들을 교육시켰다.

둘째, 계층의 개별적 교육구조의 획득이다. 18세기 후반 경제적 변화와 신분제의 와해를 통해 지배층인 양반들의 학교교육 독점은 점차 퇴조하고 각 계층은 독자적인 교육체제를 형성하게 되었다. 18세기 후반에 이르러 이들 소농민층을 중심으로 조선시대의 지배 이념인 삼강오륜적인 윤리 덕목이 점차 약화되고, 서당의 교육도 이러한 윤리서 중심이 아니라 현실 생활에 밀접한 내용으로 바뀌게 되었다. 그 대표적인 책이 '한국의 페스탈로치'로 불리는 장혼(張混)의 『아희원람(兒戲源覽)』이라는 책이다. 이 책은 기존의 소학류의 교재에 비해 교화적인 성격이 배제된 탈명륜적 경향을 잘 보여 주고 있는데, 아동들이 일상생활 속에서 접하는 민간유희, 민속, 민담, 국속(國俗; 나라의 풍습) 및 조선의 현실 인식 위주로 그 내용이 편성되어 있다.

이러한 서민들을 위한 서당에서는 기존의 훈장들과는 달리 몰락 양반이나 유랑 지식인들을 고용하였는데, 이들은 기존의 사회체제에 강한 불만을 가지고 있는 사람들이었다. 유랑 지식인 서당 훈장은 18세기 중엽에 이르러 광범위하게 증가하여 기층민의 의식을 고양하고 각성시키는 데 중요한 역할을 담당하게 된다. 이 시기 이후의 각종 모반 사건에서 서당 훈장들이 주모자로 등장하는 것이나, 19세기 각종 민란의 중심에 서당 훈장들이 서 있는 것은 이들이 가르치는 교육내용에 새로운 세계에 대한 이념이 포함되었음을 짐작하게 해 준다고 하겠다.

그러나 18세기 서당설은 아직 충분하게 역사적 고증이 이루어지지 못해 역사적 사실보다는 주장에 앞서 몇 가지 특징적인 현상을 부조적(浮彫的)으로 드러낸 것에 불과하다는 비판이 제기되고 있다. 즉, 이 주장은 1980년대 우리나라 자본주의 맹아 논쟁과 민중을 역사의 주체로 인식해야 한다는 민중사관의 어설픈 결합에 불과하다는 것이다. 18세기 서당설을 단순화하면 '자유로운 임노동의 출현'이라는 Marx의 자본주의 기원설을 우리 역사에 억지로 적용하여 이러한 자본주의 맹아의 담당자들이 설립한 서당을 당연히 근대 교육기관으로 보아야 한다는 주장이라고 할 수 있다.

### (4) 근대교육(식민지교육설)

이 주장은 일제 식민지 교육을 정당화하기 위한 주장으로, 식민사학인 '정체성론'에 바탕을 두고 있다. 즉, 일제강점 이전의 조선은 자생적인 근대화가 불가능하다는 인식하에 우리의 교육 또한 일제 식민지 교육의 이식에 의해 비로소 근대화될 수 있었다는 것이다. 이러한 맥락에서 일제 식민주의자들은 일제가 통감부를 설치하고, 보통학교령, 사범학교령, 고등학교령, 외국어학교령, 농림학교 관제 등을 공포한 1906년 8월을 근대교육의 기점으로 잡고 있다.

그러나 1906년에 이르면 우리의 근대교육은 이미 근대학교의 숫자나 제도화의 정도에 비추어 볼 때 이미 정착단계에 접어든다. 특히 1894년부터 10여 년간 지속된 갑오교육개혁으로 근대교육에 대한 법적·제도적 토대는 이미 마련되어 있었으며, 1906년부터는 그 주도권이 관공립학교에서 사립학교로 이전되고 있었던 것이다.

앞의 네 가지 주장을 그림으로 나타내면 [그림 3-1]과 같다.

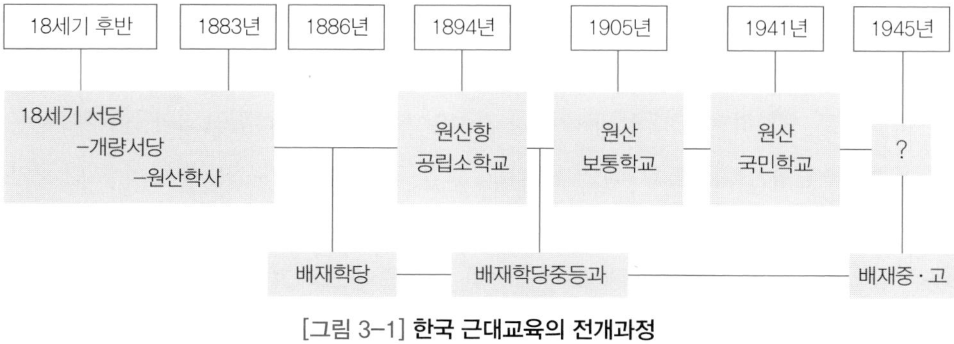


[그림 3-1] **한국 근대교육의 전개과정**

출처: 정재걸(2010: 249).

[그림 3-1]에서 볼 수 있듯이, 우리나라 최초의 근대교육의 기점은 18세기 후반의 자생적 근대교육의 맹아로서의 서당과 1906년 일제 통감부의 원산보통학교 사이에 놓여 있다. 따라서 일제 식민지 사학의 주장을 배제한다면 우리나라 최초의 근대학교는 그 출발을 자생적인 것으로 볼 것인가 아니면 서양에서 전래된 것으로 볼 것인가 하는 관점의 차이에 따라 달라진다고 할 수 있다. 만약 우리의 근대학교를 서양으로부터 이식된 선교계 학교가 아니라 자생적인 것으로 본다면 우리의 근대교육은 18세기 후반의 서당과 그것이 1883년 원산학사로 이어지는 어느 한 시점으로 보는 것이 타당하다고 할 수 있다. 왜냐하면 원산학사나 교육구국운동의 일환으로 설립된 사립학교 모두 그 뿌리를 서당에 두고 있기 때문이다. 문제는 서당의 전개과정 중 어느 시점부터 근대교육으로 간주할 것인가 하는 데 있다. 그러나 어느 관점을 취하든 간에 근대교육에 대한 네 가지 설은 그 차이점에도 불구하고 모두 '근대=서구화' 혹은 '근대=자본주의'라는 전제에 기반을 두고 있음을 알 수 있다.

## 3. 갑오교육개혁

### 1) 갑오개혁의 교육적 의미

1894년 5월 동학농민운동을 진압하기 위해 출병한 일본은 그들의 무력행사를 정당화하고 구미 열강의 간섭을 배제하기 위한 구실로 조선의 내정 개혁을 요구하고, 7월 23일 새벽에 1개 연대를 동원하여 왕국에 돌입해서 대원군을 수반으로 하는 새로운 정권을 탄생시켰다. 이어 김홍집을 수반으로 하는 군국기무처가 설치되어 약 4개월간 208건에 달하는 개혁안을 의결을 거쳐 공포하였다. 군국기무처는 정부기구를 내각제로 개편하여 근대적 교육행정 기구인 학무아문을 설립하였다. 학무아문은 예악, 제사, 연향, 조빙, 학교, 과거 등 외교, 교육, 문화 등 여러 부문을 맡아 오던 종래의 예조와는 달리 전문적으로 교육행정 사업만을 맡는 행정기구였던 것이다. 학무아문은 설립 직후인 1894년 8월에 교육에 관한 고시를 반포하고, 이어서 사범학생 40인, 소학생 60인을 선발하여 9월 18일에 관립사범학교와 부속소학교를 개교하였다.

1895년 1월 7일에 고종은 왕비, 왕세자, 대원군, 종친, 신하들을 거느리고 종묘에 나가 홍범(洪範) 14조를 조종의 영전에 서고(誓告)하고, 자주 독립국과 내정 개혁의 실시를 선포하였으며, 2월에는 근대교육의 이념을 분명히 하는 '교육입국조서(敎育立國詔書)'를 공포하였다. 그리고 4월에 내각 관제의 공포에 따라 학무아문이 학부로 명칭이 바뀌고, 한성사범학교 관제 등 각종 학교 관제가 제정되어 근대학교 교육체제가 법적으로 제도화되었다.

근대적 교육개혁을 포함한 갑오개혁의 성격이 일본의 궁성 점령하에 이루어졌다고 하여 철저하게 외세 의존적인 것이라고 평가할 수는 없다. 특히 갑오개혁은 일본의 직접적인 간섭 없이 조선인 개화파 관료들에 의해 이루어졌으며, 일본의 제도를 모방하되 가급적 전통을 존중하는 자주, 자존의 태도를 견지하려고 노력하였다. 그래서 일본은 오히려 1894년에 특명 전권 공사로 온 이노우에(井上馨)를 통해 소위 '내정개혁 강령 20조'라는 것을 제시하여 근대적 국민교육체제의 형성보다는 일본으로의 유학생 파견을 강요하였다.

갑오개혁은 1895년 4월 러시아가 주축이 된 3국 간섭으로 일본 세력이 약화되고 일본 공사의 명성황후 시해와 국왕의 아관파천 등으로 실패로 끝이 났다. 그럼에도 불구하고 학부의 교육개혁은 꾸준히 추진되었다. 그 이유는 교육개혁이 정치적 변화와 큰 관계가 없던 이유도 있지만, 다른 무엇보다도 근대교육의 실험이 이미 10여 년 전부터 이루어졌기 때문이라고 할 수 있다. 또한 정치적 상황과 무관하게 학부업무를 중점적으로 추진한 학부 참서관들의 일관성 있는 정책에 힘입은 바도 적지 않았다. 1895년 4월부터 1905년 12월까지 학부 참서관으로 재직한 인물은 17명인데, 이 중 주목할 만한 인물은 한창수, 이경식, 홍우관, 김각현, 이종태 등으로 이 5명은 비교적 장기간 학부 실무책임자로 재직하면서 실질적으로 교육행정을 주도하였다. 그렇다면 갑오교육개혁 이후에 어떤 학교들이 설립되어 어떻게 운영되어 왔는가?

갑오개혁을 통한 교육개혁에 있어서 정부의 관심은 두 가지 방면에 두어졌다. 그 한 가지는 국민 대중을 위한 초등교육을 광범위하게 실시하는 것이고, 또 한 가지는 정부의 근대적 개혁에 필요한 인적자원을 시급히 육성하는 것이었다. 전자의 목적을 위해 정부는 사범학교와 소학교를 설립하였으며, 후자의 목적을 위해 각종 외국어 학교와 무관학교, 의학교, 상공학교, 광무학교, 법관양성소 및 잠업시험장을 설립하였다. 또한 통신원에 우무학과와 전무학과를 두어 우무학도 및 전무학도를 양성하고, 순검교습규칙을 마련하고, 순검(巡檢)학교를 설립하여 시급한 경찰 인력을 양성하였다.

### 2) 교육행정의 특징

개화기 정부에 의해 공포된 각종 교육 관계 법령을 문자 그대로 이해하면 이 시기의 교육행정은 철저하게 정부의 통제하에 있었던 것으로 오해하기 쉽다. 실제 법령에는 모든 학교는 정부나 지방관의 설치인가를 받아야 할 뿐만 아니라 교과서 채택이나 수업시수, 교원의 임용에 이르기까지 학부나 해당 관찰사의 인가나 감독을 받도록 규정하고 있다. 이것은 정부가 각종 학교 관련 법령을 마련할 때 주로 일본의 법령이나 관제를 참고했기 때문이라고 할 수 있다. 그러나 실제로 이 법령에 의거하여 각종 학교를 규제한 기록은 전혀 보이지 않는다. 또 학부의 학무국장이나 편집국장이 각종 관립학교의 교장을 겸직한 것이나 학부 관리나 지방관들이 공사립학교를 시찰한 것이 학교 자율성에 대한 중대한 침해 사례라고 생각할 수도 있다. 그러나 학부 참서관이 각종 관립학교의 교장을 겸직하였기 때문에 해당 학교 교사들은 보다 자율적으로 수업을 할 수 있었으며, 지방의 공립소학교의 경우에도 군수(개항장의 경우, 감리)가 교장직을 겸직하고 있어서 실제 학교 운영은 교원과 부교원에 의해 자율적으로 운영되었다. 그리고 학부 관리나 지방관이 각 학교를 시찰하는 경우는 주로 각 학교 시험 시 임석하기 위한 것으로, 이 경우에 우등 상품은 학부 관리나 지방관이 마련하여야 하였다.

사립학교에 대해서도 정부는 설립과 운영에 대해 적극 지원하였다. 많은 사립학교가 정부 관청이나 향교 등 공공건물을 빌려 설립되었으며, 각 지방관들은 학교 설립에 예외 없이 개인 출연금이나 공공 예산을 지원하였다. 지방에 설립된 사립학교들은 거의 대부분 지방관의 발의나 종용에 의해 이루어졌다. 지방관이 설립한 학교 중 일부는 공립소학교로 전환되어 학부에서 매월 30원씩의 보조금을 받게 되지만, 그밖에 전직 관료나 지방 유생들이 설립한 학교들도 현지 관료가 경비를 출연하거나 스스로 교장이 되어 행정 · 재정 지원을 아끼지 않았다.

정부에서는 또 사립학교를 설립하여 학생 수가 많은 학교에 대해서도 포상을 하는 등 적극 격려하였다. 홍문동 소학교는 1894년에 이시선이 설립하고, 스스로 교장으로 취임한 학교로 한성 남서 홍문동에 위치하여 매월 정부로부터 보조금을 받았는데, 1903년 당시 교장이던 윤영학은 정부의 보조금이 너무 적은 것에 '사립이고 공립이고 다 국민이 세운 학교'라며 항의를 하였다. 그 밖에도 정부에서는 사립학교에 서책을 지급하거나 학교 이전 및 개축 경비를 지원하였다. 개화기의 학교에 있어서 공립과 사립의 차이는 관립과 공립의 차이만큼 큰 것이 아니었다. 실제로 지방에 전현직 관리나 유생들이 세운 학교들은 끊임없이 공립으로 인가 요청을 하였으며, 서울의 사립 학교들도 재정 형편이 어려우면 곧 공립으로 전환하고자 시도하였다.

### 3) 교사와 학생

개화기 관공립학교의 교사들은 갑오개혁에 의한 문벌 타파에도 불구하고 대부분 양반 출신이었다. 이들의 봉급은 14원에서 60원 사이로 당시의 물가를 고려해 볼 때 적지 않은 액수였다고 할 수 있다. 독립신문에 게재된 1898년 쌀 한 가마의 가격은 4원으로 교원의 봉급으로 쌀 4가마에서 15가마를 살 수 있는 돈이었던 것이다. 개화기 교사들 중에 가장 특이한 존재는 공립소학교 부교원들이었다. 이들은 학부에 의해 임용되지만, 현지 유림의 천거에 의해 부교원이 되었다. 소학교 부교원은 해당 지역 유림에 의해 천거토록 하여 임명한 것은 소학교의 경비를 향교 보조 수입에서 보전하기 위한 목적과 함께 근대교육에 대한 보수 유림의 반대를 무마하고, 또 전통 학문과의 조화를 유지하기 위한 것이었다.

갑오교육개혁으로 선발된 근대학교 교사들은 근대적 지식으로 무장한 사회지도층 인사였다. 이들은 부국강병에 큰 관심을 가지고 독립협회 등 사회활동에 적극 참여하였다. 관공립학교 학생들은 요즈음 학생들과는 달리 일반 청년들이었다. 소학교의 경우에는 입학 연령이 법령에 7세 이상 15세 미만으로 정해져 있었으나, 실제 재학생은 15세 이상이 대부분이었다. 학사 운영은 요즈음과 같은 학년제가 아니라 승급제로 이루어졌기 때문에 매 학기말 승급과 졸업이 이루어졌다. 당시의 수업은 여러 학년(보다 정확하게 표현하자면 학기급)의 학생을 동시에 가르치는 복식 수업이었다. 따라서 학생은 교사의 일제식 수업과 함께 개별적으로 자신들의 진도에 맞는 교재를 공부했을 것으로 추측된다.

학생의 학교생활 중 가장 중요한 행사는 졸업식(혹은 진급식)과 운동회였다. 졸업식에는 교사와 학생뿐만 아니라 학부대신 이하 고위 관리와 외국공사, 신문기자 등도 초청되었으며, 졸업생에게는 졸업장과 함께 금시계, 자명종 등 당시 구하기 힘든 푸짐한 상품이 주어졌다. 지방 학교들의 졸업식은 마을 전체의 잔치였다. 운동회 또한 학생에게 중요한 행사 중의 하나였다. 서울의 각 학교 운동회는 4월이나 5월의 토요일 오후에 전 훈련원 자리(현 동대문역사문화공원)에서 개최되었는데, 씨름, 투포환 던지기, 넓이뛰기, 200보 달리기, 높이뛰기, 줄다리기, 당나귀 타고 달리기 등 다채로운 경기들이 펼쳐졌다.

각급학교 운동회는 통감부 설치 이후 일종의 국권회복 결의 대회의 성격을 가지게 되었는데, 횟수도 1년에 봄, 가을 2회, 규모도 관사립이 모두 참여하는 것으로 확대되었다. 1907년 10월 25일에 개최된 서울의 관사립학교 연합 대운동회에는 6,000여 명의 학생이 참가하였으며, 이듬해 4월 15일에 평양에서 개최된 춘기 대운동회에는 182개 학교에서 교사와 학생 5,687명과 내외 관람자가 만여 명에 달하였다. 이 운동회에는 학부차관인 표손일도 참관하였는데, 귀경 후 그는 즉시 경성 관사립학교 춘기 연합 대운동회에 참여코자 상경한 서울 근교의 강화, 인천, 개성 등지의 학교들의 참가를 저지하였다. 이 운동회에는 멀리 평안도 영유군의 사립 이화학교 학생 64명도 참가하기 위해 상경하였는데, 이들은 700리 장정을 교기를 들고 각각 단총(短銃)을 매고 연주를 하며 정제된 대오로 한양에 입성하여 보는 이들의 눈시울을 뜨겁게 하였다. 이 학교는 나팔과, 태고(太鼓)과, 체조과라는 3과로만 편성되어 일제가 두려워한 각종 운동회의 군악대로 활약하였다. 일제는 결국 1909년 12월에 관사립학교 연합 운동회를 폐지하여 이후 국내의 운동회는 모두 학교 단위의 소규모로 개최되고, 연합 운동회는 북간도 등 국외 이주민들이 세운 학교에서만 개최되었다.

학생들의 사회활동 참여도 일반 국민들보다 두드러졌던 것으로 보인다. 독립협회와 만민공동회가 한참 활동 중인 1898년에는 사립학교 학생들뿐만 아니라 관공립학교 학생들도 수업을 전폐하고 민회에 참가하였다.

### 4) 갑오교육개혁의 실패 원인

1904년 8월 러시아와의 평양전투를 승리로 끝낸 일본은 한국 정부에 일본인 고문관의 초빙을 강요하였다. 학부의 고문관은 관립중학교 교관인 폐원단(幣原坦)으로, 그는 교육행정의 실질적인 최고 통치자가 되었다. 이렇게 하여 1894년 8월부터 만 11년 5개월 동안 추진되었던 정부의 근대적 교육개혁은 실패로 끝이 나고 말았다. 이후 근대적 교육개혁은 '한 개의 학교를 설립하는 것이 대한 독립 기초의 시초'라는 기치 아래 수없이 설립된 사립학교에 그 주도권을 물려주게 된다. 그렇다면 정부에 의한 근대적 교육개혁은 왜 실패하였는가?

갑오교육개혁의 실패 원인에 대한 상식적인 답변은 외세의 강압이라고 할 수 있다. 그러나 교육내적인 관점에서 갑오교육개혁의 실패 원인을 분석한다면 무엇보다도 먼저 지적할 수 있는 것은 교육개혁의 이념이 불분명하였다는 것이다. 무슨 말인가 하면 무엇을 보존하고 무엇을 받아들일 것인가 하는 데 대한 분명한 준거가 없었던 것이다. 갑오개혁 이후 정부는 우리의 정신문화는 보존하고 앞선 서양의 과학 기술을 받아들이는 동도서기적인 입장에서 교육개혁을 추진하였다. 이와 같은 입장이 학제나 교육과정에 일정하게 반영되어 있음은 분명하다. 그러나 성균관과 중학교의 관계에서 단적으로 드러나듯이, 국가 최고의 엘리트를 양성하는 고등교육기관의 성격을 어떻게 설정해야 할 것인가에 대한 학부의 입장은 명확하게 정리되지 못한 절충적인 것에 불과하였다.

개화기의 우리 교육의 상황은 흔히 생각하듯이 완전한 불모지는 아니었다. 1911년 3월말을 기준으로 국내에는 16,540개의 서당에 141,604명의 학생이 공부하고 있었으며, 270여 개의 향교와 680여 개의 서원(정원: 15,750명)이 존재하고 있었다. 또한 1897년 당시 성인 이상의 인민 100인 중 23인이 국문을 독해하고 있었으며, 식자층을 제외한 농민 가운데에도 15%, 남성의 경우에는 40%가 문자를 이해하고 있었다. 식자율[2]은 당시의 상황 속에서는 결코 낮은 수준이라고 볼 수 없는 것으로, 이미 수천 년에 걸쳐 우리나라의 독자적인 문화와 교육 양식이 존재해 왔음을 보여 주는 증거라고 할 수 있다.

따라서 정부의 교육개혁은 무엇보다도 이와 같은 기존의 전통 교육기관을 어떻게 변화시킬 것인가에 초점이 맞추어졌어야 했다. 그러나 현실로 나타난 것은 기존의 전통 교육기관은 그대로 두고 동도서기(東道西器)를 표방하는 별도의 관공립학교를 다양하게 설립하여 오히려 신구 교육기관 간의 갈등만을 초래하고 말았던 것이다. 물론 신구 교육기관을 어떻게 조화롭게 통일시켜야 하는 것인가 하는 문제는 당시에는 물론이고 현재에도 명확한 답변을 하기가 어렵다. 무엇보다도 학교에서 가르치는 교육내용 속에 구학문과 신지식을 어떻게 조화시키느냐 하는 문제는 그리 쉽게 해답

2) 문자를 읽고 쓸 수 있는 일 또는 그러한 일을 할 수 있는 능력

을 내기 어려웠던 것으로 보인다.

이와 같은 교육개혁 이념의 부재 속에 관공립학교 학생들은 학교를 출세의 수단으로만 인식하였으며, 학교에서 배운 약간의 서양 지식을 마치 보물인양 여기는, 유길준이 『서유견문(西遊見聞)』의 '개화의 등급'에서 말하고 있는 '개화의 병신'이 되어 버렸던 것이다. 특히 일본에 유학한 많은 관비 · 사비 유학생은 부국자강의 선도자가 아니라 일제의 앞잡이 역할만을 수행하고 말았던 것이다. 일본 세력의 영향력이 확고해진 1905년 4월에는 일본의 마장(馬場)이라는 자가 동경에 한국 유학생 전용 예비학교를 세웠는데, 몇 달 만에 유학생 수십 명이 몰리는 등 국가의 독립과 충군애국이라는 교육목표와는 동떨어진 결과를 보여 주고 있는 것이다. 그리하여 개화기 위정척사의 거두인 유인석은 '신학교'라는 시에서 근대학교의 인륜을 없애고, 조상을 업신여김을 꾸짖으며, 서양에 대해서만 광분하는 곳이라고 비판하였던 것이다.

갑오교육개혁이 성공하려면 어쩌면 유인석과 같은 인물을 가르치는 고등교육기관이 있어야 했는지 모른다. 어쨌거나 동도와 서기의 불완전한 결합으로 갑오교육개혁은 십여 년간의 실험에도 불구하고 실패로 끝났으며, 이후 우리의 교육은 40년간의 기나긴 암흑의 길로 접어들게 되었다. 그러나 갑오교육개혁이 실패로 끝났다고 하더라도 그것이 우리에게 전혀 무의미한 것은 아니었다. 갑오교육개혁의 내용 속에는 일제 40년간 왜곡되기 이전의 중요한 우리의 교육적 유산이 담겨 있기 때문이다. 예컨대, 통제 중심의 중앙집권적 교육행정이 아니라 자율과 지원 중심의 교육행정이 우리 본연의 교육행정이었고, 획일적 학급 편성과 일제식 수업이 아니라 능력별 학급 편성과 개별화된 수업이 우리 본연의 수업방법이었으며, 사기업체와 같은 사립학교 운영이 아니라 지역 공동체 모두에 의한 사립학교의 설립과 운영이 우리 본연의 진학정신이었다는 것을 우리에게 분명히 보여 주고 있는 것이다.

## 4. 일제강점기 교육

### 1) 식민지 교육의 내용

일제강점하 식민교육의 목표는 이광수가 그의 '심적 신체제와 조선문화의 진로'라는 글에서 "아주 피와 살과 뼈까지 일본인이 되어 버려야 한다."라고 했듯이 일제에 충실한 황국신민을 양성하는 것이었다. 이를 위해 일제는 모든 교육환경을 충량한 황국신민의 육성이라는 교육목표를 달성하기 위한 내용으로 변화시켰다. 그 첫 번째 작업은 우리말을 일본어로 대체하는 것이었다. 보통학교령에서 일본어가 우리말과 동일한 비중으로 들어간 이후, 1909년 4월 일제는 각 학교령을 다시 개정하여 우리말을 한문 과목과 통합시켰다. 따라서 실질적으로 조선어 수업시간은 일본어의 절반으로 단축되었다.

제1차 조선교육령이 공포된 1911년 이후 일제는 우리말을 조선어로, 일본어를 국어로 명명하고, 일본어의 수업시수를 조선어와 한문을 합친 수업시수의 두 배로 증가시켰다. 그리고 마침내 1938년 제3차 조선교육령에서는 조선어 과목을 수의과목으로 전락시켜 실질적으로 조선어를 학교교육에서 완전히 배제하였다. 이후 모든 학교에서는 일본어를 사용하지 않는 경우에 학생들에게 각종 제재를 가하였다. 이 때문에 성적이 우수한 학생이 무의식중에 조선어를 입 밖에 내어 낙제하는 경우도 나타나게 되었으며, 조선인 교원이 나이가 많은 학부형이 찾아와 조선어로 말을 했다가 교장에게 알려져서 즉각 좌천당하는 경우도 있었다. 또 학기 초에 학생들에게 '국어 상용 카드'를 나누어 주고 조선말을 하는 학생을 먼저 발견한 학생이 이를 빼앗도록 하여 학기말에 이를 확인해서 상과 벌을 주는 비인간적인 방법을 이용하기도 하였다.

학교 밖에서도 일본어의 사용이 강제되어 소위 '보도연맹'이라는 것이 있었는데, 학생들이 조선어를 사용하면 불러다가 야단을 치거나 학교에 알리어 단속하게 하였다. 친일 단체인 국민총력연맹에서는 한술 더 떠서 소위 '국어 상용의 가(家)'라고 하여 집안에서도 일본어를 사용하는 집을 선정하여 표창하기도 하였다. 이에 일부 친일파 인사는 자신의 집안에서 5, 6세 된 자식들과도 일본어만 쓰고 이것을 자랑으로 여기기도 하였던 것이다.

제3차 조선교육령 이후 일제는 모든 학교를 병영화하여 학생들에게 엄격한 규율과 훈련을 부과하였다. 모든 학교에서는 매주 월요일과 토요일은 신전조회(神前朝會), 수요일은 교련조회, 그리고 화, 목, 금요일에는 보통조회가 개최되어 매일 조회가 이루어졌다. 특히 교련조회 시에는 보통학교 아동들에게도 열병과 분열 같은 정식 군사훈련이 실시되었으며, 일본군이 직접 군사훈련을 검열하기도 하였다. 또 목검을 이용한 '황국신민의 체조'와 건강체조, 건국체조 등의 다양한 훈련이 매일 실시되었다.

황민화교육을 위한 또 하나의 조치는 모든 일본제국주의의 상징에 대한 우상화였다. 따라서 모든 학생에게 천황의 궁성과 신사, 교육칙어 및 천황의 사진을 비치한 봉안전, 이른바 천조대신을 모셨다고 하는 신붕(神棚), 각 교실마다 전면에 걸도록 조치한 천황 궁성 사진, 홍국위인 초상 액자, 황국신민서사, 일장기, 일장정신 10개조 등에 대해서 최대한의 경의를 표하도록 의무화되었다. 따라서 학생들의 일과는 이들 상징물에 대한 우상숭배 의식인 경례로 시작해서 경례로 일관하여 경례로 끝났다. 학생들은 아침에 등교하여 교문에서 5~10m 정도 들어서면 이러한 상징물에 대해 부동자세를 취하고 가장 정중하게 몸을 굽혀 절하는 사이게이레이(最敬禮)를 해야 하였다. 이후 손뼉을 두 번 친 후 "대일본제국과 황국신민을 위하여 열심히 공부하겠다."는 다짐을 하고 교실에 들어가야 했다. 또 교실에 들어갈 때나 발표를 위해 교단에 올라갈 때는 반드시 일본 궁성 사진을 향해 경례를 해야 했으며, 하교 때에도 "천조대신과 봉안전 덕분에 공부 잘하고 갑니다."라는 감사의 뜻으로 절을 해야 했다. 조회를 비롯한 각종 의식에서는 천황이 있는 동쪽을 향해 절하는 이른바 궁성요배와 신사가 있는 쪽을 향해 절하는 신사요배를 해야 했으며, 조선인 학무과장 김대우가 일제에 아부하기 위해 만든 '황국신민의 서사'를 낭독해야 했다. 황국신민의 서사는 어린이용과 어른용 두 가지가 있었는데, 어린이용은 다음과 같다.

1. 나는 대일본제국의 신민입니다.
2. 나는 마음을 합해 천황폐하께 충의를 다합니다.
3. 나는 인고단련하여 훌륭하고 강한 국민이 됩니다.

황국신민 육성을 위한 우상화 훈련은 다양한 학교 행사일을 통해 반복되었다. 보통학교의 경우에는 조회 이외에도 다음과 같은 월중 행사가 있었다. 즉, 국체명징일(매월 1일, 15일), 애국일(매월 1일), 부국저금일(매월 10일), 근로보국대 봉사일(매월 6일 및 적당한 날), 전교체육일(매월 10일), 자치실행회(매월 첫째 일요일), 폐품회수헌금일(월 1회), 인고단련인(매주 토요일), 근로봉사일(매주 수요일), 용의 학용품검사일(매주 토요일), 열단(閱團) 분열식(월 1회), 소년검도회(월 1회), 신사참배(매일), 국기게양일(1일, 15일, 축제일, 기타), 위인제 등이 그것이다.

이러한 각종 행사로 실제 학교 수업은 빈약하기 그지없었다. 그나마 빈약한 수업

시간도 1929년에 개정 공포된 보통학교 교육과정의 '직업과' 교과의 도입으로 상당 부분 풀베기 등의 노력봉사로 채워졌다. '직업과' 교육은 일제가 1920년대의 교육을 소위 '독서교육'이라고 비판하면서 이러한 독서교육이 헛된 사상의 전파와 과격한 발언의 확산으로 이어진다고 보아 조선 인민의 우민화정책의 일환으로 강력하게 추진하였으며, 그들은 이를 '교육실제화 정책'이라고 불렀다. 이러한 '직업과'의 도입에 의해 보통학교에서는 매주 2~3시간씩 학생들이 풀베기, 가축 돌보기, 실습지 청소에 동원되었다. 그러나 이것은 공식적인 시간이고, 실제로는 이보다 초과하는 경우가 많았으며, 방과 후에나 방학 중에도 '직업과' 교육이라는 이름하에 학생들을 노역에 동원하였다. 특히 태평양 전쟁 도발 이후에 모든 남학생은 비행장, 공장 등에 근로 동원하고, 여학생들은 학교에서 위문대 제작, 군복 깁기, 위문편지 쓰기에 동원하였다.

황민화교육의 가장 극단적인 정책은 역시 창씨개명이었다. 일본제국주의의 어용단체였던 '녹기 일본문화연구소'에서 주도한 창씨개명은 교원을 포함한 공직자와 학생들에게 가장 먼저 강요되었다. 어떤 학교에서는 창씨하지 않은 사람은 교원으로 쓰지 않았을 뿐만 아니라, 창씨를 하지 않은 학생은 아예 받아 주지도 않는 학교도 있었다.

## 2) 식민교육의 폐해

일제 식민교육으로 인한 최대 피해는 우리 전통교육의 단절이라고 할 수 있다. 이로 인해 우리는 수많은 전통교육의 장점을 계승하지 못하고 오히려 일제 식민교육을 우리의 전통교육으로 생각하게 되었다. 그 대표적인 것이 전통적 교사상의 파괴라고 할 수 있다.

일제는 우리의 전통적 교육이 스승에 대한 존경(尊師)에서 비롯되고, 이에 따라 교사에 대한 일반인들의 인식이 매우 높다는 것을 알고 전통문화의 파괴 차원에서 전통적 교사상의 파괴에 상당한 노력을 경주하였다. 강제 병합 직후인 제1차 조선교육령하에서 일제는 모든 교사로 하여금 군복을 입고 각반을 차고 또 군도를 찬 채로 교실에 들어가도록 하였다. 이러한 복장은 문무 구별이 엄격했던 우리의 문화에서 커다란 충격으로 받아들였으며, 일반인들의 교사관에도 상당한 변화를 가져오게 되었다. 우선 교육에 있어서 모든 것이 지시와 명령으로 이루어졌으며, 전통적 교육방식인 개별식 · 토론식 수업이 아니라 주입식 · 획일식 수업을 당연한 것으로 받아들이게 되었다.

제2차 조선교육령부터 이러한 군대식 복장은 사라지게 되었지만 교사들의 군사적인 자세는 변하지 않았다. 더구나 교사들에게는 일제 식민교육의 첨병으로서의 역할이 강요되어 결코 학생들의 존경과 경원의 대상이 되기 어려웠다. "우리는 일본 신민이다." "우리는 우리말을 절대로 쓰지 말자." "우리는 일본에 충성하자." "일본의 것은 무엇이나 좋다." "일본인의 조선에 대한 정치는 무엇이나 다 옳다." "우리가 총독정치를 비평하는 것은 죄이다." "조선 민족적 사상이나 민족적 운동에 감염되거나 참가하면 국민이 아니다." 등의 발언을 하는 교사들을 학생들은 결코 존경할 수 없었던 것이다. 1933년 경성의 한 공립중학교에서는 3학년 학생이 일본인 교장을 구타한 사건이 일어났다. 이 사건으로 3명의 학생이 구속되고 60여 명의 학생이 퇴학을 당하게 되었다. 그때에 조선인 교원 한 사람은 퇴학당한 학생들의 억울함을 동정하였으나 교내에서는 한마디 반대의 말을 하지 못하였다. 이에 학생들이 조선인 선생이라고 믿고 그의 사택을 방문하여 직원회의 결과를 물었을 때 그는 자기 존재의 가치가 없는 것을 고백하고 학생들 앞에서 울고 말았다고 한다. 이런 교사가 어떻게 학생들의 존경을 받을 수 있을 것인가?

## 5. 민족교육운동

일제의 강제 병합 이후 사립학교에 대한 탄압과 교사에 대한 감시 그리고 일제 경찰의 집요한 추적으로 학교에서 공개적으로 민족교육을 하는 것은 점점 어렵게 되어갔다. 특히 3 · 1운동의 실패로 인한 좌절감 속에서 많은 학부형은 서당이나 사립학교보다는 일제가 학력을 인정해 주는 공립학교를 선택하기에 이르렀다. 이에 따라 국내의 민족교육은 점차 비정규 교육기관인 야학으로 대체되었다.

이 시기의 야학은 그 대상이 노동자인 경우에는 노동야학이라고 하고, 농민들을 대상으로 하는 야학은 농민야학이라고 하였는데, 주로 노동자 · 농민 단체가 그 설립을 주도하였다. 특히 조선농민사와 같은 단체는 야학의 설립과 운영에 적극적으로 나선 산하 모든 지부에 야학을 운영하였으며, 317개의 모범 야학을 골라 표창하기도 하였다. 노농야학에서는 농민과 노동자와 도시 빈민의 자제들로서 공립보통학교에 가지 못하는 학령아동을 대상으로 조선어, 한문, 산술 등의 기본 과목과 농업, 양잠, 노동독본 등 실용적인 과목을 가르쳤다. 뿐만 아니라 시사, 토론, 조선역사, 지리, 창가 등의 과목을 통해 민족 자주의식과 반일의식을 고취하였다. 야학의 교사는 노동·농민단체에서 설립한 야학의 경우에는 조합의 책임자들이 직접 맡았고, 그 밖의 경우에는 그 지역의 진보적 지식인이나 보통학교 교사들이 담당하였다. 이들은 대개 신교육을 받은 인물들로서 보통학교 이상의 교육을 받은 자라면 누구나 자원하여 교사가 될 수 있었다.

1920년대에 노동야학의 숫자가 늘어나자, 야학 교사들은 야학 교재의 통일, 연합행사, 순회강연 등의 상호 협력을 위해 야학연합회 혹은 야학연맹을 결성하였다. 1922년 1월의 대전노동야학연합회, 1924년 9월의 서울조선노동교육회, 1928년 신흥야학연합회 그리고 1929년 2월의 언양노동야학연합회 등이 대표적인 것이다. 그러나 이러한 노동야학은 1930년 이후 일제의 집중적인 탄압의 대상이 되어 대부분의 학교가 폐쇄되고 교사들도 체포됨으로써 부득이 지하로 숨어들게 되었다. 그리고 우리 민족교육운동의 주도권은 간도와 연해주, 하와이에 설립된 민주교육기관으로 이관되었다.

## 참고문헌

강창동(2002). 한국의 교육문화사. 서울: 문음사.

김영우(1997). 한국 개화기의 교육. 경기: 교육과학사.

오천석(2014). 한국신교육사(한글 수정판). 경기: 교육과학사.

이윤미(2006). 한국의 근대와 교육. 서울: 문음사.

정순우(1989). 조선시대 봉건사회의 성격과 교육의 특징(pp. 49-57). 정재걸, 박인종(1989). 한국 교육의 중층성 분석. 한국교육개발원 연구보고서.

정재걸(2010). 오래된 미래교육. 서울: 살림터.

푸른나무편집부 편(1990). 분단시대의 학교교육. 서울: 도서출판 푸른나무.

한국교육연구소 편(1990). 한국교육사-근현대편. 서울: 풀빛.

제4장

# 교육철학의 이해

이 장에서는 교육의 근본적인 물음에 대하여, 즉 교육행위와 교육문제를 철학적으로 탐구하는 측면에서 교육의 철학적 이해를 돕고자 한다. 이에 교육의 철학적 의의를 살펴보고, 교육철학의 주요 활동으로 사변적 · 평가적 · 분석적 기능 등을 제시한다. 또한 교육의 철학적 기초로서 주요 탐구영역인 형이상학, 인식론, 가치론 등을 중심으로 기술하고 철학사에 있어 대표적인 두 조류인 관념론과 실재론을 살펴본다. 그리고 현대 교육철학의 대표적인 사조를 20세기 전기와 후기로 구분하여 제시한다. 20세기 전기의 교육철학은 진보주의, 본질주의, 항존주의, 재건주의, 그리고 20세기 후기의 교육철학은 실용주의, 실존주의, 분석철학, 비판이론, 포스트모더니즘 등을 중심으로 기술한다.

## 1. 교육의 철학적 의의 및 기능

우리는 흔히 어떤 학생을 기를 것인가, 무엇을 가르칠 것인가, 가치 있는 것이 무엇인가 등 교육의 근본 문제에 의문을 갖고 있다. 구체적으로 무엇을, 왜, 어떻게 교육을 할 것인가 등은 철학적인 물음이며, 이것은 철학적인 사유와 판단을 요구하는 것들이다. 또한 이러한 물음은 교육의 이념이나 신념, 목표, 가치 등을 포함하는 것이다. 즉, 교육의 본질에 관하여 묻고 그 해답을 찾아가며, 교육목적과 교육과정의 설정 등에 있어서 다양한 교육적 행위와 문제를 철학적으로 탐구하는 활동으로서 교육의 철학적 의의를 찾을 수 있다. 교육철학은 교육의 본질을 추구하는 학문으로서 교육과 관련된 제 문제를 철학적 방법과 견해를 이용하여 체계적으로 분석 및 연구하는 활동인 것이다(박봉목, 1983; Kneller, 1971).

교육철학은 일반철학과는 다른 독립적이고 자율적인 문제의식과 연구과제를 가지며, 학문 연구에 있어서는 사변적 · 평가적 · 분석적 기능을 가지고 있다(Kneller, 1971). 교육철학의 사변적 기능은 이론적 · 실천적 문제를 해결하기 위해 새로운 가설, 생각, 제언 등을 성립시키고 제시하는 행위로서 우선 교육과 관련된 존재하는 모든 것을 체계적으로 알고자 한다. 새로운 문제해결을 위하여 새로운 가설을 제시하고, 새로운 사고를 창출해 냄에 있어서 감각을 통한 관찰에 의존하기보다는 부분과 전체 사이의 질서와 관계가 주는 의미를 찾으려는 체계적인 사고과정을 한다.

교육철학의 평가적 기능은 인간행동의 지침이 되는 기준과 준거를 토대로 하여 어떤 실천, 이론, 주장, 원리 등의 만족도를 규명한다. 즉, 주어진 기준 혹은 준거에 의한 평가이다. 과학적 탐구에서 가치중립적 태도를 취하며, 이는 과학자가 사실 그대로 기술하고 설명해야지 가치판단을 해서는 안 된다는 것이다. 교육철학의 분석적 기능은 이론적이거나 일상적으로 쓰고 있는 언어의 의미와 언어들 사이의 논리적 관계를 명백히 밝힘으로써 언어의 혼란을 제거하고, 모순되는 주장을 드러내어 명제들과 개념의 의미를 명확하게 이해하려는 철학적 활동이다.

따라서 이러한 교육철학의 사변적 · 평가적 · 분석적 기능은 통합적으로 이루어지며, 다양한 교육현상과 교육이론을 설명하고 검토, 분석, 종합하거나, 각 교육이론들을 체계화하는 데 도움을 준다. 또한 교육철학은 교육의 개념 중 검증되지 않은 개념을 명확히 정의하고, 교육의 문제점들을 검토하여 비판하고, 교사들과 교육학자들로 하여금 더 나은 이론과 실천 방향을 탐색하도록 자극한다. 전통적 철학사상은 형이상학(metaphysics) 또는 존재론(ontology), 인식론(epistemology), 논리학(logic) 그리고 윤리학과 미학을 포함한 가치론(axiology) 등으로 구분된다.

## 2. 교육의 철학적 기초

전통적 철학의 연구영역은 다양하게 구분할 수 있는 바, 이 절에서는 일반적으로 논의하고 있는 형이상학, 인식론, 가치론 등을 중심으로 살펴본다. 또한 이를 토대로 하여 철학사에 있어 대표적인 두 조류인 관념론과 실재론을 탐색하여 제시한다. 그리고 최근에는 실용주의, 실존주의 등도 하나의 조류를 형성하고 있는 바, 이에 대해서는 제3절에서 논의한다.

### 1) 철학의 주요 탐구영역

#### (1) 형이상학

형이상학은 'What is real?'이라는 질문으로 요약된다. 형이상학은 우주의 궁극적이고 본질적인 존재가 무엇인가를 파악하려는 철학적 노력으로서 실재하는 것이 무엇인가에 초점을 둔다. 물질세계와 분리된 정신적 혹은 영적인 세계가 과연 존재하는지를 물으며, 궁극적 실재가 정신인지 물질인지를 규명한다. 우주의 궁극적 실재를 정신으로 보는 관점을 관념론(idealism)이라고 하고, 물질로 보는 관점을 실재론(realism)이라고 하는데, 관념론자(idealist)는 실재를 비물질적이고, 추상적 혹은 영적인 것으로 보는 반면, 실재론자(realist)는 인간존재와는 독립적으로 존재하는 객관적인 질서라고 본다(Ornstein & Levine, 2000: 390).

Plato는 존재의 영원성, 보편성에 관한 Parmenides의 주장을 받아들였고, Aristoteles는 사물 혹은 실체의 본질은 영원하지만 그것은 변화하는 사물 혹은 실체를 초월해서 존재하는 것이 아니라고 했다. 바로 이러한 견해의 차이는 후에 관념론과 실재론으로 갈라지기 시작한다. 또한 그 실존하는 것이 정신이냐 물질이냐에 따라서도 관점이 달라진다.

교사, 교육과정 설계자, 교과서 집필자 모두 학생들에게 '실재', 혹은 '실재 세계'를 가르치기 위하여 노력하고 있고, 이들은 저마다 자신이 이해하고 있는 '실재'를 학생들에게 가르치게 되므로 우주와 인생의 본질을 구성하는 '실재'를 무엇으로 보는가 하는 것은 삶의 의미와 목적에도 영향을 주며, 교육의 의미와 목적에 직접적인 영향을 끼친다.

### (2) 인식론

인식론은 'What is knowledge?'라는 질문으로 요약된다. 인식론이란 epistemology로서 그리스어 지식(episteme)과 이론(logos)의 합성어이다. 인식론은 지식과 양의 형태를 다루는데, 인식론은 진리와 지식의 본질을 밝히려는 철학적 노력이라고 할 수 있다. 우리가 무엇을 기초하여 세상의 지식과 진리를 이해하고 있는가? 우리의 지식은 신의 계시로부터 온 것인가? 아니면 우리의 정신에 잠재되어 있었던 것인가? 아니면 경험적 증명으로부터 온 것인가? 아니면 앞의 어느 것도 아닌 전혀 다른 어떤 것으로부터 온 것인가?

한편, 우주의 본질적인 존재를 규명하는 형이상학이 정립되어 참된 진리가 존재한다고 믿는다고 할지라도, 과연 인간이 참 진리를 알아낼 수 있다고 보는지, 또는 없다고 보는지에 따라 절대론, 상대론, 회의론으로 구분할 수 있다. 절대론은 절대불변의 참다운 진리가 존재한다고 보며, 그것에 대한 앎이 가능하다고 보는 입장이다. 상대론은 진리가 절대적인 것이 아닌 상대적인 것이라고 보며, 회의론은 참된 진리에 대해 아는 것이 인간의 힘으로는 불가능하다고 본다. 절대불변의 진리가 존재하며, 인간이 존재의 본질을 알 수 있다고 보는 절대론 중에서도 절대불변의 진리를 인간이 어떻게 알 수 있다고 믿는가에 따라서 직관론, 합리론 그리고 경험론으로 구분할 수 있다. 직관론은 직관에 의해 진리를 알 수 있다고 보고, 합리론은 이성을 통한 사유에 의해서 진리를 알 수 있다고 보며, 경험론은 인간의 감각기관을 통해 진리가 발견될 수 있다고 본다(Ornstein & Levine, 2000: 390).

교사들이 가진 인식론은 교수–학습에 직접적인 영향을 미친다. 이를테면 교사가 인간의 사상이나 생각이 자연의 질서를 따라야 한다고 믿고 있다면 논리적이고 체계적인 교과목의 교수를 강조할 것이고, 반면에 교사가 '우리가 어떻게 아는가?' 하는 과정이 '무엇을 아는가?'의 내용보다도 더 중요하다고 생각한다면 탐구나 문제해결력을 더 강조할 것이다.

#### (3) 가치론

가치론은 'What is valuable?'이라는 질문으로 요약된다. 가치론은 가치를 규정하는 것으로 미학(aesthetics)과 윤리학(ethics)으로 나눌 수 있는 바, 미학은 아름다움과 예술의 가치를 논하고, 윤리학은 도덕적 유용성과 옳은 행위의 규정 등을 밝히려는 철학적 노력이다. 윤리학은 가치 있는 것과 가치 없는 것, 즉 선과 악, 정의와 불의를 구분 짓는 준거를 밝혀내는 것이다. 가치의 존재 여부를 인정함에 따라 객관주의와 주관주의로 나눌 수 있는 바, 객관주의는 가치가 객관적으로 존재한다고 보는 철학적 주장이고, 주관주의는 가치가 주관적으로 결정될 수 있다고 보는 주장이다(Ornstein & Levine, 2000: 390-392).

전반적인 학교 풍토나 교사의 가치관은 사회의 가치를 반영하고, 이는 학생들에게 영향을 준다. 또한 학교나 교사가 어떠한 가치를 외현적으로 가르치지는 않는다고 하더라도, 예컨대 칭찬과 벌에 있어서 선과 악, 미와 추 등에 따라 상 혹은 벌을 주기 마련이고, 이렇게 해서 교사는 표면적인 측면에서뿐만 아니라 잠재적으로도 가치를 학생들에게 전달하게 되는 것이다.

### 2) 관념론과 실재론

#### (1) 관념론과 교육

만약 관념론자에게 '지식이 무엇입니까?'라고 묻는다면 지식이란 실재 근원인 정신적 원리와 관계되는 것이라고 할 것이다. 관념론자에게 있어서 실재에 관한 지식은 관념(idea)의 형태를 취하는데, 만약 지식이 보편적인 관념에 관한 것이라면 교육은 학습자의 의식에서 관념을 불러일으키게 하는 지적 과정인 것이다. 관념론자에게 있어서 학교란 학생들이 진리를 발견하고 추구하는 사회 기관이고, 교사와 학생들은 Socrates와 Plato가 물었던 '진리란 무엇인가?' '아름다움이란 무엇인가?' '어떻게 사는 것이 가장 잘 사는 삶인가?' 등과 같은 질문을 탐구하는 지적 공동체이다. 관념론자는 이와 같은 질문에 대한 해답이 비록 표면적으로 드러나 있지는 않다고 하더라도, 인간의 정신 속에 이미 숨겨진 채로 내재되어 있다고 믿기 때문에 자신의 임무는 학생들의 의식에 표출될 수 있도록 돕는 것이다.

관념론자들에게 있어서 사고하는 것과 학습하는 것은 인간의 정신 속에 내재된 관념을 의식화하는 과정을 일컫는다. 교육방법에 있어서는 주입식 교육보다도 Socrates 교육방법을 선호한다. 이를테면 학습, 즉 관념을 의식화하는 아주 효과적인 방법은 계속적인 질문을 유도함으로써 학생의 관념에 대한 의식을 자극하는 Socrates식 교육방법이 효과적이라고 본다. 또한 다른 관념론자의 교육방법은 행동의 모범을 보이는 것으로서 교사는 교양과 지식이 풍부하며, 학생들이 모방할 만한 모범적인 삶을 살아야 한다는 것이다(Ornstein & Levine, 2000: 394).

관념론자들은 교육목적을 지적인 능력의 계발에 두고 학교의 높은 지적 수준을 유지시키려고 노력하며, 획일화된 평준화로 지향해 나가는 현대의 경향성에 저항하면서 교육의 질을 유지하는 데 초점을 둔다. 관념론자들은 모든 학생이 최고의 교육단계로 나아갈 수 없음을 인정하지만, 모든 사람이 학교에 다녀야 한다고 주장한다. 비록 모든 사람이 동일한 지적 재능을 갖지는 않음을 인정하고, 재능이 뛰어난 학생들은 뛰어난 대로 더한 지적인 도전을 필요로 한다는 것을 알지만, 관념론자들은 모든 사람이 각자의 능력이 허용하는 한에서 자신의 정신을 연마시킬 필요가 있다는 것이다.

관념론자들은 교사를 학생들이 자신의 가능성을 최대한 살릴 수 있도록 학생들을 돕는 책임자로 보고 있다. 관념론적 교사는 학생들과 함께 교사 자신도 문화유산의 최상의 요소들에 정통하도록 노력할 뿐만 아니라, 학생들을 위대한 문화적 유산에 몰두시킴으로써 자신의 문화를 만들며, 문화유산의 일역을 담당할 수 있도록 준비시킨다(Ornstein & Levine, 2000: 395). 또한 정신을 중요시하는 관념론은 아동의 개성을 존중하며, 인격 및 도덕교육을 추구한다. 인간의 정신을 고양시킬 수 있는 교양교육도 아울러 강조하며, 교육과정에 있어서도 현실보다는 이상 실현 중심이다.

### (2) 실재론과 교육

누가 '지식이 무엇입니까?'라고 묻는다면 실재론자들은 우리가 살고 있는 물질적인 세계와 연관시켜서 대답할 것이다. 실재론자는 어떤 것을 안다고 할 때, 지식은 언제나 어떤 사물에 관한 것이고, 사람들의 개념이 세상에 실제로 존재하는 사물과 대응할 때 유효하다고 한다. 실재론자들이 말하는 정규교육은 지식이 조직되고 분류된 교과목의 훈련이다. 이를테면 역사, 언어, 과학 그리고 수학은 지식의 조직된 체제이고, 만약 이러한 교과목들을 안다고 한다면 그것은 우리가 살고 있는 세계에 관하여 안다는 것을 의미한다. 실재론자들은 이러한 지식이 우리의 일상생활을 이끌어 가는 최상의 길잡이라고 믿으므로 실재론자들에게 있어서 학교교육의 목적은 학생들에게 객관적 세계에 관한 지식을 제공하기 위함이다.

실재론자들은 모든 사람이 이성적으로 될 수 있는 가능성을 가지고 있다는 것이다. 또한 모든 학생이 합리적 판단을 내릴 수 있도록 잘 준비시켜 주는 교육과정에 따라 교육을 받아야 하며, 학교교육이 모든 사람에게 제공되어야 한다는 것이다. 따라서 실재론자들에게 있어서 교사의 첫 번째 책임은 읽기, 쓰기, 계산하기와 같은 기능이나 역사, 수학 혹은 과학과 같은 교과목을 가르치는 일이다. 실재론자들은 비록 학생들의 이성적이고 감성적인 면을 중요하게 여긴다고 할지라도 교실을 감정이나 행동 적응의 상담센터로 만들지는 않을 것이며, 학교의 가장 중요한 목적인 학구적 학습을 우선시한다.

실재론자들은 교사가 본래의 교육적 책임을 수행하기 위하여 노련한 교수법을 겸비하고, 자신이 담당하는 교과목에 박식하여야 한다고 강조한다. 교과목 내용에 관한 정통한 이해는 교사의 신성한 의무이다. 이를테면 역사 교사는 역사에 관하여 철저한 경력과 경험을 가진 역사학자여야 할 뿐만 아니라, 자신의 전공과목과 다른 교과과목의 상관관계를 연관시켜 보여 줄 수 있도록 교양과목의 교육 또한 철저히 받아야 한다. 실재론자는 강의, 토론, 시범 혹은 실험과 같은 다양한 방법을 이용하여 교수해야 할 것이다(Ornstein & Levine, 2000: 396-397). 교사의 전문적 실력과 학생의 학구적인 학습을 강조하므로 실재론자들은 교사와 학생 모두에 있어서 능력 시험을 선호하며, 학교 당국이 높은 학업 수준과 성적을 올리도록 노력하여야 한다는 것이다.

실재론자는 객관적인 물질세계를 가장 실재하는 세계로 봄에 따라 객관적 물질세계의 이해에 도움을 주는 과학을 중요시한다. 따라서 객관적 지식을 습득하는 것이 교육의 중요한 목적이 되고, 교양교육보다는 실제적 학문을 중요시한다. 실험과 관찰을 위주로 한 자연과학을 통하여 우주의 법칙과 이치를 깨달으며, 인간은 겸허와 경건을 함께 배울 수 있다고 본다. 교육방법은 많은 지식을 아동에게 전달하는 주입식 교육이 우선시되며, 교육과정은 전통적 지식의 전달에 편중하는 경향이 있다.

## 3. 현대 교육철학의 사조

현대의 교육철학을 20세기 전기와 후기로 구분할 수 있는 바, 20세기 전기의 교육철학으로 진보주의, 본질주의, 항존주의, 재건주의를 중심으로 살펴본다. 그리고 20세기 후기의 교육철학으로 실용주의, 실존주의, 분석철학, 비판이론, 포스트모더니즘 등을 중심으로 탐색하여 제시한다.

### 1) 20세기 전기의 교육철학

#### (1) 진보주의

교사 중심의 전통적 교육을 비판하며 시작된 진보주의(progressivism) 교육은 Rousseau의 자연주의, Pestalozzi, Herbart, Fröbel 등의 계발주의, 실용주의, 과학기술의 발달 및 민주주의의 성장 등의 영향을 받아 실용주의를 바탕으로 하여 과학과 생활, 경험 그리고 아동 중심적인 교육을 주장하는 교육사상이다. 진보주의 교육사상의 대표자로 Dewey, Hall, Parker, Kilpatrick 등이 있다. 진보주의 교육자들은 전통적 학교교육의 책 중심의 교수, 사실적 정보의 수동적 암기, 학교와 사회와의 분리, 틀에 박힌 일상, 기계적인 암송 그리고 권위주의적인 교사들에 의한 독재적인 교실 감독 등에 반대하였다.

전통적 교육에 반하여 아동 중심의 진보주의 교사들은 모든 아동이 자연스럽게 발달될 수 있도록 자유로워야 한다고 주장한다. 아동들이 학교에서 자유롭게 실험하고, 놀고, 자신의 의견을 표명할 수 있기를 바라며, 학생들 사이에 경쟁보다는 협력을 강조하고, 모든 아동이 학교에 다녀야 할 인권을 가졌다고 믿는다. 관념론과 실재론이 본질적인 지식 혹은 교과목 훈련을 강조한 데 비해, Dewey와 같은 진보주의자는 학습자가 문제해결에 집중하고 있을 때 학습이 일어난다고 하며, 교육내용은 아동의 경험을 토대로 한 문제해결의 과정을 중심으로 이루어져야 한다고 주장한다.

진보주의자들은 교사가 직접 경험에 의해 자극받은 흥미가 최상의 학습 자극제임을 인식하여 학생들의 자발적인 자기 훈련과 흥미와 필요에 답할 수 있는 교수를 하여야 한다고 믿는다. 미리 결정된 교과목보다 아동의 흥미가 교과과정과 수업을 구체화한다고 확신하며, 교사가 아동의 안내자로서 학습의 촉진제 역할을 하여야 한다고 주장한다. 아동이 자신의 욕구와 필요에 따라서 학습할 수 있도록 도와줄 뿐만 아니라 교사가 아동에게 학습을 강요하지 않는다.

진보주의자들은 교육을 사회적 과정이자 경험의 재구성으로 보고, 교육이 미래의 생활을 준비하는 것보다는 생활 그 자체가 되어야 한다고 주장한다. 따라서 학교는 교육개혁과 실제 훈련의 실험실이어야 하며, 학교와 가정 사이에 가까운 협력이 있어야 한다고 주장한다. 그러나 진보주의의 한계는 아동에게 지나친 자유를 허용하고, 흥미 위주의 교육은 확고한 교육목적을 갖기가 어렵다는 점이며, 실제 훈련이 부족한 아동은 문제해결 능력이 저하되며, 미래에 대한 준비 또한 결여된다는 점을 들 수 있다. 아울러 지나친 자유의 허용으로 인해 방종을 일삼는 문제아가 생기는 단점을 표출한다(조용태, 2002).

### (2) 본질주의

본질주의(essentialism)는 1938년에 Bagley를 중심으로 진보주의 교육을 비판하며 대두된 교육사상이다. 본질주의란 말은 Demiashkevich가 처음으로 사용하였으며, 관념론과 실재론에 근거를 두었다. 본질주의자들은 진보주의의 한계로 드러난 문제들로 교사의 권위가 실추되었고, 학교의 질서가 흔들렸을 뿐만 아니라, 조직된 교육과정의 부재로 인하여 교과목의 훈련을 소홀히 하게 되어 교육에 많은 시간적 · 물질적 낭비를 초래했다고 주장한다. 본질주의는 아동의 자유도 중요하지만 지나친 자유가 방종을 유발한다고 경고하며, 아동의 자유에는 한계가 있어야 한다고 주장한다. 또한 아동은 미성숙한 만큼 성숙한 교사가 주도권을 갖고 교재를 지도하여야 한다는 것이다. 본질주의자들은 아동의 인격과 개성을 존중하며 아동의 흥미를 살리려고 애쓰면서도 학교는 결코 사회의 요구와 관심사 또한 소홀히 해서는 안 되며, 과거의 중요한 지식을 획득하고 민족의 경험과 문화유산을 계승받아야 한다고 한다. 대표적인 학자로는 Bagley, Ulich, Breed, Home 등이 있다.

본질주의자들은 진보주의에 의해 주도된 시험되지 않은 혁신은 학업의 수준을 낮추어 놓았다고 주장하며, 많은 초등학교 어린이가 규정된 교육과정의 부재로 인해 기본적인 읽기, 쓰기, 계산능력 등을 숙달하지 못하게 되었고, 고등학교 학생은 학업성취가 취약하게 되었다고 주장한다. 1950년대 기본교육을 옹호한 본질주의자 Bestor

는 지적 훈련으로서의 교양과목은 일반 교육의 필수과목이라고 주장했다. Bestor와 기본교육위원회는 학업 수준을 낮추는 것은 미국 교육을 위기에 빠뜨리는 일이라고 주장하며, 학교의 본질적인 책임은 학생들에게 조직적이고 통일성이 있으며, 구조적으로 짜인 교과목을 소개해 주는 일이라고 하였다(Bestor, 1995). Bestor와 일부 본질주의자는 초등학교가 읽기, 쓰기, 셈하기, 연구 조사, 기술과 같은 필수불가결한 영역을 가르치고, 고등학교에서는 과학, 수학, 역사, 영어, 외국어가 강조되어야 한다는 것이다(Ornstein & Levine, 2000: 414).

또한 본질주의의 한 형태로 1970년대에 '기초로 돌아가자(back-to-basics)' 운동이 전개되었다. '기초로 돌아가자' 운동의 옹호자들은 학교가 읽고 쓰는 능력과 교양, 사회적 · 지적인 능력을 키워 주는 기본 기술과 교과목에 집중하여야 한다고 주장하며, 규칙적인 문제, 숙제, 암송, 잦은 시험과 평가 등이 기본적으로 행해져야 하며, 교사가 아동의 학습을 위해 훈련되고, 책임질 수 있도록 교사의 교육적 권위가 회복되어야 한다고 주장했다. 본질적인 교육과정을 습득하는 것은 학생의 훈련과 노력을 요구하고, 교사는 자신의 교과목을 가르치는 데 있어서 숙련된 전문가여야 한다.

본질주의자에게 있어서 교육은 문명을 유지시켜 주는 기본 기술, 예술, 인문과학, 자연과학을 배우는 것이다(Gutek, 1981). 논리적이고 체계적인 교재를 통해서 읽기, 쓰기, 셈하기의 철저한 훈련을 통한 학습 훈련의 중요성을 강조하며, 노력이 고통을 수반할지라도 노력을 통해 흥미를 가질 수 있음도 강조한다. 이러한 기술과 교과목에 정통한 것이 학생들로 하여금 효과적으로 사회의 한 구성원으로서의 역할을 수행할 수 있도록 준비시켜 준다고 본다. 본질주의자들에게 있어서 중요한 교육목적은 첫째, 문화유산의 기본 기술과 지식을 전수하고, 둘째, 학습자가 보다 더 높은 수준의 기술과 지식을 습득할 수 있도록 기술과 교과목을 강조하며, 셋째, 과거의 지식, 가치와 현재의 요구 사이의 연속성을 이어 주는 문화기관으로 교육을 활용하는 것이다(Ornstein & Levine, 2000: 414).

본질주의자들의 기본적인 입장을 요약하면 다음의 네 가지 논지를 포함한다. 구체적으로, 첫째, 초등학교 교육과정은 읽고, 쓰는 능력 습득에 기여하는 기본 기술을 개발시키고, 계산능력을 익힌다. 둘째, 중등학교 교육과정은 역사, 수학, 과학, 영어 그리고 외국어에 관한 지식을 신장시킨다. 셋째, 학교교육은 훈육과 합법적인 권위의 존중을 요구한다. 넷째, 학습은 노력과 훈련된 주의력을 요구한다.

### (3) 항존주의

현대문명이 지니고 있는 방향 상실의 비판에서 출발한 항존주의(perennialism)는 본질주의가 진보주의의 장점을 인정하며 그 단점을 보완하려는 것에 반해서, 실용주의 철학과 진보주의교육을 전적으로 부정한다. 대표적인 학자로는 Hutchins, Adler, Maritain, Cunningham 등이 있다.

항존주의는 문화적으로 보수적인 교육학 이론으로 전통과 고전의 권위에 중점을 두는데, 사상의 근원을 Aristoteles와 Aquinas가 중심이 된 고전적 실재론(classical realism)에 두며 다음과 같이 주장한다. 첫째, 진리는 보편적이고, 시간, 공간, 상황의 지배를 받지 않는 절대적이고 영원한 것이다. 둘째, 교육의 목적을 진선미의 불변하는 절대적 가치의 추구와 이해에 둔다. 셋째, 진리는 위대한 고전 속에서 발전될 수 있다. 넷째, 인간을 이성적으로 보며, 지성의 발달을 중요시 여기고, 교육은 지성을 개발시키는 자유사상의 실행이라고 보며, 학교의 본래 역할을 이성의 개발이라고 주장한다. 항존주의자에게 있어서 최상의 교육목적은 진리의 추구와 보급이다. 진리를 보편적이고 불변한 것으로 보듯이, 항존주의자들은 참된 교육도 보편적이고 항구적이라고 본다. 따라서 항존주의자들은 학교의 교육과정도 도덕적 · 윤리적 행위를 신장시키는 도덕적 · 종교적 원리와 이성을 계발시키는 과목을 포함하는 학문으로 구성되어야 한다고 주장하며, 관념론자들이나 실재론자들처럼 교과목 중심의 교육과정을 선호한다.

시카고대학교의 총장을 지낸 항존주의의 대표적인 학자인 Hutchins는 인간의 본성인 이성이 보편적이라고 믿고, 교육의 보편성을 강조하였다. Hutchins에 의하면, 이성은 인간이 가진 최상의 힘이므로 지성의 계발이 교육의 최고 우선권을 가져야 한다고 주장하였다. Hutchins는 위대한 고전이 각 세대의 구성원들이 과거의 위대한 정신과 대화를 나눌 수 있도록 해 준다고 주장하며, 서양의 위대한 고전의 철저한 연구와 토론을 추천했다. Hutchins에 의하면, 항구적인 주제를 담고 있는 이들 고전의 탐구는 한 사람을 참된 문화적 참여자로 만들어 줄 뿐만 아니라, 지성을 계발시키고 학생들이 비판적으로 생각할 수 있도록 준비시켜 준다고 했다. Hutchins는 고전과 더불어 문법, 웅변, 논리, 수학, 철학을 함께 공부할 것을 주장했다.

항존주의가 교육적 엘리트주의를 육성하려고 한다는 진보주의의 비판에 반박하면서 항존주의자들은 모든 사람은 높은 수준의 교육을 받을 권리가 있다고 주장하는 자신들의 프로그램이 진정 민주적이라고 항변하였다. 항존주의자들은 어떤 학생은 학문적인 교육과정으로, 어떤 학생은 직업적인 교육과정으로 이끄는 것이야말로 교육의 동등한 기회 균등을 부정하는 일이라고 주장하였다.

항존주의자들은 학교를 다목적 기관으로 사용하려는 정치적 · 사회적 · 경제적 이론에 반대한다. 비록 항존주의자들도 사회생활에 있어서 정서적 안정과 직업적 유능성이 필수적임을 이해하지만, 학교 이외의 다른 기관이 이러한 일을 맡아야 한다고 믿으며, 학교가 학생들의 정서적 적응 훈련장 혹은 상업을 위한 직업훈련소가 되는 것을 원하지 않는다. 항존주의자들에 의하면, 교사와 학교에 학문 이외의 다른 요구를 덧붙이게 되면 교사와 학교는 가장 중요한 목적인 학문적 목적으로부터 시간, 정열, 재원을 빼앗기게 마련이라는 것이다.

또한 항존주의자들은 실용주의, 진보주의, 사회재건주의, 비판이론과 연관된 문화적 상대주의를 강하게 반대한다. 문화적 상대주의에 의하면, '진리'는 변화하는 환경에 대처해 나가는 데 기인한 임시적인 진술(temporary statement)일 뿐이며, 환경이 시간에 따라 변하고 공간에 따라 다르므로 진리란 영원히 보편적으로 유효한 것이 아니라 시간적으로 그 상황에서 유효하다는 것이다. 이와 같은 문화적 상대주의의 주장에 대하여 Bloom과 같은 항존주의자는 문화적 상대주의가 어떤 행동이 시종일관 도덕적으로 옳거나 그른 것을 결정짓는 보편적 기준을 부정하며 도덕적 인격을 약화시킨다고 주장했다.

관념론자들이나 실재론자들처럼 항존주의자들은 교실을 학생들의 지적인 성장을 위한 환경으로 보고, 아동이 기본적인 교과 공부와 함께 성인(聖人)들의 업적과 지혜가 누적된 위대한 고전의 독서를 통하여 학문과 진리를 사랑할 수 있는 기본적인 성향을 발달시키며, 바람직한 방향으로의 내적 변화가 일어날 수 있다고 보았다.

항존주의자들은 인간이 동일한 본성을 가졌다고 인식함으로써 동일한 교육방법, 즉 고전의 독서를 통한 이성의 개발이 모든 이에게 행해져야 한다고 본다. 항존주의자들은 초등학교에서 일생을 통한 진리 추구의 시작을 준비시켜 주는 읽기, 쓰기, 셈하기와 같은 근본적인 기술을 충분히 익혀야 하고, 중학교에서는 일반교육, 교양교육, 라틴어, 희랍어를 강조하고, 고등학교에서는 논리학, 수사학, 문법, 수학교육과 함께 위대한 고전의 학습을 제안한다. 대학에서는 철학이 핵심이 되어 자연과학, 사회과학을 공부할 것을 주장한다.

포스트모더니스트 비평가들은 Hutchins의 고전 중심 교육과정이 서유럽 문화가 아시아나 아프리카 같은 다른 문화의 지배를 시도한 것이라고 보며, 위대한 고전은 단지 역사의 한 시기에 지배계층의 관심사를 표명한 것에 지나지 않는다고 본다. 항존주의는 본질주의와 함께 학문 중심 교육과정의 형성에 영향을 미쳤고, 교육의 방향성과 목적을 제시했지만 현실을 무시하였으며, 현실 문제의 해결점을 과거의 고전에서 찾으려고 하는 점이 비현실적이라는 비판을 면하지 못했다.

### (4) 재건주의

재건주의(reconstructionism)는 현대문명의 사상적 혼란과 현대인이 갖는 가치관의 갈등, 상실감 및 위기를 의식하고, 종래 교육의 문제점을 지적하면서 시작되었다. 재건주의는 교육이 현대인이 처한 문화적 위기를 극복하는 데 도움을 줄 수 있도록 개선되어야 한다고 주장하며, 개조주의라고도 불린다. 재건주의는 Brameld에 의해 체계화되었으며, 대표적인 학자로 Brameld, Raup, Benne 등이 있다.

재건주의는 진보주의가 지식교육의 실패를 가져왔고, 본질주의는 격동하는 현대문명에 대답하지 못하며, 항존주의는 너무 귀족적이며 엘리트 교육 중심이라고 비판하였으나, 진보주의, 본질주의, 항존주의의 세 가지 교육철학적 사상의 장점을 모두 종합하려고 시도했다. 재건주의는 진보주의의 영향을 가장 많이 받았으며, 아동의 교육도 강제를 피해 아동의 흥미에 기초하여야 한다고 주장하고, 민주적인 사회를 이상적인 사회로 보면서 민주사회의 확립을 중요하게 여긴다. 또한 재건주의는 문화적 재건에 깊은 관심을 보이는 한편, 학문, 과학, 예술을 중시한다.

재건주의는 세계적으로 인류가 심각한 문화 위기에 도달하였다고 보며, 인류의 문명은 시골 농경사회에서 도시 산업사회로 바뀌면서 위대한 기술적 도약을 하였으나, 산업화 이전의 사고와 가치가 현대사회에까지 지속되고 있으므로 학교가 기술과 가치 간의 문화적 차이를 줄이도록 도와서 우리의 가치가 기술을 따라잡을 수 있도록 하여야 한다고 주장한다.

실용주의자나 진보주의자들처럼 재건주의자들은 지식을 목적을 위해 사용될 수 있는 도구로 보며, 특히 유용한 지적 영역으로서 사회변화를 계획하는 통찰력과 방법을 제공하는 인류학, 경제학, 사회학, 정치학, 심리학과 같은 사회과학 분야로 본다. 재건주의자들에게 있어서 교육의 최우선적인 목표는 자신의 실제적인 지식을 응용하여 자신의 운명을 지배할 수 있는 세계질서 창조이다. 재건주의자들은 핵무기, 생태학적인 파괴, 전염병 등의 시대에 살면서 사회가 스스로를 파괴하기 전에 스스로 재건해야 할 절박한 필요를 느끼고, 교육을 지구 전체의 파멸을 막는 수단으로 보았다(조용태, 2002).

재건주의자들은 현대의 과학기술 시대를 지구의 한 지역에서 일어난 일이 다른 지역에도 영향을 미치는 매우 상호 의존적인 시대로 본다. 예를 들어, 오존층의 파괴는 한 지역에 국한된 것이 아니라, 지구 전체를 위험에 빠뜨린다. 재건주의자들은 점점 더 가중되는 지구 전체의 상호 의존은 개인주의, 고립주의, 민족주의를 강조하는 교육이 위험할 정도로 시대에 뒤떨어져 있음을 보여 주고, 재건주의자들은 교과과정의 세계화를 권유하며, 우리 모두 하나의 지구촌에 살고 있다는 것을 배우게 하려고 한다.

재건주의자들은 생존을 위하여 미래를 계획하고 과학적 · 기술적 전문기술을 이용해서 우리의 목적을 달성시키는 사회공학자가 되어야 한다고 믿는다. 재건주의자들은 논쟁의 여지가 있는 문제라고 할지라도 문화를 비판적으로 연구하며, 문화 재생을 위한 수단으로서 학생과 교사를 사회적 · 정치적 · 경제적 변화에 참여시킨다. 따라서 재건주의자들은 교사가 학생들과 함께 중요 문제를 분석할 때, 재건이 필요한 사회영역을 지적하며 학생들이 국내와 세계적인 사회와 문화를 관찰하도록 이끌 것을 권유한다. 이를테면 어떤 국가는 풍요를 누리는 반면, 다른 국가는 끊임없는 기아 문제에 처해 있으며, 소수의 사람이 사치를 누리는 한편, 많은 사람이 질병과 빈곤 속에 사는 이러한 사회 · 경제적 모순을 학생들에게 드러내어 보여 주며 그것을 해결하도록 장려하여야 한다.

재건주의자들은 만일 학교가 여전히 전통적 개념과 가치를 반영한다면 학교는 우리의 문화적 위기의 증상인 착취, 전쟁, 폭력과 같은 사회적 병폐를 전수할 것이라고 주장하며, 학교가 새로운 기술과 과학적 발달을 통합하여 새로운 사회를 재건하여야 한다고 주장한다. 재건주의자들은 학교를 새로운 사회질서를 창조하는 사회기관으로 봄으로써 교육을 오직 학문적인 측면만으로는 보지 않는다. 재건주의자들에게 있어서 교육은 학생들의 사회의식을 각성시켜 주고 사회문제를 풀어 가는 데 적극적으로 참여하는 것이고, 교사는 학생들에게 경제, 정치, 사회, 교육 면에서 현 사회의 대안을 조사하도록 장려하여야 한다. 재건주의자들은 교사가 학생들이 지구상의 인류가 직면한, 이를테면 환경오염, 전쟁, 기근, 폭력, AIDS와 같은 전염병의 확산 등과 같은 주요 문제에 관해 처방을 내리도록 이끌 것을 장려한다. 재건주의자들은 사회·경제적 계층에게 지워진 한계나 인종과 성 차별이 근절되어야 한다고 주장하며, 세계 문제에 관해서 중립적인 관찰자가 되기보다는 인류의 향상을 위하여 이러한 문제들을 교육을 통하여 해결하도록 노력한다.

재건주의자들은 교육자들이 지식, 교육, 학교교육, 수업의 진부한 개념에 대항할 때 새로운 사회질서가 창조될 수 있다고 주장하며, 모두에게 열려 있는 사회기관으로서 학교가 학문적인 기관일 뿐만 아니라 학생들과 교사가 사회개혁의 가설을 만들어 내는, 생각하는 곳이라고 확신한다. 재건주의는 건설적이고 통합적이며 대중의 복지에 힘쓸 수 있는 사회를 제안하며, 새 사회가 지향하여야 할 방향과 역할에 대한 새로

〈표 4-1〉 **진보주의, 본질주의, 항존주의, 재건주의와 교육**

| 구분 | 교육목적 | 교육과정 | 교육적 시사 | 대표적 학자 |
|---|---|---|---|---|
| 진보주의<br>(실용주의에 근거) | 각자의 흥미와 필요에 따라 개인을 교육함 | 활동과 프로젝트 | 문제해결 능력과 그룹 활동 중심의 수업: 교사는 촉진자로서의 역할 | Dewey<br>Kilpatrick<br>Parker<br>Washburne |
| 본질주의<br>(관념론과 실재론에 근거함) | 유용하고 유능한 사람이 되도록 교육함 | 기본교육: 읽기, 쓰기, 셈하기, 역사, 영어, 과학, 외국어 | 문화적 유산을 전수하고, 사회·경제의 유효성에 기여하는 기술과 교과목을 강조함 | Bagley<br>Bestor<br>Conant<br>Morrison |
| 항존주의<br>(실재론에 근거함) | 이성적인 사람이 되도록 교육함 | 지성을 계발시키기 위하여 체계적으로 구성된 교과목 (위대한 저서 등) | 서양의 문화유산 중 위대한 저서에 나타난 항구적인 인간의 관심사에 초점을 맞춤 | Adler<br>Bloom<br>Hutchins<br>Maritain |
| 재건주의<br>(실용주의에 근거) | 사회 재건을 목적으로 함 | 사회 재건의 도구로 이용된 사회과학 | 중요한 사회·경제에 초점을 두고 수업함 | Brameld<br>Counts<br>Stanley |
| 비판이론<br>(네오마르크시즘과 포스트모더니즘에 근거) | 비판적 사안들을 의식하게 함 | 억압당한 사람들의 자서전 등 | 사회적 갈등에 초점을 둠 | McLaren<br>Giroux |

출처: Ornstein & Levine (2000: 403).

운 시사점을 보여 주었다.

앞에서 기술한 진보주의, 본질주의, 항존주의, 재건주의의 교육목적, 교육과정, 교육적 시사 그리고 대표적 학자를 비교, 분석하여 제시하면 〈표 4-1〉과 같다.

## 2) 20세기 후기의 교육철학

### (1) 실용주의

영국의 경험론에서 계승 및 발전된 실용주의(pragmatism)는 미국에서 발달되었는데, Peirce를 시조로 하여 James에 의해 발전되고 널리 알려졌으며, Dewey에 의해 확립되어 현재는 Rorty에 의해 계승 및 발전하고 있다. 실용주의는 모든 것은 변한다고 보고, 관념론이나 실재론에서 주장하는 진리나 가치의 영원 불변성을 인정하지 않는다.

실용주의자에게 있어서 변하지 않는 보편적 진리란 있을 수 없고, 진리란 단지 더 많은 연구와 실증을 필요로 하는 임시로 받아들이는 주장일 뿐이라고 한다. 현실은 인간과 환경과의 계속적인 변화를 요구하기 때문에 인생을 잘 살아가는 데 가장 필요한 것은 지적인 자세로, 자신의 환경과의 상호작용에서 일어나는 모든 변화에 대응하는 방법을 배우는 것이며, 실용주의자는 문제해결 방법이 항상 변화하는 세계에서 보다 더 나은 방향으로 변화해 나갈 수 있는 가장 효과적인 방법이라고 본다.

변화를 모든 것의 근본으로 보는 실용주의자들은 가치는 시간, 공간 그리고 상황에 따라 변하는 상대적인 것으로 보며, 가치의 규정은 유용성에 달려 있다고 주장한다. 실용주의자들은 과학적 주장을 증명하는 것과 같은 방법으로 인간의 가치도 시험에 의하여 명료하게 할 수 있다고 보고, 사상이나 관념의 가치도 행동에 옮겨서 실제적인 결과를 살펴본 후에 현실생활의 유용성 여부에 따라서 가치를 결정할 수 있다고 주장한다. 즉, 개인과 사회 발전에 기여하는 것은 가치 있는 것이고, 개인과 사회 경험을 제한하는 것은 가치가 없다는 것이다(Ornstein & Levine, 2000: 398-399).

존재의 본질을 규명하려는 전통적 형이상학을 인정하지 않는 실용주의자는 지식, 일반교육, 학교교육 등에 관해 전통 철학자와 매우 다른 관점을 표명한다. 전통적 철학자는 영원불변한 지식의 조직체로서의 진리를 더 강조하는 반면, 실용주의자는 지식은 늘 검증받아야 하는 수정이 가능한 것으로 보며, 지식의 통일체로서의 진리의 발견보다도 지식의 활용과정을 더 중요하게 강조한다. 따라서 교과목을 가르치는 것을 자신의 가장 중요한 책임이라고 여기는 관념론자 혹은 실재론자와는 달리, 교과목을 무시하는 것은 아니지만, 실용주의자는 교과목을 문제를 해결하는 활동의 수단으로 이용하고 있다.

실용주의자에게 있어서 영원한 실재를 탐구하는 데 주력하는 교육과정을 조직한다는 것은 어리석은 일이다. 지식을 비결정적이고 개방적이라고 보고 교육목표를 계속적인 탐구에 두어 조직된 진리체계의 결과를 아는 것보다도 현명하게 문제를 해결해 나가는 과정에 역점을 둔다. 실용주의자의 교육목표는 광범위한 문제, 즉 개인적 · 사회적 · 지적인 문제해결에 학생들이 과학적인 방법을 적용시킬 줄 아는 것에 초점을 둔다. 실용주의자는 학생들이 서로 흥미, 문제, 가치 등을 함께 나눌 수 있고, 보다 나은 민주사회 창조의 기틀이 되는 대화를 강조하며, 문화적 다양성과 공통성을 장려하고, 교실을 배움의 공동체로 변화시키려고 노력한다. 또한 단순하게 현재 상황(status quo)을 고수하기보다는 변화를 시도해 위험을 무릅쓸 것을 마다하지 않는다. 그들은 교실을 지배하지 않고, 다만 학생들의 연구나 활동을 도와주는 조력자로서 학생들의 학습을 안내한다.

### (2) 실존주의

실존주의(existentialism)는 개인의 자유를 강조하고, 외부로부터의 도덕적 가치를 강요해서는 안 된다고 주장하며, 사회규범에 예속되지 않은 창조적이고 자유로운 인간을 만드는 데 초점을 둔다. 실존주의는 절망의 감정과 희망의 정신을 함께 나타내며, 개개인의 정체성, 책무 그리고 선택에 관해 깊이 숙고하며, 인생을 개인적이고 친근한 방법으로 고찰한다. 실존주의적 교육은 어떤 원칙이나 규범을 제시한 후 그 실천을 요구하는 것이 아니고, 교육자가 가져야 할 정신적 태도를 중시한다. 대표적인 실존주의 교육자로는 Sartre, Bolnow, Buber 등이 있다.

실존주의 철학자 Sartre(1905~1980)는 '실존은 본질에 앞선다(l'existence précède l'essence)'라고 표명하며, 인간은 자신이 만드는 데 전혀 기여하지 않은 이 세상에 던져져 버렸을 따름이라고 주장했다. 그렇지만 동시에 인간은 자신이 선택할 수 있고, 자기 자신의 존재 목적을 창조할 수 있는 의지와 결단력을 보유하고 있다. 인간은 살아가면서 선택을 해야만 하는 상황으로 내던져지고, 우리가 결정해야 할 대부분의 선택은 일상의 사소한 선택들이지만, 인생의 목적과 의미와 관련이 있는 선택은 개인적 자아의 정의를 내리도록 유도한다. 즉, 실존주의자들에 의하면 우리 자신은 우리가 선택한 자산이라는 것이다. 실존주의자들은 인간이 절대적인 자유를 가졌고, 선택에 대한 자신의 책임 또한 절대적이라고 주장한다(Ozmon & Craver, 1995: 243-253).

인간이 인간 자신의 본질의 창조라는 개념은 인간을 보편적인 범주에 포함시키는 관념론자와 실재론자들의 개념과 본질적으로 다르다. 관념론자나 실재론자가 개인을 의미 있는 세계의 주인으로 보는 것에 반해서, 실존주의자는 세계가 인간의 소망, 열망 그리고 계획 같은 것들과 무관하다고 믿는다. 실존주의자들은 모든 사람이 반드시 죽어야 하는 숙명을 안고 있고, 이 세상에서 자신의 현존은 단지 순간에 지나지 않으며, 이로 인하여 인간은 불안과 공포 속에서 살 수밖에 없는 존재라고 말한다. 모든 개개인이 반드시 자유와 예속, 사랑과 증오, 전쟁과 평화 등과 같은 문제에 관한 선택을 내려야 한다는 것은 이와 같은 철학적 공포와 연관되어 있다.

실존주의자들은 우리가 물질세계의 현실 속에서 살고 있고, 우리가 이러한 실재에 관한 유용하고 과학적인 지식을 개발시켰다는 것도 잘 알고 있다. 그렇지만 우리 삶에 있어서 가장 뜻깊은 일면은 개인적이고 비과학적이다. 그러므로 지식과 교육의 문제에 있어서 실존주의자들은 가장 중요한 지식은 인간 조건과 우리가 결정하는 개인적 선택에 관한 것이다. 각 개인의 인생에 대한 대답은 '내가 자기결정을 내리는 사람이 되고자 선택했는가?' 아니면 '다른 사람에 의해 규정지어지는 사람이 될 것을 선택했는가?'에 기초한다. 교육의 가장 중요한 목적은 선택에 대한 인간의 자유를 일깨워 주는 일이다. 교육은 학생들로 하여금 자아인식에 도달하게 하고, 본래성(authenticity)의 발달에 기여해야 한다.

실존주의자들은 다른 사람이나 공공기관이 우리의 선택을 내릴 수 있는 자유를 끊임없이 위협하고 있다는 현실과 맞서야 한다고 주장하면서도 또한 불안의 이면에 깔린 희망을 본다. 실존주의자들은 한 사람 한 사람 모두 사랑하고, 창조하고, 실존할 잠재적 가능성을 가지고 있으며, 각 개인이 모두 내부 지향적이고 본래적(authentic)인 사람이 될 것을 선택할 수 있다고 한다. 독창적인 사람은 이와 같은 자신의 자유를 인식하며, 모든 선택이 사실은 개인적 가치 창조의 행위이고, 자신의 선택을 통하여 자신의 가치를 창조한다는 것을 알고 있다(Ornstein & Levine, 2000: 401-402).

실존주의자는 학생들이 삶, 사랑 그리고 죽음의 의미에 관하여 사고하고, 묻고, 대화를 나눌 수 있도록 격려한다. 이러한 물음에 대한 해답은 아주 개인적이고, 주관적이며, 표준화된 시험으로는 잴 수 없는 것들이어서 실존주의에 입각한 교육과정은 철학적 대화를 이끌어 나갈 수 있는 것들로 구성되어 있다. 이를테면 개인이 선택을 내리는 상황을 생생히 보여 주는 정서적이고 미적이며 시적인 과목들을 중요하게 생각하고, 문학, 연극, 그리고 영화 등을 실존주의적 교육의 강력한 도구로 쓴다. 예를 들어, 고등학교 역사 시간에 유대인 학살에 관한 단원을 공부할 때면 〈인생은 아름다워라〉 같은 영화를 통하여 제2차 세계대전 당시의 유대인 학살에 관하여 공부하고 대화를 나눌 수 있다.

교사들이 교육목적과 목표를 미리 세워 둘 수 없기 때문에 실존주의적인 관점에서 가르친다는 것은 쉬운 일이 아니다. 실존주의에 있어서 교육목적과 목표는 독특한 개성을 가진 개개인의 학생이 스스로 결정해야 한다.

교사는 자신이 세운 교육의 목적을 강요하기보다는 학생들이 스스로 자신에 대해 정의를 내리고, 이에 따라 그 결과에 대해 책임을 질 수 있도록 안내하는 것이 필요하다. 실존주의자들은 교육을 통해 획득된 자유를 통하여 인간 각자가 자신의 존재에 대한 이해를 높이고, 실존에 대한 인식과 함께 자신이 가진 개성과 주체의식을 알게 되고, 스스로의 행동을 선택할 수 있게 되어 마침내 자신의 삶과 운명을 결정할 수 있기를 희망한다.

### (3) 분석철학

20세기 과학의 산물이라고 할 수 있는 분석철학(analytic philosophy)은 전통철학의 형이상학적 사유에 대한 반항으로, 비엔나학파와 케임브리지학파가 중심이다. Hume 이래의 경험론의 전통을 이어받은 영국의 케임브리지학파는 Moore, Russell, Wittgenstein, Ayer, Ryle, Peters 등이 중심이다.

분석철학은 전통적인 사변적 · 선험적 · 종합적 철학방법을 거부하고, 과학과 일상적 개념의 의미를 분석적 방법에 의해 엄밀하게 밝히는 것을 목적으로 하는 객관적이고 논리적인 방법을 위주로 한 철학이다. 분석철학은 학문에서나 일상생활에서 우리가 산만하게 사용하는 용어의 참된 의미를 밝히고, 언어와 문장과 표현과 의미를 명확히 함으로써 현대인의 사고의 기반을 닦으려고 한다. 교육에 있어서도 사고의 명확성의 중요성을 부각시키고, 교육의 중요한 개념들의 의미를 명백히 함으로써 교육

현상에 대한 이해를 도우며, 교육실천의 타당도를 평가할 수 있는 비판적 안목을 갖도록 한다.

분석철학은 과학의 성취와 과학적 방법의 도입으로 인하여 현대인의 우주관, 세계관 그리고 일상생활 등에 엄청난 변화가 있음에도 불구하고, 현대인의 사상은 신학적 · 형이상학적인 전통적 사상의 제약에서 해방되지 못하고 있어 현대인들이 정신적 · 심리적으로 스스로 현대사회에 잘 적응하지 못하고 있다고 본다(성기산, 1999: 15-22).

분석철학은 현대인이 현실 사회에서 괴리감을 느끼지 않고 잘 적응하려면 기존의 독단에 가까운 종교적이며 초자연적인 편견을 버려야 한다고 주장한다. 자연주의적이고 경험적이며 비판적인 인생관과 사고방식을 가져야 한다고 표명하는 분석철학은 현대의 눈부신 과학의 발전과 발맞추고, 종래의 독단적인 형이상학 중심의 전통적 철학으로부터 벗어나서 과학적 기초 위에 철학을 정립하려는 일종의 사상적 노력이다.

### (4) 비판이론

비판이론(critical theory)은 개인의 삶을 통제하고 지배하는 권력이나 권위, 자유의 본질을 연구 및 분석하여 인간의 불평등, 소외, 사회적 부정 등을 조사하고, 지식이나 사회적 실체가 특정의 개인과 집단에게 어떤 이익이나 불이익을 주는가를 연구하며, 불의와 불평등의 근원을 폭로하여 인간행동의 근원을 드러낸다(조용태, 2002). 비판이론은 Adorno, Horkheimer, Marcuse에 의해 시작하여 Fromm, Neumann, Habermas 등으로 이어졌다.

비판이론은 현대교육이 몰개성적 · 기계적 · 도식적으로 변질되고 비인간화되어 간다고 비판한다. 문제의 중심을 사회구조적 수준에서 분석하고 개혁하는 데 관심을 두어 현대사회를 비판하되, 개인이 의식의 존재를 규정하는 것이 아니라 사회적 존재가 의식을 규정한다고 보아 사회 불평등과 불의의 책임을 개인보다는 사회체제에 돌린다. 또한 인간 사회 연구에 있어서 과학적 · 실증적 접근을 그릇된 방법이라고 보며, 목적보다 수단을 중요시 여기는 도구적 합리성을 비판하고, 그로 인해 초래되는 기형과 제약으로부터 해방될 필요를 강조한다.

비판이론은 어떤 대상이든지 이미 완결된 상태로 받아들이지 않고, 인식된 것들을 새로운 관계 구조 아래서 관찰하면서 늘 역동적인 발전과정으로 받아들이는 것을 요구한다. 비판이론은 학자들 간에 의견이 일치하지 않아 접근방식이나 관심사에 있어서 다양한 차이가 존재하는 복수이론을 가지고 있으며, 이론과 실제가 분리될 수 없고 어떤 실제도 이론이 존재한다고 보면서 이론 그 자체에 큰 관심을 갖는다.

비판이론은 마르크스주의, 특히 지금의 네오마르크시즘과 연관이 있다. 비판이론의 핵심 논지인 갈등이론은 사회제도의 토대를 경제에 두고 있다. 즉, 인간의 역사가 계층 간의 사회적 · 경제적 권력 투쟁의 역사라고 주장한 Marx의 '사회계층 간의 투쟁의 개념'을 바탕으로 하고 있는 바, 이는 학교교육이 사회적 불평등을 완화시키는 데 기여한다는 것을 부정하고, 교육 행정이나 제도, 법규 등의 문제점들을 검토하고 분석한다.

갈등이론에 입각한 비판이론가들은 현 사회의 교육제도를 비롯한 많은 체계가 지배계층들이 사회에 대한 자신들의 지배력을 유지하는 데 이용되어 왔다고 주장한다. 힘을 가진 자는 대중매체와 정치를 장악하여 자신들의 지식이나 믿음과 가치를 경제적 · 정치적 힘이 없는 자들에게 강요하고, 전통적 학교와 같은 사회기관을 이용하여 자신들이 지배층인 '현재의 상태'를 재창출한다고 역설한다. 시민운동가, 환경론자, 여성운동가, 반문화주의나 동성연애자들의 의견이 전통적인 종교적 · 국가적 애국심, 경제적 경쟁, 혹은 기본교육을 강조하는 신보수주의자들의 의견과 크게 대립되듯이, 비판이론가들은 학교를 각기 다른 집단들이 교육과정과 교육의 주도권을 잡기 위한 투쟁이라고 본다(Hunter, 1991).

또한 비판이론은 비판과 개혁을 함께 주장한다. 개혁에 있어서 비판이론가들은 개인과 집단 모두가 자신의 삶을 통제하고, 각자가 자신의 운명을 결정할 수 있어야 한다고 주장하며, 힘없는 자들이 자신의 인생을 지배할 수 있도록 그들에게 힘을 실어줄 수 있는 의제(agenda)의 개혁을 주장한다. 비판에 있어서, 만약 학교를 예를 들면, 교육기관과 안건의 지배에 관해 점검하며 비판이론가들은 다음과 같은 질문을 제기한다. '누가 학교를 지배하는가?' '누가 학교를 운용하는 방침을 결정하는가?' '누가 교육과정을 결정하는가?' 등이다. 먼저 지배에 관한 의문이 답해지고 나서 이 지배의 배후에 있는 동기를 살펴본다(Kreisberg, 1992).

또한 미국에서는 전통적으로 힘 있는 자는 유럽의 후예인 백인 남자였고, 소외된 계층은 여자, 미숙련자들, 봉사직의 종사자들, 농민들, 아시아인, 흑인, 아메리카 인디언들이었다. 비판을 세계적으로 펼쳐 나가면서 비판이론가들은 국가들을 북반구의 선진 국가들과 남반구의 저개발 국가들로 나누었다. 비판이론가들은 지배당하는 계층들이 만약 자신들의 억압된 상태를 의식한다면 착취의 상태를 변화시키고 지배하는 힘을 없앨 수 있다고 믿는다. 피지배자들에게 통찰력을 제공함으로써 그들이 자율성을 확보할 수 있는 개인으로 해방시키려고 한다.

비판이론가들은 학교가 주입식 기관이 아니라 학습자의 주체성을 존중할 줄 알고, 인간을 해방시켜 주기를 원한다. 비판이론가들은 학교가 젊은이들과 모든 사람을 위한 보다 더 공정한 사회를 창조할 수 있는 '민주적인 공공영역'으로 전환하기를 원한다. 비판이론가들은 또한 교사가 현재 상태를 그대로 답습하기보다는 다른 사회적 대안에 학생들을 소개해 줄 방법을 이용할 수 있도록 학생들과 마찬가지로 힘을 가질 필요가 있다고 본다. 표준화된 검사, 교사능력평가, 상부에 의해 하부체제의 학교가 행정적으로 지배되는 구조는 교사를 무기력하게 한다고 비판한다.

비판이론가들은 문화적 다양성을 강조하며, 학생 자신의 독특하고도 다문화적인 경험으로 시작하여 학생들을 지식의 탐구로 이끌기를 원한다. 갈등의 현장 견학, 친교 등을 통하여 자율적이며 의식화되고 주체적인 자유로운 사유를 할 수 있는 인간으로 교육시키려고 한다. 비판이론의 교육과정은 학생의 역사, 언어, 문화, 지배와 피지배자의 분석 연구를 중심으로 하며, 교육내용은 정치, 인문, 여성해방, 사회과학 교육과 이상사회 구상 등을 강조한다(Ornstein & Levine, 2000: 416-417).

### (5) 포스트모더니즘

포스트모더니즘(postmodernism)이라는 말은 1950년대 Toinbee에 의해 처음으로 쓰였는데, 사상적 체제나 사조이기보다는 철학, 예술, 문화, 과학, 사회 전반에 걸친 일종의 사상적 경향성과 삶의 태도를 일컫는다. 포스트모더니즘은 Descartes가 다져놓은 사유하는 존재로서의 인간에 의문을 던지며, 이성에 의존하는 근대적 사고에 반기를 들고 나선다. 합리성에 입각한 근대 계몽주의적 이념이 처참한 제1, 2차 세계대전을 겪은 시대적 요구에 부합될 수 없다고 주장하면서 탈근대적인 사고를 요구한다. 이성을 토대로 하여 객관적으로 추구해 나가는 절대적인 세계와 궁극적인 우주법칙의 존재 그 자체를 부인하며, 포스트모더니즘은 전통적 형이상학의 해체를 요구한다. 우주의 절대적인 질서와 목적의 존재를 부인하는 한편, 포스트모더니즘은 이제까지 합리적 사고 중심의 세계관에서는 천대받아 온 유희성의 가치를 인정하며 유희적 행복감을 추구한다. 각 사회가 구현하고자 하는 본질적이고 보편적인 가치를 무의미하게 보며 그 해체를 시도한다. 또한 인간의 삶을 지배하는 가치와 제도는 우연에 입각한 상대적 가치를 지닌다고 보며, 다양한 생활양식과 가치와 규범을 인정하고 수용함으로써 포스트모더니즘은 다원주의 문화를 지지한다.

포스트모더니스트들은 지식, 특히 오래된 전통적인 주요 문화적·철학적 주제(text)에 관한 전통적인 신뢰에 도전한다. 관념론자나 실재론자, 본질주의자, 항존주의자가 하듯이, 이러한 문학적·철학적 저서들을 문화적인 고전으로 귀하게 여기는 것이 아니라, 포스트모더니스트들은 그것을 역사의 한 시대에 나타난 지배적이고 종종 압제적이기까지 한 집단으로 보며, 합리성에 입각한 도덕적 주체를 이룬 이성적·주체적 자아의 해체와 함께 인간본성의 해방을 도모한다(Giroux & McLaren, 1989).

더욱이 교육과정이 서양의 고전을 포함해야 한다는 항존주의자들의 의견에 반대하면서 포스트모더니스트들은 이러한 고전을 한 집단이 다른 집단을 문화적으로 지배하는 것을 합법화시키는 시대의 산물로 본다. 전통적인 교육과정은 유럽 중심의 인종적 편견, 성차별, 제국주의에 물든 백인 남성의 시각으로 지배받아 왔는데, 포스트모더니스트들은 그러한 교육과정은 해체되어야 하고, 다른 문화적 경험과 시각, 특히 과거에 지배적인 권력구조로부터 소외당한 경험과 시각이 포함될 수 있도록 재개념화되어야 한다고 주장한다(조용태, 2002).

포스트모더니스트들은 다문화 교육(multicultural education)을 지지한다. 다문화 교육은 학교가 학생들 사이의 문화적 다양성에 대해 긍정적인 주의를 기울이며, 주류 문화와 동떨어진 문화적 배경을 가진 학생들을 위한 기회를 향상시키려는 여러 방법을 일컫는 포괄적인 용어이다. 다문화 교육은 표준영어를 배우지 못한 학생들이나 다른 문화적 배경을 가져 전통적인 교실환경에서 불리한 입장에 있는 학생들을 향상시키는 데 주력하고 있으며, 나아가서는 사회적으로 불리한 위치에 있는 학생들뿐만 아니라, 모든 학생이 향상될 수 있는 좀 더 포괄적인 다문화주의적 접근방법을 모색한다. 하지만 다문화주의는 문화적·사회적·경제적 분리를 지지하는 철학이 아니다. 주요 목표는 학생이 전체 사회에서 자신의 자리를 찾는 것뿐만 아니라, 공동의 가치와 공통되는 전통을 발달시키는 것이다(조용태, 2002).

어떤 학자는 다문화 교육이 인종적 분리, 교육과정의 분해를 일으키고, 경제적으로 불이익을 당하고 있는 학생들이나 소수민족 학생들이 이류의 교육에 만족하고 주저앉는 경향을 강화시킨다고 우려하기도 하지만, 많은 교육학자는 다문화 교육이 집단 사이의 긍정적인 인간관계와 학생들의 효과적인 교육 기회를 장려한다고 보고 있다. 포스트모더니스트들은 학습이 학생 자신과 가족 그리고 지역사회의 유기적인 관계에 초점을 두며, 아울러 학생들의 학문적인 성취를 위해서는 학교가 가정과 지역사회와 동떨어진 관계가 아니라 연장되어 있어 상호작용해야 한다는 것이다. 즉, 여러 인종이 섞인 집단 사이에 서로에 대한 긍정적 태도와 접촉을 길러 줌으로써 다문화 교육은 모든 학생이 문화적으로 다양한 사회에서 맡은 바 역할을 잘 수행할 수 있도록 도와준다는 것에서 그 의의를 찾을 수 있다.

앞서 제시한 교육철학의 주요 탐구영역인 형이상학, 인식론, 가치론과 전통적 · 현

**〈표 4-2〉 철학의 주요영역과 교육철학과의 관계**

| 철학 | 형이상학 | 인식론 | 가치론 | 교육적 시사 | 대표적 학자 |
|---|---|---|---|---|---|
| 관념론 | 실재는 영적 혹은 정신적이고, 불변한다. | 지식 또는 앎은 잠재된 관념의 재사고이다. | 가치는 절대적이고 영원하다. | 위대하고 항구적인 문화적 관념을 강조하는 교과 중심 교육과정 | Butler<br>Emerson<br>Fröbel<br>Hegel<br>Plato |
| 실재론 | 실재는(인간 정신과는 독립된) 객체적이고 질료(matter)와 형상(form)으로 구성되며, 고정적이고 자연법에 기초한다. | 지식 또는 앎은 지각과 추상작용으로 형성된다. | 가치는 절대적이고 영원하며 자연의 법칙에 따른다. | 인문과학 및 자연과학적 학문을 강조하는 교과 중심 교육과정 | Aquinas<br>Aristotle<br>Broudt<br>Martain<br>Pestalozzi |
| 실용주의<br>(실험주의) | 실재는 개인이 환경과 상호작용한 바, 곧 경험의 총화이며, 항상 변한다. | 앎은 과학적 방법을 사용한 경험의 결과로 이루어진다. | 가치는 상황적이거나 상대적이다. | 수업이 과학적 방법에 따른 문제해결 중심으로 조직되어 있다. | Childs<br>Dewey<br>James<br>Peirce |
| 실존주의 | 실재는 주관적이며, 존재가 본질에 선행한다. | 지식 또는 앎이란 개인적 선택이다. | 가치란 자유롭게 선택되어야 한다. | 교실에서의 대화가 각 개인이 중대한 선택을 통하여 자기개념을 창조한다는 의식을 자극한다. | Sartre<br>Marcel<br>Morris<br>Soderquist |

출처: Ornstein & Levine (2000: 393).

대적 교육철학의 교육적 시사와 주요 특징을 토대로 상호 관계를 종합해서 분석하여 제시하면 〈표 4-2〉와 같다.

## 참고문헌

김수동, 공병호(2000). 교육사 교육철학. 경기: 양서원.

박봉목(1983). 교육과 철학. 서울: 문음사.

성기산 편저(1999). 교육철학의 이해. 서울: 문음사.

안인희(1982). 교육원리. 서울: 이화여자대학교 출판부.

윤정일, 신득렬, 이성호, 이용남, 허형(1995). 교육의 이해. 서울: 학지사.

이홍우(1991). 교육의 개념. 서울: 문음사.

임창재(2000). 교육사철학. 경기: 양서원.

조영일(2000). 교육의 역사와 철학적 기초. 서울: 형설출판사.

조용태(2002). 교육철학의 탐구. 서울: 문음사.

Alnert, E. M., Denise, T. C., & Petefreund, S. P. (1953). *Great traditions in ethics*. New York: American Book Company.

Bestor, A. E. (1995). *The restoration of learning*. New York: Knopf.

Brodinsky, B. (1997). Back to the basics: The movement and its meaning. *Phi Delta Kappan, 58*, 522-527.

Butler, D. (1968), *Four philosophies and their practice in education and religion*. New York: Harper & Row Publishers, Inc.

Colwell, T. (1985). The ecological perspective in John Dewey's philosophy of education. *Education Theory, 35*(3), 257-266.

Giroux, H. A., & McLaren, P. L. (1989). Schooling, cultural politics, and the struggle for democracy. *Critical pedagogy, the state, and cultural struggle* (pp. xi-xxxv). Albany: State University of New York Press.

Gutek, G. L. (1972). *A history of the western educational experience*. Prospect Heights: Waveland Press, Inc.

Gutek, G. L. (1981). *Basic education: A historical perspective*. Bloomington: Phi Delta Kappa Education Foundation.

Gutek, G. L. (1988). *Philosophical and ideological perspectives on education*. Boston:

Allyn and Bacon.

Hare, W., & Portelli, J. P. (1988). *Philosophy of education*. Alerta: Detselig Enterprises Ltd.

Hirsch, Jr. E. D. (1987). *Cultural literacy: What every American needs to know*. Boston: Houghton Mifflin.

Hunter, J. D. (1991). *Cultural wars: The struggle to define America*. New York: Basci Books/ Harper Collins.

Kneller, G. F. (1971). *Introduction to the philosophy of education*. New York: John Wiley & Sons Inc.

Knight, G. R. (1980). *Philosophy & education*. Berrien Springs: Andrew University Press.

Kreisberg, S. (1992). *Transforming power: Domination, empowerment, and educatuon*. Albany: State University of New York Press.

Lawrence, J. D., & Stickel, G. W. (1981). Mead and Dewey: Thematic connections on educational topics. *Educational Theory, 31*(3), 319-331.

McKenna, F. R. (1995). *Philosophical theories of education*. Lanham: University Press of America.

National Commission on Excellence in Education. (1983). *A nation at risk: The imperative for educational reform* (pp.23-31). Washington, D.C.: U. S. Government Printing Office.

Noddings, N. (1995). *Philosophy of education*. Boulder: Westview Press.

Ornstein A. C., & Levine D. U. (2000). *Foundations of education* (7th ed.). New York: Houghton Mifflin Company.

Ozmon, H., & Craver, S. M. (1995). *Philosophical foundations of education*. Virginia Commonwealth University, Upper Saddle River, New Jersey.

Peterson, M. L. (1986). *Philosophy of education*. Downers Grove: Inter Varsity Press.

제5장

# 서양교육의 역사적 이해

제1장에서 교육의 어의 및 정의, 형태 등을 살펴보았던 바, 교육이 언제, 어디서, 어떻게 시작되었는지에 대해서 정확하게 단언할 수는 없다. 그러나 동서양을 막론하고 교육이란 말이 있기 전부터 교육하는 일이 있어 왔으며, 교육은 각 시대의 이상적인 삶의 형태와 인간상에 대한 추구로서 교육이란 활동을 통하여 이상 실현에 필요한 지식, 기술, 기능 등을 배우게 되는 것이다.

이에 이 장에서는 교육의 시초가 어떻게 이루어졌는지, 그리고 현재 학교교육의 모습이 어떠한 발전과정을 통해서 이루어졌는지 등을 서양교육의 역사적 배경, 즉 고대, 중세, 문예부흥시대, 근대라는 시대적인 구분을 설정하여 이를 토대로 탐색하여 제시한다. 이러한 서양교육의 역사 속에서 우리나라의 현대교육 제도 및 학교교육에 어떠한 영향을 주었는지 그 의의를 살펴보고자 한다.

## 1. 고대의 교육

고대의 교육은 그리스와 로마의 교육으로 구분할 수 있는 바, 그리스의 교육은 아테네와 스파르타의 교육, 로마의 교육은 공화정시대와 제정시대의 교육을 중심으로 제시한다. 또한 오늘날 교육에서 많이 논의되는 교육의 근본적인 사안, 구체적으로 진(the true), 선(the good), 미(the beautiful)는 무엇인가, 어떤 사람이 학생들이 모방할 만한 사람들인가, 교육이 사회적 · 경제적 · 정치적 변화에 어떻게 대응할 것인가 등은 고대 그리스인들과 로마인들이 질문했던 것에서 유래된 것이다.

### 1) 그리스의 교육

#### (1) 그리스 교육의 특징

고대 그리스인들은 일찍이 교육자가 훌륭한 시민을 길러 내는 데 있어서 얼마나 중요한 역할을 하는지를 잘 알고 있었다. 고대 그리스는 아테네와 스파르타와 같이 작고 경쟁적인 여러 도시국가로 나뉘어 있어서 각 도시국가마다 서민의 책임과 권리를 다르게 해석하고 있었다. 각각의 고유한 정부 형태에 따른 정치적 · 사회적 · 문화적 요구와 필요를 충족시키기 위하여 각 도시국가는 자기 나름대로의 독특한 시민교육을 하였다. 이를테면 여러 정부 형태를 시험해 본 후, 아테네는 서로 책임을 나누어 가지는 공공성을 강조하는 민주주의 국가가 되었다. 아테네의 주된 경쟁국가인 스파르타는 권위주의적인 군사 독재를 펴 나갔다(Kennell, 1995).

그리스에서 교육이란 문화변용을 통하여 그리스의 청소년들이 자신이 속해 있는 사회의 성숙한 시민이 될 준비를 하는 것이다. 그리스인들에게 있어서의 문화변용이란 도시국가의 문화 속에 완전히 젖어 들며 함께 참여하는 것이다. 이에 반하여 형식교육은 시민 중에서도 특정 계급에 제한된 것이었다.

비록 소수의 예외적인 여성이 교육을 받고 사회적 지위를 갖기는 하였지만, 그리스 사회는 남성 지배 사회였다. 여성의 사회적 지위와 교육은 각각의 고유한 그리스 도시국가의 관습을 반영한다. 예를 들면, 법적 · 경제적 권리도 가지지 못한 아테네의 여성들은 정규교육을 전혀 받지 못하였다. 운이 좋은 여성들은 가정에서 가정교사에 의해 교육을 받았다. 종교적 제사를 수행하는 여사제들은 예식을 가르치는 특수학교에서 종교적 의식 수행을 배웠다. 아테네와는 대조적으로 스파르타의 젊은 여성들은 미래의 스파르타 군인들의 건강한 어머니가 될 준비를 위하여 체육훈련에 역점을 둔 교육을 받았다(Ornstein & Levine, 2000: 77). 또한 소피스트들의 출현과 함께 보다 더 조직적인 교육이 시작되었다. 소피스트들에 이어서 도덕철학자인 Socrates와 Plato, 자연현상에 대한 합리적인 해석의 체계를 세우려고 시도한 Aristoteles, 수사학자인 Isocrates 등의 학자들에 의하여 인류 역사에 빛날 그리스 문화의 황금기를 이루었다.

### (2) 아테네의 교육

아테네에서는 정규교육이 대부분 남아에게 국한되어 있었다. 아테네인들은 자유시민이 개인적 발전뿐만 아니라 시민으로서의 의무를 잘 수행하기 위해서는 교양교육을 받을 필요가 있다고 믿었다(Robb, 1994). 여성, 노예, 외국인 거주자들은 학교에 다닐 수 있는 기회가 거의 없었다. 단, 외국인 거주자에게는 다소 간의 예외를 두었다. 이것은 아테네 인구의 약 2/3가 형식교육을 받지 못했음을 의미한다.

아테네를 위시한 그리스 사회는 노예들의 노동에 의존하고 있었다. 여성과 어린아이를 포함한 대부분의 노예는 전쟁으로 정복당한 사람들이거나 노예가 되도록 법으로 선고받은 사람들이다. 아테네에서는 부유한 계층의 아동들을 지도하는 가정교사와 같은 교육받은 노예도 있었으나, 대부분의 노예는 농사나 상업에 필요한 특정한 기술을 익히도록 훈련받았다. 아테네인들은 교양교육을 자유시민들에게나 적합한 교육이고, 노예들은 교양교육이 필요하지도, 받아서도 안 된다고 믿었다. 노예들을 위한 직업훈련과 자유인을 위한 일반적인 교양교육의 구분은 그리스 사회에서는 아주 전형적인 구분이었다(Bryant, 1995).

아테네 교육은 초기 아테네 교육과 후기 아테네 교육으로 나눌 수 있다. 초기 아테네 교육은 지덕체의 조화를 갖춘 개성이 강하고 교양을 지닌 자유시민의 양성을 교육목적으로 하였다. 후기 아테네 교육은 개인의 발전을 위한 지식과 기능의 습득을 교육목적으로 하였다.

초기 아테네 교육은 아동이 생후 7세까지 자유롭게 가정교육을 받은 후, 8세에서 16세까지는 초등교육 시기로 교복(教僕, paidagogos)에 의해 학교로 인도되어 오전에는 체육을, 오후에는 음악을 공부하였다(최정웅, 조용태, 2002). 16세에서 18세까지는 자유교육기로 교복의 감독에서 벗어나 공립체육학교(gymnasium)에서 학습하며, 소피스트에 의해 지적 교육을 받았다.

후기 아테네 교육은 7세까지 가정교육을 받은 후, 8세에서 13세까지는 사립초등학교에서 읽기, 쓰기, 계산하기와 체육을 중심으로 한 교육을 받았다. 13세에서 15세까지는 사설기관인 중등학교에서 기하, 천문학, 음악, 문학, 문법, 수사학 등을 학습하였다. 16세 이상은 고등교육기관인 수사학교에서 법률, 정치, 경제, 역사, 천문학, 변증법, 수사학을 공부했다. 지적 교육은 역시 소피스트에 의해 이루어졌다(최정웅, 조용태, 2002).

초기나 후기 아테네 모두 18세에 시민으로서의 신체적 · 도덕적 자질을 갖추었음이 증명되면, 18세에서 20세까지 군대에 복무했다. 20세가 되면 시민권을 얻고 자유로운 시민생활을 하였다. 고등교육은 철학학교와 수사학교에서 행해졌다.

### (3) 스파르타의 교육

스파르타인들은 도리아 그리스족의 한 갈래로서 기원전 1100년경에 발칸반도 남단인 펠로폰네소스에 이르러 원주민을 정복하고 거기에서 정착했다. 기원전 900년경에 스파르타의 총 가구 수가 900호 정도였는데, 그 주변국가의 사람은 30배 이상이나 되었다. 이들을 지배했던 스파르타 사람들은 주변 사람들의 반란 가능성과 외적 침입의 위험 속에 있었다. 이때 리쿠르고스(Lygourgos)에게 법률을 제정하게 하고, 그 법에 기초해서 교육제도를 마련하였다.

교육은 국가가 담당하고, 극기와 엄한 규율생활을 통한 용감한 군인 양성을 교육의 목적으로 하여 지적 · 예술적 능력보다도 신체적 훈련을 중요시하였다. 출생 후 건강한 아이는 6세까지 어머니의 보호 아래 엄격한 교육을 받으며 자라고, 건강하지 못한 아이는 버려졌다. 7세부터 30세까지는 국가 관리하의 공동 훈련소에서 군사훈련을 받으며, 30세가 되어서야 시민권을 획득하고, 완전한 성인으로 인정을 받으며 결혼도 허락되었다. 여성도 남성과 마찬가지로 엄격한 교육을 받았고, 다른 도시국가에 비해 여성의 사회적 지위가 높은 것이 특징이다. 여성으로서의 중요한 임무 중의 하나가 국가를 위한 튼튼한 남아의 생산이었다. 여성들은 주로 가정에서 교육을 받았고, 교육내용은 육아법, 노예 다루는 법 등이었다.

교육내용은 지적 · 심미적인 면보다는 신체적 · 도덕적인 면이 강조되었다. 신체적인 면에서는 체육과 전투방법(군대식 훈련)이 교육되었고, 지적인 면에서는 Homer의 시와 독(讀), 서(書), 산(算)(3R) 및 군대음악 등이 교육되었다.

교육의 단계는 크게 '어머니의 아들시대'와 '국가의 아들시대'로 구분되었다. 어머니의 아들시대(가정교육)는 출생에서 6세까지로 어머니의 보호 아래 규칙적이고 엄격한 훈련을 받으면서 자란다. 남자는 렉제(Lechse)라는 국립검사장의 진단 후에 합격한 아이만 길러지고, 불합격 판정을 받은 아이는 타이게투스(Taygetus)라는 산에 있는 아포테타(Apotheta) 동굴에 버려졌다. 국가의 아들시대는 다시 7~17세, 18~20세, 20~29세, 30세 이후로 구분된다. 7~17세의 교육은 독서와 습자 정도로서 최소의 필요에 그치고 주로 복종과 인내 등 수양과 전투를 위한 준비훈련에 치중했다. 18~20세의 교육은 본격적인 군사훈련이 이루어지고, 지도력이 뛰어난 자는 배럭(Barracks)으로 다시 보내어 연소자를 지도하게 했다. 20~29세에는 국가에 충성을 서약하고 곧 군무에 종사하여 현역생활을 하였다. 30세 이후에는 성인으로 인정을 받아 결혼도 하고 정치생활도 하였다.

## 2) 로마의 교육

### (1) 로마 문화의 특징

그리스 문화와 교육이 지중해 동쪽에서 발전되고 있었음에 반하여, 로마는 이탈리아 반도와 서지중해 전반에서 흥하였다. 조그만 공화국의 출범에서 위대한 제국으로 가기까지 로마인들은 전쟁과 정치에 여념이 없었다. 그리스인들이 철학으로 유명한 데 반하여 로마인들은 실질적인 정치가, 유능한 행정가, 노련한 장군들을 키워 내는 데 전념을 다했다. 그리스인들이 심미적이고 이상적이라면, 로마인들은 실용적이고 실제적이었다. 근면, 검소한 로마인은 강인함과 도덕적 생활을 중시하며 모방을 잘하는 민족이어서 교육에 있어서도 그리스를 정복하고 난 후에는 그리스 교육방식을 모방했다.

그리스와 마찬가지로 로마도 소수의 로마 시민들만이 정규교육을 받았다. 학교교육은 수업료를 부담할 수 있는 경제적 여건과 학교에 다닐 시간이 있는 사람들에게 제한되어 있었다. 로마 교육의 이상은 웅변가의 양성에 있었으므로 웅변교육을 중요시하였으며, 이상적인 웅변가는 광범위하고 개방적인 교육을 받은 원로원 의원, 법률가, 교사, 정치인과 같은 공인들이었다. 교육목적을 도덕적이고 애국적인 시민 양성에 두었다. 로마는 시대의 변천과 함께 왕정, 공화정, 제정 세 가지의 다른 정치 형태를 갖고 있었는데, 정치 형태에 따라 각각 다른 교육의 목적과 이념을 가졌다. 왕정시대에는 학교교육이 없었고, 생활교육과 모방교육이 주가 되는 가정교육과 사회교육이 중심이어서 특이한 교육 형태가 없었으므로 공화정시대와 제정시대의 교육만 살펴보기로 한다.

### (2) 로마시대의 교육제도

① 공화정시대의 교육

공화정시대는 로마인의 특성이 두드러지게 고조되는 시기로서 용감하고 순종적이며 덕을 갖추고 준법정신과 애국심이 강한 시민과 군인 양성을 위해서 실리적인 교육이 행해졌다. 교육이 발달되었으나 공화정 초기의 교육은 여전히 가정교육이 중심을 이루고, 공화정 말기에 이르러서야 그리스 문화의 영향으로 가정교육을 보완한 그리스식 학교인 초등학교의 루두스(Ludus), 중등학교의 문법학교, 고등학교의 수사학교가 생겨났다(김수동 외, 2000: 54-56). 상류사회의 여성들이 가정에서 가정교사로부터 읽고 쓰는 것을 배우는 데 반해, 상류사회의 남성들은 초등학교인 루두스에 다닌 후에 중등학교에서 라틴어와 그리스어를 문법교사로부터 배웠으며, 파이다고고스(Paidgogos)라고 불리는 교육받은 그리스 노예들의 호위를 받으며 학교에 다녔다. 루두스에서는 3R[읽기(reading), 쓰기(writing), 셈하기(arithmetic)]과 12동판법을 가르쳤고, 문법학교에서는 문법, 그리스 위인전, Homer의 시와 라틴어를 가르쳤으며, 수사학교에서는 웅변술을 가르쳤다. 12동판법(twelve tables)은 기원전 499년에 제정된 로마의 성문법이며, 로마 교육내용의 골자를 이루었다. 귀족들의 관습법 악용으로부터 평민을 보호하기 위해 제정되었으며, 개인의 권리 및 재산권 등에 관해 명확하게 기록해 두었다. 12동판법을 통하여 평민이 「민법」상 귀족과 동등한 권리가 보장되었다.

② 제정시대의 교육

제정시대부터는 공화정시대 말부터 전해 온 그리스 문화에 완전히 동화되어 그리스식 교육이 성행하였으며, 문화의 전성기를 이루었다. 가정교육 중심에서 학교교육 중심으로 바뀌었고, 지적이고 도덕적인 웅변가 양성에 집중하였다. 초등학교 교육은 크게 발전하지 않았지만, 중등과 고등학교 교육은 발달되었다.

초등학교 교육은 역시 루두스가 담당하였는데, 6~7세에 입학하여 3R과 12동판법을 수학하였다. 정부 보조 없이 학생이 내는 수업료에 의존하는 사립학교였다. 중등학교는 루두스를 졸업한 12~15세 사이의 학생들이 입학하였는데, 문법, 문학과 아울러 7자유학과의 기초가 되는 문법, 수사학, 논리학, 산학, 기하학, 천문학, 음악 등을 학습하였다. 그리스 문법학교와 라틴어 문법학교라는 두 가지의 문법학교가 있었는데, 둘 다 외국어 학교인 것이 특징이다. 루두스가 정부의 보조를 받지 않는 사립학교인 반면, 문법학교는 정부 보조를 받는 사립학교였다. 고등학교는 문법학교를 졸업한 16~17세의 학생이 수사학을 위주로 하여 문학, 철학, 과학, 그리스어 문법, 라틴어 문법 등을 수학했고, 교육목적은 웅변가의 양성에 두었으며, 학생의 능력에 따라 수학 연한을 다르게 하였다. 수사학교와 철학학교가 있었는데, 정부 보조금과 적극적 · 국가적 지원을 받으며 발달되었다.

## 2. 중세의 교육

중세시대는 기독교적 세계관에 토대를 둔 기독교 교육, 봉건제도하에서 태동된 기사교육, 십자군 원정 이후 급부상한 시민계급의 시민교육 등 기독교 중심의 종교관과 정치 · 경제 · 사회 체제의 봉건제도를 토대로 하였다. 이러한 중세시대의 특징을 토대로 이 절에서는 중세의 교육제도, 스콜라 철학, 대학교육, 시민교육 등을 중심으로 살펴본다.

### 1) 중세교육의 특징

역사학자들은 로마의 붕괴와 문예부흥(Renaissance) 시작 전까지(500~1400년)를 천년의 중세라고 일컫는다. 중세는 일반적으로 서로마 제국이 멸망한 5세기부터 문예부흥이 일어나기 직전까지인 5~15세기까지를 일컫는데, 중세는 또다시 전반기와 후반기로 나눌 수 있다. 중세 전반기는 5~11세기를 일컬으며, 교부철학이 중심이 된 기독교 교육기이다. 후반기인 12~15세기는 신앙과 이성의 조화를 추구한 스콜라 철학이 성행하던 시기이고, 세속교육과 더불어 중세 대학의 설립과 함께 시민교육이 시작되었다. 중세의 특징은 전반적인 학문의 쇠퇴와 스콜라 철학자들에 의한 학문의 부활이라고 할 수 있다. 로마 제국의 붕괴 후 로마의 교황을 지도자로 한 가톨릭교회가 정치적 · 문화적 · 교육적 공백을 메웠다. 중세에도 고대 그리스와 로마처럼 소수의 사람만이 학교에 다녔다. 학교에 다니는 사람은 거의가 성직자나 수도사 등이 되기 위하여 준비하는 남성들이었고, 대부분의 사람은 봉건 영주의 땅을 경작하는 문맹(文盲)의 농노들이었다(Ornstein & Levine, 2000: 87-91).

중세사회 여성들의 지위는 사회 · 경제적 계급에 따라서 달랐다. 비록 중세의 기독교가 여성들의 영적 평등과 결혼의 신성함을 강조하였지만, 여성들은 여전히 전통적으로 성(性)에 의해 규정지어지는 역할만을 위탁받았다. 농노와 농민 계급의 여성들이 할 일은 전통적인 가사와 자녀 양육이 주된 일이었고, 농민계급의 소녀들은 어머니를 본받으며 미래의 할 일을 배웠다. 귀족계급의 여성들 또한 자신이 속한 계급의 규범을 따르며 적합한 역할을 배웠다(Rosenthal, 1990). 반면, 중세 교회는 종교적 공동체를 통하여 여성들에게 다른 교육의 기회를 제공하였는데, 이를테면 수도원과 마찬가지로 수녀원에도 도서관이 있었고, 수녀들이 종교적 규율을 잘 따를 수 있도록 준비시켜 주는 학교가 있었다.

## 2) 중세의 교육제도

중세의 교육은 초자연적이고 초현실적인 금욕주의를 바탕으로 하며, 영혼의 순수를 강조하였다. 교육목적을 신에 복종하고 이웃에 봉사하면서 내세를 준비하는 일에 두고 현실생활과 체육교육은 무시하였다. 학교는 문답학교, 고급문답학교, 본산학교, 수도원학교가 있었는데, 문답학교는 처음 이교도의 세례 준비를 위한 목적으로 시작하였으나, 점차 3R과 찬송가 교리문답 등을 가르치는 아동을 교육하는 교육기관으로 바뀌었다.

고급문답학교는 교의학교, 혹은 문답교사학교라고도 불리며, 문답학교 교사와 교회 지도자의 양성을 목적으로 한 사범학교의 성격을 띠는 학교이고, 신학, 문학, 철학, 수사학, 천문학, 수학, 자연과학 등을 가르쳤다. 본산학교는 성직자 양성을 목적으로 설립되었고, 성서, 신학, 철학, 과학, 수학, 희랍 문학 등을 가르쳤다. 본산학교는 후에 스콜라 철학의 본산이고, 중세 대학의 모태가 되었다. 수도원학교는 수도원 부설학교라고도 불리었는데, 수도사 양성이 원래의 목적이었으나, 일반 시민 자제의 교육도 함께하였다. 초등반에서는 3R과 성경을 학습하고, 고등반에서는 7자유학과를 수학하였다.

금욕주의와 내세주의를 기본 원리로 한 수도원은 기독교의 타락에 대한 반발로 비롯되었는데, St. Benedict(480~543)가 몬테카시노에 처음으로 수도원을 창설하면서 생겨났다. St. Benedict가 몬테카시노에 수도원을 창설한 해가 기원후 529년이었는데, 이는 우연하게도 Plato의 아카데미가 유스티니아누스 황제의 명에 의해 폐쇄된 해와 같은 해이다. 어떤 학자들은 참된 중세의 시작을 Plato의 아카데미가 강제로 닫히고, St. Benedict가 수도원을 창설한 기원후 529년으로 보기도 한다. 순결, 청빈, 복종의 실현을 3대 이상으로 삼으며 도덕적 도야를 꾀한 수도원은 도서관, 출판사, 문화센터와 병원 등의 역할까지도 수행하였고, 기독교 신앙을 위한 교육뿐만 아니라 그리스와 로마의 문화를 보존 및 전승하며, 당시의 기술도 습득 및 발전시키는 등 문화의 전수자 역할을 하였다(김영우, 1998: 316-317).

### 3) 스콜라 철학과 교육

중세 사상의 대표적인 철학은 교부철학과 스콜라(Schola) 철학이다. 교부철학은 아우구스티누스를 통해서 플라톤철학과 결부되었으며, 스콜라 철학은 신앙과 이성의 조화로 생겼으며, 교회의 권리를 합리화하려는 운동으로 시작하여 교리의 학문적인 체계화에 힘썼다. 스콜라 철학은 십자군 원정의 잇따른 실패로 교권이 실추되고 그로 인해 교리의 절대성에 회의를 품게 되자, 논리적으로 기독교 교리를 설명하여 기독교 신앙의 절대적 권위를 되찾으려는 학구적인 노력에 의해 비롯되었다. 스콜라 철학은 기독교 교리를 철학적으로 논증하기 위해서 나타난 것이므로 지식의 근본을 의미한다. 기독교 사상의 신앙과 아리스토텔레스의 철학이론이 결합하여 신앙과 이성에 대한 합일점을 발견하는 데 있다.

이와 같은 시도는 Anselmus(1033~1109)에 의해서 시작되었으며, Aquinas(1225~

1274)에 의해 집대성되었다. 강의, 토론, 혹은 논쟁을 통하여 신학과 철학을 공부해서 기독교의 신앙과 철학의 합리적 이성의 조화를 추구했다. 스콜라 철학의 창시자인 Anselmus는 삼단논법을 이용하여 신의 존재를 증명하려고 시도하였으며, 지식보다는 신앙의 의의를 강조하는 한편, Aquinas는 신앙과 이성의 조화를 이루는 데 전력을 다했다. 따라서 이들의 교육사상은 기존의 기독교교육이 도덕적 · 정신적 주정주의인 데 반해, 이들은 지적 도야를 강조했다. 스콜라 철학은 지식의 체계화를 이루고 지적 교육을 부추겨 중세 대학 발달의 촉매 역할을 하였을 뿐만 아니라 문예부흥, 17세기 실학주의와 20세기 항존주의에도 영향을 미쳤다. 또한 각종 사회제도 개혁에도 영향을 미쳤는데, 특히 신분 해방과 관련이 있다.

### 4) 대학교육의 발달

11세기 말에서 13세기 말(1096~1270)까지 200여 년간에 걸쳐 치른 십자군 전쟁으로 인하여 도시의 발달과 상업의 발달을 가져왔다. 도시의 발달은 시민계급을 형성하였고, 이들은 자신들의 상공업 발전을 위한 세속적 학문이 필요하였다. 신흥계급인 시민계급의 세속적 학문의 요구와 전쟁을 통한 사라센 선진문화의 접촉, 지적 교육을 강조한 스콜라 철학의 영향은 12~13세기경에 중세 대학을 발달시켰다. 최초의 중세 대학으로는 법학으로 유명한 볼로냐(Bologna) 대학이 1088년, 신학과 철학으로 잘 알려진 파리(Paris) 대학이 1109년, 최초의 종합대학이라고 할 수 있는 옥스퍼드(Oxford) 대학이 1167년, 의학이 유명한 살레르노(Salerno) 대학이 1231년에 설립되었다.

대학의 교육목적은 대학교수의 양성, 인문학교 교사의 양성 및 법학, 의학, 신학의 준비교육을 실시하는 것이었다. 대학은 처음에 사사로운 일반연구소로 시작되었다. 그러나 그 세력이 점차 확대되자, 교회(교황)는 대학을 자기의 세력권 내에 넣기 위해 여러 특권을 주고 공인했다. 대학의 교육내용으로 문과에서는 7자유학과, 논리학, 심리학, 자연철학, 도덕철학을 가르쳤고, 법과에서는 로마법과 현행법, 신과에서는 성서, Petrus의 명언집, 의과에서는 유태인이나 사라센인이 지은 의학서 등을 교육하였다. 교육방법은 강의, 필기와 토론을 통해 4~8년간 가르쳤다. 강의는 라틴어와 희랍어로 행해졌고, 국가와 교회의 간섭으로부터 해방된 학문의 자유가 보장되었으며, 교수와 학생은 신분을 보장받았으나 그들은 대체로 빈곤한 생활을 하였다.

대학의 3개 특권으로, 첫째, 교수, 학생에 대한 일체의 공역(병역, 부역) 및 세금이 면제되었다. 면제 특권은 대학자치권이 얼마나 강했는가를 의미한다. 둘째, 대학 관계자의 범죄에 대한 자체 내의 재판권을 가졌다. 대학은 교회의 감독이나 국가의 사법권 밖에서 일종의 치외법권을 인정받았다. 셋째, 학위수여권과 총학장 선출의 자치권이 보장되었다. 교수 자격은 교수조합에 가입된 자가 우선적으로 취득하게 되었다. 기타 특권으로 교수, 학생에 대한 신분상의 보호와 편의가 제공되었는데, 대학의 교수와 학생은 자유로이 여행을 할 수 있었다. 그리고 대학은 그들의 명예나 학문상의 진리 탐구가 침범당하였다고 느꼈을 때는 언제나 집단휴학이나 시위를 주저하지 않았다.

중세 대학이 미친 영향은 첫째, 모든 지적 · 사상적 활동의 중심부였기 때문에 정치적 · 사회적 · 종교적 문제에 관한 연구의 자유가 여기서 발생되었다. 둘째, 중세 대학의 자유로운 학문 탐구의 풍토는 문예부흥 운동을 재촉하였다. 따라서 유럽의 문예부흥 운동이나 종교개혁운동도 결국은 중세 말기의 대학 운동에서부터 태동되었다고 볼 수 있다. 셋째, 중세 대학은 고전문화의 계승지였고, 동방 아라비아 문화를 서구에 소개한 중계자 역할을 맡았다.

### 5) 시민교육

십자군전쟁의 영향으로 상공업과 도시의 발달과 함께 부를 축적한 시민계급은 자신들이 필요로 하는 생산교육과 직업교육을 담당할 시민학교를 설립하였다. 시민교육은 형식적인 초중등교육과 비형식적인 도제교육으로 구분할 수 있다.

중등교육기관은 상류 시민계급 자제의 대학 준비교육을 위한 것으로 라틴어학교, 문법학교 등이 있었다. 공중학교는 15세기 초에 설립된 사립 중등학교로서 본래의 목적은 빈민층 자녀에게 무상교육을 받게 하는 것이었으나, 나중에는 중산층이 그들의 사회적 지위 개선의 수단으로 이용되었다. 대표적인 학자로는 Eaton, Winchester, Rugby, Merchant Taylors 등이 있다.

초등 및 기술 교육기관으로는 조합학교가 있었다. 이것은 상공업의 발달에 따라 등장한 신흥계급이 형성한 업종별 조합이 직업적 · 현실적 필요에 의해 설립한 것이다. 라틴 중학교에서는 부유한 계층 자녀의 대학 준비교육을 하였고, 직업학교에서는 빈곤한 계층 자녀에게 기술교육 및 기초적 교양교육을 실시하였다.

실생활을 통해 이루어지는 도제교육이 직업교육을 담당하였는데, 이는 3단계의 교육기로 구분할 수 있으며 7~8세의 어린 나이에 시작하였다. 1단계는 도제기라고 하며, 견습공으로서 보수나 여행의 자유도 없이 2~3년간을 장인(master) 밑에서 함께 생활하며 배우는 시기이다. 2단계는 직인기로, 직공의 신분이 되어 기술을 익혀 나가는 시기로서 보수를 받으며 여행의 자유도 얻어서 일하는 기술자이기는 하지만, 아직 독립이 허락된 단계는 아니다. 3단계는 훈련이 끝나고 장인이 되어 혼자 독립할 수 있는 단계이다.

시민학교는 실생활을 위해 실시된 세속교육을 위주로 한 학교였으며, 비록 단순한 교육과정과 더불어 비위생적인 환경에서 교육이 주어졌다는 단점이 있으나, 교육의 대상을 서민계급까지 확대하여 초등교육의 토대를 이루었다는 점에서 그 의의가 크다고 할 수 있다. 그리고 실제 사회생활을 위한 직업적 · 생산적 교육이 실시되었다는 점과 교육이 교회의 통제에서 독립되었다는 데 의의가 있다. 그러나 시민교육의 설립과 유지는 자유도시에 의해서 결정되었으나, 교원은 여전히 교회에서 임명하고 감독되었고, 근대교육으로 전환이 미흡하였다.

## 3. 문예부흥시대의 교육

이 절에서는 먼저 문예부흥과 교육에서 개인적 인문주의, 사회적 인문주의, 키케로주의를 중심으로 살펴본다. 그리고 종교개혁과 교육에서는 신교와 구교의 교육사상을 중심으로 탐색하여 제시한다.

### 1) 문예부흥과 교육

15세기를 전후하여 이탈리아를 중심으로 시작된 문예부흥 운동은 부활, 재생이라는 의미로 인간적이고 현실적인 삶을 중시한 고대 그리스와 로마시대의 문예의 부활을 통하여 중세의 지나치게 신(神) 중심적인 세계관과 사고에서 벗어나려고 시도한 정신적 각성 운동이다.

십자군전쟁으로 잇따른 도시의 발달과 함께 대두된 시민계급의 출현, 스콜라 철학의 영향으로 인한 지적 탐구 분위기의 형성, 인쇄술의 발달로 인한 저렴한 가격의 책 보급, 자연과학의 발달, 나침반의 발명으로 가능해진 원양항해를 통한 신대륙의 발견 등은 새로운 세계관과 사고방식을 갖게 하였는데, 설상가상으로 끊이지 않는 교회의 타락은 사람들을 세속으로 관심을 돌리게 하였으며, 문예부흥을 일으키는 계기를 마련해 주었다.

### (1) 개인적 인문주의

이탈리아의 상류층을 중심으로 시작한 인문주의로 개성을 존중하며, 지덕체가 조화롭게 발달된 자유인 양성에 교육목적을 두었다. 신학보다도 인문과목과 자연과학을 더 중요시하였고, 강압과 체벌 대신에 부드러운 훈육을 통한 교육을 강조하였다. 또한 학습자의 개성과 흥미를 존중하였으며, 고전과 그리스어와 라틴어 교육을 중시하였다. 서민 위주의 초등교육기관보다는 대학 준비기관인 중등교육기관이 발달하였다. 개인적 인문주의의 대표적인 학자로는 Vittroion, Vegio, Sylvius 등이 있다.

Vittroion da Feltre(1378~1446)는 인문주의교육에 헌신한 최초의 근대적인 교사라고 할 수 있는데, 도덕적 품성과 신체가 조화롭게 발달하고 사회생활의 능력을 갖춘 인간 양성에 초점을 두었다. 체벌을 금지하고, 아동의 자유와 명예와 흥미를 존중하며, 각각의 개성과 능력에 맞게 교육할 것을 당부한 진보주의적인 교육사상가이다.

### (2) 사회적 인문주의

이탈리아에서 시작한 개인적 인문주의가 개인의 행복이나 개성의 실현에 힘쓴 것에 반해서, 사회적 인문주의는 인간관계 개선과 사회개혁에 역점을 두었다. 개인적 인문주의와 마찬가지로 학습자의 흥미와 능력을 존중하였지만, 무엇보다도 고전과 성서 등을 중시했다. 사회적 인문주의의 대표적인 학자로는 Erasmus, Kempis, Asham, Sturm 등이 있다.

Erasmus(1467~1536)는 인문주의와 성서주의의 조화를 시도하였는데, 교육목적을 경건한 마음의 함양, 선량한 행동양식의 습득, 학문하는 습관과 학문의 사랑 그리고 인생의 준비에 두었다. Erasmus도 Vittroion da Feltre처럼 교육에 있어서 체벌을 금지하고 암기 위주의 주입식 방법을 반대하였다. 아동의 개인적 능력과 개개인의 개성의 차이를 인정하며, 흥미를 위주로 한 유희적 교육방법을 권장하였다. 태아교육과 조기교육의 중요성을 역설하였을 뿐만 아니라 교육의 기회균등도 주장하였다. 대표적인 저서로는 『학습방법론(The Right Method of Instruction)』(1512), 『아동자유교육론(The Libel Education of Boys)』(1529) 등이 있다.

### (3) 키케로주의

시간이 경과함에 따라 르네상스 초기에 가졌던 인문주의의 이상이 점점 순수성을 잃어가다가 마침내 16세기부터는 편협하고 형식적인 인문주의가 대두되었던 바, 이를 키케로(Cicero)주의라고 한다. 이는 소수의 로마 고전, 특히 Cicero의 문제의 암기를 중시하며, 교육의 목적을 훌륭한 문체와 표현방법의 발달에 두었다.

개인적 인문주의는 개성적인 자유인 양성을 위한 목적을 가지고 있고, 사회적 인문주의는 사회개혁을 위한 수단으로서 각각의 목적에 맞추어 고전을 활용하려고 한 것에 반하여, 키케로주의는 고전어 공부 그 자체를 목적시하여 비현실적인 언어적 형식주의에 빠져들었다. 무비판적이고 과시적인 언어의 모방과 기교주의에 빠져든 인문주의는 더 이상 발전하지 못하고, 오히려 그 반작용으로 종교개혁과 실학주의를 불러일으키게 되었다.

## 2) 종교개혁과 교육

16세기 독일과 스위스를 중심으로 발생한 종교개혁은 성직자의 타락과 신앙의 순수성을 상실한 부패한 교회를 비판하면서 시작되었다. 성직자들이 형식적인 교권주의에서 벗어날 것을 주장하며, 구원은 오직 성서를 통해서만 가능하다고 역설하는 신앙 해방운동이었다. 문예부흥이 귀족과 자본가를 위시해 상류층에서 시작되었고, 개개인의 개성을 강조한 개인운동인 데 비해서, 종교개혁은 서민층을 중심으로 한 사회운동이었다. 종교개혁의 직접적인 원인은 가톨릭 교회가 성 베드로 성당을 짓기 위한 기금 마련으로 면죄부를 판매하자, 1517년에 Luther가 면죄부 판매를 반대하는 '95개조의 반박문'을 발표한 것이 도화선이 되었다.

### (1) 신교의 교육

신교는 교육목적을 신앙을 바탕으로 한 인격 양성에 두면서도 현실생활의 생존에 필요한 요구들을 인정하였고, Luther와 Calvin의 소명설에 입각한 직업윤리관은 실과교육의 중요성을 부각시켰다. 오직 성서를 통해서만 인간의 구원이 가능하다고 믿었던 신교의 신학은 성서가 일반 서민에게까지 개방되도록 기여하였고, 성서의 활발한 해석은 주지주의를 발달시켰으며, 교육이 국가 발전에 미치는 영향을 보여 줌으로써 근대의 의무교육제도 발달에도 공헌하였다.

Luther(1483~1546)는 교육의 목적을 가정, 교회, 국가에서 개인이 자신의 소명을 감당할 수 있는 인간 양성에 두었다. 국가의 발전과 번영이 국민의 교육에 달려 있음을 직시한 Luther는 남녀와 빈부귀천의 차별 없이 누구나 보편적 교육을 받을 수 있는 의무교육의 실시를 제안했다. 교직의 중요성을 강조하며, 교육자는 늘 긍정적이고 적극적인 태도로 아동의 인격을 존중하며, 아동이 자유롭게 성장이 가능할 수 있도록 언제나 온화하고 따뜻한 교육의 분위기를 만들 것을 당부하였다. 체벌을 반대한 Luther는 가정교육과 여성교육의 중요성 또한 역설하였다.

Calvin(1509~1564)은 Luther의 프로테스탄트(Protestant) 신학을 체계화한 프랑스의 신학자이자 종교개혁가이다. 직업소명설을 피력하여 사람들로 하여금 신분적 직업관을 탈피할 수 있는 정신적 · 신학적 이론을 제시함과 동시에 건전한 영리활동에 대한 철학적 · 도덕적 · 정서적 뒷받침을 해 줌으로써 근대 자본주의의 발달에 초석이 되었다. 교육은 가정, 교회, 학교, 국가의 네 기관에서 이루어지며, 공교육제도와 교사 채용 시험제도 등을 강조하였다.

### (2) 구교의 교육

Loyola(1491~1556)는 예수회(Jesuit)를 설립하여 가톨릭 교리를 향상시키고, 반종교개혁 운동은 교육목적을 경건, 근면, 정결의 미덕과 실천력 배양에 두고 암기 위주의 주입식 교육방법과 함께 처벌을 사용하고, 엄격한 전통적 교육을 실시하였다. 예수회교단은 아동기가 미래의 성인기의 준비기간이라는 교육관을 가지고 아동이 성인생활에 필요한 훈련을 하였다(Goodlad, 1997: 120-121). La Salle는 1648년에 서민교육을 위한 '기독교학교 동포단(Freres des Ecoles Chretinners)'을 창설하였다. 기독교학교 동포단은 학습자의 학력 및 연령에 따른 학급 편성을 제안하였고, 세계 최초의 사범교육을 실시한 체계를 갖춘 교원 양성기관이었다.

## 4. 근대의 교육

근대 시기에서는 다양한 사상의 등장과 이를 배경으로 한 교육사상을 여러 가지로 논의할 수 있는 바, 이 절에서는 17세기 실학주의, 18세기 계몽주의, 19세기 신인문주의를 중심으로 구분하여 살펴본다. 먼저, 17세기 실학주의와 교육에서는 인문적 실학주의, 사회적 실학주의, 과학적 · 감각적 실학주의로 구분하여 제시하고, 18세기 계몽주의와 교육 그리고 19세기 신인문주의와 교육 중심으로 탐색하여 제시한다.

### 1) 17세기 실학주의와 교육

실학주의는 지나치게 개성을 강조한 인문주의자들이 급기야 언어적 형식주의에 치우치는 한편, 종교개혁주의자들이 극단적인 신앙적 교리주의로 빠져드는 것을 비판하며 생겨났다. 자연과학의 발달과 함께한 경험주의는 연역적 방법 중심에서 실험과 관찰 중심의 귀납적 방법으로 전환하는 학문 연구의 방법적 변화를 불러일으켰고, 인쇄술의 발달 등은 새로운 세계관을 열어 주었다.

실학주의는 강조하는 바에 따라 세 가지 형태의 실학주의, 즉 인문적 실학주의, 사회적 실학주의, 과학적 혹은 감각적 실학주의로 나뉜다. 실학주의는 실천성과 실용적인 지식을 존중하고, 직관교수와 실물교수 등을 존중하며, 암기 위주의 공부보다는 이해와 경험 위주의 학습을 권유하면서 당시 인문과학과 고전어로 편중된 교육과정에서 자연과학과 근대어의 중요성을 인정하는 교육과정으로의 일대 전환을 시도하였다.

#### (1) 인문적 실학주의

고전의 가치를 인정하며, 고전의 내용 연구를 통하여 현실생활의 향상을 이루려는 시도이다. 키케로주의와는 달리 교육목적을 고전 연구 그 자체에 두는 것이 아니라, 고전의 내용을 연구해서 고대인들의 지혜와 지식을 빌려 현실의 상황을 이해하고 보다 나은 현실적 환경을 만들려고 하였다. 대표적인 학자로 Rabelais, Vives, Milton 등을 들 수 있다.

Rabelais(1483~1553)는 프랑스의 의사이자 풍자작가로서 암기 위주의 라틴어 학습을 신랄하게 비판하였으며, 형식보다는 내용과 이해를 중요시하였다. 체육교육과 자연관찰을 통한 직관학습의 의의를 역설한 Rabelais는 자주적인 사고를 강조할 뿐만 아니라, 유능한 생활인의 가치도 인정하였다(최정웅, 조용태, 2002). 또한 Montaigne, Locke, Comenius, Rousseau 등에게 영향을 주었으며, 대표적인 저서로 『가르강튀아와 팡타그뤼엘(Gargantua and Pantagruel)』(1533) 등이 있다.

### (2) 사회적 실학주의

사회적 실학주의는 교육목적을 신사 양성에 두고, 사회생활의 폭넓은 경험을 중시하는 동시에 고전을 통해 현실생활의 발전을 꾀하고자 하는 인문적 실학주의를 반대하였다. 따라서 고전 연구보다는 현대어의 학습과 역사, 여행 등을 중요시하였다. 대표적인 사상가로는 Montaigne 등이 있다. Montaigne(1533~1592)는 교육목적을 신사의 양성, 정신과 육체의 조화로운 발달에 두고 실용적 교육과 견문을 넓게 해 주는 여행의 중요성을 강조했다. 강압과 체벌을 반대하고, 아동의 개성을 존중하는 흥미 위주의 교육을 권유하며, 가정교육과 조기교육의 중요성을 역설하였다.

### (3) 과학적 · 감각적 실학주의

과학적 실학주의는 감각적 실학주의라고도 불리는데, 지식의 근원을 자연으로 보고 삶의 모든 원리를 자연에서 구하며, 자연법칙에 순응하려고 하였다. 감각을 통한 실험과 관찰에 의한 귀납적 방법을 활용하여 자연법칙을 파악하고 올바른 지식을 습득하려고 하였다. 자연에서 그 원리가 발견된다고 믿는 합자연의 원리를 따랐으며, 언어보다는 실물이나 그림 등의 구체적인 사물을 교재로 삼아 교육을 시도하여 문학과 어학 중심의 교육과정에서 자연과학과 실생활 중심의 교육과정으로 전환시켜 나아갔다. 대표적인 학자로는 Bacon, Locke, Comenius, Ratke 등이 있다.

특히, Comenius(1592~1670)는 체코의 교육개혁가이자 종교지도자로서 교육을 통해서 인간이 행복해질 수 있고, 모든 사람이 행복할 권리가 있으므로 만민이 성별과 빈부귀천에 상관없이 학교에서 교육받을 수 있어야 한다고 주장했다. 교육목적을 지식의 연마, 덕의 성취, 신앙심을 통한 내세 준비에 두고, Bacon의 영향을 받아 귀납법의 원리를 교육에 적용하여 직관주의에 입각한 교육을 하였다. 감각을 통한 경험적 지식을 중시하며, 실물, 현장실습을 통한 교육의 중요성을 강조했다. 합자연의 원리에 따라 자연의 모든 것이 각자에게 적합한 시기가 있듯이, 효과적인 교육을 위해서는 아동의 본성과 자연이 정한 질서에 맞는 발달단계에 따라 교육을 해야 한다고 했다.

Comenius는 교사가 아동의 발달이 개개인마다 다르다는 것을 깊이 인식하고, 아동에 대한 주의 깊은 관찰을 한 후에 각자의 아동에게 적합한 교육을 단계별로 실시하여야 하며, 어린이가 어른의 축소판이 아니라는 것을 알아야 한다고 주장하였다. 저서로는 최초의 체계적인 교육학 저서인 『대교수학(Didactica Magna)』(1632)과 세계 최초의 그림이 들어 있는 라틴어 교과서 『세계도회(Orbis Sensualium Pictus)』(1658) 등이 있다.

## 2) 18세기 계몽주의와 교육

18세기 계몽주의 사상은 이성의 힘을 빌어 전통사회의 모순에서 벗어나 인간의 자유를 찾으려는 사상으로서 교회의 압박으로부터 개인을 해방시키고자 하였다. 계몽주의는 자연주의, 합리주의, 실리주의 그리고 개인주의의 특징을 함께 내포하고 있다. 계몽주의는 자연주의에 입각하여 본래 자연의 상태에서는 모든 인간이 자유롭고 평등하게 태어났다고 믿으며, 귀족들이 서민을 지배하고 특권을 갖는 것이 자연의 질서에 위배되는 비도덕적인 일이라고 주장하였다. 합리주의에 입각하여 전통이나 종교의 어떠한 구속력이나 절대성도 인정하지 않고, 오직 이성을 통해서만 모든 문제를 해결하려고 하였다.

17세기 실학주의의 영향을 받은 실리주의에 입각한 계몽주의는 자연과학과 기계의 발명과 더불어 현실적으로 가치가 있는 지식과 학문을 중요시하며, 당시까지 경시되어 온 실과의 중요성을 새롭게 인정하기 시작하였다. 또한 고전어보다도 현대어인 자국어의 중요성을 부각시켰다. 개인주의에 입각하여 개인의 권리를 존중하는 문화가 형성되었다. 대표적인 사상가로 Rousseau, Kant, Voltaire, Montesquieu 등이 있다.

특히, Rousseau(1712~1778)는 성선설을 믿으며 자연인으로 있을 때는 선했던 인간이 사회의 편견과 규범 및 제도 등에 의해서 타락했다고 보며 인간 본연의 모습으로 돌아가기를 호소했다. 아동은 태어날 때부터 스스로 배울 수 있는 능력을 타고났다고 생각해서 12세까지의 초기 교육은 아동의 타고난 천성과 개성을 살려서 인도하는 교육을 주장했다. 실물교육과 직관주의적 교육에 입각해 아동의 타고난 능력은 언어나 책을 통해서보다는 감각을 통해서 개발될 수 있다고 주장하였고, 자연주의 교육관에 입각해 인간발달의 자연적 단계에 알맞은 교육을 할 것을 주장하였다.

Rousseau는 자신의 대표적인 교육학 저서 『에밀(Émile, ou De l'éducation)』에서 인간교육의 근원적인 혁신을 외치고, 교사 중심의 전통적 교육을 비판하며 아동중심주의 교육을 강조하였다. Comenius처럼 어린이를 어른의 축소판으로 보는 것을 반대하고, 아동기를 성인기의 준비기간으로 보는 것을 반대하며, 아동의 시기를 그 자체로서 존중할 것을 역설하였다. 대표적인 저서로 『신 엘로이즈(Julie, ou la Nouvelle Héloïse)』(1761), 『에밀』(1762), 『사회계약설(Du Contrat Social on Principes du droit politique)』(1762) 등이 있다.

### 3) 19세기 신인문주의와 교육

19세기의 신인문주의는 18세기의 지나치게 합리적이고 개인주의적인 계몽주의에 대한 반동으로 나타난 낭만주의적인 사상으로, 인간본성의 정서적이고 심미적인 면을 중요시 여기고 폭넓은 교양을 갖춘 개성을 존중하며 지덕체의 조화로운 발달을 도모하였다. 또한 19세기는 나폴레옹의 침략전쟁으로 인하여 발로된 애국심의 고취와 함께 역사주의와 국가주의가 고조되었고, 이와 함께 민족과 역사의 중요성도 깊이 인식되었다.

문예부흥시대의 인문주의가 고전문화 중에서도, 특히 로마 고전의 부활을 강조하여 로마시대의 언어와 문장의 형식적인 면의 부활에 치중한 것과는 대조적으로 신인문주의는 고대 그리스의 세계를 동경하여 인문적이고 심미적인 그리스 문화와 정신을 본받으려고 노력하였다. 신인문주의는 또한 비판적이고 현실적이어서 그리스시대의 사회와 문화를 그대로 모방하기보다는 그리스 문학과 철학의 연구를 통하여 고대 그리스의 내면적 정신세계의 부활에 주력하며 당시의 현실을 향상시키려고 애썼다. 대표적인 신인문주의 학자로는 Hegel, Pestalozzi, Fröbel, Herbart, Fichte 등이 있다.

특히, Pestalozzi(1746~1827)는 Rousseau의 자연주의와 직관주의의 영향을 받은 교육사상가이자 교육실천가이다. 교성(教聖)이라고 불리는 Pestalozzi는 교육이 외부로부터 주입되는 것이 아니고 내부로부터 잠재된 가능성을 실현시키는 것이라고 보는 계발주의 교육관을 가졌다. 교육의 핵심을 사랑으로 보고, 교육의 목적을 3H－머리(Head), 가슴(Heart), 손(Hand)－의 조화에 두고 지덕체를 갖춘 전인교육을 강조하였다(안인희, 1982: 51).

Pestalozzi는 또한 감각기관을 통해 경험으로 배울 수 있는 직관교수와 손을 이용하여 작업하는 노작교육을 통하여 교육의 개선을 시도하였으며, 암기식 교육과 주입식 교육방법을 반대하였다. 아울러 합자연의 원리를 따라 자연이 질서가 있는 것처럼 인간성의 형성도 발달단계를 거쳐서 완성된다고 믿어 아동의 발달단계에 맞추어 교육할 것을 주장하였다.

Pestalozzi는 개인의 교육이 사회생활을 통해서 완성된다고 역설하며, 개인과 사회의 불가분의 관계를 인정하였다. 사회생활의 중요성을 열거하면서도 Pestalozzi는 가정교육의 역할 또는 간과하지 않았다. 특히, 유아기 시절의 어머니와의 인간관계가 한 사람의 인격과 도덕성 형성에 커다란 영향을 준다고 하면서, 유아교육의 중요성을 강조하였다. Rousseau에서 비롯된 아동중심주의 사상은 Pestalozzi에서 성숙되어 아동의 자발적 활동과 창조적 활동의 중요성과 함께 아동의 정신적 · 물리적 환경에도 관심을 두기 시작하였다. 이러한 Pestalozzi의 교육사상은 Fröbel, Dewey 등에 영향을 주었으며, 대표적인 저서로 『은자의 황혼(Die Abendstunde eines Einsiedlers)』(1780), 『리엔하르트와 게르트루트(Lienhard und Gertrude)』(1781~1787) 등이 있다.

## 참고문헌

김수동, 공병호(2000). **교육사 교육철학**. 서울: 양서원.

김영우(1998). **교육사 교육철학**. 서울: 교육과학사.

박봉목(1983). **교육과 철학**. 서울: 문음사.

성기산 편저(1999). **교육철학의 이해**. 서울: 문음사.

안인희(1982). **교육원리**. 서울: 이화여자대학교 출판부.

이홍우(1991). **교육의 개념**. 서울: 문음사.

조영일(2000). 교육의 역사와 철학적 기초. 서울: 형설출판사.
최정웅, 조용태(2002). 교육의 철학과 역사. 서울: 교육과학사.

Albert, E. M., Denise, T. C., & Peterfreund, S. P. (1953). *Great traditions in ethics.* New York: American Book Company.

Bestor, A. E. (1955). *The restoration of learning.* New York: Knopf.

Brondinsky, B. (1977). Back to the basics: The movement and its meaning. *Phi Deita Kappan*, March, 523-527.

Bryant, J. M. (1995). *Moral codes and social structure in ancient Greece: A sociology of Greek ethics form Homer to the Epicureans and stoics.* Albany: State University of New York Press.

Butler, D. (1968). *Four philosophies and their practice in education and religion*. New York: Harper & Row Publishers, Inc.

Cahn, S. M. (1997). *Classic and contemporary readings in the philosophy of education.* New York: The McGraw-Hill Companies, Inc.

Chambliss, J. J. (1987). *Educational theory as theory of conduct: Form Aristotle to Dewey* (pp. 23-25). Allbany: State University of New York Press.

Gutek, G. L. (1972). *A history of the western educational experience*. Prospect Heights: Waveland Press, Inc.

Gutek, G. L. (1981). *Basic education: A historical perspective.* Bloomington: Phi Delta Kappa Education Foundation.

Gutek, G. L. (1998). *Phillosophical and ideological perspectives on educations*. Boston: Allyn and Bacon.

Hare, W., & Portelli, J. P. (1988). *Philosophy of education.* Alberta: Destelig Enterprises Ltd.

Kenller, G. F. (1971). *Introduction to the philosophy of education.* New York: John Willey & Sons Inc.

Kennell, N. M. (1995). *The Gymnasium of virtue: Education and culture in ancient Sparta*. Chapel Hill: University of North Carolina Press.

Knight, G. R. (1980). *Philosophy & education*. Berrien Springs: Andrew University Press.

McKenna, F. R. (1995). *Phliosophical theories of education.* Lanham: University Press of America.

Noddings, N. (1995). *Philosophy of education.* Boulder: Westview Press.

Ornstein A. C., & Levine D. U. (2000). *Foundations of education* (7th ed.). New York:

Houghton Mifflin Company.

Peteson, M. L. (1986). *Philosophy of education.* Downers Grove: Inter Varsity Press.

Robb, K. (1994). *Literacy and paideia in ancient Greece.* New York: Oxford University press.

Rosenthal, J. T. (Ed.). (1990). *Medieval women and the sources of medieval history.* Athens: University of Georgia Press.

제6장

# 교육사회의 이해

앞 장에서 교육현상에 대한 이해를 위하여 교육의 역사적 · 철학적 기저를 기술하였다. 교육의 역사적 의의나 교육의 정의, 목적, 형태 등이 어떠하든지 간에 교육은 사회 속에서 이루어지며, 교육을 통해 사회에 영향을 준다. 이 장에서는 교육에 대한 사회학적 이해와 아울러 교육이 사회에 미치는 영향을 중심으로 살펴보고자 한다.

먼저, 교육과 사회와의 관계를 규명하고, 교육사회학의 주요 이론을 거시적 관점과 미시적 관점으로 구분하여 살펴본다. 교육의 사회적 기능을 문화유산의 전달, 사회통합, 사회 구성원의 선발 및 분류, 사회적 지위 이동 그리고 사회개혁 등을 중심으로 탐색하여 제시한다. 그리고 평생교육의 이념 및 필요성, 평생교육 차원에서 비정부조직의 의의와 발전 과제를 탐색하여 제시한다.

## 1. 교육과 사회와의 관계

교육의 주된 목표 중의 하나는 개인의 자아실현과 인격 완성을 통하여 사회발전에 최대한 기여하게 된다는 것이다. 즉, 사회, 정치, 경제 등 여타의 사회 부문이 교육받은 인간에 의해 운영되고, 또한 이러한 부문의 발전이 인간을 위하여 존속 및 유지되는 한 교육은 이러한 각각의 부문들이 추구하는 목표와 상응하게 된다. 교육은 사회현상의 한 형태로서 교육의 과정은 사회현상의 요소들로부터 영향을 받으면서 동시에 사회현상에 영향을 주기도 한다. 교육을 사회 통제의 수단으로 사용한 것은 1890년대 미국의 사회학자 Ross에 의해서이다. 전통사회에서는 가정, 교회, 지역사회가 중심이 되어 어린이들에게 사회적 안정과 단결을 보장하기 위해 도덕적 가치와 책임감을 심어 주기 위해 주력하였으나, 현대사회에서는 학교가 가장 중요한 통제 수단이 되면서 학교는 건전한 사회에 대한 희망과 상징으로서 작용하고 있다.

Mann은 모든 사회문제를 해결할 수 있는 핵심으로서 학교교육을 통한 개혁이 사회개혁의 가장 보수적인 수단이라고 보았다. 특히, 미국에서 빈곤을 추방하기 위한 교육적 시도는 문화적으로 불리한 상황을 빈곤 추방 교육프로그램으로 해결하려고 한 헤드 스타트 프로그램(Head Start Program), 직업훈련프로그램, 이중언어교육, 소수집단교육 그리고 다양한 특별 프로그램 등이 포함된다(Spring, 1989: 3-36, 2015).

교육과 사회와의 관계는 [그림 6-1]에서 제시한 바와 같이, 구체적으로 사회에 대한 기본적인 관계 측면에서의 교육은 사회로부터 받는 일방적인 영향, 즉 수동적 관계와 교육이 사회에 미치는 능동적 관계를 가지고 있다. 이는 가정과 사회가 가지고 있는 교육관을 비롯하여 가정의 사회 · 경제적 배경은 물론이고 사회 전체의 영향을 포함한다. 따라서 교육은 사회적 맥락에 따라 이루어지며, 그 환경의 소산이므로 사회환경을 초월하여 교육이 이루어질 수 없다. 왜냐하면 학교의 교육활동에 필요한 사회 · 문화적 지식은 사회환경에서 나오며, 교수-학습활동은 사회환경을 배경으로 이루어지기 때문이다.

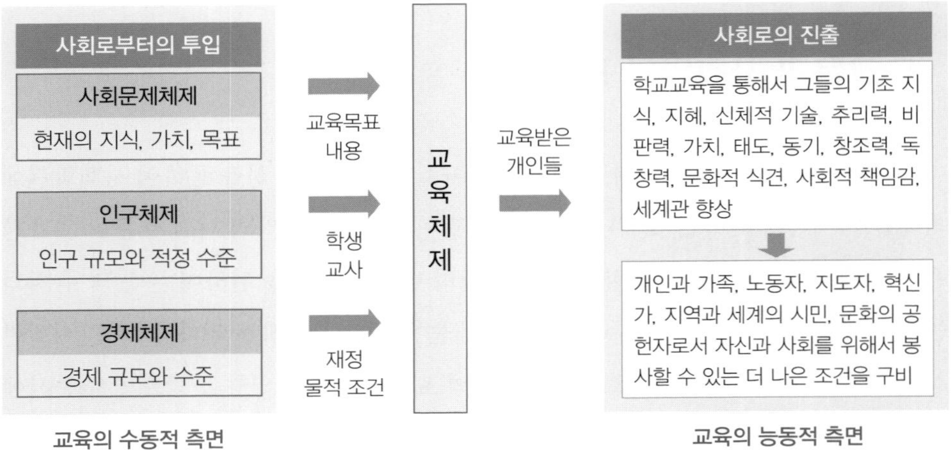


[그림 6-1] **교육체제와 환경과의 상호작용**

출처: 이종각(2000).

## 2. 교육사회학의 주요 이론

교육사회학의 이론은 학자들에 의해 다양하게 논의되는 바, 기능주의 이론, 갈등주의 이론, 사회재생산이론, 종속이론, 저항이론, 상징적 상호작용 이론, 민속방법론, 현상학, 신교육사회학, 교육과정사회학 등을 들 수 있다. 이 절에서는 일반적으로 논의된 거시적 관점으로 기능주의 이론과 갈등주의 이론을, 그리고 미시적 관점으로 상징적 상호작용 이론으로 구분하여 기본 가정, 대표적인 학자들, 교육에의 적용 및 한계점 등을 탐색하여 제시한다(김병성, 1995; 김신일, 1999; 양용칠 외, 1999; 이현림 외, 2000; 차경수 외, 1998; Ballantine, 1997, 2001; Blackledge & Hunt, 1985; Giddens, 1991; Karabel & Halsey, 1977).

### 1) 기능주의 이론

기능주의 이론(functional theory)은 교육에 대한 사회학적 관점에서의 주요한 이론적 접근방법으로서 구조기능주의(stuctural-functionalism), 합의이론(consensus theory), 균형이론(equilibrium theory) 또는 질서이론(order theory)이라고 언급되기도 한다. 이는 Comte, Spencer, Durkheim, Pareto, Malinowski, Brown, Parsons,

Merton 등에 의하여 이론이 다양하게 발전 및 구축되고 있다.

기능주의 이론에서 일반적으로 사회에 대한 관점은 다음과 같다. 첫째, 사회가 생존하기 위해서는 그 사회에 필요한 기능적 요건이 충족되어야 한다. 둘째, 사회는 상호 관련된 부분들의 복합체이다. 셋째, 사회의 모든 요소는 사회의 전체에 긍정적 기능을 수행한다. 넷째, 사회의 모든 요소는 전체 사회에 기능적이기 때문에 전체 사회 체제에 방해가 되는 모든 요소나 현상은 일시적인 것이다. 다섯째, 모든 변화는 외부로부터 체제로 전이된다. 마지막으로, 사회 구성원들은 사회의 결속을 위한 가치, 규범의 유형, 내용, 합의에 대해 일반적 합의를 지니고 있다.

이러한 입장에서 교육은 전체 사회에서 하나의 하위체제로서 사회의 존속과 결속을 위해 그 기능을 수행하는 것이라고 볼 수 있다. 현존 사회의 문화와 가치를 유지 및 계승하는 사회화와 사회 각 분야의 역할을 가장 잘 담당할 수 있게 적재적소에 배치하는 사회적 선발 및 배치의 기능을 강조한다. 학교교육의 사회화와 선발의 기능은 사회의 통합, 안정, 발전을 위한 역할에 초점을 둔 것이다. 학교교육을 통해 직업과 관련되는 기술과 정보를 습득하고, 학교에서의 업적(성적, 졸업장 등)은 선발과정에서 중요한 준거로 작용하여 능력 있는 자의 우선 선발 및 배치는 평등한 대우로 인식된다. 이는 기능주의 관점에서 교육을 이해하기 위한 사회에서는 전문가 사회, 학력주의 사회, 민주주의 사회, 지식정보화사회 등 이런 모든 사회를 정당화한다. 능력주의, 경쟁주의 이념을 토대로 개인의 출세는 능력에 기초한 자유경쟁에 의해 결정된다고 보는 것이다.

따라서 기능주의 이론은 체제유지적 논리에 초점을 둠으로써 사회적 · 역사적 변화과정을 제대로 설명하기 어렵고, 변화나 개혁보다는 기존의 체제를 옹호하고 현상유지를 정당화한다는 한계를 가진다. 즉, 기능주의 이론이 통합성이나 합의성을 지나치게 강조한 나머지 개인 간 및 집단 간의 갈등, 일탈, 분열 등을 간과하고 있다. 또한 교육의 사회화나 선발 및 배치가 능력 본위와 자유경쟁적 사회 진출을 전제로 하기 때문에 선발과정의 귀속적 측면을 무시한다는 비판을 받고 있다.

### 2) 갈등주의 이론

갈등주의 이론(conflict theory)은 기능주의 이론에 반대하는 입장으로, Marx,

Weber, Simmel, Dahrendorf, Coser, Bowles, Gintis, Willis 등을 통해 교육사회학적 이론화 구축에 많은 영향을 주고 있다. 갈등주의 이론은 사회재생산 이론(social reproduction theory), 저항이론(resistance theory) 등으로 이어지고 있다. 갈등주의 이론에서 보는 사회는 서로 갈등, 변화, 강압, 경쟁, 와해의 관계를 가지고 계속적인 변화나 새로운 질서를 찾는다. 기능주의 이론이 사회적·역사적 변화를 제대로 설명하지 못하고 권력투쟁, 계층갈등, 일탈행위 등을 간과하고 있다고 비판하면서 이에 갈등주의 이론은 사회의 강제적인 속성과 사회변동, 혁신을 강조한다.

일반적으로 갈등주의 이론가들이 말하는 사회의 속성을 살펴보면 다음과 같다. 첫째, 사회는 경쟁과 갈등의 연속으로 구성된다. 둘째, 사회의 구성요소들 간에는 느슨한 형태의 결속만이 존재한다. 셋째, 사회는 변화 가능성과 새로운 방안 모색의 가능성을 지니고 있기 때문에 불완전한 상태를 유지한다. 넷째, 사회구조가 안정되어 있다면 그것은 권력집단에 의해 구성원들의 배치와 기능이 효율적인 양식으로 규정 및 배치되어 있다는 것을 의미한다. 다섯째, 사회적 갈등과 변화에 대한 자연적 수용이 없는 상태에서 야기되는 사회적 변화는 대규모의 폭발지향적 성격을 지닐 수 있다.

이러한 사회에서 지배집단은 사회 질서의 중심적 역할로서 현 상태를 지속적으로 유지하기를 바라면서 이를 위하여 교육을 통해, 즉 설득, 교화, 선전 등의 방법으로 피지배집단에게 자기들의 입장을 정당화한다. 그들은 피지배집단이 그 체제의 안정이나 유지를 항상 위협한다고 생각한다. 특히, 갈등주의 이론 관점에서 교육은 사회적 불평등을 재생산하는 수단에 불과하며, 즉 지배집단의 지식, 문화나 가치를 지지하여 형식적 교육과정에 주입하고 기존의 계층구조의 재생산을 정당화한다고 비판한다. 또한 갈등주의 이론가들은 통합보다는 갈등, 안정보다는 변화, 합의보다는 강압을 강조하여 교육 불평등, 인간 소외, 교육계층화 문제 등에 초점을 둔다.

### 3) 상징적 상호작용 이론

교육사회학의 관점에서 세 번째 이론인 상징적 상호작용 이론(symbolic interaction theory)은 기능주의 이론과 갈등주의 이론이 사회와 사회 속에서의 교육의 역할에 대해 거시적 관점에서 논하고 있기 때문에 실제 교육현상이나 문제 등을 다루지 못하고 있다고 비판하고, 교육문제를 해결하기 위해서는 집단 속에서 개인들 간의 상호작용에 초점을 두어야 한다고 주장한다.

상징적 상호작용 이론은 Mead, Cooley 등을 통해 구축된 이론으로서 제2차 세계대전 이후에 점진적으로 상용되었으며, 사회심리학적 문제들을 강조한다. 상징적 상호작용 이론은 언어, 몸짓, 그림, 음악 등의 상징을 매개로 하여 사람과 사람 간의 상호작용을 중요시한다. 이에 문화나 사회도 상징체계를 통한 상호작용의 결과이며, 모든 사회현상은 상호작용에 의하여 이루어진다는 것이다.

상징적 상호작용 이론가는 인간에 대한 이해를 바로 그 인간이 처한 상황, 수준으로 이해하여야 한다고 주장한다. 인간행위는 개인의 성격보다는 사회를 연구할 때보다 잘 설명될 수 있다. 인간은 상징을 창조, 반응, 사용하는 존재로서 상징에 따라 자기의 행위를 수정할 수 있는 주체성과 반응성을 동시에 소유한 사회적 존재이다. 그리고 상징은 사회관과 세계관을 형성하는 조직자 및 행위자로서 이해된다. 따라서 상징의 의미는 본질적인 것이 아니라 사회적 합의에 의해 부과되는 것이다. 이러한 상징적 상호작용 이론에서 보는 사회는 개인과 상호작용 맥락에서 이루어지므로 상호작용하는 개개인의 주어진 여건과 환경을 이해하고, 자신과 상호작용하는 상대방의 행위나 반응에 부여된 의미에 대한 해석이 매우 중요하다.

교육사회학에서 활용되는 두 가지 상징적 상호작용 이론은 낙인이론과 교환이론이다. 낙인이론(labeling theory)은 교사나 다른 학교의 구성원으로부터 받은 기대나 의미에 따라서 학생이 행동을 잘한다는 또는 잘못한다는 낙인을 부여한다는 것이다. 교환이론(exchange theory)은 상호작용 속에 내포된 비용과 보상을 가정하며, 교육활동에 있어서 보상행위는 지속되어야 한다는 것이다. 이러한 상징적 상호작용 이론은 학교 및 교실의 역동성을 이해하는 데 도움을 준다.

또한 상징적 상호작용 이론은 동료집단, 교사-학생, 교사-교장, 교사-학부모 간의 상호작용, 학생의 태도와 성취, 학생의 가치, 학생의 자아개념과 포부, 학생의 성취와 관련된 사회·경제적 지위 등에 초점을 둔다. 그리고 학교 및 학급 내의 상호작용, 학교효과, 교육격차, 학교풍토, 교육과정 및 언어, 학교문화, 교사의 기대효과 등을 연구 대상으로 강조한다. 앞에서 교육사회학의 이론을 거시적 관점에서 기능주의 이론과 갈등주의 이론으로, 그리고 미시적 관점에서 상징적 상호작용 이론으로 구분하여 기술한 바, 이에 대한 교육사회학의 이론들을 종합하여 제시하면 〈표 6-1〉과 같다.

**〈표 6-1〉 교육사회학의 주요 이론**

| 접근방법 | | 주요 이론 | 대표적 학자 | 강조점 |
|---|---|---|---|---|
| 거시적 접근 | 기능주의적 관점 | 초기의 합의론적 기능주의: 사회화 기능론을 주장함 | Durkheim<br>Parsons<br>Dreeben 등 | • 1950년대까지 주류를 이루었던 교육사회학 이론<br>• 사회학의 속성을 기능사회인 동시에 전문가 지배사회로 봄<br>• 사회는 안정지향적이고, 각 제도를 구성원의 합의에 기초하는 곳으로 보며, 각 제도는 각각의 기능을 수행하고, 상호 연관성을 가지는 것으로 파악<br>• 능력에 따른 사회적 신분, 지위의 분배를 강조<br>• 사회 속에서 학교의 기능을 낙관함으로써 교육의 양적 팽창을 정당화하는 이론적 배경으로 작용 |
| | | 인적자본론: 교육을 통한 사회 · 경제 발전에 필요한 인적자본 생산 | Schultz<br>Becker<br>Walker 등 | |
| | | 근대화 이론: 사회심리학 측면에서 교육을 통한 근대적 가치관 형성 | Maclelland<br>Inkeles<br>Smith 등 | |
| | 갈등주의적 관점 | 사회재생산 이론: 신마르크스주의적 경제결정론적 입장에서 교육을 이해. 신베버주의적 지위집단 이론 | Bowles<br>Gintis<br>Althusser<br>Collins 등 | • 1960년대의 시대적 · 사회적 상황이 반영된 이론으로 각광을 받음<br>• 기능주의 이론의 기본 전제인 사회의 안정성, 상호의존성, 합리성을 부인하고 사회의 속성을 변화, 불일치, 긴장, 갈등이 존재하는 것으로 봄<br>• 사회의 모든 요소는 분열과 변화에 이바지하며, 모든 사회는 강압에 의해서 유지함<br>• 이견, 변화, 불평등 등과 같은 개념을 교육현상과 관련시켜 논의함<br>• 학교교육의 목표를 궁극적으로 인간성 회복에 두어야 한다는 것을 강조함 |
| | | 종속이론: 제국주의적 관점에서 교육을 이해 | Carnoy<br>Apple<br>Paulsrton 등 | |
| | | 급진적 저항이론: 교육을 통해 의식화 및 인간성 해방 등을 강조 | Illich<br>Reimer<br>Wierre<br>Freire<br>Giroux 등 | |
| 미시적 접근 | 해석학적 관점 | 상징적 상호작용 이론: 학교 및 교실에서 교사, 학생, 학부모, 또래 집단 간의 상호작용 연구를 강조 | Cooley<br>Mead<br>Kitsuse 등 | • 교육사회학 현상을 설명함에 있어서 교사와 학생의 상호관계 및 그 작용 등에 대한 연구와 참여관찰을 통해서 교육의 내적 과정을 설명함<br>• 교육환경으로서 학교문화 등에 대한 미시적 분석을 시도함<br>• 사회심리학적 · 문화인류학적 · 민속학적 연구방법과 이론을 바탕으로 함 |
| | | 민속방법론적 접근: 사회현상학적 접근, 사회언어학적 접근 | Rist<br>Coser<br>Simmel 등 | |
| | 신교육사회학: 교육의 내적 과정에 대한 분석을 중시 | | Bernstein<br>Bourdieu<br>Young<br>Wexler<br>Willis 등 | • 거시적 관점의 교육사회학 이론은 학교교육의 내적 과정에 대한 설명을 블랙박스로 처리하고 있음을 비판함. 1970년대에 대두된 교육사회학적 관점임<br>• 지식사회학적 관점에서 지식의 사회적 제도화에 비판을 가할 뿐만 아니라 학교교육에 반영되고 있는 지식과 헤게모니 분석을 통하여 교육의 특권 지배집단의 이데올로기를 문화적으로 재생산하고 있음을 지적함 |

출처: 김병성(1995: 49-50), 송병순(1987: 44, 1992).

## 3. 교육의 사회적 기능

사회에 필요한 근대적 태도의 형성은 교육을 통해 가능하며, 또한 가장 효과적이라고 할 수 있다. Mann은 사회집단의 갈등을 감소시킬 수 있는 방법은 사회 구성원들의 사회화라고 하였다. 사회화(socialization)는 개인이 자기가 소속한 집단의 행동양식, 규범, 가치관, 태도 등을 내면화하고, 독특한 자기 자신의 개성과 자아를 형성해 나가는 과정을 말한다.

교육의 사회적 기능은 학자들에 따라 다양한 관점에서 논의되고 있는 바, 사회화 기능, 사회개혁적 기능, 사회 이동 및 선발의 기능, 사회통합적 기능, 사회와 문화의 보존적 기능, 개조적 기능, 중립적 · 통합적 기능 등으로 구분하여 제시하고 있다. 이 절에서는 교육의 사회적 기능을 문화유산의 전달 기능, 사회통합의 기능, 사회 구성원의 선발 및 분류 기능, 사회적 지위 이동의 기능 그리고 사회개혁의 기능을 중심으로 탐색하여 제시한다(김병성 외, 1992: 82-89; 김종서 외, 1987: 73-77; 송병순, 1987, 1992; 양용칠 외, 2016; 정일환, 1997; 차경수 외, 1998: 98-109; Halsey, Floud, & Anderson, 1961; Henslin, 1995).

### 1) 문화유산의 전달

교육의 문화유산 전달과 창조의 기능은 교육이 사회 보존과 진보, 더 나아가 사회 재건을 위한 수단으로서 사회는 교육을 통하여 이러한 문화내용을 다음 세대에게 전달하고, 이를 이어받은 세대는 그것을 토대로 하여 새 문화를 창조 및 확충함으로써 보다 나은 사회발전을 도모하게 된다는 것이다. 문화는 한 사회의 구성원들 간에 찾아볼 수 있는 관습적인 행위 및 산물로서 그 사회의 행동 패턴을 제공하고 사회를 단결 및 통합시킨다. 사회의 존속을 위하여 문화적으로 전승된 지식, 기술, 가치, 규범, 언어 등의 제반 생활양식과 행동양식을 모든 사회 구성원이 계승하게 된다. 따라서 사회 구성원의 행동규범의 동질성 유지를 위하여 문화전달 기능은 매우 중요하며, 아울러 이러한 기능은 사회의 안정과 유지와도 관련이 있다. 또한 문화는 가변적인 것으로서 그 사회에 따라 다양한 변용과 적응을 하는데, 문화개조, 문화접변, 문화동화 등이 이에 해당된다.

세계화, 제4차 산업혁명시대, 디지털 경제시대, 지식정보화 사회에서 우리나라의 주체적이고 독창적인 바람직한 문화가치의 창조를 위해서는 우리 고유의 전통문화를 계승 및 발전시켜야 할 것이다. 또한 외래문화를 재창조하여 나름대로의 고유한 특성을 갖도록 노력해야 할 교육은 다양하고 풍부한 문화를 창조, 보존, 발전시킬 수 있고, 사회화 과정에서 쉽게 획득할 수 없는 기초적인 자원과 성격을 계발시킴으로써 사회 · 문화 발전을 가져오게 될 것이다.

### 2) 사회통합

사회체제가 효과적으로 작동 및 운용되기 위해서는 이를 구성하고 있는 모든 단위조직이 법질서와 다양한 사회기제(社會機制, social mechanism)를 통하여 유기적으로 통합해야 한다. 교육이 갖는 사회통합적 기능이란 사회의 여러 이질적 요소가 각기 고유의 기능을 유지하면서 전체적으로는 모순과 갈등이 없이 조화를 이루면서 발전해 가는 것을 의미한다(박용헌 외, 1979). 사회통합의 기능은 보다 강제성을 띠는 사회적 통제(social control) 또는 사회적 규제의 기능을 수반한다.

이러한 사회통합을 형성하는 보다 능동적이고 바람직한 방법은 교육을 통한 공동의 사회의식과 사회의 합의를 형성하는 것이다. 사회통합의 기능은 사회와 국가의 여러 기관에서 담당하지만 가정과 학교의 사회화 기능이 일차적으로 중요하다. 교육의 과정에서 교육기관은 미래지향적인 가치관과 태도를 강조하고, 비정상적인 일탈행동에 대해 제재를 가함으로써 사회가 요구하는 방향으로 나아가게 한다. 이러한 노력은 학교가 교육을 통하여 학생들에게 보편적인 이념과 사상 그리고 가치관 형성을 독려함으로써 사회통합이 이루어지도록 공헌한다. 가정과 학교의 사회통합적 기능은 전통사회에 비하여 매우 약화되어 가고 있으며, 학교교육에 있어서도 과거에 비하여 매우 약화되어 가고 있다. Mann이 미국 사회의 공통된 문화의 통합적 결속력을 발전시키기 위해서 국민적 정체성과 목적의식을 발달시키는 공통 기초교육의 필요성을 강조한 것도 사회의 통합 기능의 한 맥락으로 이해할 수 있다.

### 3) 사회 구성원의 선발 및 분류

교육은 훌륭한 인재를 길러 적재적소에 선발, 분류, 배치하는 기능을 통해 사회발전을 도모한다. 그리고 산업구조와 사회구조의 급격한 변화에 대응하는 인력 수급의 기능을 교육이 담당하고 있다. 오늘날과 같은 개방사회에서는 학교의 교육수준이 사회적 선발과 지위의 배분에 결정적인 요인으로 작용하는 것이 일반적이다. 우리나라도 과거와는 달리 신분과 같은 귀속적 요인에 의하기보다는 교육성취와 같은 업적요인에 의해 이루어지기 때문에 직업적 지위나 배분은 교육수준에 따라서 그 부여 조건이 제한되는 경우가 많다. 이러한 학력 위주의 사회적 선발과 충원의 기능은 보는 시각에 따라 상반된 견해가 제기되기도 한다.

기능주의 관점에서는 고학력자가 더 좋은 사회적 지위를 배분받는 것이 정당한 것으로 인정되지만, 갈등주의 입장은 학교교육을 계층의 재생산 도구로 보고 있다. 이러한 갈등주의 입장은 사회적 선발과 배분이 개인의 귀속적 요인, 즉 부모의 사회·경제적 지위, 권위 등에 따라 상당한 정도의 영향을 받고 있음을 지적하고 있다.

### 4) 사회적 지위 이동

사회적 지위 이동에 있어서도 교육이 가장 중요한 요인이며, 이에 대한 인식은 그동안의 높은 교육열에 의해서도 잘 나타난다. 즉, 교육은 사회적 지위 이동을 가능하게 하는 사회적 가치가 주어진 자원(예를 들면, 직업적 지위, 경제적 보상, 명예, 사회적 위신)을 획득하는 데 중요한 요인으로 작용하고 있다. 물론 이러한 교육기능이 사회이동을 위한 업적지향적인 요인으로보다는 간판을 얻기 위한 수단으로 오도되었다는 부정적인 측면도 있다.

그러나 사회체제의 개방성에 대한 신념이 싹트면서 사회적 지위 이동의 개방성을 보장할 수 있는 교육제도의 합리적인 운용과 교육기회의 균등 배분 등에 대한 노력이 꾸준히 있어 왔다. 앞으로도 교육은 국민들이 그들의 능력과 적성에 맞게 사회적 지위 이동을 할 수 있는 통로로서의 역할을 충분히 수행하여야 한다. 또한 학교는 학생들에게 일반사회에서 체험할 수 없는 것들, 즉 인간존중 의식, 수평적 인간관계, 공과 사의 구분, 공동체 의식, 인간관계의 친밀성을 경험하도록 하여 그것의 효과가 사회 전반에 파급될 수 있도록 노력해야 한다(한국교육개발원, 1996: 14).

사회적 지위 이동은 사회계층이 상하로 변동하는 것을 의미하는 수직적 이동(vertical mobility)과 직종이나 지역적으로 이동하는 수평적 이동(horizontal mobility)으로 구분할 수 있다. 그중에서도 사회변화에 가장 중요한 측면은 수직적 이동으로, 이는 교육과 밀접하게 관련되어 있다. 따라서 사회적 지위 이동, 사회변화, 교육의 세 가지 변인은 밀접한 관계를 가지게 된다(Havighurst, 1961). 특히, 농경사회나 산업사회보다 훨씬 더 개방적 · 유동적인 지식정보화 사회에서는 보다 많은 양질의 교육은 상향 이동에 대한 수단이 되며, 이에 반해 적은 교육은 하향 이동의 요인이 될 수 있다.

### 5) 사회개혁

교육은 기존 사회를 계승 및 유지시키고 나아가 개혁과 혁신을 통해 새로운 문화를 창조하는 기능을 수행한다. 이와 같은 교육의 사회개혁 기능은 사회발전을 위한 거시적 개혁과 진보뿐만 아니라 현재의 사회규범이나 가치관을 변화시키고 새로운 변화를 촉진하는 것도 포함한다.

사회적 재건주의자들은 지식, 학교교육, 수업 등에 대한 진부한 개념에 도전하고, 장차 사회변화를 주의 깊게 계획하며, 조정된 교육변화를 시도할 때에만 새로운 사회질서가 도래할 것이라고 지적한다. 또한 교육은 사회문제들에 대한 학생들의 의식을 일깨우고 학생들이 그러한 문제를 해결하는 데 적극적으로 참여하도록 하기 위한 것이다.

이러한 입장에서 학교는 사회를 변화시키기 위한 다양하고 새로운 제안을 강조하고 고취시키는 교육기관으로 인식하게 된다는 것이다. 그러므로 학교교육은 사회 구성원의 인식과 가치, 태도 등을 변화시킴으로써 사회개혁을 유도하는 기능을 수행하여야 할 것이다.

## 4. 교육·문화 발전과 삶의 질

이 절에서는 풍요로운 삶을 조성하기 위하여 교육 · 문화 측면에서 삶의 질의 의의와 개념, 지표 등을 살펴본다.

### 1) 교육 · 문화 측면에서 삶의 질의 의의

2022년 기준 국민 1인당 GDP가 3만 3,590달러에 이르고, 국제화 및 개방화의 물결 속에서 한국 사회는 급격한 변화를 맞이하고 있으며, 국제정치 및 경제질서의 재편에 따른 국가 간의 경쟁력은 더욱 치열해지고 있다. 국내적으로는 민주화, 자율화, 지방화의 정치 · 사회 체제의 변화와 국민들의 요구에 따라 정부는 삶에 대한 변화를 꾀하려고 한다. 또한 생활수준의 향상으로 국민들은 자연적으로 생활의 질적 측면에 관심을 갖게 되었다. 여유 있는 생활, 풍족한 삶, 정신적으로 만족하는 삶, 생의 의미를 느끼는 삶 등을 인지하고 실천하려는 개인적 노력과 이에 대응하는 사회정책을 요구하고 있다.

물질적으로 풍요로운 생활에도 불구하고 국민들이 정신적, 심리적으로 느끼는 만족도는 높지 않은 것으로 나타나고 있다. '삶의 만족도' 조사 결과, OECD 국가 38개국 중에 한국은 36위를 기록했으며(한국행정연구원, 2015), 사회 구성원들이 얼마나 행복한 삶을 누리고 있는지를 보여 주는 주관적 삶의 만족(subjective wellbeing)에 대해서도 2015년 기준 33.3%만이 자신의 삶에 만족하는 것으로 나타났다(한국행정연구원, 2015). 기본적으로 정신적인 양식을 제공해 주는 기능을 수행하는 우리나라의 교육, 문화의 여건은 어떠한가? 과학, 기술의 발달에 따른 최첨단 기자재 및 인공지능을 이용한 각종 최신 교수매체 등은 학교 공간에 보편화되어 있지 않은 실정이다. 그간 정부의 학교환경 개선사업으로 많이 개선되기는 했지만 대도시 학교의 과대학교 및 과밀학급 등은 여전히 상존하고 있다. 이러한 과밀학급(학급당 30명 이상)은 제4차 산업혁명시대에 적합한 인재 양성을 위해서 다양한 수업방법, 예를 들어 문제중심학습(problem-based learning), 하브루타, 배움의 공동체 등을 적용하는 데에는 한계가 있다.

이러한 교육환경과 입시 위주의 교육풍토는 학교교육을 통해서 길러내고자 하는 인간, 즉 21세기를 주도할 건강한 사람, 자주적인 사람, 창의적인 사람, 도덕적인 사람을 양성하기란 매우 어려운 실정이다. 이러한 교육풍토는 정상적인 교육과정의 운영과 학교조직의 구성원인 학생, 교사 및 학교 행정가들의 바람직한 삶을 어렵게 하고 있다. 아울러 품성교육보다 지식교육 위주의 학교운영은 학생들로 하여금 도덕성 및 공동체의식 결여 등을 가져와 '가슴은 작고 머리만 큰 인간'을 양성해 냄으로써 많은 사회문제를 야기하고 있다. 그리고 현행 교육체제로는 폭증하는 지식과 정보, 새로운 기술 등을 제공 및 습득하기가 어려우며, 제4차 산업혁명시대에 적합한 인재를 양성하는 데에는 한계가 있다. 아울러 평생학습시대에 사회 구성원들의 다양한 교육적 욕구를 수용하기 위한 사회·평생 교육체제와 운영에 있어 교육프로그램의 질적 측면과 지역 간에 격차가 있다고 할 수 있다. 또한 문화적인 제반 여건도 다양화, 다원화된 사회에서 국민들에게 풍요로운 삶을 가져오게 하는 음악, 미술, 문화, 체육, 여가 등에 대한 욕구를 적절히 충족시키기에는 미흡한 실정이다.

서구에서 '삶의 질(Quality of Life: QOL)'에 관한 논의가 처음 시작된 것은 1940년대까지 거슬러 올라갈 수 있으나(Gross, 1966; Tolman, 1941), 삶의 질이 정치적 혹은 정책적인 관심의 대상이 된 것은 1960년에 미국의 아이젠하워 대통령이 국가목표위원회(Commission on National Goal)를 발족시킨 것이 계기가 되었으며, 학문적 연구의 대상으로 떠오른 것은 1966년에 Bauer가 사회지표(social indicator)에 관한 저술을 발간한 것이 계기가 되었다고 말할 수 있다.

1960년대에 들어와 삶의 질에 대한 사회적·학문적 관심이 높아지게 된 것은 계속적인 경제성장에도 불구하고 점차로 빈곤문제, 도시문제, 범죄문제, 환경문제 등과 같은 사회문제들이 심각한 상태에 이르게 됨에 따라 경제적 여건의 향상이 사회 구성원 전체의 복리와 행복을 당연히 증진시켜 줄 것이라는 종래의 가정에 회의가 일기 시작했기 때문이다. 그와 같은 문제의식에서 사회지표 연구의 필요성이 제기되었고, 실제로 1960년대에 미국에서 실시되었던 Bauer 등의 사회지표 조사에서도 지속적인 경제성장에도 불구하고 삶의 질에 대한 주관적인 만족도는 오히려 낮아지고 있다는 사실을 발견하게 되었다.

삶의 질은 외형적 생활 상태뿐만 아니라 내면적 심리 상태까지 포함하는 포괄적인 개념이라고 할 수 있다. 삶의 질은 일반적으로 만족과 행복의 상태를 지칭하는 것으로서 물질적 측면에 복지나 정신건강 요소를 추가하여 측정된다(이달곤, 1990: 292). 여기서 정신건강이나 복지 측면에서 삶의 질은 주로 교육이나 문화와 관련되는 부문이라고 할 수 있다.

한편, 삶의 질의 차원은 객관적인 차원(objective dimension)과 주관적인 차원(subjective dimension)으로 구분될 수 있다(임희섭, 1996: 9). 삶의 질의 객관적인 차원은 특정한 사회의 객관적인 삶의 조건과 환경을 포함한다. 예를 들어, 경제적인 생활수준이나 평균수명, 직업기회와 직업선택의 다양성, 교육기회와 교육여건, 범죄율이나 교통사고율, 문화적인 시설, 의료보장 정도 등과 같은 객관적인 삶의 조건들은 분명히 그 사회 구성원들의 삶의 질에 직접 혹은 간접적인 영향을 미칠 것이라고 생각할 수 있다.

삶의 질의 주관적인 차원은 흔히 개인의 삶이 자신의 명시적 혹은 묵시적인 내면적 기준(기대 수준)을 충족시킨다고 인지하는 정도라고 정의된다. 이와 같은 정의는 똑같은 객관적인 조건에 대해서도 개인이나 집단에 따라 만족하는 정도가 다르다는 사실에 기초한다. 일부 학자는 객관적인 지표와 주관적인 지표 사이의 통계적 상관관계가 높지 않을 뿐만 아니라, 경우에 따라서는 객관적인 조건이 더 좋은 사람들이 그렇지 못한 사람보다 자신의 생활 조건에 대해 더 높은 불만을 가질 수도 있기 때문에 객관적인 지표와 주관적인 지표는 때때로 부적 상관관계를 갖기도 한다는 점에서 삶의 질은 전적으로 주관적인 현상이라고 주장하기도 한다(Chaturvedi & Chandra, 1991; Freyd, Pantzer, & Cheng, 1988; Rice, 1984).

이를 종합하면, 삶의 질이란 물리적 · 환경적 · 정신적(심리적) 측면까지를 모두 포괄하는 삶의 종합적인 상태라고 할 수 있다. 일차적으로 삶의 질 수준은 경제적 요인, 생활환경 그리고 문화적 요인에 의하여 결정된다. 여기서 문화적 요인은 교육적 · 문화적 요인 측면을 포함하는 것으로 볼 수 있다. 이와 같이 교육 · 문화 자체의 수준 정도에 따라 교육 · 문화 발전의 정도가 결정된다고 할 수 있다.

교육 · 문화 발전의 정도를 파악하는 것은 준거나 지표 개발을 통해서 가능하다. 또한 삶의 질 결정 요인들은 과학 · 기술 수준에 따라 크게 영향을 받을 수 있으며, 정치적 · 사회적 상황과 국제 정세 및 남북관계에 의하여 달라질 수 있다(정규현 외, 1994).

## 2) 교육 · 문화 측면에서 삶의 질 개념과 지표

### (1) 교육 · 문화 측면에서 삶의 질의 개념

교육에 대한 정의는 학자에 따라 다양하게 규정되고 있는 바, 제1장에서도 제시한 바와 같이 기능적 측면, 규범적 측면, 조작적 측면에서 살펴보았다. 학교교육을 통하여 사회 구성원은 사회에서 요구하는 규범 및 필요한 지식, 기능, 기술 등을 습득하게 되고, 보다 나은 삶을 영위하게 된다. 따라서 교육의 궁극적인 목적은 개개인의 삶의 질을 높이는 것이라고 할 수 있다.

사회 · 평생 교육은 지식 및 정보의 팽창, 사회 · 경제 구조의 변화, 학교교육의 한계 그리고 교육기회의 불평등 해소 등 사회체제 및 학교환경의 변화와 요구에 대응하여 사회 구성원들에게 학습 욕구를 충족시켜 주는 교육활동을 의미한다. 사회교육은 평생학습사회의 도래와 평생교육체제 확립에 따라 교양 증진 및 여가 선용, 인력 개발, 시민성 및 의식 함양 등의 다양한 교육프로그램을 통하여 사회 구성원에게 교육적 욕구를 충족시켜 주고, 자기발견 및 만족감을 제고시켜 궁극적으로 삶의 질을 높이는 기능을 수행하게 된다.

따라서 교육 측면에서 삶의 질이란 쾌적한 교육환경하에서 사회 구성원들이 다양한 교육적 욕구를 충족시키도록 양질의 교육프로그램을 제공하여 이에 대해 만족하는 상태를 의미한다고 할 수 있다. 이는 학교 및 사회 교육에 대하여 수혜집단들에게 교육의 기회, 교육조건, 교육산출 그리고 교육환경 등의 측면에서 어느 정도 적합한 교육프로그램을 제공하며, 이를 효율적으로 운영하느냐의 여부에 따라 교육부문에서 삶의 질 정도가 좌우된다고 할 수 있다.

현대사회는 개인의 지식창출능력과 더불어 폭넓은 네트워크를 통한 정보유통능력, 수평적 · 유동적 사회관계를 중시하는 지식기반사회에서 요구하는 인간을 길러낼 수 있는 교육체제와 운영이 필요하다. 또한 지식사회에서의 교육은 '교수'와 '학습'을 위한 교사와 학생의 활동과 노력이 '시험' '자격증'을 위한 것이 아니라 개별 학생의 실질적인 능력, 역량과 기술, 자질 함양, 학습의 즐거움, 학습하는 과정의 즐거움이 존재해야 한다(Hargreaves, 2007)는 것을 강조한다.

한편, 문화에 대한 정의는 관점에 따라 다양하게 정의되는 바, Snow(1960)는 문화를 '마음의 발달(the development of mind)'로 규정하였다. 마음의 발달을 도모하는 것이 교육이라는 전통적인 개념을 수용하면 교육과 문화는 특별한 관계를 지닌다고 할 수 있다(조무남, 1996: 124-125). 문화가 삶의 질을 높인다는 것, 역으로 말하면 질 높은 삶을 영위한다는 것은 바로 기본적인 욕구 충족이나 생존의 삶이 아닌 고차적 · 문화적인 삶을 영위하는 것이 된다. 그러므로 문화는 삶의 질을 구성하는 한 부분으로 일상생활을 통하여 사회 구성원들에게 균등한 기회가 주어져야 하며, 자발적으로 참여할 때 그 기능을 제대로 발휘할 수 있게 된다.

문화활동의 최종 목표는 문화생활의 증진이 되며, 문화생활은 생활에서의 자유 증대와 자유로 인한 문화생활 수준의 향상과 직결된다. 생활에서의 자유 증대는 자유시간의 증대, 경제적 부담으로부터의 자유 증대가 포함되며, 자유로 인한 문화생활 수준의 향상에는 문화적 · 창조적 자아 개발 활동의 증가, 사회적 활동의 증가가 포함된다.

따라서 문화 측면에서 삶의 질이란 문화생활을 향유할 수 있는 시간적 여유와 공간적 확보를 통하여 자발적으로 이에 참여하고 만족하는 정도를 의미한다. 여기에는 사회 구성원의 인지적 · 정의적 · 신체적 발달과 만족감을 제공해 주는 공공도서관, 예술, 공원, 여가시설 등 제반 물리적 조건과 이를 통한 정신적 · 심리적 욕구 충족의 정도를 포함한다.

### (2) 교육 · 문화 측면에서 삶의 질 지표

앞서 논의한 교육 · 문화 측면에서 삶의 질에 대한 개념과 내용을 토대로 삶의 질 현황과 문제점을 파악하여 기술한 지표를 학교교육, 사회 · 평생 교육 및 문화영역으로 구분하여 제시하면 〈표 6-2〉와 같다.

〈표 6-2〉에서 제시된 바와 같이, 학교교육에서 삶의 질의 정도를 파악하기 위하여 학교교육에 관여하는 구성원과 학교교육 활동에 필요한 제반 조건 및 과정을 중심으로 학생의 삶, 교직사회, 교육시설, 교육의 행정 · 재정, 교육관 및 교육정책 등의 다섯 영역으로 설정하여 그 현황을 파악하기 위한 구체적인 지표를 제시한다. 그리고 사회 · 평생 교육 측면에서 삶의 질의 정도를 파악하기 위하여 사회교육 기회, 교육프로그램, 교육시설, 교육의 행정 · 재정 등의 영역으로 제시한다.

문화 측면에서는 국민생활의 예술활동 측면(문예, 음악, 연예, 미술, 영화 등)과 여가활동 측면(TV 시청, 스포츠, 오락 등)으로 구분할 수 있지만, 여기서는 문화 측면의 삶의 질과 관련된 지표로 문화시설 및 내용, 여가활동, 문화재정 등의 세 영역으로 설정하고, 이에 더하여 구체적인 지표를 제시한다. 여기서 제시하는 학교교육, 사회 · 평생 교육 및 문화 측면에서 삶의 질과 관련된 영역과 지표는 관점에 따라 달리 제시될 수 있다.

〈표 6-2〉 **교육 · 문화 측면에서 삶의 질 지표**

| 영역 | 기준 | 지표내용 | 영역 | 기준 | 지표내용 |
|---|---|---|---|---|---|
| 학교 교육 | 학생의 삶 | 학생 일과 시간표, 교육내용 및 방법, 학교급별 취학률, 진학률, 학급당 학생 수, 학교급별 졸업률, 취업률, 교육 정도별 임금 수준 | 사회 · 평생 교육 | 사회교육기회 | • 여성 사회교육<br>• 청소년 사회교육<br>• 노인 사회교육 |
| | 교직사회 | • 교직생활에 대한 만족도<br>• 교원 1인당 학생 수<br>• 교원의 급여 | | 교육 프로그램 | • 교양 증진 및 여가선용형<br>• 인력개발형<br>• 시민성 및 의식함양형 |
| | 교육시설 | • 학생 1인당 교지 및 건물 면적<br>• 학교당 학생 수, 장서 수<br>• 컴퓨터 1대당 학생 수<br>• 교실내 전자칠판 설치 및 보급 | | 교육시설 | • 공공기관(도서관, 박물관)<br>• 민간기관<br>• 대학 |
| | 교육의 행정 · 재정 | • 행정직원 1인당 학생 수<br>• 행정직원 1인당 교원 수<br>• GDP 대 공교육비 규모<br>• 학생 1인당 공교육비<br>• 학교급별 공교육비<br>• 기능별 구성비 | | 교육의 행정 · 재정 | • 평생교육 요원<br>• 사회 · 평생 교육행정기관<br>• 사회 · 평생 교육재정 |
| | 교육관 및 교육정책 | • 국민의 학력구성비<br>• 가구주의 자녀교육 기대 수준<br>• 교육기회의 충족도<br>• 교육기여도에 대한 국민의식<br>• 교육정책의 평가 | 문화 | 문화시설 및 내용, 여가활동, 문화재정 | • 문화 프로그램<br>• 문화시설 이용률 및 보급률<br>• 여가활동에 대한 만족도<br>• 문화예산 비율 |

## 5. 평생학습사회와 비정부조직

정보화사회, 지식기반사회에서는 지식과 정보의 양이 폭발적으로 증가되는 만큼 소멸의 주기도 빨라지기 때문에 보다 나은 삶을 영위하기 위해서는 학교교육뿐만 아니라 평생교육이 더욱더 요구되고 있는 실정이다. 이에 이 절에서는 열린학습사회, 평생학습사회 차원에서 비정부조직의 의의와 발전 과제를 탐색하여 제시한다.

## 1) 평생교육 차원에서 비정부조직의 의의

### (1) 평생교육의 이념 및 필요성

최근 급격한 사회변동은 종전의 토지, 노동, 자본에 의한 사회구조에서 지식 및 정보 우위의 새로운 사회구조의 재편을 가져왔으며, 이에 학교의 고객들은 학교교육에 대해, 그리고 자신들의 자녀교육에 대해 다양한 형태의 교육을 요구하고 있다. 정규 학교교육을 마친 성인들은 지속적인 학습을 통하여 계속적으로 정보와 지식을 수용하고, 이를 활용할 수 있는 능력 구비의 필요성을 절감하고 있다. 따라서 이제 교육은 학교의 전유물만이 아니며, 단순한 학력 취득의 교육목적을 넘어서 사회교육을 통한 평생학습사회 구현의 필요성이 점증되고 있다.

평생학습사회의 구현은 좋은 직업과 품위 있는 삶의 필수조건으로서 지속적으로 실용적인 직업능력을 향상시키기 위한 끊임없는 학습을 통해 실사구시와 삶의 질을 높이는 데 기여하게 된다. 또한 많은 선진국이 평생교육과 성인교육에 대한 투자 확대를 통하여 국가경쟁력을 제고하고 있어 이를 통한 국가발전의 모색은 필수적이라고 할 수 있다. 우리나라에서도 1982년에 「사회교육법」을 제정하여 사회교육에 대한 기반을 마련한 이후, 1995년 5 · 31 교육개혁을 통해 세계화 · 정보화 시대를 주도할 열린학습사회에서의 평생교육에 대한 비전을 제시하였다. 그리고 1999년에 「평생교육법」으로 개정하여 실질적인 발전을 도모하고 있다.

평생학습사회의 구현은 1960년대 말 UNESCO가 중심이 되어 강조되기 시작한 이후 현재는 '모든 이를 위한 평생교육'이라는 용어를 사용하여 더욱 발전되고 있다. 이러한 맥락에서 한국의 경우, 「평생교육법」 제2조 제1항에서 '평생교육'이란 학교의 정규교육과정을 제외한 학력보완교육, 성인 문자해득교육, 직업능력 향상교육, 인문교양교육, 문화예술교육, 시민참여교육 등을 포함하는 모든 형태의 조직적인 교육활동을 말한다고 규정하고 있다. 제2조 제2항에서 '평생교육기관'이란, ① 「평생교육법」에 따라 인가 · 등록 · 신고된 시설 · 법인 또는 단체, ② 「학원의 설립 · 운영 및 과외교습에 관한 법률」에 따른 학원 중 학교교과 교습학원을 제외한 평생직업교육을 실시하는 학원, ③ 그 밖에 다른 법령에 따라 평생교육을 주된 목적으로 하는 시설 · 법인 또는 단체로 규정하고 있다. 그리고 제2조 제3항에서 '문자해득교육'이란 일상생활을 영위하는 데 필요한 문자해득(文字解得) 능력을 포함한 사회적 · 문화적으로 요청되는 기초생활능력 등을 갖출 수 있도록 하는 조직화된 교육프로그램을 말한다고 규정하고 있다.

「평생교육법」 제4조(평생교육의 이념)에서 ① 모든 국민은 평생교육의 기회를 균등하게 보장받으며, ② 평생교육은 학습자의 자유로운 참여와 자발적인 학습을 기초로 이루어져야 하며, ③ 평생교육은 정치적 · 개인적 편견의 선전을 위한 방편으로 이용되어서는 아니 되며, ④ 일정한 평생교육과정을 이수한 자에게는 그에 상응하는 자격 및 학력 인정 등 사회적 대우를 부여하여야 한다고 규정하고 있다. 이것은 인간의 학습 내지 교육의 많은 부문이 동등한 기회에 입각하여 학교 외의 가정과 사회환경에서 직접적인 체험을 통하여, 또한 인간 생활의 많은 부문에 있어서 인생의 모든 기간을 통해 이루어져야 함을 강조하는 것이라고 할 수 있다.

아울러 평생교육의 활성화를 위하여 제29조 학교의 평생교육, 제30조 학교 부설 평생교육시설, 제31조 학교 형태의 평생교육시설, 제32조 사내대학 형태의 평생교육시설, 제33조 원격대학 형태의 평생교육시설, 제35조 사업장 부설 평생교육시설, 제36조 시민사회단체 부설 평생교육시설, 제37조 언론기관 부설 평생교육시설 그리고 제38조 지식 · 인력 개발 관련 평생교육시설 등 다양한 유형의 평생학습기관을 규정하고, 이들의 확충과 교육활동 활성화를 위한 지원 강화를 명시하고 있다.

### (2) 평생교육과 비정부조직

최근 전 세계적인 민주화의 확대로 비공식조직, 즉 민간단체(Civil Society Organization: CSO) 및 비정부조직(Non-Governmental Organization: NGO) 등은 정부, 기업에 이은 제3의 영역으로서 초국가적인 기구나 조직의 활동이 환경, 경제, 사회, 교육을 포함하여 사회 전 영역에 걸쳐 양적, 질적으로 확대되고 있으며, 세계화와 함께 21세기 시민사회의 중심축으로서의 역할을 수행하고 있다. 특히, 민간 기구 및 단체 혹은 NGO에 의한 평생교육은 시민들의 다양한 요구를 수용할 수 있으며, 교육의 효율성을 기할 수 있어 그 중요성과 필요성이 부각되고 있다.

한국의 경우에 시민사회와 NGO는 권위적 정권에서 벗어난 1987년 6 · 29선언 이후에 본격적인 발전의 기반을 마련하였으며, 지방자치제도의 실시에 따른 1991년 지방의회 의원 선거 및 1995년 지방자치단체장 선거의 부활 등 정치적인 민주주의의 점진적 발전으로 NGO의 역할이 확대되고 있다. 최근 견제 세력으로서 시민단체가 부상하고 있음을 알 수 있다. 2022년 기준 NGO는 6,300여 개가 넘는 단체와 그 지부 및 소속 산하기구를 포함하여 2만여 개에 이르며, NGO 세계대회를 주최할 정도로 한국의 NGO는 비약적 발전을 이루고 있다.

특히, 평생교육 부문에서 NGO 및 CSO의 활동은 평생교육기관의 성격 및 설립 주체, 프로그램의 성격 및 내용, 프로그램의 지향 이념 그리고 대상 등에 따라 다양한 활동이 이루어지고 있다. 그러나 아직도 많은 사람은 청소년 교육이나 학교교육만을 중요시하는 경향이 있다. 따라서 NGO의 평생교육에 대한 지속적인 관심과 필요를 증진시키려는 노력이 절실히 필요하다고 할 수 있다. 특히, 시민사회 단체부설 평생교육시설은 「평생교육법」 제36조에 의거하여 시민사회 단체는 상호 유기적인 협조체제를 구축하고 공공시설 및 민간시설 등 유휴시설을 활용하여 해당 시민사회 단체의 목적에 부합하는 평생교육과정을 운영하도록 노력할 것을 명시하고 있다.

NGO 및 시민단체가 평생학습사회를 만드는 데 중요한 기능을 수행할 수 있는 것은 평생교육의 질을 총체적으로 향상시킬 수 있도록 다양한 교육기관과 시설 그리고 기관의 교육프로그램에 개인들이 수동적으로 참여하는 데 그치는 것이 아니라 능동적인 학습주체로 참여를 가능하게 하기 때문이다. 시민의 참여를 통한 민주시민으로서의 자질과 공동체의식을 개발하고 계속적인 학습 기회의 제공으로 지식기반사회의 경쟁력 있는 인적자본의 형성을 통해 사회자본을 확충하는 것이다.

### 2) 평생교육 차원에서 NGO의 발전 과제

최근 다양한 평생교육 프로그램의 개발 및 운영으로 인하여 NGO에서의 평생교육은 경쟁력을 유지하기가 쉽지 않게 되었다. NGO에서 이루어지는 교육내용의 측면에서도 민주시민 평생교육과 해당 시민단체의 취지 및 전문성에 한정되어 있어서 정치적 · 사회적 성격으로 볼 것인지, 평생교육의 한 부문으로 볼 것인지에 대한 논란이 계속 제기되고 있다(정일환, 1997). 또한 NGO의 평생학습적인 기능이 증대되고는 있으나, 시민들이 학습주체로서 적극적인 참여 의욕이나 문제해결 의식으로까지 발전되지 못한 것도 사실이다. 따라서 NGO 및 시민 · 사회 단체들은 평생학습사회 구현의 이념에 적합한 조직 편성과 활동을 다양하게 전개해야 할 것이다. NGO의 평생교육 활동을 보다 다양하게 전개하기 위한 발전 과제를 제시하면 다음과 같다.

첫째, 정부 및 지방자치단체 차원에서 실시되는 공공 평생교육 그리고 대학에서 제공되는 평생교육과 NGO들의 민간주도형 평생교육 간에, 그리고 각종 NGO 간의 유기적 연계관계의 형성을 통해 경쟁력을 제고해야 할 것이다. 공공 평생교육기관과 NGO 관련 단체들이 평생교육의 활성화를 위한 결속을 강화하여 사회 구성원들의 적극적인 참여를 위해 기관별로 프로그램 영역 및 교육대상을 특성화하여 각기 역할 분담을 하고, 구심적 역할을 담당할 때 경쟁력은 제고될 수 있을 것이다. 또한 정보 인프라 구축, 부족한 평생교육의 인적 · 물적 자원의 효율적 활용이라는 측면에서도 이들 간의 협조체제는 더욱 요구된다.

둘째, 평생교육체제 내에서 학습자들의 요구에 적극적으로 대응하기 위해서는 NGO의 자율성이 제고되어야 한다. 많은 NGO는 충분한 인적 · 물적 자원을 제대로 갖추지 못하고 있으며, 아울러 사회변화와 지역 환경변화에 쉽게 영향을 받고 있다. 그러나 이는 평생교육에서 학습자 중심의 자기주도적인 학습 및 학습 소집단의 형성 등 내실 있는 사회교육을 수행하는 데 매우 큰 장점이 된다고 할 수 있다. 따라서 NGO는 사회변화, 지역의 환경, 단체의 특성, 학습자들의 요구를 적절히 고려하여 NGO의 활동을 보다 조직적 · 자율적으로 운영하고, 학습자들의 계속적인 교육적 요구를 동기화시키고 이를 수용하여야 할 것이다.

셋째, NGO는 평생교육 프로그램을 보다 전문화하고 다양화해야 한다. NGO가 최근 들어 양적으로 팽창되고는 있지만 지식기반사회에 대비하고 다양한 평생교육 대상의 특성과 학습자의 교육 요구 그리고 사회적 수요에 부응하기 위해서는 계속적이고 새로운 평생교육 프로그램을 학습자들에게 제공해야 한다. 아울러 NGO의 평생교육 프로그램의 효율성을 극대화하고 교육적 성과를 제고하기 위해서는 최신 교육공학적인 매체를 활용한 다양하고 참신한 교수-학습 방법을 개발하여 운영해야 한다. 이를 위해 전문 자원봉사자들의 자발적인 참여를 적극 유도할 필요가 있다.

넷째, NGO의 평생교육 활성화를 위한 지원체제 측면에서 정부의 교육적 자원과 행정 · 재정적 자원, 정보 제공 및 자문활동 등을 확대해 나가야 한다. 특히, NGO 중에서도 적극적인 활동과 참신한 교육프로그램을 수행하고 있는 기관을 발굴해서 중점적으로 육성 및 지원해야 할 것이다. 이러한 NGO의 평생교육 활동은 평생학습체제 안에서 활동이 이루어져야 소기의 성과를 거둘 수 있을 것이다. 또한 NGO의 적극적인 평생교육 참여를 통해 국민의 학습권과 학습자의 선택권을 최대한 보장해 줌으로써 국민의 삶의 질 향상과 국가 · 사회 발전에 기여하여야 할 것이다.

끝으로, NGO는 정부, NGO, 시민 간의 역할관계를 고려하여 모든 시민에게 평생교육의 기회를 제공할 수 있도록 하고, 다양화되고 특성화된 교육프로그램을 토대로 정부와 시민조직 간의 매개자로서의 역할을 충실히 수행해 나가야 할 것이다. 아울러 NGO를 통한 평생교육의 활성화 여부는 시민들의 자발적 참여 없이는 이루어질 수 없으므로 시민들의 의식 변화 모색과 적극적인 참여 방안을 마련해야 할 것이다.

## 참고문헌

공보처(1997). **민주공동체 시민운동의 새로운 지평**. 서울: 공보처.

교육법전편찬회 편(2017). **교육법전**. 서울: 교학사.

교육부(1998). **한국교육 50년사**.

교육부(1999). **교육발전 5개년 계획시안**.

교육부(1999). **평생교육백서**.

교육부, 한국교육개발원(2017). **교육통계연보**.

권건일, 김인아(1999). **사회교육의 이해**. 서울: 양서원.

김병성(1995). **교육사회학 관련이론**. 서울: 양서원.

김병성, 권낙원, 김정환, 백영균, 손인수, 송용의, 이병진, 이중석, 정태범(1992). **교육학 총론**. 경기: 양서원.

김신일(1999). **교육사회학**. 서울: 교육과학사.

김종서, 황종건, 김승한, 정지웅, 김신일(1987), **평생교육원론**. 서울: 교육과학사.

김종순(1995). 환경문제해결에 있어서 NGO의 역할과 한계. **한국행정연구, 4**(3), 43-61.

김혁래, 이홍균, 이신화, 김혜경(1997). **세계화와 한국 NGO의 발전방안**. 서울: 경제정의실천시민연합.

박용헌, 이상주, 김영찬(1979). **학교와 지역사회**. 서울: 교육출판사.

변시민(1989). **사회학개론**. 서울: 박영사.

송병순(1987). **교육사회학**. 서울: 문음사.

양용칠, 조용기, 이원희, 유승구, 한일조, 정일환, 권대훈, 이종원(1999). **교육의 종합적 이해**. 서울: 교육과학사.

양용칠, 조용기, 이원희, 유승구, 한일조, 정일환, 권대훈, 이종원(2016). **교육의 종합적 이해**. 경기: 교육과학사.

엄기형(1997). 시민사회, 사회운동과 교육: 시민운동에서 사회교육의 성격, 시민사회단체의 시민교육의 현황과 방향. 한국불교환경교육원.

이달곤(1990). 삶의 질, 정치공동체와 개인의 자유. 21세기 위원회 세미나.

이종각(2000). 교육사회학총론. 서울: 동문사.

이종각(2017). Basic+ 교육사회학(개정판 2판). 서울: 태영출판사.

이현림, 한일조, 정일환, 주동범(2000). 교육학의 이해. 서울: 원미사.

임희섭(1996). 삶의 질의 개념적 논의. 한국행정연구, 5(1), 5-18.

정규현, 배규한, 이달곤, 최영명(1994). 21세기 한국의 사회발전전략: 성장 · 복지 · 환경의 조화. 서울: 나남출판.

정일환(1996). 풍요로운 삶: 교육-문화 측면의 삶의 질. 한국행정연구, 5(1), 56-76.

정일환(1997). 교육과 사회발전. 서울: 중앙적성출판사.

정일환(2016). 학교교육 혁신과 교육학의 과제: 대구행복역량교육의 성과와 발전방향. 2016 한국교육학회 연차학술대회자료집, 199-231.

정일환, 권동택, 김병주, 김정희, 김현욱, 박찬호, 주동범, 정현숙, 최석민, 이희갑, 손병철, 이응곤, 서공주, 송미연(2016). 대구행복역량교육의 성과 분석 및 발전 방향 탐색 연구. 대구광역시교육연구정보원.

정일환, 김정희, 주동범(2013). 사회발전과 인적자본론. 경기: 교육과학사.

차갑부(1997). 열린사회의 평생교육. 서울: 양서원.

차경수, 최충옥, 이미나(1998). 교육사회학의 이해. 서울: 양서원.

최운실(1993). 한국 사회교육의 과거, 현재, 미래 탐구. 서울: 한국교육개발원.

최운실(1994). 사회교육 전문지도자 양성과 연수개선방안. 서울: 한국교육개발원.

한국교육개발원(1996). 국가 발전에서의 교육의 역할 분석 연구(Ⅰ).

한국행정연구원(2015). 사회통합실태조사.

Apple, M. (1982). *Education and power.* London: Routledge & Kegan Paul.

Ballantine, J. H. (1985). *Schools and society: A reader in education and sociology* (5th ed.). California City, CA: mayfield publishing company.

Ballantine, J. H. (1997). *The sociology of education: A systematic analysis* (4th ed.). New York: Prentice-Hall.

Ballantine, J. H. (2001). *The sociology of education: A systematic analysis* (5th ed.). New York: prentice-Hall.

Blackledge, D., & Hunt, B. (1985). *Sociological interpretations of education.* London: Routledge.

Chaturvedi, S. K., & Chandra, P. S. (1991). Sociocultural aspects of menstrual attitudes and premenstrual experiences in India. *Social Science & Medicine, 32*(3), 349-351.

Coleman, J. S. (1988). *Foundations of social theory*. Boston: Harvard University Press.

Coleman, J. S., Camptell, E. Q., Hobson, C, T., McPartland, J., Mood, A. M., Weinfeld, F. D., & York, R. L. (1966). *Equality of educational opportunity*. Washington, D.C.: Department of Education.

Darkenward, G. G., & Merriam, S. B. (1982). *Adult education: Foundations of practice*. New York: The Macmillan Company.

Faure, E., Herrera, F., Kaddoura, A. R., Lopes, H., Petrovski, A. V., Rahnema, M., & Ward, F. C. (1972). *Learning to be: The world of education today and tomorrow*. Paris, UNESCO.

Freyd, J. J., Pantzer., & Cheng, J. L. (1988). Representing statics as forces in equilibrium. *Journal of Experimental Psychology: General, 117*(4), 395-407.

Gerald, L. (1983). *Education and schooling in America*. New York: Prentice Hall, Inc.

Giddens, A. (1991). *Modernity and self-identity: Self and society in the late modern age*. Stanford, CA: Stanford University Press.

Gross, B. M. (1966). *The state of the nation: Social systems accounting*. London: Tavistock Publications.

Halsey, A. H., Floud, J., & Anderson, C. A. (1961). *Education, economy, and society: A reader in the sociology of education*. New York: The Free Press.

Hargreaves, A. (2007). Sustainable leadership and development in education: Creating the future, conserving the past. *European Journal of Education, 42*(2), 223-233.

Havighurst, R. J. (1961). Education and social mobility in four societies. In A. H. Halsey, J. Floud & C. A. Anderson (Eds.), *Education, economy, and society: A reader in the sociology of education* (pp. 105-120). London: The Collier-Macmillian.

Henslin, J. M. (1995). *Sociology: A down-to-earth approach*. New York: Allyn and Bacon.

Horton, P. B., & Hunt, C. L. (1976). *Sociology* (4th ed.). New York: McGraw Hill.

Inkeles, A., & Smith, D. H. (1974). *Becoming modern*. London: Heinemann Education Books.

Jencks, C., Smith, M., Acland, H., Bane, M. J., Cohen, D., Gintis, H., Heyns, B., & Michelson, S. (1972). *Inequality: A reassessment of the effects of family and schooling in America*. New York: Basic Books.

Karabel, J., & Halsey, A. H. (Eds.). (1977). *Power and ideology in education*. New York: Oxford university Press.

Levine, D. U., & Havighurst, R. J. (1992). *Society and education* (9th ed.). Boston: Houghton Mifflin Company.

McClemmand, D. C. (1961). *The achieving society.* New York: The Free Press.

Omstein, A. C., & Levine, D. U. (1981). *Foundations of education* (2nd ed.). Boston: Houghton Mifflin Company.

Prichard, K. W., & Buxton, T. H. (1973). *Concept and theories in sociology of education.* Lincoln, Nebraska: Professional educators.

Rice, R. W. (1984). Organizational work and the overall quality of life. *Technical Report ONR-2.* State University of New York at Buffalo.

Robinson, P. (1983). *Perspectives on the sociology of education.* London: Routledge & Kegan Paul.

Snow, C. P. (1960). *The two cultures and the scientific revolution*. New York: Cambridge University Press.

Spring, J. (1989). *American education: An introduction to social and political aspects* (4th ed.). New York: Longman Inc.

Spring, J. (2015). *America education* (17th ed.). Abingdon: Rowtledge.

Thompson, J. (1990). *Ideology and modern culture.* Stanford, CA: Stanford University Press.

Tolman, E. C. (1941). Psychological man. *Journal of Social Psychology, 13,* 205-218.

Wexler, P. (1987). *Social analysis of educations: After the new sociology.* London: Routledge & Kegan Paul.

법제처 「평생교육법」. https://www.law.go.kr/LSW/lsSc.do?dt=20201211&subMenuId=15&menuId=1&query=%ED%8F%89%EC%83%9D%EA%B5%90%EC%9C%A1%EB%B2%95#undefined.

제 7 장

# 학습자의 심리적 이해

교육의 궁극적인 목적은 인간행동을 바람직한 방향으로 변화시켜서 학습자 개개인의 특성과 능력을 최대한으로 발휘시키는 데 있다. 이러한 교육의 목적을 실현하기 위해서는 무엇보다도 먼저 학습자의 심리적 특성을 이해하는 것이 선행되어야 할 것이다. 지금까지 학습자의 심리적 특성을 정확하게 이해하기 위한 다양한 이론이 연구되어 왔다. 교육에 있어서 학습자의 심리적 특성을 이해하는 일은 교육의 효과성을 극대화하는 것과 관련된다. 이 장에서는 학습자의 심리적 특성과 관련된 개념과 이론을 학습자의 인지적 측면과 정의적 측면으로 나누어 살펴보고자 한다.

# 1. 인간발달과 교육

인간발달에 대한 연구는 인간의 행동을 이해하기 위해 인간의 성장과 변화를 설명하는 데 초점을 두고 있으며, 발달에 대한 이론은 교육의 주체인 인간에 대한 폭넓고 다양한 이해를 제시함으로써 교육의 효과를 극대화하고자 한다.

## 1) 인간 이해의 심리적 관점

교육이 인간을 대상으로 하는 활동이므로 교육의 목적을 효율적으로 달성하기 위해서는 인간 본성에 대한 이해가 있어야 한다. 과학으로서의 심리학이 인간 이해의 학문으로 등장하기 이전에 인간 본성에 대한 철학적이고 사변적인 탐구가 있었으며, 이에 대한 대표적인 이론으로 성악설, 성선설, 백지설이 있다.

인간에 대한 이러한 견해들은 아동의 양육과 교육에 많은 영향을 미쳤으며, 인간 이해를 위한 심리학적 접근방법에도 영향을 미쳤다. 인간에 대한 심리학적 이해와 방법은 다양하지만 여기서는 정신분석학적 관점, 행동주의적 관점, 인지주의적 관점, 인본주의적 관점, 신경·생리학적 관점에 대해 기술한다.

### (1) 정신분석학적 관점

인간의 모든 행동에는 반드시 그러한 행동을 유발시키는 동기가 있기 마련이며, 정신분석학에서는 이러한 동기에 의식적인 수준과 무의식적인 수준의 것이 있다고 본다. 인간 행동의 이해는 인간의 심층적인 무의식 세계를 통찰할 때 가능하며, 인간의 부적응 행동은 의식의 작용에 의한 것이 아니라 자신도 잘 알지 못한 욕망들로 구성되어 있으며, 이러한 욕망이 개인의 행동을 실제적으로 지배하고 통제하는 원동력이 된다는 것이다(Freud, 1960).

정신분석학적 관점은 인간 행동에 대한 인간 내부의 동기적 측면을 설명해 주어 다양한 개인차를 이해하는 데 많은 도움을 주기는 했지만 무의식에 대한 과학적 연구가 어렵기 때문에 이에 대한 비판이 따르고 있다.

### (2) 행동주의적 관점

행동주의자들은 인간의 모든 행동을 자극–반응 형태의 집합이라고 본다. 그러므로 인간의 행동 및 여러 심리적 특성은 출생 직후부터 겪는 경험에 의해서 형성된 습관적인 반응들로 구성된다. 인간 이해를 위한 과학적 접근은 객관적 관찰이 가능한 유기체의 행동이어야 한다고 주장하면서 인간 행동에 영향을 미치는 자극 및 강화에 관한 연구를 실험을 통해 검증하려고 한다. 또한 이들은 인간 행동의 기본 단위인 자극–반응관계는 인간과 동물에게 동일하다고 보기 때문에 동물을 대상으로 수행한 실험의 결과를 인간 행동의 설명에 이용하기도 한다(Wolpe, 1982).

인간 행동의 기본 단위에 대한 이러한 분석적 연구는 실제 교육 현장이나 정신과 병동에서 행동수정을 통해 개인의 사회 적응력을 높이는 데 많은 공헌을 하고 있다. 그러나 인간 행동을 지나치게 작은 단위로 분석하여 전체성을 파악하지 못한다는 약점을 지니고 있다.

### (3) 인지주의적 관점

인지주의는 인간 내부에서 일어나는 인지적 과정, 즉 사물을 인식하고 해석하고 기억하는 방법 등을 탐색한다. 인간을 일종의 정보처리체계로 보고, 인간의 행동반응을 컴퓨터의 정보처리과정과 비교하여 이해한다. 이들은 인간을 외부에서 계속적으로 들어오는 정보를 받아들이고 그것을 분석 및 처리하여 저장해서 기억했다가 활용하기도 하며, 망각하기도 하는 복잡한 능동적 기억체제로 본다(임규혁, 임웅, 2008).

인간 행동은 단순히 외부 자극에 대한 수동적 반응이 아니라 그러한 자극들을 여러 가지 방법으로 선택, 비교, 조합하고 변형하여 기억 속에서 인지구조를 형성하고, 외부 자극에 대한 의미를 추출해 내는 인지과정을 통한 반응의 결과이다. 그러므로 인간은 적극적이고도 능동적으로 환경에 적응하며, 스스로 사고하고, 창의적인 활동을 수행해 나가며, 새로운 지식 구조와 의미를 구성하는 자율적인 존재가 된다.

인지주의적 관점은 인간의 인지적 학습의 진행 과정과 기억 현상을 연구하는 데 많은 공헌을 하고 있으며, 급속한 진전을 보이는 컴퓨터의 발달에 따라 더욱 많은 발전이 이루어지고 있는 분야이다.

#### (4) 인본주의적 관점

인본주의자들은 인간을 합리적, 사회적, 건설적, 진보적이며, 스스로 성장하고 자아실현을 하는 존재로 본다(김충기, 강봉규, 2001). 인간은 역동적 유기체로서 각자의 독특한 특성을 지니며, 그 본성에 있어서 보다 나은 것을 추구하려는 자유의지를 지닌 자기실현적 존재라고 본다. 인간 행동은 무의식이나 어떤 선행 자극의 산물이 아니라 개인의 의지가 작용하는 의식적 결과라는 것이다. 인간 유기체는 누구나 자기자신을 유지시키거나 향상시키는 경험들을 더욱 추구하고 적극적으로 수용하는 반면에 자아 보존이나 증진을 부정하는 경험들을 피하는 자아실현적 동기를 지니고 있다고 본다(Rogers, 1961).

인간 이해에 대한 이러한 접근에서는 교육적 활동이란 개인으로 하여금 자신의 유일성과 전체성을 파악할 수 있도록 도와주는 역할을 수행하는 것으로 본다.

#### (5) 신경 · 생리학적 관점

인간의 행동을 뇌를 중심으로 한 신경계통의 통제 관리 및 체내 호르몬 분비와 관련시켜서 이해하려고 한다. 이 관점은 주로 뇌의 기능 분화에 관한 연구와 각종 호르몬의 과다분비 내지는 과소분비가 인간의 정서 및 심리적 변화와 특성에 미치는 영향을 연구한다. 인간의 뇌구조 자체가 복잡하고, 살아있는 인체를 대상으로 연구를 한다는 것에 어려움이 따르기는 하지만 더욱 발달한 의학 기술에 힘입어 이 분야의 연구가 빠른 속도로 진전되고 있다.

### 2) 인간발달의 의미와 원리

#### (1) 발달의 의미

인간의 발달(development)이란 수정에서 죽음에 이르기까지 전 생애 동안에 신체적 · 정신적 기능이 점진적으로 형성 및 변화되어 가는 것을 말한다. 인간발달의 개념에는 유기체가 양적으로 증대하고 기능적으로 유능화, 정교화되는 긍정적인 변화뿐만 아니라 그 기능이 점차 감소, 퇴화, 쇠퇴하는 등의 부정적 변화까지 포함한다.

또한 인간발달은 유기체의 신체적인 측면의 양적인 증대와 변화를 지칭하는 성장(growth)과 연습과 훈련에 의한 유기체의 기능 변화를 나타내는 학습(learning)을 포함하는 포괄적인 의미를 지닌다. 성장이란 신체적으로 키가 커지거나 몸무게가 늘어나는 등의 양적인 변화 현상을 말하지만, 성숙(maturity)은 신체적인 변화 중에서 기고 앉고 서는 것과 같은 기능을 할 수 있게 되고 피부의 자극을 민감하게 받아들이는 등의 감각기능의 변화를 뜻한다. 이와 같은 발달은 성장, 성숙, 학습의 개념을 포함하는 포괄적인 개념이다. 따라서 인간발달은 유전적 요인과 환경적 요인이 서로 상호작용하여 이루어지는 것을 포함한다(Sternberg & Willams, 2002: 41-42).

### (2) 발달의 원리

인간의 발달은 발달의 속도와 순서에 있어서 약간의 개인차가 존재하지만 보편적이고 일반적으로 나타나는 원리가 있다. 이 원리는 인간발달의 현상을 일관성 있게 지배하는 것으로서 인간의 신체적 · 심리적 발달 모두에 적용된다고 인정되고 있는 바, 이를 기술하면 다음과 같다(유안진, 1999: 22-24).

첫째, 인간발달에는 일정한 순서가 있다. 발달은 상체에서 하체의 방향으로, 중심에서 말초 방향으로, 전체 활동에서 특수 활동의 방향으로 이루어진다. 유아는 특정의 장난감을 붙잡으려고 할 때, 처음에는 무작정 잡으려고 하는 전체적 활동이 점차 분화되어 팔을 사용하여 손을 뻗치고 손목과 손가락을 움직여서 마침내 원하는 장난감을 쥘 수 있게 된다.

둘째, 발달은 계속적인 과정이지만 그 발달의 속도는 일정하지 않다. 발달은 연속적으로 이루어지며, 특정 부분의 발달은 어느 시기에 급격히 이루어지기도 하고 또 어느 시기에 완만하게 진행되기도 한다.

셋째, 발달에는 개인차가 있다. 발달에는 일반적이고 보편적인 순서가 있지만 연령이 같고 성별이 같다고 해서 모든 발달이 동일하게 진행되는 것은 아니다. 신체적인 기능과 정신적인 기능의 발달에는 개인 간에 차이가 있는데, 이 개인차는 유전과 환경의 차이에서 기인한다고 할 수 있다.

넷째, 발달은 상호 관련성을 지니고 진행된다. 발달의 각 측면은 서로 밀접하게 상호 관련되어 있어 서로 영향을 주고받으면서 발달한다. 즉, 신체발달은 지적인 발달이나 정서적 발달과 관련이 있으며, 정서발달은 사회성 발달이나 지적 발달과 관련이 있다. 지적 발달이 앞서가는 개인은 지적 발달이 빠르기 때문에 자신감이 생기고, 그 자신감은 모든 일에 적극적으로 나타난다. 이러한 특성은 자신의 인성적인 측면과 신체 발달에도 영향을 미친다.

다섯째, 발달은 분화와 통합의 이원적인 과정으로 행동 발달이 정교화하고 이러한 행동이 다시 통합된 전체로 결합되는 것을 의미한다. 인지발달모형에서 심리적이고 신체적인 두 체계는 서로의 연결과 통합을 유지하면서 분화된다. 비록 심리적 체계(사고, 감정 등)의 분화와 통합이 생물학적 체계(호흡, 순환 등)에서와 같이 명백하지는 않다고 해도 더 크고 포괄적인 체계로 발달하는 과정은 같다.

### 3) 발달단계와 발달과업

교육의 효과를 높이기 위한 교육의 최적 시기를 논할 때 학습자의 발달수준을 고려하지 않을 수 없다. 인간발달은 연속적이며 점진적인 특성을 지니고 있지만 인간의 전 생애 동안에 나타나는 여러 발달 특징을 일정한 단계별로 정리하여 살펴볼 수 있는데, 이를 발달단계라고 한다. 이러한 인간의 발달단계 설정은 어떠한 심리적 속성에 초점을 맞추느냐에 따라 다양하게 구분된다. 예를 들어, Freud는 인간의 성격 발달단계를 구강기, 항문기, 남근기, 잠복기, 생식기로 나누었으며, Piaget는 인지발달단계를 감각운동기, 전조작기, 구체적 조작기, 형식적 조작기로 구분해서 설정하였다. 그러나 인간발달을 교육과 관련시켜서 논하고자 할 때, 학습자의 일정한 연령별에 따른 통합적인 발달특성을 정리해야 할 필요성이 제기된다.

인간의 발달과정을 구체적으로 교육과 관련시킨 대표적인 학자는 Havighust이다. 그는 인간의 각 발달단계에서 반드시 발달시켜야 할 특성들을 선정해서 이를 발달과업(development task)이라고 지칭했다. 다시 말해서 발달과업이란 한 개인이 특정 발달단계에서 반드시 수행해야 할 행동 특성이라고 할 수 있다. 만약 한 개인이 선행되는 발달과업을 적절히 수행하지 못할 경우에 뒤따르는 발달단계에서 정상적인 발달을 수행하기가 어렵게 된다.

Piaget(1952)는 인지구조의 변화를 중심으로 인간의 발달단계를 구분하였는데, 그는 인간의 출생에서부터 성인으로 성장해 가면서 어떻게 인지능력이 발달해 가는가를 알아봄으로써 인식의 본질을 밝혀 보려고 하였다. Piaget는 평형(equilibrium)의 개념을 인지발달의 중요한 개념으로 사용하였다. 평형은 인간이 질서와 체계를 유지하려는 본능적이고 선천적인 욕구이다. 이러한 평형에 대한 욕구의 반응으로 개인은 삶에서의 경험을 구조화시켜서 조직화하려는 경향이 있는데, Piaget는 이를 도식(schema)이라고 하였다.

또한 Piaget는 인간이 지적 평형 상태에 도달하려는 기능으로 동화와 조절이라는 두 가지 기제를 제시하였다. 동화(assimilation)란 새로운 정보, 혹은 새로운 경험을 접할 때 그러한 정보와 경험을 이미 자신에게 구성되어 있는 도식에 적용시키려는 경향성을 뜻하며, 조절(accommodation)이란 새로운 정보와 새로운 경험을 인식하기 위하여 기존의 도식을 수정하는 것을 의미한다. 이와 같이 동화과정은 이미 만들어진 도식에 양적 변화를 가져다주는 데 반해 조절과정은 지적 구조의 질적 변화를 일으키고, 인지구조는 이 두 과정의 계속적인 조정과 통합해 의해 인지능력이 발달하는 것이다. Piaget는 인지발달단계를 비연속적이라기보다는 연속적으로 이루어진다고 주장하였다. 즉, 한 단계에서 다음 단계를 뛰어넘어 다른 단계로 진행되는 것이 아니라 서서히 계속적으로 발전한다는 것이다. Piaget는 아동이 개인의 능력과 환경에 의해서 각 발달단계를 이행하는 속도에서는 어느 정도의 차이가 있을 수 있지만 단계를 건너뛰어 다음 단계로 발전하는 도약은 없다고 설명하였다(Sternberg & Williams, 2002: 45-49). 인지발달의 각 단계가 가지는 특성을 요약하면 다음과 같다.

- 감각운동기(sensori motor stage)

감각운동기는 보통 출생에서 2세까지의 기간에 해당되며, 시각, 청각, 촉각 등의 조절 감각과 운동능력에 초점을 둔다. 유아의 지각과 행동은 타고난 반사와 감각운동에 기초한 경험의 결과에 의존한다. 유아의 운동기술이 점차로 증가함에 따라 유아 자신과 주변 사물과의 관계를 알게 되며, 주변 세계에 대한 탐색을 가능하게 하며, 점점 환경을 통제할 수 있게 된다. 감각운동기가 끝나갈 무렵에 유아는 자신의 외적 경험을 내적으로 표현하기 시작한다.

- 전조작기(pre-operational stage)

전조작적 사고는 2~7세까지의 연령에서 나타나며, 주변 세계를 이해하기 위해 상징을 사용할 수 있다. 언어와 사물에 대한 기초 개념이 발달한다. 그러나 이 시기의 아동이 가지고 있는 언어와 개념은 아동 자신이 직접적으로 접촉하는 대상에만 국한되는 특성을 가지기 때문에 상황에 따라 변한다. 아동이 직접적으로 접촉하는 경험과 사건이나 상황에 의해 사고가 발달한다. 이 시기의 아동은 사물을 단일 차원에서 직관적으로 분류하기 때문에 문제해결과정에서 인과관계의 중요성을 이해하지 못하며, 다른 사람의 관점을 가질 수 없어 자기중심적 사고를 지니게 된다.

• 구체적 조작기(concrete-operational stage)

구체적 조작기는 초등학교 시기에 해당하며, 아동의 인지적 특성은 언어의 복잡성을 이해하고 다른 사람의 생각이나 관점이 자기와 같지 않다는 것을 안다. 구체적 사실이나 사물에 대한 논리적 사고가 가능하다. 그러나 시간과 공간을 초월하지 못하고 현재의 경험만을 이용하기 때문에 추상적 사고를 수행하지 못한다. 이 단계의 주된 특성은 수와 물질의 특성에 대한 배열과 분류의 능력이 발달한다는 점이다. 이 시기의 논리적 사고는 실제적이고 물질적인 것에 한정되어 있다.

• 형식적 조작기(formal-operational stage)

형식적 조작은 12세 이후에 나타나며, 추상적인 개념을 가지고 논리적 사고를 할 수 있게 된다. 새로운 문제에 직면했을 때 현재의 지각적 경험뿐만 아니라 과거 경험과 미래 상상을 함께 이용한다. 문제해결과정에서 가설을 설정하여 다양한 해결책을 모색하는 등 체계적으로 접근해 들어가는 능력이 있다. 따라서 추상적으로 생각하고, 가설을 시험하고, 실제 현실을 초월하여 개념을 형성할 수 있다.

한편, Erikson(1963)은 심리적 · 사회적 위기에 따라 발달단계를 구분하였다. Erikson은 아동이 환경과의 상호작용 속에서 직면하게 되는 사회 · 문화적 위기를 자아가 어떻게 극복하며 자아정체감을 발달시키고 사회화하는가에 관심을 가졌다. 그의 이론은 심리 · 사회적 발달에 대한 관심을 반영하고 있기 때문에 심리 · 사회적 발달이론이라고 한다. Erikson은 유아기에서부터 노년기에 이르기까지 인간의 전 생애를 8단계로 나누었으며, 각 단계마다 양극성을 지닌 특성이 발달될 수 있다고 하였다. 즉, 각 발달단계에서 직면하는 위기를 성공적으로 해결하면 긍정적인 면의 특성이 발달되는 반면에 부정적인 측면으로의 문제해결은 다음 단계의 발달을 지연시키고 부정적인 특성을 형성하게 된다고 하였다. Erikson이 제시한 8단계의 특성은 다음과 같다(Sternberg & Williams, 2002: 81-85).

• 신뢰 대 불신뢰감(0~1세)

유아와 어머니 사이에 형성되는 대인 접촉은 생애 최초의 사회적 환경이 된다. 어머니가 애정을 가지고 일관성 있게 유아를 돌보게 되면 주변 세계와 타인에 대한 기본적인 신뢰감을 가지게 된다. 그러나 어머니의 애정이 부족하고 일관성 없는 태도로 유아를 돌보게 되면 주변 세계와 타인에 대한 불신감을 형성하게 된다.

• 자율성 대 수치감 및 회의감(2~3세)

이 시기의 유아는 혼자 힘으로 옷을 입기 시작하며 배변훈련도 시작하게 된다. 이때 부모는 유아의 이러한 능력을 인정하고 자발적인 행동에 칭찬을 하거나 격려를 하면 자율성이 형성된다. 반대로 지나치게 엄격한 배변훈련이나 조그마한 실수에도 질책을 하게 되면 유아로 하여금 수치심을 느끼게 하거나 자신의 능력에 대한 회의감을 갖게 할 수 있다.

• 주도성 대 죄책감(4~5세)

이 시기의 유아는 왕성한 지적 호기심을 보이면서 모든 부분에서 도전적인 충동을 갖게 된다. 부모가 유아의 지적 호기심을 만족시킬 수 있는 관심과 적절한 해답을 제공해 주면 주도성이 생기게 되지만, 유아의 이러한 행동에 부모가 무관심을 보이거나 귀찮게 여길 때 유아는 자신이 다른 사람을 불편하게 만드는 존재라고 느끼게 되어 죄책감을 가지게 된다.

• 근면성 대 열등감(6~11세)

이 시기의 아동은 학교생활에서 적응을 잘하고 자신이 수행한 성취의 결과에 대해 주변 사람들로부터 인정을 받고 격려를 받으면 근면성이 발달한다. 그러나 반대로 이 단계에서의 과업이 너무 어려워서 실패로 끝나거나 자신이 수행한 성취 결과에 대한 실망스러운 경험이 반복될 때 아동은 열등감에 빠지게 된다.

• 정체감 대 역할 혼미(12~18세)

이 시기는 중 · 고등학교의 청소년기로, 심리적으로 혼란을 경험하는 매우 예민한 시기이다. 타인의 눈에 자신이 어떻게 보이는지에 대해 매우 민감한 관심을 갖게 되며, 자신의 외모에도 지나치게 관심을 가지게 된다. 또한 심리적으로는 부모의 간섭이나 제재를 받지 않기 위해 독립을 주장하기도 하지만, 다른 한편으로는 안정과 보살핌을 받기를 원한다. 이러한 과정에서 자기 자신의 모습에 일체감을 느끼고 자기가 어떤 사람인가에 대한 확신을 가지게 될 때 자아정체감이 형성되지만, 반대로 자기 자신에 대해 일관된 모습을 찾지 못할 때 역할 혼미에 빠지게 된다.

- 친밀감 대 고립감(성인 초기)

성인 초기에 해당하는 이 시기는 사회에 참여하게 되고, 자신의 정체감을 추구하고 유지하면서 자신의 정체와 타인의 정체를 느끼는 데 우선순위를 두며 타인과 융화되고 친밀감을 느끼게 된다. 반대로 자기 자신에 대한 정체감을 갖지 못하면 타인의 정체감도 수용하지 못하거나 이해하지 못하게 되어 고립감을 느끼게 된다.

- 생산성 대 침체감(성인 중기)

중년기에는 사회에 대한 책임감을 느끼게 되고 다음 세대에 대한 배려나 지도에 관심을 가지는데, 이것을 의미 있게 평가할 수 있을 때 자신을 생산적인 사람으로 인식하게 된다. 그러나 이러한 생산적인 활동에 참여하지 못하거나 공허감을 느낄 때 침체감에 빠지게 된다.

- 통합성 대 절망감(노년기)

최선을 다해 자신의 인생을 열심히 살아온 사람은 인생의 성공과 기쁨과 실망을 순순히 받아들여 이전의 단계들의 결실인 자아통합감을 경험하게 된다. 그러나 자아통합의 결여나 상실은 죽음에 대한 두려움이나 인생에 대한 좌절감으로 나타난다.

이러한 발달단계이론을 이해함에 있어 주의하여야 할 점은 각 측면의 발달단계는 각기 서로 다르게 구분할 수 있다는 것이다. 그럼에도 불구하고 인간의 발달단계를 구분하는 것은 현재의 인간발달 상태를 이해하고 예상할 수 있게 해 주는 중요한 척도가 된다. 그러나 한 단계에서 다음 단계로의 발달이 이루어지는 것은 서서히 연속적으로 이루어지는 것이기 때문에 각 단계 간의 명확한 한계를 둔다는 것은 어려운 일이다. 그러므로 발달단계의 구분은 편의상 인정되고 수용되어야 하며, 인간의 모든 측면의 발달은 개인차가 존재하기 때문에 동일 연령으로 일률적으로 구분 지을 수 없다.

## 2. 학습자의 인지적 특성과 교육

학습자의 인지적 특성은 지능, 창의성, 인지양식 등이 있는데, 이러한 인지적 특성은 외부로부터 들어오는 정보들을 인식하고 처리하여 학습자가 직면하는 인지적 문제들을 효율적으로 해결하는 데 필요한 요인들이다.

### 1) 지능

지능(intelligence)이란 비교적 일반인들에게도 친숙한 인간의 지적 특성에 해당된다. 그 이유는 인간의 지적 능력에 대한 개인차를 수량화하여 나타내려는 연구의 결과로 처음 등장한 것이 바로 지능이기 때문이다. 지능의 개념은 너무 다양하며 한 마디로 규정하기가 어렵다. 지능을 학교교육과 관련지어 학교학습을 수행할 수 있는 능력으로 정의내리는 입장이 있는가 하면, 주변 환경에 적응하는 인간의 종합적인 적응능력으로 보는 등 서로 다른 측면의 정신능력을 강조한다(Ormrod, 2000). 그러나 지능이 교육과 관련해서 중요한 이유는 많은 사람이 현재 개발되어 있는 지능검사의 결과인 지능지수가 학교에서의 학업성취 가능성을 예측하는 하나의 도구로 인정하기 때문이다.

#### (1) 지능의 구성

지능의 구성에 관심을 두고 개인의 측정을 시도한 대표적인 학자로 최초의 지능검사를 만든 Binet를 들 수 있다. Binet는 지능을 잘 판단하고 이해하고 사고하는 능력으로 보았으며, 인간의 지능을 여러 가지 과제에 대한 수행 결과로서 측정하여 수량화할 수 있다고 강조했다. Spearman은 지능을 연구하면서 요인 분석을 통해 지능의 일반요인과 특수요인을 밝혀내어 지능의 2요인설을 주장하였다(Sternberg, 1997: 94). 그에 의하면, 지능에는 폭넓게 사용될 수 있도록 모든 지적 활동에 포함되어 있는 단일한 추론 능력(일반요인)과 특정 과제를 수행하는 데 포함된 여러 가지 구체적인 능력(특수요인)이 있다고 보았다. 모든 지적 과제 수행에 관여하는 일반요인은 특수요인보다 심리학적으로 많은 관심을 받았다.

Thurstone은 Spearman의 요인 분석과정을 좀 더 발전시켜서 지능의 일반적 능력의 관점을 거부하고 어떤 특성이나 요인의 군집에 초점을 맞추었다. 그래서 그는 지능을 구성하고 있는 여러 특성을 분류할 경우에 유사한 특성을 지닌 요인들의 묶음을 발견할 수 있다고 보았다. 그 결과, Thurstone은 지능을 구성하고 있는 7개의 기본 정신능력(Primary Mental Abilities: PMA)을 확인하였는데, 이를 제시하면 다음과 같다(Sternberg, 1997: 95-96).

- 언어이해력(verbal comprehension)
- 단어유창성(word fluency)
- 수리력(numerical ability)
- 공간지각력(space visualization)
- 연합적 기억력(associative memory)
- 지각속도(perceptual speed)
- 추리력(reasoning)

Thurstone에 의하면, 한 개인의 지능은 이들 기본 정신능력 영역에서 개인이 얻은 점수를 종합한 결과로 설명할 수 있다. 지금까지 만들어진 대부분의 집단지능검사는 Thurstone의 기본 정신능력 측정에 Wechsler가 주장한 속도요인(speed factor)을 첨가한 형태를 지니고 있는 실정이다. Wechsler는 성인용 지능검사를 만드는 과정에서 개인이 어떤 과제를 수행하는 과정에서 소요하는 시간이 개인의 능력 차이를 반영하는 요인이라는 것을 밝혀내었다. 또한 Guilford는 지능에 대한 평면적 구성요인설로는 인간의 지적활동에 포함된 역동성을 설명할 수 없다고 보고, 지능의 삼차원적 구조를 제안했다. 그는 인간의 지적활동을 지능의 조작차원, 지능의 수행 내용차원, 지능의 결과 산출차원으로 나누었으며, 인간의 지능은 이들 세 차원의 상호작용에 의해 발생한다고 주장하였다.

### (2) 지능의 유형

① Cattell의 유동적 지능과 결정적 지능

• 유동적 지능(fluid intelligence)

유동적 지능은 명석함이나 추상능력으로 구성되며, 학교학습이나 문화적 경험과는 상관없이 존재하는 인간의 일반적인 정신능력이다. 이것은 유전적 · 신경생리적 영향에 의해 발달되며, 청년기까지는 뇌와 중추신경계의 성숙에 비례하여 발달하지만 생리적 발달이 쇠퇴하는 성인기 이후에는 점차 쇠퇴한다. 유동적 지능은 속도, 기계적 암기, 지각, 추리 등으로 구성되기 때문에 주로 도형 분류나 형태적 유사성 파악, 숫자 또는 문자 연결과 같은 비언어적 수행검사를 통해 측정될 수 있다.

• 결정적 지능(crystallized intelligence)

결정적 지능은 문화적 경험을 통해서 획득되는 구체적인 지식이나 기능과 관련된다. 결정적 지능의 발달은 가정환경, 교육정도, 직업 등의 영향을 받으며, 성인기 이후에도 개인이 접하는 환경의 질에 따라 계속적으로 발달이 이루어진다. 이러한 결정적 지능은 언어이해, 문제해결, 논리적 추리, 일반적 상식 등으로 구성되기 때문에 주로 일반적인 정보의 양, 어휘력, 난해한 단어의 유사성 파악 또는 언어의 기교와 같은 언어성 검사를 통해 측정될 수 있다.

② Gardner의 다면적 지능이론

Gardner(1999)는 지능을 문화적으로 가치 있는 물건들을 창조하거나 문제를 해결하는 데 필요한 그 문화에서 유용하게 쓰일 수 있는 정보들을 처리하는 생물학적 · 심리학적인 잠재력이라고 정의하면서 인간 두뇌의 해부학적인 구조와 개인이 속한 문화의 관점에서 지능을 분석하고 이론화하여 다중지능이론을 제시하였다(Gardner, 1999). Gardener가 제시한 다중지능의 유형은 다음과 같다.

• 언어적 지능(linguistic intelligence)

말하기, 읽기, 작문, 듣기, 언어 기능에 대한 민감성, 문장구성력, 언어이해력 등이 포함된다. 시인, 작가, 언론인이 언어적 지능이 높은 사람이다.

• 논리-수학적 지능(logical-mathematical intelligence)

문제의 구성요소를 식별할 수 있는 민감성과 추리력에 관련된 능력으로, 수학문제 풀이를 잘하고 과학적 사고를 진행하여 증명을 도출해 내는 것 등이 포함된다. 수학자, 과학자 등이 논리-수학적 지능이 높은 사람이다.

• 공간지능(spatial intelligence)

시간과 공간 세계를 정확하게 지각하는 능력과 관련된 것으로, 비행기 조종사, 항해사, 건축가 등에서 높게 나타난다.

• 음악적 지능(musical intelligence)

연주를 하거나 노래하기, 음악적 양식을 이해하고 작곡 혹은 지휘, 감상하는 능력과 관련되는 지능이다.

• 신체운동지능(bodily-kinesthetic intelligence)

문제를 해결하거나 사물을 아름답게 꾸미기 위하여 몸 전체나 손 혹은 얼굴표정과 같은 자신의 신체를 숙련되게 사용하는 능력으로, 운동선수, 무용가, 기술자 등이 신체운동지능이 높은 사람이다.

• 대인관계적 지능(interpersonal intelligence)

다른 사람의 욕구나 동기를 이해하고 적절하게 반응하는 능력인데, 상담치료사나 교사, 정치가 등이 대인관계적 지능이 높은 사람이다.

• 자기이해 지능(intrapersonal intelligence)

자신의 감정에 대해 구체적인 행동의 방향을 결정할 수 있고, 자신의 감정과 약점을 잘 알 수 있는 자기이해능력이다. 일반적으로 자기이해 지능이 높은 사람은 자신이 선택한 직업 분야에서 이직률이 낮고 성공하는 경우가 많다.

• 자연지능(naturalist intelligence)

자연에 존재하는 여러 종(species)을 잘 구분해 내고, 각 종 사이의 관계성을 인식하고 규정하며, 자연과의 교감을 능숙하게 할 수 있는 능력을 의미한다. 생물학자, 식물학자, 농부 등이 자연지능이 높은 사람이다.

③ Sternberg의 지능삼원론

Sternberg는 인간이 어떠한 문제를 해결하고 지적으로 행동하기 위한 정보를 어떻게 모으고 사용하는지의 관점에서 지능을 이해했다. 그가 제시한 지능의 삼원론(triarchic theory of intelligence)은 모든 사람에게 공통적으로 나타날 수 있는 인지과정을 강조한 이론으로, 분석적 지능, 경험적 지능, 실제적 지능으로 나눌 수 있다(Sternberg & Williams, 2002).

• 분석적 지능(analytical intelligence)

기본적인 정보처리과정으로서 정보를 추상적으로 사고하여 어떤 일을 계획하고, 실행하고, 평가하는 능력이다. 여기서 말하는 요소는 대상이나 상징들의 내적 표상에 영향을 미치는 기초적인 정보처리과정이다.

• 경험적 지능(creative intelligence)

새로운 경험에 대처하는 능력으로서 새로운 상황을 효과적으로 다루는 것과 사고진행과 문제해결을 자동적 수준으로 진행하는 것 등이 포함된다. 따라서 경험적 지능에는 정보처리를 자동적으로 할 수 있는 능력과 새로운 것을 고안해 내는 창의성이 포함된다.

• 실제적 지능(practical intelligence)

변화하는 환경에 적응하는 능력으로서 성공적인 환경을 선택하는 것, 환경을 변화시키는 것을 포함한다. 이러한 실제적 지능은 직업 선택이나 사회적 기술과 같은 구체적인 적응행동과 관계된다.

## 2) 창의성

### (1) 창의성의 의미와 구성요소

창의성(creativity)은 여러 가지 문제 상태를 새롭고 독특하고 가치 있는 방향으로 해결해 내는 인간의 고차원적인 정신능력이다. 무엇인가 기발하고 지금까지 없었던 새로운 것을 만들어 내거나 생각해 내는 능력으로서 과학자나 예술가와 같은 특정한 개인에게만 속하는 것이 아니라 개인들이 일상생활에서 당면하는 문제해결과정에도 적용된다. 창의성의 정도 차이는 있을지라도 정상적인 사람 모두에게서 발견할 수 있는 잠재적인 능력이다. 이러한 창의성은 성장 초기의 사회적 경험과 문화 및 가치관에 따라 촉진될 수도 있고 제한될 수도 있다.

Guilford(1959)는 창의성을 새롭고 신기한 것을 낳는 힘이라고 하였고, Taylor(1960)는 생산적·창의적 사고를 표현하는 복잡한 심리적 과정으로서 인내성과 성취, 변화, 개선을 구하는 태도로서, 그리고 윤종건(1994)은 창의성을 기존의 요소들로부터 자기 자신에 새롭고 유용한 결합을 이루어 내는 능력이라고 정의하였다. 그리고 창의성에 대한 사전적 정의는 새로운 관계를 지각하거나 비범한 아이디어를 산출하거나 또는 전통적인 사고에서 벗어나 새로운 유형으로 사고하는 능력이다. 이와 같이 창의성은 한 가지의 대답을 찾는 것이 아니라 여러 가지 가능한 해결방안을 제시하는 것이 특징이다(Davis & Palladino, 2000; Sternberg & Williams, 2002).

Rogers는 창의성 배양을 위한 환경 조건으로 개인의 심리적 안정과 심리적 자유를 강조하였다. 창의성이란 기존의 질서나 기준에 비추어 보면 이상하고 새로운 것이 되는데, 이러한 것을 추진하는 개인이 그 결과에 대한 주위 사람의 반응을 미리 생각하고 불안정한 심리 상태에 놓이게 되면 창의성이 제대로 개발될 수 없다. 또한 심리적 자유란 개인의 감정, 충동, 사고, 행동상의 완전한 자유가 허용되어야 경험에 대한 개방적인 태도를 가지게 될 수 있다는 것이다.

Guilford는 창의성의 본질을 규정하기 위해 자신이 주장한 지능의 3차원, 즉 내용·조작·산출 차원 중 조작차원의 확산적 사고를 창의성으로 보고, 그 구성요소를 다음과 같이 추출하였다.

- 유창성(fluency): 아이디어의 양적인 풍부성, 어휘, 관념, 연상, 표현이 유창하여

주어진 시간 안에 보다 많은 아이디어를 산출해 낸다. 아이디어의 질보다 양이 더 중요하다.

- 독창성(originality): 평범하지 않은 독특한 반응, 궁극적으로는 특정한 문화 배경 내에 수용된다.
- 융통성(flexibility): 사고 방향의 포괄성과 다양성, 한 문제에 대해 여러 가지 다른 대답이나 해결방법을 찾아내는 등 다양한 반응을 나타낸다. 아이디어의 질이 중요하다.
- 정교성(elaboration): 중심이 되는 생각을 구체화하고 보충하는 능력, 자신의 아이디어를 개선하기 위해 다른 요소를 첨가한다.
- 민감성(sensitivity): 문제 사태에 대해 민감하게 지각하는 능력을 말한다.
- 재구성력(redefinition): 새로운 절차나 구상을 해내는 능력, 아이디어의 희귀성 또는 진귀함을 의미한다.

한편, Getzels와 Jackson(1962)은 창의성의 구성요소를 중심으로 창의력 검사를 개발하여 창의력과 지능 및 학업성적의 관계를 연구하였다. 그들은 '능력은 지능검사만으로는 측정할 수 없다'는 입장에서 미국 중서부의 사립 중학생 449명에게 5종류의 창의성 검사 및 Binet식 또는 WISC 등의 지능검사를 실시하였다. 검사 실시 후에 창의성 득점이 상위 20% 이상이면서 지능지수가 상위 20% 안에 들어가는 자 24명을 선발하여 이를 고창의군으로 이름 붙이고, 거꾸로 지능지수가 상위 20% 이상이면서 창의성 득점이 상위 20% 내에 들지 못하는 28명을 고지능군으로 명명하여 이 두 집단을 학업성적을 비롯하여 여러 가지 관점에서 비교하였다. 그 결과, 두 집단의 지능지수의 평균치는 23이나 차이가 있는데도 불구하고, 학업성적은 거의 같았으며, 특히 학

〈표 7-1〉 **창의력과 지능 및 학업성적의 관계**

| 구분 | 전체 평균 | 고지능군 | 고창의군 |
|---|---|---|---|
| 사례 수 | 449명 | 28명 | 24명 |
| 지능지수 | 132.00 | 150.00 | 127.00 |
| 학업성취 | 49.91 | 55.00 | 56.27 |
| 성취동기 | 50.00 | 49.00 | 50.00 |

출처: Getzels & Jackson (1962).

교 전체의 평균보다는 높았다. 이 결과는 지능검사만이 지적 기능의 적절한 표본을 대표하는 것이 아니라는 사실을 밝혔고, 지능검사에 기인해서 판단되고 있었던 '능력 이상의 학업성적(학업속진아)'의 배후에 동기유발 등 다른 문제가 있음을 밝혔다. 〈표 7-1〉은 창의력과 지능 및 학업성적의 관계를 나타낸 것이다.

### (2) 창의성과 교육

전통적인 지식 위주의 암기식 교육방법으로는 지식정보사회 및 제4차 산업혁명시대에서 요구하는 변화에 주체적으로 참여하는 개인을 길러 낼 수가 없다. 세계 각국에서 학교 교육개혁의 촉진과 더불어 최근 창의성에 대한 관심이 크게 대두되고 있는 것은 누구나 실감하고 있다. 이러한 맥락에서 2022 개정 교육과정에서도 학교교육을 통해 길러야 할 추구하는 인간상과 6대 핵심 역량에서 창의적인 사람, 창의적 사고 역량을 각각 제시하고 있다.

또한 정부에서는 각 분야에서 창의성을 발휘한 인물을 '신지식인'으로 선정하는 모습이나 다양한 방법으로 창의적인 인재를 선발하려는 대학입시 제도(입학사정관전형, 학생부종합전형 등)의 변화 등에서도 알 수 있다. 이제는 단순히 지적인 능력만으로는 학업성취나 사회생활에서 성공을 할 수 없을 것이라고 단정 지어도 과언이 아닐 만큼 창의성의 중요성이 점점 더 부각되고 있다. 따라서 학생들에게 새로운 생각을 생산해 낼 수 있는 다양한 프로그램을 개발 및 제공함으로써 학생들의 창의성을 발달시켜 나가야 할 것이다. 창의성 개발은 짧은 기간 동안에 일시적으로 이루어지는 것이 아니라 지속적인 외부 환경 조성과 내적 동기유발을 요구한다.

Mackinnon은 교육환경의 변화에 의해 잠재적인 창의성의 개발이 가능하다고 보고, 창의성이 높은 사람을 대상으로 아동기의 경험을 분석해 본 결과 다음과 같은 특성을 찾아볼 수 있다고 하였다. 첫째, 부모로부터 존중을 받았고, 자신이 하려는 일에 대해 격려를 받으며 자랐다. 둘째, 그들의 어머니는 자주성이 높았다. 셋째, 부모로부터 처벌을 적게 받았다. 넷째, 부모로부터 종교적 교리를 강요받지 않았다. 다섯째, 자극을 받을 수 있는 다양한 경험을 많이 하였다. 이러한 결과를 통해 우리는 학생들에게 어떠한 태도를 갖고 교육을 해야 창의성을 배양할 수 있을지 단서를 찾을 수 있다.

### 3) 인지양식

인지양식(cognitive style)은 인간의 다양성을 설명해 주는 구조화된 인지적 태도로서 개인이 정보를 처리하고 문제를 해결할 때 선호하는 전략을 사용하는 것을 의미한다. 즉, 개인이 나타내 보이는 외부 자극 처리 양식이라고 할 수 있다. 사람들은 자신의 주변 세계로부터 오는 자극, 즉 정보를 처리하는 방식은 개인마다 다른 특성을 지니며 항상 일정한 틀을 유지한다는 것이다.

#### (1) 장 독립적 인지양식과 장 의존적 인지양식

Witkin(1977)에 따르면, 장 독립적(field independent) 인지양식을 지닌 개인은 문제해결과정에 접할 때 상황을 분석 및 구성하고 있는 요소들을 배경과 분리해 내려는 특성을 보인다. 그러므로 이들은 전체를 구성하고 있는 부분들을 지각할 가능성이 많고 그 구성요소에 따라 유형을 분류하는 능력을 가지고 있다. 그러나 이들은 집단에서 다른 사람들의 느낌이나 반응에 예민하지 못하기 때문에 사회적 맥락을 파악하는 데 어려움을 겪게 된다. 이러한 장 독립적 인지양식을 지닌 학생들은 과제 내부에 있는 요소들을 분석하고, 그 요소들을 논리적으로 엮어서 추상적으로 개념을 지각하기 때문에 일반적으로 분석적인 능력을 사용하는 자연과학이나 수학, 공학 등에서 높은 학업성취를 보인다.

장 의존적(field dependent) 인지양식을 지닌 개인들은 주어진 문제해결 장면에서 상황을 전체적으로 보거나 일정한 틀로 묶어서 보려는 경향이 있다. 이들은 전체 장면으로부터 한 요소를 분리해 내지 않고 전체를 하나의 유형으로 지각한다. 그러므로 장 의존적 인지양식을 지닌 개인들은 주어진 문제해결 장면에서 상황을 전체적으로 일정한 틀로 보려는 경향이 있다. 이들은 전체 장면으로부터 한 요소를 분리해 내지 않고 전체를 하나의 유형으로 지각한다. 그러므로 장 의존적 인지양식을 지닌 개인은 상황의 한 부분을 떼어 내어 생각하거나 상황의 구성요소들을 파악하는 데 어려움을 느낀다. 그러나 이들은 사회적 관계 유지를 잘하기 때문에 집단으로 일할 때 좋은 결과를 가져오며, 주로 전체적 시각을 요구하는 사회과학이나 문학, 역사 등을 선호하게 된다(박형근 외, 2016; 임규혁, 임웅, 2008).

학교에서 제공되는 대부분의 학습 상황이 아주 애매한 상태로 제공되기 때문에 학습자 스스로가 그 상황을 분석하여 정리하지 않으면 안 된다. 그 결과, 장 의존적 인지양식을 소유한 학생이 학업성취 면에서 보다 유리한 입장에 놓이게 된다. 장 의존적 인지양식을 지닌 학생에게는 보다 구체적이고 명료한 수업을 천천히 할 때 효과를 높일 수 있다.

### (2) 사려적 인지양식과 충동적 인지양식

Kagan은 제시된 문제를 신중하게 해결하는 정도에 따라 개인을 충동성(impulsive reasoning)과 사려성(reflective reasoning)의 두 인지양식자로 구분할 수 있다고 하였다. 사려적 인지양식을 지닌 학생은 문제해결 상황에서 천천히 느리게 해결방법을 찾아내는 반면에 실수를 적게 저지르는 특성을 나타낸다. 사려적 인지양식을 지닌 학생은 읽기와 선다형 시험 등에서 좋은 성취를 보인다. 그러나 지나치게 사려적인 학생은 문제해결과정에서 보다 많은 시간을 필요로 한다.

충동적 인지양식을 지닌 학생은 문제해결 상황에서 가설 검증을 빨리 진행하지만 실수를 많이 한다(박형근 외, 2016). 이러한 충동적 인지양식은 유치원과 초등학교 아동들에게서 많이 나타나며, 일반적으로 나이가 들수록 좀 더 사려적인 인지양식으로 변화하는 경향이 있다. 한 개인의 인지양식이 사려적이냐 충동적이냐 하는 것은 불확실성을 지닌 문제를 해결하는 반응시간과 정확성을 기준으로 판단하게 된다.

학교학습의 대부분은 기억, 추리, 창의성, 독해 등 높은 주의집중을 요구하는 과제들이기 때문에 사려적 인지양식을 가진 학생이 충동적 인지양식을 가진 학생보다 좋은 결과를 나타내는 경향이 있다. 그러나 학습 수행 장면에서 교사가 충동적 인지양식을 지닌 학생들이 나타내 보이는 시행착오적인 문제해결과정을 어느 정도 수용해 주느냐에 따라 그들의 학업성취가 달라질 수 있다. 그리고 사려적 인지양식을 지닌 학생들이 채택하는 다양한 문제해결 전략을 충동적 인지양식의 사람에게 가르쳐 주는 것도 좋은 효과를 가져올 수 있다.

앞서 살펴보았듯이, 교육에서 특정 인지양식이 모든 학생에게 효과적일 수는 없다. 학생 개인의 인지양식에 적합한 교수방법을 개발하고 선택하도록 도와줄 경우에 교육의 효과를 더욱 높일 수 있다.

## 3. 학습자의 정의적 특성과 교육

최근의 학교 교육목표는 학습자의 인지적 측면의 발달뿐만 아니라 사회적 · 정의적 측면의 발달에 대해서도 강조를 하고 있다. 학습자의 정의적 변인은 지적 변인에 비하여 훈련이나 교육환경 조성에 의해서 변화 가능성이 많기 때문에 교육계에서 많은 연구가 이루어지고 있다. 학교 학습 장면에서 개인이나 집단이 갖는 정의적 특성이 긍정적이냐 혹은 부정적이냐에 따라 학습자의 지적 성취의 성공 및 실패를 결정짓는 중요한 촉진제 역할을 한다. 특히, 자아개념은 동기유발적 역할을 할 뿐만 아니라 인간의 행동 방향을 결정하는 궁극적인 힘을 제공하는 중요한 정의적 특성의 하나라고 할 수 있다.

또한 학생들이 학습에 임하는 가치와 태도를 의미하는 목표 지향성과 학업 사태나 결과에 대한 개인의 지각된 원인으로 정의되는 귀인 성향은 학생들의 학업성취를 결정하는 중요한 정의적 특성들 중의 하나이다. 따라서 이 절에서는 학습자의 정의적 특성들 중에서 자아개념, 목표 지향성, 귀인 성향을 중심으로 기술하고자 한다.

### 1) 자아개념

#### (1) 자아개념의 의미와 구조

일반적으로 자아개념은 행동을 중재하고 규제하는 것으로 본다. 이러한 의미에서의 자아개념은 적극적이고 강력하며 변화될 수 있는 역동적 개념이라고 할 수 있다. 이것은 자아와 관련된 행동과 경험을 해석하고 조직하는 것이며, 행동에 대해 자극, 표준, 계획, 규칙을 제공하는 것이다(Sternberg & Williams, 2002: 373).

Shavelson 등(1976)은 이론적이고 경험적인 연구를 토대로 자아개념의 이론적인 정의를 발달시켰다. 이 정의에 따르면 자아개념은 세부적인 하위영역에서부터 점차 포괄적이고 일반적인 자아개념으로 형성되는 위계적 · 서열화된 구성으로 규정하고 있다. 이 개념은 개인이 성인으로 성장해 나감에 따라 점차적으로 다면화되고, 개인과 집단에 의해서 점차적으로 발달된 특정한 범주에 의해 좌우될 것이라고 정의하였다.

Shavelson 등(1976)이 제시한 자아개념모형은 일반적 자아개념을 가장 선행하고,

그다음은 학업적 자아개념과 비학업적 자아개념으로 나뉜다. 학업적 자아개념은 국어 · 역사 · 수학 · 과학 자아개념의 네 가지 하위 자아개념으로 구분되고, 비학업적 자아개념의 하위영역은 사회적 · 정서적 · 신체적 자아개념으로 구분된다. 사회적 자아개념은 또래 자아개념과 중요 타인 자아개념으로, 정서적 자아개념은 특수정서 자아개념으로, 신체적 자아개념은 신체능력 자아개념과 신체외모 자아개념으로 구분된다.

이러한 자아개념은 기본적으로 상황에 의해서 변하며, 이러한 차원에 대한 경험은 아마도 일반적인 자아개념에 영향력을 미치게 된다. 이 모형의 발달적인 측면은 학습자들이 성장함으로써 환경으로부터 자아가 분화되고, 구체적인 상황에서 경험을 통해 자신을 평가함으로써 자아개념을 범주화할 수 있다.

송인섭(1989)도 자아개념의 구조에 관한 연구에서 삼차원적인 위계요인 모형이 자아개념의 내적 구조를 설명하는 타당한 모형임을 검증하였다. 이 연구에서는 자아가 일반적 자아 이상의 많은 요인으로 구성되어 있고, 자아에 대한 제한된 개념화는 자아과정의 영향력을 낮게 평가하고 있음을 지적하였으며, 자아는 한 개인이 역할상황 속에서 대상으로서의 자아에 원인이 되는 만큼의 의미를 부여한다고 하였다. 따라서 자아개념의 구조는 하나의 척도로 측정될 수 있는 일반적인 것이 아니라 각각 구체적인 상황에 따라 서로 독립적인 특성을 갖는 다면성적인 자아개념으로 이해되어야 한다.

최근의 자아개념 연구들은 정보처리, 정서, 동기를 포함하는 가장 중요한 인간 내적인 과정과 사회적인 지각, 상호작용 전략 그리고 피드백에 대한 반응을 포함하는 광범위한 인간 상호관계의 다양성으로 간주되는 역동적인 해석의 구조로서 자아개념을 보고 있다.

### (2) 자아개념과 학업성취

자아개념과 학업성취와의 관계는 현상학적 이론(phenomenal theory)과 능력발달이론(capability developmental theory)을 중심으로 설명할 수 있다. 현상학적 이론에 의하면, 일반적인 자아개념의 향상은 학업성취를 증대시킨다. 그 이유는 자신에 대한 인식과 지각은 자신 스스로 어떻게 행동할 것인가를 결정하기 때문이다. Burns(1979)에 따르면, 학습자 자신에 대한 인식과 지각은 대체로 학습자 개인의 경험의 특성과 결과에 의해 영향을 받게 된다.

현상학적 이론에 의하면, 실제적인 그 자체보다 실재하는 것에 대한 자신의 지각에 초점을 맞춘다. 현상학적 이론가들은 자아개념을 모든 행동을 예견하는 데 가장 중요한 변인으로 보고, 학업성취에도 영향을 주는 독립변인으로 간주한다. 그러므로 학생들의 자아개념은 학업 수행에 대한 중요한 암시적인 요소로 학생들의 능력을 제한 혹은 강화시키도록 조작할 수 있으며, 또한 그들의 잠재력을 성취할 수 있다고 본다.

능력발달이론은 한 영역에서 뛰어난 능력과 그 능력에 대한 지지는 그 영역에서 성공으로 이끈다고 주장하고 있다(Purkey, Raheim, & Cage, 1983; Rosenverg, 1979). 1970년대 후반까지 학업성취에 영향을 끼치는 요인들은 지능, 사회계층, 부모의 영향력으로 제한되었다. 이러한 변인들은 단지 부분적으로 학업성취를 설명할 수밖에 없다. 따라서 자아개념과 동기와 같은 정의적인 요인들이 고려되어야 할 필요가 있다는 것이 명백하게 되었고, 이후 자아개념이 연구문제로 부각되었다. 자아개념은 학생들의 학업성취에 영향을 미치는 것뿐만 아니라 학교생활의 적응과 인간관계에도 영향을 미치는 것으로 나타났다(Woolfolk, 1995).

## 2) 목표 지향성

### (1) 학습목표 지향성

성취동기에 관한 연구는 행동의 인지적인 기초를 강조해 왔으나, 최근에는 목표지향적인 행동의 인지적 · 정의적 구성요소를 포함하는 성취목표 구조를 강조하고 있다(Ames, 1992a; Onatsu Arvilbomni & Nurmi, 2000). 성취목표는 성취행동의 목적에 관심이 있으며, 이와 같은 신념 · 귀인 행위의 의도에서 생기는 정서의 통합된 유형으로 정의된다. 그리고 성취형태의 활동에 접근하고 참여하고 반응하는 등 다양한 방법에 의해서 나타나는 인지적 · 정의적 · 행위적인 결과를 성취목표로 정의하고 있다(Elliott & Dweck, 1988).

개인의 학습 행위는 본질적으로 개인에게 필요한 능동적 행위이며, 모든 행위는 목적지향적이다. 따라서 학습효과의 증진을 위한 동기화 구인으로서 목적을 중요시하지 않을 수 없다. 이러한 맥락에서 학생들의 학습목표 유형을 인식하는 것은 매우 중요하며, 동기과정은 학습목표 유형과 관련이 있다. 두 가지 대조되는 성취목표 지향으로는 과제관여 대 자아관여, 숙달목표 지향 대 수행목표 지향, 숙달초점 대 능력초점 등이 있다(Ames & Ames, 1984; Elliott & Dweck, 1988; Nicholls, 1989).

Nicholls(1989)는 과제관여를 학습자 자신의 능력을 향상시키는 데 관심을 둔다. 여기서 능력은 학습 혹은 노력을 통한 향상을 뜻한다. 반면에 자아관여는 자기 자신 혹은 다른 사람에게 높은 능력을 나타내어 보이거나 발달시키는 데 관심이 있다. Elliott과 Dweck(1988)은 숙달목표 지향성은 새로운 기술을 얻거나 어떤 새로운 과업을 습득하도록 시도한다는 점에서 Nicholls의 과제관여와 유사한 개념이다. 수행목표 지향성은 자신의 높은 능력을 문서로 증명하거나 자신의 낮은 능력을 숨기는 데 관심이 있다.

Ames(1984)는 개별적인 목표 구조에서 개인들은 숙달 초점을 둔 상황을 지향하는 반면에 경쟁적인 목표구조에서 개인들은 능력 초점을 둔 상황을 지향한다. 숙달 초점을 둔 상황은 과업에 관심을 두고 그 과업을 배우거나 습득하기 위한 노력을 중요시하며, 반면에 능력 초점을 둔 상황은 개인들이 그 과업에 대해서 다른 사람들보다 더 잘 해냄으로써 자신의 능력을 나타내어 보이는 데 관심이 있다. 〈표 7-2〉는 숙달목표 지향성과 수행목표 지향성의 특성을 나타낸 것이다.

### (2) 숙달목표 지향성

숙달목표 지향성을 가진 학습자들은 새로운 지식과 기술을 획득하는 데 관심을 가지며, 그들의 노력과 과거에 성취한 것을 비교해서 학습을 향상시키는 데 초점을 둔다. 숙달목표 지향성은 자기조절 학습의 필수적인 매개체가 되며, 학습의 과정 그 자체를 중시한다. 학습자들은 스스로 과제를 완수하기 위해 노력하여 자신이 설정한 기준에 도달함으로써 성취감을 느끼게 된다. 이들은 수업에 대해 긍정적인 태도를 취하고 노력을 성공과 실패에 대한 기준으로 여긴다. 즉, 긍지와 만족을 성공적인 노력과 관련시키고 수치심은 불충분한 노력으로 관련시킨다. 그리고 도전적인 과제를 선호하고 모험을 추구하며 학습활동에 대한 내재적인 흥미를 지니며, 학습에 대해 긍정적인 태도를 가진다(Ames & Archer, 1988).

숙달목표 지향성을 지닌 학습자는 학습과제의 어려움에 직면했을 때 학습에 더 많은 시간을 투자하고 효율적인 학습방법과 문제해결 전략들을 적용하는 경향이 있다

(Garner, 1990). 이처럼 숙달목표 지향성은 학습에 있어서 장기적이고 지속적인, 높은 질적인 참여를 유도하는 학습동기 유형이라는 것을 알 수 있다.

### (3) 수행목표 지향성

수행목표 지향성의 학습자는 자신의 능력과 자기 가치에 대한 의미에 초점을 두며, 능력은 다른 사람보다 더 잘함으로써, 혹은 적은 노력으로 성공함으로써 입증된다고 생각한다. 특히, 수행목표 지향성에서 중요한 것은 다른 사람들보다 더 나은 것을 하거나 최상의 방법으로 수행하여 사회적인 인정을 받는 것이며, 결과적으로 학습 그 자체는 바람직한 목표를 얻는 방법으로서만 간주한다(Nicholls, 1989; Sternberg & Williams, 2002).

수행목표 지향성은 능력 자아개념이 학생의 성취와 관련된 행동을 결정하는 중요한 변인이 된다. 수행목표 지향성은 숙달목표 지향성과는 대조적으로 도전적인 과제의 회피를 포함하는 동기 유형과 관련된다. 즉, 실패가 따르는 부정적인 결과는 능력 부족이라고 여기고, 적은 노력으로 성공이 따르는 긍정적인 결과는 자신의 높은 능력이라고 생각하여 기억과 암송과 같은 피상적이며 단기적인 학습전략을 이용한다 (Elliott & Dweck, 1988).

〈표 7-2〉 숙달목표 지향성과 수행목표 지향성의 특성

| 분류 차원 | 숙달목표 지향성 | 수행목표 지향성 |
|---|---|---|
| • 성공에 대한 정의 | • 향상, 진보 | • 높은 점수, 높은 규준의 수행 |
| • 가치 지향점 | • 노력/학습 | • 규범적인 높은 능력 |
| • 만족에 대한 이유 | • 열심히 노력함, 도전 | • 다른 사람들보다 잘하는 것 |
| • 교사의 지향 태도 | • 학생들을 어떻게 학습시킬 것인가? | • 학생들을 어떻게 수행시킬 것인가? |
| • 실수에 대한 인식 | • 학습의 과정 | • 자신의 수행을 다른 사람과 비교함 |
| • 노력의 의미 | • 새로운 어떤 것을 학습하는 것 | • 높은 점수, 다른 사람들보다 더 잘 수행하는 것 |
| • 평가 준거 | • 발전(진보) | • 규범적인 것 |

출처: Ames & Archer (1988: 261).

### 3) 귀인 성향

귀인(attribution)은 사건 혹은 결과에 대한 개인의 지각된 원인이라고 할 수 있다. 귀인의 초점은 개인들의 인과적 설명에 도달하는 방법과 그러한 설명에 대한 의미에 초점을 둔다(Sternberg & Williams, 2002: 368).

Weiner(1972)에 의해 발달된 귀인이론은 초기에는 성공과 실패 결과에 대한 네 가지 원인과 이러한 결과와 후속 행동 간의 개념적인 관계를 검증하는 것으로 시작되었다. 그가 제시한 네 가지 원인으로는 능력, 노력, 과제난이도 그리고 운 등이 있다. 귀인이론의 기본적인 가정은 인과적인 추론의 특성과 행동의 추론에 대한 특성의 관계 등 두 개의 일반적인 개념과 관련이 있다. 먼저, 인과적 추론에 대한 가장 중요한 특성은 광범위한 인간 활동의 영역에서 일어난다는 것이다. 귀인은 시험에 왜 실패했는가, 혹은 지난번 시험에서 왜 좋지 않은 성적을 받았는가 하는 것과 같은 성취 결과에서 발견되었다. 초기 귀인이론 연구의 대부분은 지각된 행동의 원인은 단 하나의 차원, 즉 개인(자신) 혹은 환경의 특성으로 귀인한다고 보았다.

귀인이론의 일차적 분석에서 갖는 주요한 어려움은 단지 일차원적인 분석만으로는 후속 행동의 결과를 적절하게 설명할 수 없다는 것이다. 예를 들어, 미래 성과에 대한 다른 기대는 내재적 원인, 즉 능력과 노력의 부족으로 귀인할 수 있다. 낮은 점수를 능력 부족으로 귀인한 학생은 다음에도 낮은 점수를 받을 것이라는 것을 예상할 수 있으나, 낮은 점수를 노력 부족으로 귀인한 학생은 다음에도 낮은 점수를 받을 것이라고 예상하지 않을 것이다. 이처럼 다른 결과를 예상하는 인과적 신념에 대한 다양한 차원의 필요성이 요구되었고, 이러한 분석은 Weiner의 삼차원적 귀인이론의 초석이 되었다.

귀인이론의 기본적인 두 번째 가정으로 행동의 인과적 추론의 관계를 보면 귀인이론의 주요한 가정은 이해에 대한 추구가 인간 동기의 중요한 원천이라는 것이다. 예를 들면, 실패를 능력의 부족으로 귀인한 학생은 다음의 실패도 예견할 수 있으며, 그 후속 사태도 변경시킬 수 있는 행동적인 반응을 가지지 못하게 된다. 그러므로 성취와 관련된 과제에 거의 노력을 하지 않을 것이다. 반면에 성공을 능력으로 귀인한 학생은 계속적으로 성공을 기대할 것이다. 이들은 실패도 일시적인 원인으로 돌릴 것이고, 미래에 노력도 하게 될 것이다. 결국 귀인이론이 지지하는 세 가지 가정은 다음과 같다(Weiner, 1986).

첫째, 이해는 행위의 제1차적인 동기자이다. 둘째, 귀인은 결과에 대한 경보의 복잡한 원천이다. 다시 말해서 하나의 차원보다는 그 이상의 차원에 따라 변한다. 셋째, 미래의 행동은 선행 결과의 지각된 원인에 의해 어느 정도 결정될 수 있다.

Weiner의 동기의 이해에 대한 중요한 기여는 다양한 반응을 이끌어 내는 귀인적인 특성을 분류하는 것이다. Weiner(1986)는 그러한 차원을 인과성의 소재, 안정성, 통제성의 세 가지로 분류하였던 바, 이를 기술하면 다음과 같다.

### (1) 인과성 소재 차원

인과성의 소재(locus of causality)는 학업성취의 결과를 내적 원인으로 지각하느냐 혹은 외적 원인으로 지각하느냐 하는 것이다. 즉, 타인으로부터의 도움이나 과제의 난이도는 외적인 요인이며, 능력과 노력은 내적인 요인이다. 내적 차원의 중요성은 개인의 자기 가치감 및 자아존중감과 관계되어 있다(Sternberg & Williams, 2002).

긍정적인 결과는 능력이나 노력과 같은 내적인 원인으로 귀인할 때 자부심이 생기고, 긍정적인 자아존중감이 생긴다. 그러나 성공을 운이나 타인의 도움으로 귀인할 때 자아존중감은 생기지 않는다. 한 가지 예로 후한 점수만을 주는 교사로부터 높은 점수를 받았다고 해서 자부심이 생기지 않는다. 반대로 아주 엄격하고 공정하게 평가를 하는 교사로부터 A학점을 받는 것은 능력이나 노력과 같은 개인적 특성이 반영되기 때문에 자부심이 생기게 된다. 따라서 긍정적인 결과에 대한 내적 귀인 성향은 긍정적인 자아상을 형성해 주고, 부정적인 결과에 대한 내적 귀인 성향은 부정적인 자아상을 형성하게 된다.

### (2) 안정성의 차원

안정성(stability) 차원의 중요한 영향은 미래의 결과를 예견할 수 있다는 것이다. 특정한 결과가 능력과 같은 안정된 요인의 결과라고 믿는다면 미래의 결과도 예상할 수 있을 것이다. 그러나 운과 노력과 같은 불안정한 원인에 귀인한다면 결과를 예상할 수 없을 것이다. 즉, 실패를 능력이나 과제의 어려움으로 돌린다면 미래의 성공에 대한 기대가 감소되지 않을 것이다. 유사하게 성공을 안정적 요인으로 귀인하는 것보다는 불안정한 원인으로 귀인하면 성공에 대한 기대치가 감소될 것이다. 앞서 성공을 경험한 후에 미래의 성공을 기대하는 피험자의 경우에 기대의 증가는 안정성의 특성과 관련되어 있다(Dweck, 1986, 1999; Weiner, 1986).

안정성의 두 번째 중요한 영향은 정서적 반응에 관한 것이다. 실패를 능력 및 과제의 어려움과 같은 안정적인 요인으로 귀인할 때 무관심, 체념, 우울의 증상을 보인다. 즉, 실패를 불안정적인 요인으로 귀인할 때 나타나는 정서는 미래의 사건에까지 연장되지는 않을 것이다. 어떠한 결과를 타인의 영향력이라고 귀인할 때 일어나는 감정은 그 귀인이 안정적인 요인으로 귀인할 때보다 더 악화될 것이다.

### (3) 통제성의 차원

통제성(controllability)의 차원에서 기분은 비의도적인 것으로 기술하고, 노력은 의도적인 것으로 기술한다. 즉, 실패의 원인이 노력의 부족에 있었다고 지각하는 경우에 이것을 실패하기 위해 의도적으로 노력하지 않았다고 볼 수는 없다는 것이다. 노력과 운 간의 차이는 의도성보다는 통제력에 의한 차이이다. 따라서 강화에 대한 원인지각은 이론적으로 볼 때 2(내적–외적) × 2(안정적–불안정적) × 2(통제 가능–통제 불가능)의 여덟 가지로 구분하는 것이 가능하다. 따라서 Weiner는 성공과 실패에 대한 원인들을 세 가지 차원으로 분류하여 〈표 7–3〉과 같이 제시하였다.

〈표 7–3〉 **인과성 소재 · 안정성 · 통제성 차원에 따른 성패 원인**

| 인과성 소재 / 안정성 / 통제성 | 내재적 | | 외재적 | |
|---|---|---|---|---|
| | 안정적 | 불안정적 | 안정적 | 불안정적 |
| 통제 불가능 | 능력 | 기분 | 과제난이도 | 운 |
| 통제 가능 | 계속적인 노력 | 즉각적인 노력 | 교사의 편견 | 타인의 도움 |

출처: Weiner (1979: 7).

이들 각 귀인에 대한 독특한 결합은 [그림 7–1]에 제시된 바와 같이, 각기 다른 기대와 다른 정서적인 반응을 만들어 낸다.

귀인 성향은 성취동기 및 성취적 태도와 관련성이 높을 것이라는 가정은 귀인 성향의 개념 자체가 가지고 있는 속성에서도 찾을 수 있으며, 이에 대한 실증적 연구들도 이를 뒷받침해 주고 있다. 내적 귀인 성향을 가진 학습자는 일반적으로 학업에 자신을 가지고 지속적 · 탐구적 · 지적 활동을 즐기며 곤란을 잘 극복하는 경향이 있다. 반면에 외적 귀인 성향을 가진 학습자들은 그들의 행동 결과에 대한 책임을 타인이나 우연, 운명의 탓으로 돌리기 때문에 학업성취를 위한 노력을 기울이지 않는 경향이 있다.

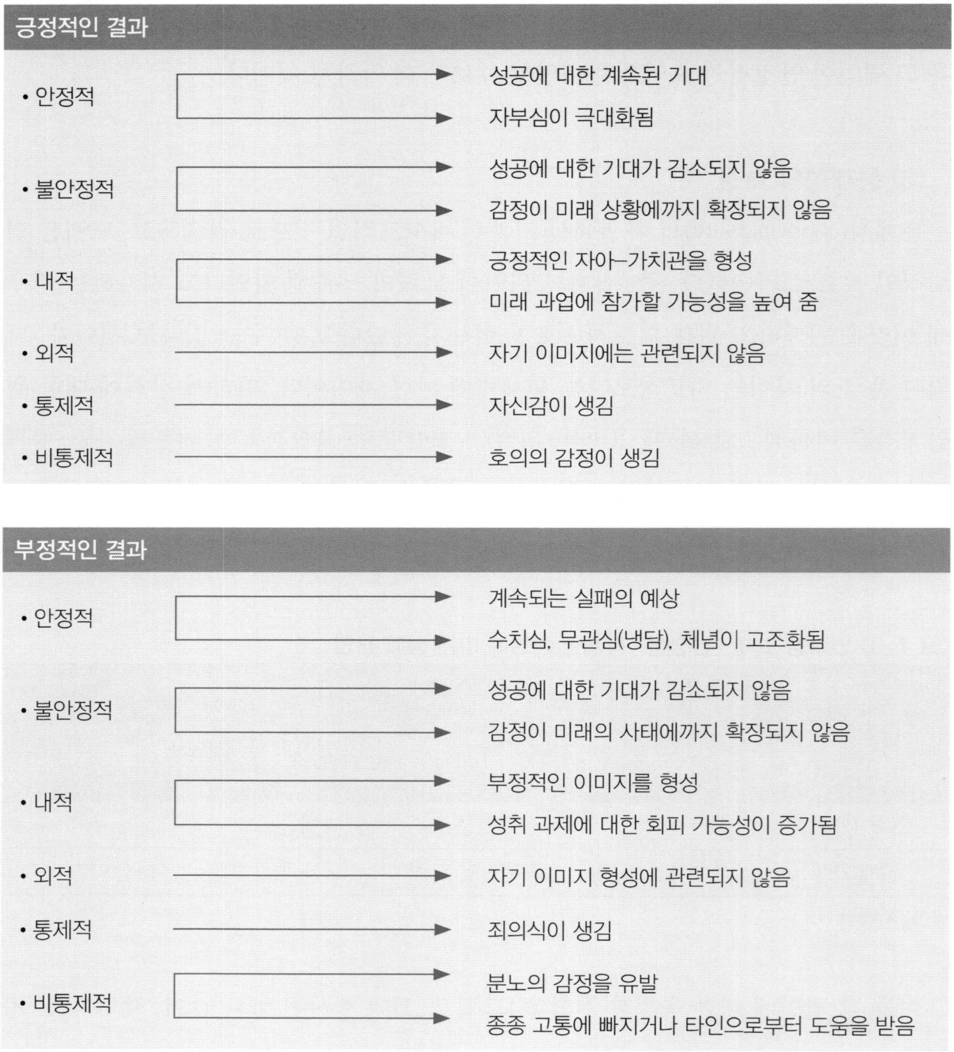


[그림 7-1] **긍정적 · 부정적인 결과와 관련된 귀인적 차원의 효과**

출처: Bell-Gredler (1989: 286).

# 참고문헌


교육부(2022.12.22.). 2022년 개정 교육과정.

김충기, 강봉규(2001). 현대상담이론과 실제. 경기: 교육과학사.

박형근, 방선욱, 송선희, 정수천(2016). 교육심리학. 서울: 양서원.

송인섭(1989). 인간심리와 자아개념. 경기: 양서원.

유안진(1999). 아동발달의 이해. 서울: 문음사.

윤종건(1994). 창의력의 이론과 실제. 서울: 원미사

임규혁, 임웅(2008). 교육심리학. 서울: 학지사.

Ames, C. (1992a). Achievement goals and classroom motivational climate. In J. Meece & D. Schunk (Eds.), *Students' perceptions in the classroom* (pp. 327-348). Hillsdale, NJ: Erlbaum.

Ames, C. (1992b). Classrooms: Goals, structures, and students motivation. *Journal of educational psychology, 84,* 261-271.

Ames, C., & Ames, R. (1984). Systems of student and teacher motivation: Toward a qualitative definition. *Journal of Education Psychology, 76,* 535-556.

Ames, C., & Archer, J. (1988). Achievement goals in the classroom: Students' learning strategies and motivation processes. *Journal of Educational Psychology, 80*(3), 260-267.

Arkin, R. M. & Maruyama, G. M. (1971). Attribution, affect, and college exam performance. *Journal of educational psychology, 71*(1), 85-93.

Bell-Gredler, M. E. (1989). *Learning and instruction*. New York: Macmillan publishing.

Boehm, A. E. (1985). Educational applications of intelligence testing. In Wolman (Ed.), *Handbook of intelligence: Theories, measurements, and applications.* New York : Wiley.

Burns, R. B. (1979). *The self-concept: Theory, measurement, development, and behavior.* New York: Songman.

Butler, R. (1987). Task-involving and ego-involving properties of evaluation: Effects of different feedback conditions on motivational perceptions, interest, and performance. *Journal of educational psychology, 78,* 474-482.

Byrne, B. M., & shavelson, R. J. (1986). On the structure of adolescent self-concept. *Journal of Educational Psychology, 76,* 1038-1050.

Covington, M. V., & Omelich, C. L. (1984). Task-oriented versus competitive learning structures: Motivational and performance consequences. *Journal of educational psychology, 76,* 1038-1050.

Ctarmer, R. (1990). When children and adult do not use learning strategies. *Review of Educational Research, 60,* 517-530.

Davis, S. F., & Palladino, J. J. (1996). *Psychology* (2nd ed.). Upper Saddle River, NJ: Prentice Hall.

Downing, B. J. (1990). *Locus of control and academic achievement of first-term medical students, Unpublished Doctoral Dissertation.* Loyola University of Chicago.

Drmord, J. E. (2000). *Educational psychology: Developing learners* (3th ed.). upper saddle River, NJ: Merrill prentice Hall.

Dweck, C. S. (1986). Motivational process affecting learning. *American psychology, 41,* 1040-1048.

Dweck, C. S., & Leggett, E. L. (1988). A social-cognitive approach to motivation and personality. *Psychological review, 95,* 256-273.

Elliott, E. S., & Dweck, C. S. (1988). Goals: An approach to motivation and achievement. *Journal of Personality and Social Psychology, 54,* 5-12.

Erikson, E. H. (1963). *Childhood and society.* New York: W. W. Nortonco.

Freud, S. (1960). *A general introduction to psycho analysis.* New York: Washington square press.

Gardner, H. (1999). *Intelligences reframed: Multiple intelligences for the 21st century.* New York: Basic Books.

Garner, R. (1990). When children and adult do not use learning strategies. *Review of Educational Research, 67,* 517-530.

Getzels, J. W., & Jackson, P. W. (1962). *creativity and intelligence.* NY: wiley.

Guilford, J. P. (1959). Three facets of intellect. *American Psychologist, 14,* 469-479.

Kagan, J., & Kogan, N. (1970). Individual variation in cognitive processes. In P. H. Mussend (Ed.), *Carmichael's manual of child psychology, 1* (pp. 1273-1365). NY: Wiley.

Marsh, H. W. (1990). Influences of intention the formation of math and english self-concept. *Journal of Educational Psychology, 92,* 107-116.

Nicholls, J. G. (1984). *The competitive ethos and democratic education.* Cambridge, MA : Harvard University Press.

Onatsu Arvilbomni, T. O., & Nurmi, J. E. (2000). The role of task-avoidant and task focused behaviors in the development of reading and mathematical skills during the first school year. *Journal of Educational Psychology, 92,* 478-491.

Ormrod, J. E. (2000). *Educational psychology: Developing learners* (3rd ed.). Upper saddle River, NJ: Merrill/Prentice Hall.

Piaget, J. (1952). *The language and the thought of the child.* London: Routledge & Kegan-paul.

Pintrich, P. R., & DeGroot, E. (1990). Motivational and self-regulated learning components of classroom academic performance. *Journal of educational psychology, 92,* 33-40.

Purckey, W. W., & Novak, J. M. (1984). *Inviting school success: A self-concept approach to teaching and learning.* California: Wadsworth Press.

Purkey, W. W., Raheim, A., & Cage, B. N. (1983). Self-concept as a learner: An overlooked part of self-concept theory. *The Journal of Humanistic Education and Development, 22,* 52-57.

Rogers, C. R. (1961). *On becoming a person: A View of pychotherapy therapist's.* Boston: Houghton mifflin.

Rosenberg, M. (1979). *Conceiving the self.* NY: Basic Book.

Schunk, D. H., & Cos, P. D. (1986). Strategy training and attributional feedback with learning disabled students. *Journal of educational psychology, 78,* 201-209.

Shavelson, R. J., Hubner, J. J., & Stanton, G. C. (1976). Self-concept: Validation of construct interpretations. *Review of Educational Research, 46,* 407-441.

Slavin, R. E. (2002). *Educational psychology: Theory and practice.* Boston: Allyn and Bacon.

Sternberg, R. J. (1997). *Successful intelligences.* New York: Simon& Schuster.

Sternberg, R. J., & Williams, W. M. (2002). *Educational psychology.* Boston: Allyn and Bacon.

Taylor, C. W. (1960). Identifying creative individuals. In E. P. Torrance (Ed.), *Creativity: Second Minnesota conference and gifted children.* Minneapolis, NY: university of Minnesota. Center for communication study.

Weiner, B. (1972). *Theories of motivation: From mechanism to cognition.* Chicago: Rand MaNally.

Weiner, B. (1979). A Theory of motivation for some classroom experiences. *Journal of Educational Psychology, 71,* 3-25.

Weiner, B. (1986). *An attributional theory of motivation and emotion.* New York: Spinger-Verlag.

Witkin, H. A. (1977). Cognitive styles in personal and cultural adaptation (Heinz Werner Lecture Series). The Journal of Humanistic. *Education and Development, 22,* 52-57.

Wolfolk, A. E. (1995). *Educational psychology.* Boston, New York: Allyn & Bacon.

Wolpe, J. (1969). *The practice of behavior therapy.* Pergamon.

제8장

# 교육과정의 발전과 평가

교육과정은 제1장에서 논의한 교육목적이나 교육목표를 달성하기 위하여 교육내용과 학습 경험을 선정하고 조직하는 것이다. 설정한 교육목적과 교육목표를 의도한 대로 제대로 성취하였는가를 평가해 봄으로써 교육활동이 효과적으로 이루어지고 있는가를 확인하게 된다.

이 장에서는 다양한 맥락에서 교육과정의 의의를 살펴보고, 교육과정의 유형을 교과중심과 학생중심으로 구분하여 기술한다. 또한 우리나라 교육과정의 변천과정을 각 시기별로 살펴보고 그 특징을 기술한다. 그리고 교육평가의 기본 취지에 대해 살펴보고, 교육평가의 질을 판단하는 데 사용되는 도구가 갖추어야 할 조건에 대해 살펴본다.

# 1. 교육과정의 개념과 관점

## 1) 교육과정의 개념

교육과정은 1918년 Bobbitt이 저술한 『교육과정(The Curriculum)』에서 교육내용을 어떻게 선정하고 조직하는가를 연구하면서 본격적으로 학문 분야의 한 영역이 되었다. Curriculum은 라틴어의 쿠레레(currere), 즉 '달린다'는 뜻의 동사에서 유래되었으며, 말이 달리는 과정(course)을 의미한다. 일반적으로 교육과정은 교과의 목록이나 교과에 담긴 내용으로 보는 입장, 학생들의 바람직한 행동 변화로 보는 입장, 의도된 구체적인 학습계획으로 보는 입장이 강하다(이경진, 2005; Marsh & Willis, 2006).

1970년대를 전후하여 교육과정을 다른 관점에서 정의하려는 노력들이 있었고(김영천, 2009; Pinar, Reynolds, Slattery, & Taubman, 1995; Schwab, 1969), 그들은 교육과정을 현상학, 해석학, 정신분석학, 포스트모더니즘, 미학, 신학 등의 매우 다양한 관

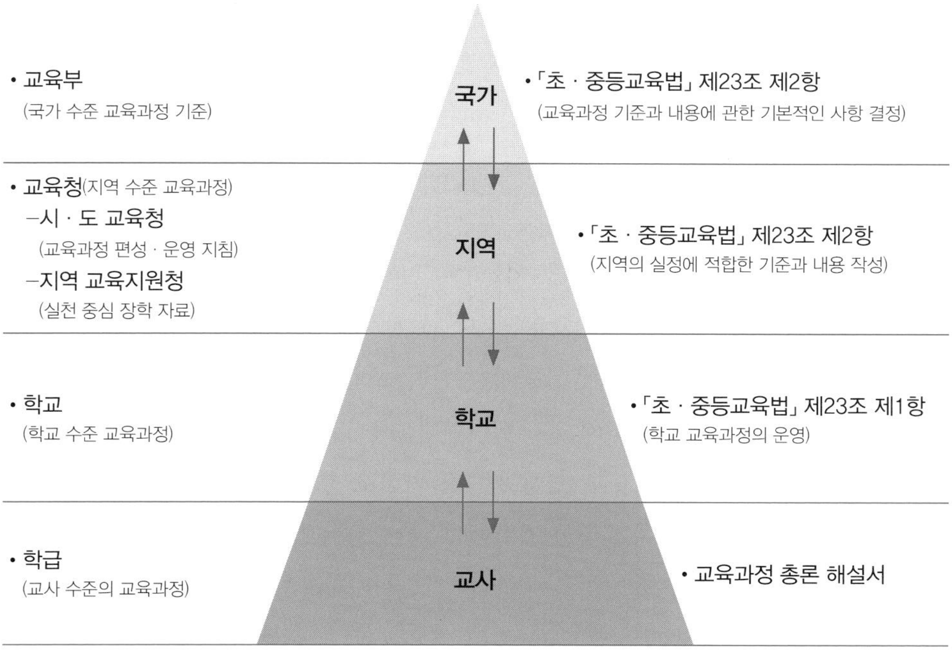


[그림 8-1] **공식적 교육과정 수준**

출처: 교육부(2015a).

점에서 해석했다. 이와 같이 교육과정은 보는 관점에 따라 매우 다양하다. 마치 사물을 어떤 각도에서 보느냐에 따라 달리 보이는 것과 같이, 교육과정에 대한 정의는 각기 주장하는 바에 따라 논리적 근거를 가지고 있어서 어떤 정의가 옳고 그르다는 것을 설명할 수 없다(김대현, 김석우, 2020). 다만 학교에서 이루어지는 교육과정은 의도적이고 계획적인 학교교육에 적용되는 것으로 법령에 근거하여 마련되고 실천된다는 점에서 법제적 의미를 지닌다. 우리나라는 「초 · 중등교육법」 제23조 제2항에 초중등학교 교육과정의 기준과 내용에 관한 기본적인 사항을 교육부 장관이 정하도록 규정하고, 시 · 도 교육감은 이에 근거하여 지역의 실정에 적합한 기준과 내용을 정할 수 있도록 하고 있다([그림 8-1] 참조).

국가 수준 교육과정은 국가에서 개발하여 고시한 교육과정으로서 교육과정 지침에 해당하는 총론과 교과 교육과정에 해당하는 각론을 포함한다. 지역 교육과정은 지역에서 개발한 교육과정으로, 각 시 · 도 교육의 지향점과 특징을 반영한 시 · 도 초 · 중등학교 교육과정 총론과 각론을 포함한다. 학교 교육과정은 학교에서 개발한 교육과정으로서 학교 구성원이 학교 공동체의 가치와 철학 및 학생의 특성을 반영하여 민주적 의사결정 과정을 거쳐 개발한다. 학년(급) 교육과정은 교사가 학년(급)에서 개발한 교육과정으로, 학교 공동체 철학 및 학년(급) 학생의 특성을 반영하여 계획, 실천, 평가, 환류하는 모든 과정을 포함한다.

### 2) 교과 중심 교육과정 관점

교과 중심 교육과정(subject-centered curriculum)은 교육과정을 조직하는 데 있어서 학생들이 배우는 교과 자체를 중요시한다. 교과란 인류의 문화유산을 논리적으로 조직한 것이며, 지식의 논리적 체계를 이룬 원리, 사실, 개념 등이 핵심 내용으로, 그 조직은 각 교과 전문가들에 의해서 이루어진다. 이 교육과정은 지금도 널리 적용되고 있을 뿐만 아니라 역사적으로 오랜 전통을 지니고 있다. 그러나 비판론자들은 교과 중심 교육과정은 종종 사실들의 집합이고, 학생들의 삶의 경험을 중요시하지 않고, 학생들의 관심과 요구를 고려하지 않다는 점을 지적하고 있다. 여기서는 교과 중심으로 접근하는 교육과정으로 교과 중심 교육과정, 항존주의와 본질주의적 교육과정, 기본 중심 교육과정, 중핵 중심 교육과정에 대해서 살펴보고자 한다(Ornstein,

Levine, Gutek, & Vocke, 2011).

### (1) 교과 중심 교육과정

교과 중심 교육과정(subject-area approach to curriculum)은 가장 오래되고 널리 사용된 교육과정 구성의 형태로, 제5장에서 설명한 그리스와 로마의 7자유교과(문법, 논리학, 수사학, 산술, 기하, 천문, 음악)에 뿌리를 두고 있다. 교과 중심 교육과정은 지식을 학생들에게 전달하기 위해서 '기초(basic)' 영역을 강조하며, 교육과정을 지식의 체계로 본다. 초등교육 수준에서는 3R을 포함하고 있고, 중등교육에서는 영어, 역사, 과학과 수학을 포함하고 있다. 다른 전문화된 과목들(경영, 수학, 자연과학)은 특별한 적성과 직업에 관련된 지식과 기술을 개발하는 데 활용되며, 학생들의 관심과 요구에 의해 조직된 교과를 선택과목으로 제공한다.

탐구 교과(exploratory subjects)는 학생들의 학습양식이나 흥미 및 요구에 맞게 선택할 수 있도록 구성된 과목들이다. 이 과목들은 학습 기술, 컴퓨터, 과학, 작문 등을 포함한 과목들로, 초등학교 고학년 및 중학교 교육과정에서 종종 찾아볼 수 있다. 교육과정에 탐구 교과를 포함하고 있는 학교들은 전통적인 중핵 교과를 강조하면서 다소 진보적인 경향을 지니는 측면이 강하다.

### (2) 항존주의와 본질주의

항존주의와 본질주의 교육과정(perennialist and essentialist approaches to curriculum)은 제4장에서 기술한 현대 교육사조의 유형인 항존주의와 본질주의를 기초로 하고 있다. 항존주의자들은 학교의 교육과정이 도덕적 · 윤리적 행위를 신장시키는 도덕적 · 종교적 원리와 이성을 계발시키는 과목을 포함하는 학문으로 구성되어야 한다고 주장하며, 관념론자들이나 실재론자들처럼 교과 중심의 교육과정을 선호한다.

초등학교 수준에서의 교육과정은 도덕적 · 종교적 훈련을 비롯하여 3R을 강조하고, 중등학교 수준에서의 교육과정은 라틴어, 논리학, 수사학 그리고 기하학과 같은 교과를 강조한다. Hutchins(1936)에 의하면, 위대한 고전이 각 세대의 구성원들이 과거의 위대한 정신과 대화를 나눌 수 있도록 해 준다고 보며, 이와 더불어 문법, 수사학, 논리학, 수학, 철학 등과 같은 교과를 학습할 것을 주장하였다.

본질주의자들은 초등교육 수준에서는 읽기, 쓰기, 셈하기, 중등학교 수준에서는

5~6개의 전문교과, 즉 영어, 수학, 과학, 역사, 외국어 그리고 세계사 등과 같은 기본적이고 본질적인 교과를 강조해야 한다고 본다. 본질주의자들도 항존주의와 마찬가지로 교육과정에서 교과에 기초를 두는 본질적인 기능과 완전학습을 강조한다.

### (3) 기본 중심 교육과정

많은 교육전문가와 교육에 관심이 있는 일반인에 의해 제기되는 교과 중심 교육과정의 또 다른 접근 형태는 기본 중심 교육과정(back-to-basics curriculum)이다. 즉, 기본에 충실하자는 것이다. 본질주의자들의 교육과정 접근과 같이 기본 중심 접근 교육과정(back-to-basics approach to curriculum)에서는 읽기, 쓰기 그리고 수학을 강조한다. 소위 기본 과목(영어, 역사, 과학, 수학)은 모든 학년에서 요구되며, 기본 중심 교육과정에서는 본질적으로 지적인 능력을 키워 주는 기본 기술과 교과목에 집중하여야 한다고 주장한다. 교사는 학생들의 학습을 위해 잘 훈련되어야 하며, 학생들의 성과를 책임질 수 있도록 교사의 교육적 권위가 회복되어야 한다고 주장한다. 또한 기본 교과를 습득하기 위해서는 학생들의 노력이 요구되며, 교사는 자신의 교과목을 가르치는 데 있어서 숙련된 전문가가 되어야 한다고 본다. 그러나 이에 대한 비판론자들은 기본 중심 접근 교육과정이 학생들의 창의성 제한, 다른 학습영역의 경시, 교사의 권위에 종속될 것이라고 우려한다(Eisner, 1991).

### (4) 중핵 중심 교육과정

교육과정에서 기초 교과의 중요성은 중핵 중심 교육과정(core curriculum)에서도 중요하게 다루어진다. 이 교육과정에서 학생들은 두 개의 서로 관련된 과목들(예를 들어, 수학과 과학, 영어와 사회)을 같은 교사로부터 배우는 것이다. 교사들은 서로 다른 과목들이 연관되어 있는 것을 보여 주며 학제 간(interdisciplinary) 방식으로 수업 단위를 조직한다. 중핵 중심 접근(core approach to curriculum)에서는 수학 블록 단위, 과학 블록 단위라고 해서 가끔 블록 단위의 시간표라고 부르며, 교육의 진보주의 이론과도 연관이 있다.

이와는 대조적으로 새롭게 소개되고 있는 중핵 교육과정에서는 학생들이 필수적으로 수강해야 할 과목을 사전에 선정해 주는 방식을 택하고 있다. 따라서 Boyer(1983)와 Sizer(1984)는 고등학교에서는 인생의 모든 영역에 대한 학습을 제공하기보다는 지적 교육에 초점을 맞추어 언어(외국어), 과학, 수학, 공학 등 필수 과목을 지정하여 배우고 나머지는 자율적으로 선택할 수 있게 하자고 주장했다. Boyer(1995)는 중핵 교과가 전체 교육과정의 50%에서 3분의 2 정도까지 확대되어야 한다고 주장하였고, Goodlad(1983)는 교육과정에서 80% 정도를 중핵 교과에 전념하고, 개개인의 능력과 관심을 개발하는 데에는 20% 정도 제공하여야 한다고 보았다.

새로운 중핵 교육과정 또한 기본 중심 교육과정과 같이, 교육과정이 교과내용을 강조하고, 학문적으로 엄격했던 100년 전으로 되돌아가는 것 같다는 비판의 목소리가 크다. 어떤 교육과정이든 학생들의 교육적 가치를 보장하기 위해서는 학생들의 개인차와 과목 선택의 다양성을 인정해 주어야 할 것이다.

### 3) 학생 중심 교육과정 관점

교과 중심 교육과정은 전통적인 교과 훈련에서 나타났듯이, 학습의 인지적 측면에 초점을 맞추고 있다. 이와 대조적으로, 학생 중심 교육과정(student-centered curriculum)은 학생들의 흥미와 요구를 강조한다. 학생 중심 접근은 학생들의 자기표현 능력을 장려했던 Rousseau의 철학에 뿌리를 둔다. Rousseau의 철학에 함축된 것은 교육과정을 학생의 자유와 그들의 선택에 맡길 필요가 있다는 것이다.

학생 중심 교육과정을 옹호하는 대표적인 학자인 Dewey(1902: 8-9)는 학생들의 흥미와 요구를 교과목과 잘 조화시킨 교육과정을 개발하기 위해 노력하였다. Dewey 철학을 지지하는 진보주의 교육자들은 학생들의 흥미와 요구가 교육과정에 스며들 때, 학생들은 본질적으로 학습을 하고자 하는 동기부여를 받게 되어 학습이 더 성공적으로 될 것이라고 믿는다. 이러한 주장에 있어서 학생들의 결정이나 지나친 현실을 반영한 교육과정을 선택해야 한다는 것이 아니지만, 학생들이 배워야 할 기본적인 학습내용을 간과할 수 있다는 우려의 목소리도 있다.

여기서는 학생 중심 교육과정의 다섯 가지 주요한 접근, 즉 활동 중심 교육과정(activity centered curriculum), 관련 교육과정, 인간 중심 교육과정, 대안 또는 자유 학교 프로그램 등에 대해서 살펴보고자 한다.

### (1) 활동 중심 교육과정

활동 중심 교육과정은 학생 중심 교육과정으로부터 파생되었으며, 이 운동을 이끈 사람은 Dewey의 제자였던 Kilpatrick이었다. Dewey와 대조적으로 Kilpatrick은 아동의 흥미와 요구를 사전에 예상할 수 없다고 믿었다. 따라서 사전에 계획된 교육과정을 개발하고 설계할 수 없다는 관점이다.

Kilpatrick(1918: 319-335)은 그 시대의 교육과정이 실제적인 삶의 문제들과 동떨어져 있음을 비난하였으며, 가능한 한 학생들의 요구와 흥미에 관련된 '실생활 중심의' 유목적적 활동을 옹호하였다. 가령, 협동학습, 연극, 프로젝트, 견학, 실습 활동 등은 학생들의 적극적인 참여와 학생 주변의 세계에 대한 학생들의 사회화를 통해 주변의 문제를 스스로 해결해 나갈 수 있는 능력을 기를 수 있다는 것이다.

구성주의를 강조하는 교육자들도 학생들이 정신적 · 육체적으로 활발하게 지식을 습득하고, 그들 스스로 새로운 지식과 유의미한 학습이 일어날 수 있도록 학습 경험을 할 수 있는 교육과정을 강조한다. 이러한 관점에 근거하여 문제중심학습, 액션러닝 등과 같은 교육방법들을 수업에 많이 활용한다.

### (2) 관련 교육과정

1930년까지 몇몇 개혁가는 전통적인 학교 교육과정은 현실 생활과 적합성 혹은 관련성이 낮다는 불만을 토로하였다. 학교교육이 사회변화에 적용하는 것에 실패했고, 현대사회와 관련이 없는 지식과 기술들을 강조하고 있다는 것이다. 1960~1970년대는 다소 다른 측면에서 접근을 시도하였으나 학생들의 개인적인 필요와 흥미에 관련된 교육과정에 관심이 증대되면서 변화하는 사회 상황을 반영하는 교육과정에 관련된 것은 감소하는 추세였다.

이에 관련 교육과정(relevant curriculum) 지지자들은, 첫째, 독립적 탐구와 특수 프로젝트 같은 교수방법을 통한 개별화 수업, 둘째, 이미 존재하는 교육과정을 개선하고, 환경보호, 인터넷 중독, 다문화 교육과 같은 학생들의 주요 관심사를 새로운 교육과정으로 개발, 셋째, 더 많은 선택의 자유가 허용되는 교육적 대안 준비, 넷째, 학교 울타리를 넘어선 교육과정 확대 등을 교육과정에 관련시키기를 요구하였다(Apple & Christian-Smith, 1991; Green, 1993; Powell, Farrar, & Cohen, 1985).

### (3) 인간 중심 교육과정

다른 현대 교육과정의 발전처럼 인본주의 교육은 1950년대 후반과 1960년대 초반에 지식 중심의 교육에 반발하여 시작하게 되었다. 인간 중심 교육과정(humanistic approach to curriculum)은 인지적인 특성보다는 정의적인 특성을 강조한다. 이 교육과정은 심리학자 Maslow와 Rogers의 연구 결과에 잘 드러나 있다. 이 교육과정의 목표는 Maslow(1962, 1970)가 말한 '자아 실현한 사람'이나 Rogers(1983)가 말한 '총체적인 인간'을 기르는 것이다. 이 두 심리학자의 연구에서는 독립적, 자기결정, 조화, 인간관계뿐만 아니라 선택, 노력, 증진 그리고 경험과 같은 용어들을 다루었다. 인간 중심 교육과정을 Rogers(1983: 3)는 'people-centered curriculum'이라고 지칭하고, 교육은 한 '학생'에 대해서라기보다는 한 '사람'을 기르는 것에 강조점을 두고, 교육은 아동뿐만 아니라 성인에 이르기까지 계속된다는 개념을 교육과정에 함축하였다.

인간 중심 교육과정은 인간에 초점을 맞춘 것으로, 사회적인 상황과 인간적인 관점 및 그와 유사한 문제들이 교육과정 조직의 중심이 되는 것을 바람직하게 생각하고 있다. 인본주의자들은 인간 경험의 지적 · 정의적인 면과 사회생활에 있어서 인간관계의 면을 교육내용으로 삼고 있다. 따라서 교사들의 역할은 학습자들이 그들의 정신적인 요구와 문제를 처리하고, 학생들 간의 자기 이해를 용이하게 도와주는 것이다.

또한 학교가 학생들에게 지루하고 재미없는 곳으로 여겨지는 것은 교육과정에 부정적인 영향을 미치는 원인이 된다. 인간 중심 교육과정자들은 교육과정이 학생들의 마음에 지식을 주입시키는 것은 잘못이라고 지적한다. 교육은 학생들의 동기를 핵심으로 하여 지적 · 정의적 · 신체적인 세 측면을 조화롭게 발전시켜서 전인으로 양성시켜야 한다는 신념을 전제로 한다. 따라서 인간 중심 교육과정은 전인학습을 목표로 하여 학생들이 자기 방향을 스스로 설정하고 자신의 능력을 최대한으로 실현해 나가는 것을 교육목적으로 삼는다.

### (4) 대안 또는 자유 학교 프로그램(alternative or free schools programs)

몇몇 학생 중심 교육과정 프로그램은 대안 및 자유 학교에서 찾아볼 수 있다. 이 학교들은 공립학교에 불만을 가진 학부모들이나 교사들에 의해 조직된 사립 또는 실험 학교들이다. 그리고 이 학교들은 학생들의 자유, 자유분방한 교실, 학생들이 자유롭게 그들의 흥미를 표출할 수 있는 학습환경 등이 특색이다. 교수-학습 방법 또한 구조화되어 있지 않다. 비록 이러한 학교들이 잘 알려진 진보주의의 학생 중심주의에 뿌리를 두고 있지만, 진보주의에 비해 급진적이고 반체계적이라고 여긴다. Freire, Giroux, Illich, Kohl 그리고 Kozol은 학생 중심의 대안 또는 자유 학교의 필요성에 대한 많은 사례를 내놓았다.

대안학교는 현재에도 지속적으로 학습문제들을 가지고 있는 학생들의 교육을 위해 운영되고 있다. 이런 학교들은 학습에 더 융통성 있는 접근을 제공하기 위해 학교는 변해야 한다는 전제에서 시작된다. 그들은 일반적으로 교육과정과 수업방법에 있어서 교사들 간, 그리고 교사와 학생 간의 협동학습을 강조한다.

## 2. 우리나라 교육과정의 변화

교육과정의 변화는 현재 운영 중인 교육과정을 일시 혹은 전면 개정하거나, 부분 혹은 수시 개정하는 등 새로운 것으로 대체되는 과정을 의미한다. 일시 혹은 전면 개정은 총론과 각론 전부를 한 번에 개정하는 경우를 말한다. 부분 혹은 수시 개정은 그 중 학교급(초등학교, 중학교, 고등학교 등), 학교 종류(일반계, 전문계, 특목계 고등학교 등), 교과(국어, 수학, 사회, 과학 등) 중에서 일부를 순차적으로 개정하는 경우이다. 우리나라는 제1차 교육과정 제정 이후 총 11번의 국가 교육과정 개정을 거쳐 왔다. 교육과정 개정 이유와 주요 개정 내용을 개관하면 다음과 같다.

### 1) 한국 교육과정의 변화

광복 이후 우리나라 교육과정의 변화는 교육과학기술부 교육과정령의 변화와 일치한다. 한국전쟁 시기에 개정되었던 교수요목으로서의 교육과정 시기는 1946년부터 1954년에 문교부령 제35호로 공포된 '교육과정 시간 배당 기준령'이 나오기까지의 시기를 의미한다. 이 시기에는 교육과정의 개념상 교수요목과 교육과정을 엄밀하게 구분하지 않았다. 교수요목이란 교과내용 자체가 학생들이 학습해 나갈 과정이며, 교사가 학생에게 가르칠 교수내용의 '주제' 또는 '제목'을 열거한 데 불과하였다. 주요 특징으로는 교과의 지도내용을 상세하게 표시하고, 기초능력을 가르치는 데 주력하였다. 교과 편제는 지금과 유사하게 교과의 단원, 내용, 이수시간 수를 제시하였다.

제1차 교육과정은 1954년 문교부령 제35호와 1955년 문교부령 제44호, 제45호, 제46호로 제정하여 공포된 '초등학교 · 중학교 · 고등학교 교육과정'을 말한다. 법령상 명칭이 '교육과정'이었기 때문에 이 시기를 교육과정 시기 또는 교과 중심 교육과정 시기라고도 한다. 이 시기에 교육과정은 '각 학교의 교과목 및 기타 교육활동의 편제'라고 정의하였으며, 최소한의 필수적인 교육내용만 표시하여 국가 수준의 교육과정임을 명확히 하였다.

제2차 교육과정은 1963년 문교부령 제119호, 제120호, 제121호로 공포된 초 · 중등학교 교육과정부터 1973년 학문 중심 교육과정으로 개정될 때까지를 의미한다. 이 시기에는 교과 간 횡적인 관련이 비교적 결여된 일군의 교수요목이나 지적인 체계로 구성된 교과과정과는 달리 '학교의 지도하에 학생들이 가지는 경험의 총체'라고 보았다. 따라서 이 시기의 교육과정을 개념상 생활 중심 교육과정 또는 경험 중심 교육과정으로 부른다. 교육과정 내용면에서는 자주성, 생산성, 유용성을, 조직면에서는 합리성을, 운영면에서는 지역성을 강조하였다.

제3차 교육과정은 처음으로 교육과정심의회에서 1971년 1월에 시안을 확정한 후, 2년간의 실험평가를 거쳐 1973년 2월 14일에 문교부령 제310호, 제325호, 제350호로 개정하여 공포되었다. 이 시기에 교육과정은 '각 학문 간에 내재해 있는 지식연구 과정의 체계적인 조직'이라고 정의되어 있어 학문 중심 교육과정이라고도 한다. 제3차 교육과정은 문교부에서 교육과정을 개발하던 종래의 방식을 탈피하여 한국교육개발원에서 기초 연구와 총론, 각론 시안을 개발하도록 한 연구개발형의 성격을 띤 것이 큰 변화라고 할 수 있다.

제4차 교육과정에서는 종래의 교과 중심 · 경험 중심 · 학문 중심 교육과정 위에 변화와 미래에 대한 인식을 강조하는 미래지향적인 교육과정의 정신을 반영하였다. 특히 지금까지 소홀히 해 온 인간 중심 교육과정의 성격도 반영되어 개인적 · 사회적 · 학문적 적합성을 고루 갖춘 교육과정이 되었다. 또한 교육의 방향으로는 이 사회에서 기대되는 인간상인 건강한 사람, 심미적인 사람, 능력 있는 사람, 도덕적인 사람, 자주적인 사람을 길러내도록 교육과정을 구성하도록 하였다.

제5차 교육과정은 문교부 고시 제87-7호, 제87-9호, 제88-7호로 고시되었으며, '국가 수준의 문서화된 개괄적인 교육 사조나 이론의 지배를 받는 것보다는 개인적 ·

학문적 · 사회적 적합성을 고루 갖춘 종합적인 접근방식'을 택하였다. 또한 학문의 발전과 사회의 변화에 따라 기초교육의 강화, 통합 교육과정의 구성, 미래 사회 대비 교육의 강조, 교육과정 운영의 효율성 제고에 주안점을 두어 교육과정 및 교과용 도서 중에서 개선이 필요한 부분만 개정함을 기본 원칙으로 하였다.

제6차 교육과정은 1992년 교육부 고시 제1992-11호, 제1992-15호, 제1992-16호, 제1992-19호로 고시되었으며, 시대적 · 학문적 · 개인적 변화와 요구에 따라 '교육개혁'의 일환으로 추진되었다. '21세기를 주도할 건강하고 자주적이며 창의적이고 도덕적인 한국인을 육성'하기 위한 제6차 교육과정은 무엇보다도 교육과정의 편성 및 운영 체제를 개선하여 교육의 질 관리를 강화하고자 한 것이 핵심으로, 국가 수준의 교육과정 기준과 시 · 도 단위의 교육과정 편성 및 운영 지침을 바탕으로 단위학교의 학교 교육과정을 편성 및 운영해야 함을 명시하였다.

제7차 교육과정은 '21세기 정보화 · 세계화 시대를 주도할 자율적이고 창의적인 한국인 육성'을 목적으로 하였다. 제7차 교육과정의 주요 성격과 구조적 특징을 살펴보면, 기본 구조는 국민공통기본교육과정과 선택 중심 교육과정으로 이원화되어 있다. 초등학교 1학년부터 고등학교 1학년까지의 10년간을 국민공통기본교육 기간으로 설정하고, 이 기간 중의 교과별 학습내용을 학년제 또는 단계 개념에 기초하여 기본 교과 중심의 일관성 있는 체제를 갖추기 위하여 국민공통기본교육과정을 마련하였다. 선택 중심 교육과정은 고등학교 2, 3학년에 적용되며, 학생의 장래 진로나 적성에 따라 전문화된 교육을 받을 수 있는 준비 과정으로서 학생이 과정이나 계열의 구분 없이 희망하는 과목을 선택할 수 있도록 하였으며, 교과활동과 특별활동으로 구성하였다.

2009 개정 교육과정은 글로벌화된 세계 속에서 '창의력을 발휘하여 미래를 개척하며 살아가는 글로벌 인재 육성'을 목적으로 2009년 12월 23일에 교육인적자원부 고시 제2009-41호로 고시되었다. 주요 변화는 국민공통기본교육과정을 기존 10년에서 9년(초 1~중 3)으로 축소하여 의무교육 기간과 일치하도록 하였으며, 학년 간 상호 연계 및 협력을 통한 편성과 함께 교과군을 재편성하였다. 또한 선택 교육과정에서는 학생들의 기초영역 학습 강화와 진로 및 적성 등을 감안한 적정 학습이 가능하도록 4개의 교과 영역으로 구분하고, 필수 이수단위를 제시하였다. 학기당 이수 교과목 수 축소를 통한 학습 부담의 적정화와 의미 있는 학습활동이 전개될 수 있도록 집중이수를 확대하였다.

2015 개정 교육과정은 '창의융합형 인재상'을 제시하고, 갖추어야 할 핵심 역량으로 자기관리역량, 지식정보처리역량, 창의적 사고역량, 심미적 감성역량, 의사소통역량, 공동체역량을 제시하였다. 이러한 2015 개정 교육과정은 초등학교에서는 창의적 체험활동 시간을 활용하여 체험 중심의 '안전한 생활'을 편성 및 운영하도록 하였고, 중학교에서는 '자유학기제' 운영의 근거를 마련하였으며, 고등학교에서는 고등

〈표 8-1〉 **우리나라 교육과정 변천**

| 교육과정 | 연도 | 주요 특징 |
|---|---|---|
| 제1차 교육과정 | 1954~1963 | 대한민국 수립 후 최초의 체계적인 교육과정 · 교과 중심 교육과정, 생활 중심의 지향, 특별활동의 편성, 반공 · 도덕 교육의 강화 |
| 제2차 교육과정 | 1963~1973 | 경험 중심 교육과정, 반공 · 도덕 활동의 신설, '교과과정'에서 '교육과정'으로 명칭 변경 |
| 제3차 교육과정 | 1973~1981 | 학문 중심 교육과정, 교과활동+특별활동으로 교육과정 구조 변경, 교과의 변화 |
| 제4차 교육과정 | 1982~1987 | 인간 중심 교육과정의 반영, 통합교육과정 개념 도입(국어+사회+도덕 ⇒ 바른생활), 특별활동(학급활동, 학생회활동, 클럽활동, 학교행사)의 영역 변화 |
| 제5차 교육과정 | 1987~1992 | 기초교육 강화, 정보화사회에 대응하는 교육의 강화, 특별활동 강조, 특수 학급 운영 지침 명시, 통합교육과정 시행 |
| 제6차 교육과정 | 1992~1997 | 교육과정 결정의 분권화, 교육과정 구조의 다양화, 내용의 적절화, 교육과정 운영의 효율화 |
| 제7차 교육과정 | 1998~2007 | 국민공통기본교육과정과 선택 중심 교육과정으로 이원화, 주 5일제 수업제 도입 |
| 2007 개정 교육과정 | 2009~2013 | 학기당 이수과목 수 축소, 창의적 체험활동 도입, 수준별 수업으로 전환 |
| 2009 개정 교육과정 | 2011~2016 | 집중이수제, 교과교실제, 블록타임제 도입 등 |
| 2015 개정 교육과정 | 2017~2020 | 안전교육 강화, 소프트웨어 교육 신설, 핵심 역량 설정, 학습량 적정화, 자유학기제, 공통과목 신설, 진로 적성 맞춤교육 등 |
| 2022 개정 교육과정 | 2024~2027 | 생애전환교육 및 민주시민교육, 디지털 기초 소양 강화, 교과 재구조화 및 과목 선택권 확대, 진로연계학기 도입, 시 · 도별 지역 교육과정 자율성 확대 등 |

출처: NCIC 국가교육과정 정보센터(https://ncic.re.kr/mobile.index2.do).

학교 단계에서 반드시 배워야 할 내용으로 구성된 '공통과목'을 개발하고 그것을 모든 학생이 이수하도록 하였다. 또한 학생들이 공통과목을 통해 기초 소양을 함양한 후에 학생 각자의 적성과 진로에 따른 선택권을 확대하기 위해 진로 선택과목을 3개 이상 이수하도록 하는 지침을 마련하였다. 아울러 기초 교과영역(국어, 수학, 영어, 한국사) 이수 단위를 교과 총 이수 단위의 50%를 넘지 않도록 하여 균형 학습을 유도하고자 하였다(한국교육과정평가원, 2016). 〈표 8-1〉은 우리나라 교육과정 변천의 주요 특징을 보여 준다.

### 2) 2022 개정 교육과정의 성격과 특성

2022 개정 교육과정은 제4차 산업혁명으로 인한 기술 발전이 가속화됨에 따라 사회 전반의 변화가 예상되므로 이에 대비한 교육과정 혁신과 함께 코로나19로 인한 사회의 급격한 변화로 교육적인 혁신의 필요성 확대, 역량중심 교육과정에 대한 구체적인 논의 확산, 학생의 주체성과 자기주도적 학습 역량의 필요성 강조, 고교학점제와 같은 새로운 교육정책을 지원하기 위하여 마련되었다.

교육과정 구성의 중점은 미래 사회가 요구하는 역량 함양이 가능한 교육과정, 학습자의 삶과 성장을 지원하는 교육과정, 지역 · 학교 교육과정 자율성 확대 및 책임교육 구현, 디지털 · AI 교육환경에 맞는 교수-학습 및 평가체제 구축을 통해 포용성과 창

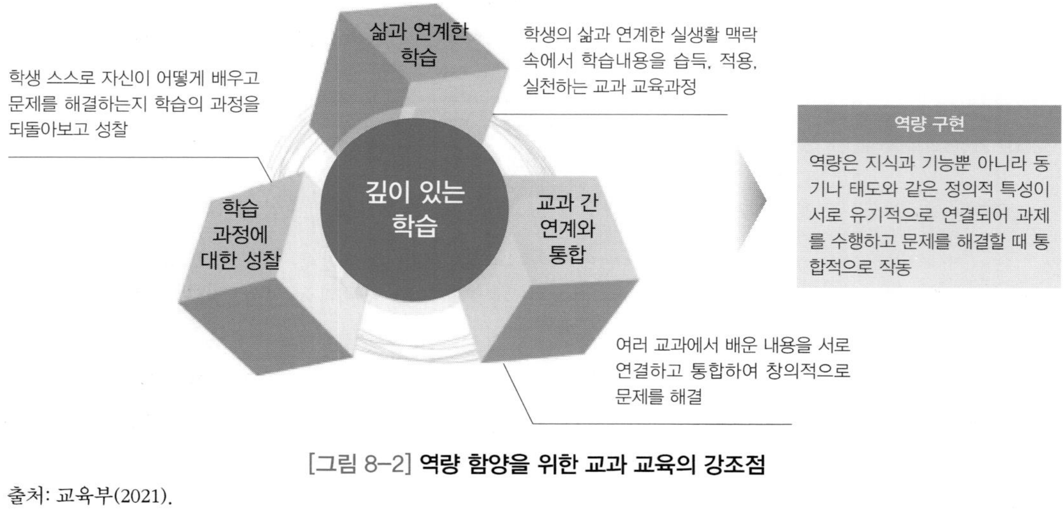


[그림 8-2] **역량 함양을 위한 교과 교육의 강조점**

출처: 교육부(2021).

의성을 갖춘 주도적인 사람을 길러 내고자 한다. 추진과제로는 미래 대응을 위한 교육과정, 학교 현장의 자율적인 혁신 지원, 학습자 맞춤형 교육 강화, 교육환경 변화에 적극적으로 대응하고자 한다.

특히, 2022 개정 교육과정에서는 역량 함양 교과과정 개발을 위해 '깊이 있는 학습'이 매우 강조되고 있다([그림 8-2] 참조). 깊이 있는 학습을 구성하는 요소로서 삶과 연계한 학습, 학습 과정에 대한 성찰, 교과 간 연계와 통합을 강조하고 있다(교육부, 2021).

2015 교육과정과 비교하여 새롭게 신설된 영역은 미래 사회 및 환경 변화에 대응하는 교육내용 강화, 분권화를 바탕으로 한 학교 교육과정 자율성 확대, 학교급 전환 시기의 진로 연계 강화, 고교학점제에 부합하는 성장 중심 평가체제 구축, 특수교육 교육과정 개선 등이다(교육부, 2021).

## 3. 교육평가의 의미

### 1) 교육평가의 개념과 구비 조건

#### (1) 교육평가의 개념

평가는 사물 또는 그 속성에 대한 가치판단(value judgement)을 의미한다. 어떤 사물 또는 그 속성에 대한 가치판단을 내리자면 반드시 판단의 준거 또는 표준이 있어야 한다. 따라서 교육평가는 일정한 준거에 의하여 교육의 전 과정에 대한 가치를 조사 및 판단하는 행위라고 할 수 있다(변창진 외, 1996: 17). 교육을 포함한 사회 전반의 프로그램에 대한 교육평가는 매우 중요한 기능을 수행한다. 교육평가는 교육내용 및 프로그램의 성격 혹은 대상에 따라서 아주 복잡할 수도 아주 간단할 수도 있으며, 혹은 공식적일 수도 비공식적일 수도 있다.

교육평가의 개념은 어떤 시각에서 평가를 지각하고 수용하느냐에 따라 다양한 접근이 가능하다. 교육목표의 성취를 평가하는 것으로 보는 입장(Tyler, 1942), 교육대상에 대한 가치의 평가로 보는 입장(Eisner, 1979; House, 1980; Scriven, 1967), 의사결정자에게 정보를 제공하는 것으로 보는 입장(Cronbach, 1969; Stufflebeam, 1971) 등이 있다. 따라서 교육평가는 교육목표의 달성 정도를 판단하고, 일정한 기준을 가지고 교육활동의 효율성을 판단하기 위하여 학습자의 학습과정에 관한 제반 정보를 수집하여 이용함으로써 교육적 의사결정을 내리는 데 도움을 주고, 교육적인 가치를 판단하는 체계적인 과정을 의미한다.

교육에 관련되는 모든 것이 교육평가의 대상이 될 수 있기 때문에 교육에 있어서 평가를 필요로 하는 영역은 매우 광범위하다. 평가대상을 기준으로 하여 교육평가의 영역을 구분하면 학생을 대상으로 하여 이루어지는 학생평가, 교사를 대상으로 하여 실시되는 교사평가, 교육과정의 부분 및 전체의 가치를 판단하는 교육과정평가, 수업 자체를 직간접적으로 평가대상으로 하는 수업평가, 프로그램의 개선 및 질에 대해 가치를 판단하는 프로그램평가 그리고 가정환경, 학교환경, 학급환경, 사회환경을 대상으로 하여 수행되는 교육환경평가 등이 있다. 교사들이 학생들에 대하여 평가한 성적 부여 자체도 평가대상이며, 학생들이 평가한 강의평가도 평가대상이므로 평가영역의 한 부분이다.

교육평가는 각 평가영역에 대한 자료를 체계적이고 과학적으로 수집하여 장단점과 특징을 전문적으로 판단하게 된다. 이때 수집하는 자료에 따라 교육평가를 양적평가와 질적평가로 구분한다. 양적평가는 평가대상을 어떤 형태로든 수량화하고, 이렇게 수량화된 자료를 가지고 통계적인 방법을 이용하여 기술하고 분석하는 평가전략을 활용한다. 질적평가는 평가에 관련된 평가자들의 상호 주관적 이해에 바탕을 두고 교육현상을 사실적으로 기술하고 해석하는 평가전략을 활용한다(이미경 외, 2016).

### (2) 평가도구의 구비 조건

교육 현장에서 이루어지는 연구들은 평가도구에 의해 수집된 정보에 근거하기 때문에 어떤 평가도구를 사용할 것인가의 문제는 매우 중요하다. 사용하는 평가도구가 좋은 것이 아니라면 그것으로 측정－평가한 결과는 의미가 없다. 좋은 측정－평가 도구는 몇 가지 요건을 갖추어야 하는데, 이 중 필수적인 요건이 검사도구의 타당도, 신뢰도, 객관도, 실용도이다(강현석, 주동범, 2012; 김대현, 김석우, 2020; 변창진 외, 1996; 성태제, 2011).

타당도(validity)는 검사 또는 측정 도구가 원래 측정하고자 의도하였던 내용을 충실히 재고 있는 정도를 의미한다. 즉, 측정하고자 하는 변수를 검사가 제대로 측정하였느냐로 표현될 수 있다. 검사도구의 타당도를 알아보기 위해서는 반드시 준거

(criterion)가 필요하다. 준거란 '무엇에 비추어 타당한가?'라는 질문 중 '무엇'에 해당하는 것으로, 평가에 있어 틀의 역할을 한다. 타당도를 검사하는 방법으로는 내용타당도, 준거타당도, 구인타당도 등이 있다.

신뢰도(reliability)는 검사나 평가가 측정하고자 하는 내용을 얼마나 일관성 있게 재고 있는가 하는 것이다. 타당도는 무엇(what)을 측정하고 있느냐의 문제인 데 반해, 신뢰도는 어떻게(how) 재고 있느냐의 문제라고 할 수 있다. 즉, 신뢰도는 한 검사가 재려고 하는 측정대상을 어떻게 어느 정도 정확하게 재느냐에 관심을 가지고 오차 없이 측정하는가의 문제이다. 신뢰도를 검사하는 방법으로는 대표적으로 검사-재검사 신뢰도, 동형검사 신뢰도, 반분검사 신뢰도, 문항 내적 합치도 등을 들 수 있다.

객관도(objectivity)란 채점자 신뢰도(scorer reliability)라고 할 수 있는데, 검사의 채점자가 편견 없이 얼마나 공정하게 채점하느냐의 문제이다. 즉, 객관도 혹은 채점자 신뢰도는 한 채점자가 모든 채점대상에게 얼마나 신뢰가 가고 일관성 있게 채점을 하였느냐를 의미한다. 예를 들어, 일선 학교에서 주관식 문항으로 출제된 검사를 채점할 때 한 사람의 채점자는 80점을 주고, 다른 한 채점자는 30점을 주었다면 객관도가 낮다고 할 수 있다. 일반적으로 객관도가 낮은 이유는 검사도구 자체가 불완전하거나 평가자의 소양이 부족하기 때문이다. 따라서 객관도를 높이기 위해서는 평가도구 및 평가기준을 객관화시켜야 하고, 채점자의 평가에 대한 소양을 높여야 하며, 가능한 한 여러 사람이 공동으로 평가하여 그 결과를 종합하는 것이 바람직하다.

실용도(usability)란 검사도구를 사용함에 있어서 시간과 비용, 노력을 적게 들이고도 목적을 달성할 수 있는 정도를 뜻한다. 타당도, 신뢰도, 객관도가 높은 어떤 검사가 아무리 좋은 정보를 제공해 준다고 해도 그 검사를 실제로 이용하는 데 비용이나 노력이 많이 들면 활용하기가 어렵다. 따라서 채점 및 결과 해석의 용이성, 검사비용의 적절성, 검사도구 사용의 간편성 및 편이성 등이 고려되어야 한다.

## 2) 교육평가방법

### (1) 평가기준에 의한 평가

교육성과를 평가하는 준거를 목표로 정하느냐 또는 평가를 실시해서 학생들이 받은 점수의 평균으로 하느냐에 따라 교육평가는 규준지향평가와 준거지향평가로 구분할 수 있다.

규준지향평가(norm-referenced evaluation)는 절대적인 기준이 없고, 학생이 획득한 점수의 평균 또는 미리 정해 놓은 등급의 비율에 따라 개개 학생이 시험에서 받은 점수의 가치가 상대적으로 결정된다고 해서 상대비교평가 또는 상대평가라고도 한다(성태제, 2011). 상대평가는 통계적으로 보면 표준편차에 의한 것으로, 학생들의 성적은 그 반의 평균 점수에서의 거리에 기초한다. 상대평가의 목적 중의 하나로 동료 학생들에 비하여 가장 성취도가 좋은 학생과 못하는 학생을 찾아내는 데 있다. 학생들의 성취도는 다소간에 차이는 있어도 정규분포를 따른다. 이 평가는 개인의 성취 수준에 대한 상대적 서열을 파악하므로 우열 구분이 용이하여 상호 경쟁을 위한 동기를 유발할 수 있으나, 상호 협동보다는 경쟁심 고취로 서열 위주의 의식이 높아져서 올바른 인격 형성을 저해하는 요인이 될 수 있다.

준거지향평가(criterion-referenced evaluation)는 학생들이 받은 시험 점수를 정규분포에 입각하여 평균이나 미리 정해 놓은 비율을 근거로 해서 상대적으로 비교하지 않고, 학습목표를 기준으로 개개 학생이 목표에 도달하였는지를 판정한다고 해서 절대평가 또는 목표지향평가라고도 한다. 이 평가는 무엇을 알고 무엇을 모르는가 하는 직접적인 정보를 제공해 주고, 이 정보에 기초하여 교육목표, 교육과정을 개선할 수 있다는 장점이 있다. 그러나 학생들의 학업 달성 수준을 교육목표인 준거에 비추어 평가하기보다는 상급학교 진학에 유리하도록 하기 위하여 더 높은 평가를 받도록 하는 경향이 있다.

규준지향평가와 준거지향평가 같이 개인 간의 비교, 개인의 성취와 어떤 준거와의 비교보다는 개인을 위주로 하는 평가로서 능력참조평가와 성장참조평가 방식도 있다. 능력참조평가(ability-referenced evaluation)는 학생이 지니고 있는 능력에 비추어 얼마나 최선을 다하였느냐에 초점을 두는 평가방법이며, 성장참조평가(growth-referenced evaluation)는 최종 성취 수준에 대한 관심보다는 초기 능력 수준에 비추어 얼마만큼 능력 향상을 보였느냐에 관심이 있다(성태제, 2011; Oosterhof, 2001).

### (2) 평가시기에 의한 교육평가

교육평가의 시기에 따른 교육평가 유형을 살펴보면, 교사는 학생의 출발점 행동을 진단하는 진단평가, 수업 개선을 위한 의사소통 활동을 하는 형성평가, 학생의 성취 정도를 판단하는 총괄평가로 구분할 수 있다. 진단평가(diagnostic evaluation)는 학습장애의 원인을 분석 및 진단하고, 특정 단원의 학습에 필요한 선행 지식을 가지고 있는 정도나 그 단원을 수업하기 전에 그 단원에서 다루는 내용 중에 어떤 부분을 학습자가 어느 정도 알고 있는지를 점검하는 출발점 행동평가(evaluation of entry behavior) 또는 투입 행동평가(evaluation of input behavior)를 의미한다.

형성평가(formative evaluation)는 현재 진행 중인 교육활동이나 프로그램을 개선하거나 보완하는 데 필요한 정보를 수집하여 유용한 평가정보를 교사들에게 제공한다. 형성평가를 통해 교사들은 교수방법의 효율성, 학생들의 학습동기 수준, 학생들의 학습내용에 대한 접근 정도, 학습교재의 적절성, 학생의 개인차에 따른 학습장애와 결손의 정도 그리고 전반적인 수업 분위기 등을 수시로 파악하여 교육목표 성취 정도를 확인한다.

총괄평가(summative evaluation)는 특정 교육활동이나 교수-학습이 종료된 후에 그것의 효과를 최종적으로 판단하는 역할로, 책무성, 자격 부여, 선발 등의 용도로 활용된다. 즉, 교육이 이루어지고 난 후에 교육의 효과를 추정하는 판단 활동을 의미한다(Scriven, 1967; Worthen, Sanders, & Fitzpartrck, 1997).

### (3) 학습과정에 대한 평가

학습과정 평가는 교사로 하여금 학생들이 강의실에서 무엇을, 얼마나 잘 배우고 있는지 확인하도록 하는 평가방법이다. 기존의 학습평가는 주로 학생들의 성취도 파악 및 성적 산출을 목표로 하고 있다. 이에 비해 학습과정 평가는 교사들에게 학생들이 학습한 내용과 방법을 깊이 이해하게 하고, 교수방법을 개선하고 가르치는 능력을 향상시킬 수 있는 정보를 제공하여 궁극적으로 교수와 학습의 질을 높이는 데 있다.

일반적으로 교사는 여러 가지 방법으로 학생들의 학습상태를 파악하게 된다. 수업 중 학생들의 질문이나 교사의 질문에 대한 대답, 학생들의 수업태도나 표정을 보고 자연적으로 알게 되는 경우도 있고, 숙제나 시험을 통해 파악하는 경우도 있다. 그러나 전자는 조직적이거나 구체적이지 않다는 한계가 있고, 후자는 학습상태를 파악하여 수업 개선과 연결하기까지 시간이 걸린다는 한계가 있다. 따라서 학생들이 학습해 가는 과정을 파악하여 교육방법 개선과 연결할 보다 조직적이고 효과적인 정보가 필요하며, 학습과정 평가기법(classroom assessment technique)은 이러한 필요를 채우기 위한 접근이라고 할 수 있다(Angelo & Cross, 1993).

수업 시작 전에 실시하는 학습과정 평가는 교사가 어디에서, 어떻게 수업을 시작해야 할지를 결정하는 데 도움을 주고, 수업 중의 학습과정 평가는 학생들이 자신의 강의를 얼마나 잘 따라오고 있는지를 알게 해 준다. 수업 후의 학습과정 평가는 수업시간에 다루었던 내용을 학생들이 기억하고 적절히 표현하도록 하여 다음에 수업할 내용과 학생의 현 학습상태를 점검할 수 있는 좋은 기회를 제공한다. 그러므로 학습과정 평가는 교육에 대한 연구나 개별 학생들의 평가가 아니라 수업의 현 상태를 측정하고 교사와 학생들에게 교수(teaching) 효과와 학습의 질을 향상시킬 수 있는 정보를 제공하고, 교수와 학습의 질을 향상시키는 보다 넓은 차원에서의 학습법이라고 할 수 있다. 다시 말하면 교수와 학습을 연결하는 고리의 역할을 하고 있는 것이다.

학습과정 평가는 과목의 목적이나 목표에 따라 다양한 방법으로 수행할 수 있는데, 이를 통해 얻을 수 있는 장점은 다음과 같다. 첫째, 학기 중에 진행하고 있는 수업을 개선할 필요가 있을 경우에 매 시간마다 수업에 대한 단기적인 피드백을 제공한다. 둘째, 중간 또는 기말 시험이나 보고서와 같은 전통적인 학습평가방법과 비교할 경우

〈표 8-2〉 **학생들의 학습이해도 확인 사례**

| 평가시기 | 사례 |
|---|---|
| 수업 전 | [선 지식 확인]<br>수업주제와 관련된 흥미로운 연구 결과를 제시하고 학생들의 생각을 확인한다. 문제를 던져서 여러 가지 답을 끄집어내고 이것을 바탕으로 강의를 전개한다. |
| 수업 중 | [옆 친구와 노트 확인하기]<br>1~2분간 옆 친구와 강의노트를 비교하여 빠진 부분이 있을 경우에 보충하도록 한다. 이 활동은 학생들로 하여금 배운 내용을 재확인하는 기회가 된다.<br>[옆 친구에게 질문하기]<br>강의내용 중 명확하게 이해되지 않은 것을 옆 사람에게 서로 질문하도록 한다. 두 사람이 해결하지 못한 사항은 종이에 적어 내도록 한다.<br>[문제 풀이]<br>강의내용의 이해 정도를 확인할 수 있는 간단한 문제를 풀도록 한다. |
| 수업 후 | [1분 요약 사례]<br>수업종료 직전이나 직후 약 1~2분 시간을 내어 학생들이 수업내용을 제대로 이해했는지 파악한다.<br>-오늘 수업에서 가장 중요하게 다룬 것은 무엇인가?<br>-이해가 잘 되지 않는 내용이 있다면 무엇인가? |

출처: Angelo & Cross (1993).

에 적은 시간의 투자로 유익한 정보를 제공한다. 셋째, 학생들의 이해와 협조를 통해 교수(teaching)와 학습의 효율성을 향상시킨다. 넷째, 형성평가적인 특성으로 인해 강의의 질을 점차적으로 향상시킨다. 다섯째, 사용하고자 하는 용도에 따라 쉽게 변형하여 사용할 수 있다. 학습과정 평가에서 학생들의 학습이해도를 확인할 수 있는 방법 및 구체적인 사례를 제시하면 〈표 8-2〉와 같다.

### (4) 수행평가

21세기 세계화 · 정보화 시대를 대비하여 단편적 · 사실적 지식을 기억하고 이해하는 능력보다는 학습자 중심 교육을 지향하고, 인성 및 창의성을 조장하는 새로운 교육평가체제를 요구하고 있다. 이러한 요구에 대한 대안으로 제시되고 있는 것 중의 하나가 수행평가방법이다.

수행평가(performance assessment)란 '평가자가 학습자들의 학습과제 수행 과정 및 결과를 직접 관찰하고, 그 관찰 결과를 전문적으로 판단하는 평가방식'을 의미한다. 여기서 학습과제란 학습자들에게서 성취되기를 기대하는 교육목표와 관련되는 것으로, 가능한 한 실제 상황에서 보다 의미 있고, 중요하고, 유용한 과제들을 의미한다. 수행이란 학생이 단순히 답을 선택하는 것이 아니라, 학생 스스로 답을 구성하고, 산출물이나 작품을 만들어 내며, 태도나 가치관을 행동으로 실행하는 것 등을 모두 포함한다. 관찰이란 학습자가 수행하는 과정이나 그 결과를 평가자가 읽거나, 듣거나, 보거나, 느끼거나 하는 활동을 모두 포함하는 것이다(배호순, 2000).

또한 학생들의 창의성이나 문제해결능력 등 고등사고 기능을 포함한 인지적인 능력뿐만 아니라, 학생 개개인의 행동 발달 상황이나 흥미, 태도 등 정의적인 영역 그리고 운동기능영역에 대한 종합적이고 전인적인 평가를 중시하는 평가방식이다.

교수-학습 과정을 개선하고 개별 학생들을 지도 및 조언하기 위한 목적으로 사용되는 방법은 모두 수행평가방법에 포함될 수 있다. 현재 널리 활용되고 있는 수행평가방법으로는 논문형 검사, 포트폴리오, 관찰법, 면접법, 구술시험, 연구보고서, 토론법, 실기시험, 실험 · 실습법, 컴퓨터 시뮬레이션법, 자기평가 및 동료평가 보고서법 등이 있다. 이러한 수행평가의 본질을 구현하는 정도에 따라 평가방법을 분류하면 [그림 8-3]과 같다(한국교육과정평가원, 1999).

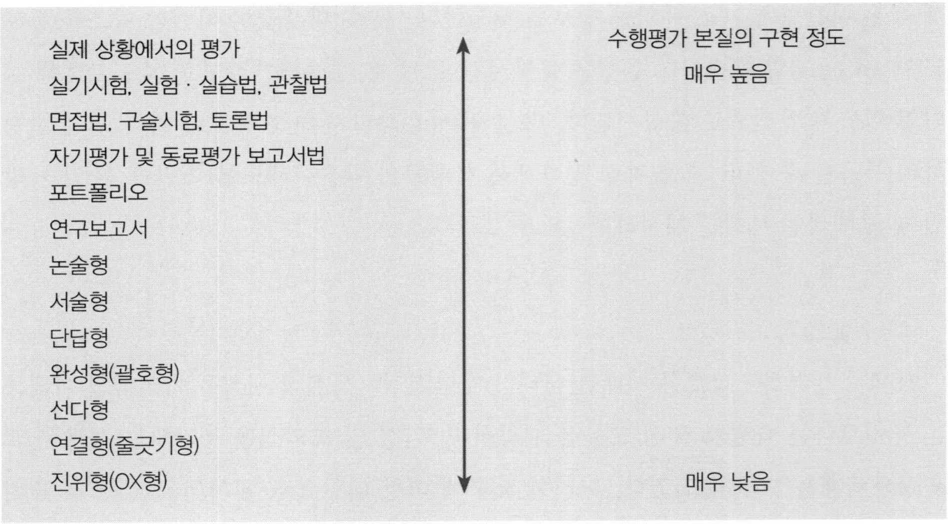


[그림 8-3] **수행평가방법 분류**

출처: 한국교육평가원(1999).

이러한 평가방법들은 상호 배타적이라기보다는 상호 보완적이다. 예를 들어, 국어 과목의 쓰기 능력의 경우에는 논술형이 토론법보다 수행평가의 본질을 더 잘 구현할 수 있으나, 말하기와 듣기 능력의 경우에는 토론법이 논술형보다 수행평가의 본질을 더 잘 구현할 수 있다.

## 4. 성취평가제

### 1) 성취평가제의 의미

성취평가제는 기존의 상대평가가 가지는 한계를 극복하고 학생의 성취 정도에 대한 구체적인 정보를 제공하여 성취 수준에 적합한 다양한 학습이 가능하도록 한다. 또한 학생의 학습능력을 향상시키고 학생들 간의 무한 경쟁을 탈피하여 중 · 고등학교 교육을 제공하고자 하는 데 있다. 따라서 성취평가제는 학생이 무엇을 어느 정도 성취하였는가에 대하여 그 영역의 준거에 비추어 평가한다. 영역의 준거는 교육과정에 근거하여 개발된 교과별 성취 기준을 의미한다. 따라서 성취평가제는 교과목별

교육과정에 근거한 성취 기준에 도달한 정도를 평가하는 것으로, 학생이 성취 기준에 어느 정도 도달하였는가에 대한 정도를 구분한 성취 수준으로 학생들의 성취도가 표현된다. 성취 기준과 성취 수준의 의미를 요약하면 [그림 8-4]와 같다.

성취 기준은 각 교과목에서 학생들이 학습을 통해 성취해야 할 지식, 기능, 태도의 특성을 진술한 것으로, 교사가 무엇을 가르치고 평가해야 하는지에 관한 실질적인 지침이다. 성취 수준은 학생이 교과목별로 성취 수준에 도달한 수준을 나타내는 것으로, 성취 기준에 도달하는 정도를 몇 개의 수준으로 구분하여 각 수준에 있는 학생들의 지식, 기능, 태도의 특성을 설명하는 것이다. 성취 수준은 성취 기준 단위 성취 수준(상, 중, 하)과 학기 단위 성취 수준(A-B-C-D-E 등)으로 구분된다. 성취평가제는 학생들 간의 무한 경쟁을 탈피하고, 성취 수준에 적합한 다양한 학습이 가능하도록 함으로써 중고등학교 교육력을 제고하는 장점이 있다. 또한 창의와 인성을 위한 교육과정, 성취 중심의 공정한 학사 관리, 공교육 중심 입학 정착을 통해 학교교육의 경쟁력 강화를 도모할 수 있을 것으로 보인다.

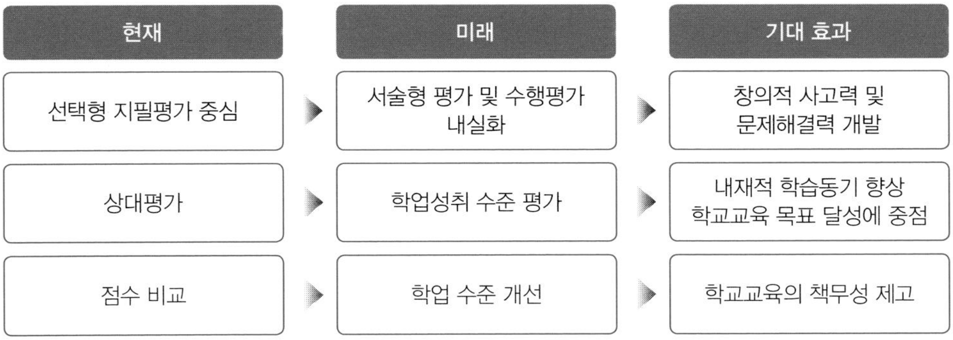


[그림 8-4] **성취평가에 따른 기대 효과**

출처: 한국교육과정평가원(2016).

## 2) 성취평가제 평정 기준

일정 기간에 습득하여야 할 지식, 기능, 태도 등을 포함하고 있는 성취 기준을 마련하여 가르친 내용에 부합하는 평가를 한다. 교사는 각 성취 수준에 도달하기를 기대하는 학생들의 지식, 기능, 태도의 능력과 특성을 설명하는 성취 수준 기술을 작성하고, 성취 기준에 근거하여 성취 기준 도달도를 측정할 수 있는 평가도구를 개발하여 학생들의 성취율에 따라 성취 정도를 평정한다.

한 학기 평가계획에 따라 교수-학습 활동에 부합되는 퀴즈, 수행평가, 중간고사, 기말고사 등이 치러지고, 평가 결과를 종합하여 각 성취 수준을 결정하는 점수를 설정하는 과정을 통해 결정된 분할 점수를 기준으로 개발 학생에게 성적이 부여된다. 예를 들면, 교육과정에 맞춰 개발된 교과목별 성취 기준과 성취 수준에 따라 학생의 학업성취 수준을 평가하고 'A-B-C-D-E(A-B-C/P)'로 성취도를 부여한다. 〈표 8-3〉은 성취도별 정의 및 성취율을 나타낸 것이다.

〈표 8-3〉 **성취도별 정의 및 성취율**

| 성취도 | 성취 기준 기술 | 성취율(원점수) |
|---|---|---|
| A | 내용영역에 대한 지식 습득과 이해가 매우 우수한 수준이며, 새로운 상황에 일반화할 수 있음. | 90% 이상 |
| B | 내용영역에 대한 지식 습득과 이해가 우수한 수준이며, 새로운 상황에 대부분 일반화할 수 있음. | 90% 미만~80% 이상 |
| C | 내용영역에 대한 지식 습득과 이해가 만족할 만한 수준이며, 새로운 상황에 어느 정도 일반화할 수 있음. | 80% 미만~70% 이상 |
| D | 내용영역에 대한 지식 습득과 이해가 다소 미흡한 수준이며, 새로운 상황에 제한적으로 일반화할 수 있음. | 70% 미만~60% 이상 |
| E | 내용영역에 대한 지식 습득과 이해가 미흡한 수준이며, 새로운 상황에 거의 일반화할 수 없음. | 60% 미만 |

출처: 한국교육과정평가원(2016).

### 3) 교육활동의 변화

성취평가제는 기존의 상대평가방식과 성격을 달리하여 학교 현장에서의 교수-학습 활동이나 평가활동에 변화를 가져올 수 있다. 성취평가제는 교육과정, 교수-학습 및 평가의 정합성을 강조하며, 교육과정을 기반으로 마련된 성취 기준을 바탕으로 교수-학습 및 평가가 이루어진다. 학교별 특성을 반영하여 결정된 기준 성취율에 의거하여 학생의 성취도를 평정한다. 이 과정에서 평가계획, 성취 수준 기술, 기준 성취율 결정, 성취 기준 도달도 측정을 위한 타당한 문항 개발 등을 위한 교사협의회의 활동이 매우 중요한 역할을 한다. 교수-학습, 평가, 학생부 성적 기재방식, 정보공시 등의 변화 내용을 정리하면 〈표 8-4〉와 같다.

〈표 8-4〉 **성취평가제에 따른 교육활동의 변화**

| 항목 | 구체적인 활동 |
|---|---|
| 교수-학습 | • 성취 기준에 도달할 수 있도록 수업내용을 구성하여 교수-학습 진행<br>• 교육과정, 교수-학습, 평가 간의 정합성 확보 |
| 준거지향평가의 성격을 반영하여 평가 준비 및 시행 | • 국가 수준의 교육과정을 토대로 한 학기 동안 교수-학습을 한 후에 학생들이 도달해야 하는 성취 기준 도출<br>• 각 학교의 학생 수준을 고려하여 성취 수준의 특성 기술<br>• 성취 기준을 토대로 학생들의 성취도를 측정할 수 있는 평가도구 제작<br>• 평가를 시행하고 결과를 종합하여 교과목별 기준 성취율에 따라 학생의 성취도 평정 |
| 학생부 성적 기재방식 | • 교과목별 기준 성취율에 따라 성취도를 5개 수준(A-B-C-D-E) 또는 3개 수준(A-B-C) 또는 P로 평정<br>• 석차 등급 표기를 삭제하고, 원점수/과목 평균(표준편차)을 병기 |
| 교사협의회 활성화 | • 학기별 평가계획 수립<br>• 성취 기준 · 성취 수준 마련<br>• 이원목적분류표 작성, 평가도구 공동 개발(출제, 검토)<br>• 과목별 기준 성취율 설정 또는 확인 |
| 학업 성적 관리 규정 개정 | • 성취도 표기방법 개정<br>• 과목별 기준 성취율 반영<br>• 기타 개정 사항 반영 |
| 정보공시 | • 평균, 표준편차, 성취도별 분포 비율 공시(2월, 9월) |

출처: 한국교육과정평가원(2016).

## 참고문헌

강현석, 주동범(2012). **현대교육과정과 교육평가**. 서울: 학지사.

곽병선, 이돈희, 구자억, 박순경, 신동로, 유균상, 유한구, 이범홍, 이찬희, 최석진, 이범주, 이경환, 김영일, 박정자(1996). **교육과정 2000 연구개발: 초 · 중등학교 교육과정 체제 구조안**. 서울: 한국교육개발원 교육과정개정연구위원회.

교육과학기술부(2007). 2007 개정 교육과정.

교육과학기술부(2009). 2009 개정 교육과정.

교육과학기술부(2009). 중학교 교육과정 해설 I, II, III, IV.

교육과학기술부(2012). 초 · 중등학교 교육과정 총론.

교육과학기술부, 한국교육개발원(2010). 2010 학교평가 공통지표 매뉴얼.

교육부(2015a). 2015 개정 교육과정 총론 및 각론 확정 발표 자료.

교육부(2015b). 초 · 중등학교 교육과정 총론 신구대조표.

교육부(2021). 더 나은 미래, 모두를 위한 교육 2022 개정 교육과정 총론 주요사항(시안).

김대현(2009). 미래형 교육과정 구조 및 실효화 방안에 대한 논의. **교육혁신연구**, 19(1), 109-125.

김대현, 김석우(2020). **교육과정 및 교육평가**. 서울: 학지사.

김영천(2009). **교육과정 I**. 서울: 아카데미프레스.

김정민(2011). **학교평가지표 보완과제의 탐색**. 서울: 한국교육개발원.

박도순, 권순달, 김명화, 김영애, 김정민(2012). **교육평가: 이해와 적용**. 서울: 교육과학사.

박은아(2012). 성취평가제의 의미 및 적용. **교육광장 여름호 44**. 한국교육과정평가원.

배호순(2000). **수행평가의 이론적 기초**. 서울: 학지사.

변창진, 최진승(1996). **교육평가**. 서울: 학지사.

성태제(2011). **현대교육평가**. 서울: 학지사.

이경진(2005). '실행'을 중심으로 본 교육과정의 의미와 교사의 역할. **교육과정연구**, 23(3), 57-80.

이미경, 주형미, 이근호, 이영미, 김영은, 이주연, 김종윤(2016). **21세기 역량 기반 교육과정 개발 방향 연구: OECD education 2030**. 서울: 한국교육과정평가원.

진영은(2003). **교육과정: 이론과 실제**. 서울: 학지사.

한국교육과정평가원(1999). **수행평가정책 시행 실태 분석과 개선 대책연구**.

한국교육과정평가원(2016). 성취평가제 홍보 리플릿.

한혜정, 김영은, 이주연(2017). **2015 개정 총론 및 교과 교육과정 적용 방안**. 서울: 한국교육과정평가원.

Adler, M. J. (1982). *The Paideia proposal: An educational manifesto*. New York: Macmillan.

Angelo, T. A., & Cross, K. P. (1993). *Classroom assessment techniques: A handbook for college teachers* (2nd ed.). San Francisco: Jossey-Bass Publishers.

Apple, M. W., & Christian-Smith, L. K. (1991). *The politics of the textbook*. New York: Routledge.

Bobbitt, F. (1918). *The curriculum*. New York: Houghton Mifflin.

Boyer, E. I. (1983). *The high school*. New York: Harper and Row.

Boyer, E. L. (1995). *The basin school: A community of learning*. Princeton: Carnegie Foundation.

Cronbach, L. J. (1969). Validation of education measures. In P. H. DuBois (Ed.), *Proceedings of the 1969 invitational conference in testing problems: Toward a theory of achievement measurement* (pp. 35-52). Princeton, NJ: Educational Testing Service.

Dewey, J. (1902). *The child and the curriculum.* Chicago: University of Chicago Press.

Eisner, E. W. (1979). *The educational imagination: On the design and evaluation of school programs.* NY: Macmillan.

Eisner, E. W. (1991). *The enlightened eye: Qualitative inquiry and the enhancement of educational practice.* New York: Macmillan Publishing Company.

Goodlad, J. I. (1983). *A place called school: Prospects for the future.* New York: McGraw-Hill.

Green, M. (1993). Education, art, and mastery: Toward the sphères of freedom. In H. Svishapiro & D. E. Purpel (Eds.), *Critical social issues on American education.* New York: Longman.

House, E. R. (1980). *Evaluating with validity.* Beverly Hills: CAL Sage.

Hutchins, R. M. (1936). *The higher learning in America.* New haven, Conn: Yale University.

Kilpatrick, W. H. (1918). The project method. *Teachers College Record, 19*(4), 319-335.

Marsh, C. J., & Willis, G. (2006). *Curriculum: Alternative approaches, ongoing issues* (4th ed.). Merrill Prentice Hall.

Maslow, A. H. (1962). *Toward a psychology of being.* New York: Van Nostrand Reinhold.

Maslow, A. H. (1970). *Motivation and personality* (2nd ed.). New York: Harper and Row.

Oosterhof, A. (2001). *Classroom applications of educational measurement* (3rd ed.). New Jersey: Prentice-Hall, Inc.

Ornstein, A. C., & Hunkins, F. (1993). *Curriculum: Foundations, principles, and theory* (2nd ed.). Boston: Allyn and Bacon.

Ornstein, A. C., Levine. D. U., Gutek, G. L., & Vocke, D. E. (2011). *Foundation of education* (11th ed.). Belmont: Wadsworth.

Pinar, W. F., Reynolds, W. M., Slattery, P., & Taubman, P. M. (1995). *Understanding curriculum.* New York: Peter Lang.

Powell, A., Farrar, E., & Cohen, D. (1985). *The shopping mall high school: Winners and losers in the educational marketplace.* Boston, MA: Houghton Mofflin.

Rogers, C. (1983). *Freedom to learn* (2nd ed.). Columbus, Ohio: Merrill.

Ryan, R. M. (1995). Psychological needs and the facilitation of integrative processes. *Journal of Personality, 63,* 397-427.

Schwab, J. J. (1969). The practical: A language for curriculum. *School Review, 78,* 1-23.

Scriven, M. (1967). The methodology of evaluation. In R. W. Tyler, R. M. Gagne & M.

Scriven (Eds.), *Perspectives of curricular evaluation* (pp. 39-83). Chicago: Rand Mcnally.

Sizer, T. R. (1984). *Horace's compromise: The dilemma of the American high school.* Boston: Houghton-Mifflin.

Stufflebeam, D. L. (1971). *Educational evaluation and decision making.* Ithaca Illinois: Peacook.

Tyler, R. W. (1942). General statement on evaluation. *Journal of Educational Researcher, 35,* 492-501.

Worthen, B. R., Sanders, J. R., & Fitzpatrick, J. L. (1997). *Program evaluation: Alternative approaches and practical guidelines* (2nd ed.). New York: Longman.

NCIC 국가교육과정 정보센터 https://ncic.re.kr/mobile.index2.do

# 제9장

# 수업설계와 교수매체

교육자들은 제8장에서 기술한 바와 같이, 교육과정을 관점에 따라 다양하게 정의하고 있지만 대부분 교육과정과 수업은 상호 밀접한 관련이 있다고 인정하고 있다. 교육과정 내용을 효과적으로 학습자들에게 전달하기 위해서는 교육프로그램, 교수매체, 교수방법에 의존해야 한다. 효과적인 수업을 위해서는 교육프로그램, 교수매체 및 방법을 지속적으로 개발하는 것이 중요하다.

이 장에서는 수업의 효율화를 위해 수업의 성격과 교수매체의 관계를 파악하고, 수업의 이론적 기초 위에 실제로 수업을 진행하는 데 어떻게 적용될 수 있는지 다양한 수업접근을 통해 살펴본다. 그리고 수업에 활용되는 시청각 자료의 활용에서 첨단공학적 매체를 활용하는 방법까지 살펴본다.

# 1. 체계적인 수업설계

## 1) 좋은 수업의 조건

교육은 학생들의 바람직한 행동 변화를 목표로 교사들은 그러한 변화를 가져오기 위해 효과적인 수업(effective instruction), 좋은 수업(good teaching)을 이끌기 위해 많은 연구와 노력을 기울인다.

교육 분야의 여러 연구 결과를 바탕으로 좋은 수업이 되기 위한 조건들을 살펴보면 다음과 같다. 이 조건들은 수업계획뿐만 아니라 수업진행에도 기준이 되는 요소들이다(이지연, 2005; Chickering & Gamson, 1987; Keller, 1983).

첫째, 학생들의 주의를 끌어 집중시킬 수 있도록 한다. 학생들의 주의력을 집중시키기 위해서는 기존의 것과 다른 새롭거나, 놀라운 것, 불확실한 사건 등을 제시하여 학생들의 흥미나 호기심을 불러일으킨다.

둘째, 수업목표는 학생들이 달성할 수 있도록 명확하게 제시한다. 교사는 학생들에게 수업목표를 사전에 알려 주고 수업 후에 자신들이 도달해야 할 학습성과를 기대할 수 있도록 해야 한다.

셋째, 새로운 정보의 의미와 기존의 정보(prior knowledge)와의 관계를 적극 활용한다. 수업 시작 전에 기존에 배운 학습내용을 회상할 수 있도록 하여 본시 학습과 소통시키고, 아이디어를 결합하여 본시 학습을 이끌어 낸다.

넷째, 학습자료 및 지정된 시간 내에 수행 가능한 과제를 제공해 준다. 학생들이 학습에 필요한 학습자료를 적재적시에 활용하여 최적의 학습활동을 선정할 수 있도록 사전에 자료들을 제공해 준다.

다섯째, 학생의 눈높이에 맞추어 개개인의 수준에 맞는 개별화 수업을 한다. 학생의 준비도를 사전에 확인하고, 그에 맞게 수업내용의 범위나 수준을 조정함으로써 수준별 학습을 이끌어 내는 수업이 되도록 한다.

여섯째, 능동적 학습을 유도한다. 학생들 스스로 도전적인 학습의욕을 가지고 배우고 체험할 수 있는 수업을 설계한다.

일곱째, 학생의 고차적 사고(high order thinking)를 유도한다. 학생들은 교사가 가르친 내용에 대해 자신들이 이해한 것에 근거해서 질문을 하고, 그 내용을 충분히 이해할 때까지 계속 질문하는 과정에서 무엇을 어떻게 생각할지 사고하는 방법을 배운다.

여덟째, 학습성과에 대해 객관적인 평가를 한다. 학생들이 학습한 결과에 대해 즉각적인 피드백을 해 줌으로써 학습결과를 확인시키고, 교사 자신도 수업목표가 제대로 도달되었는지 평가하는 노력을 한다.

좋은 수업의 조건을 생각해 보면 제11장 '교직 입문과 교사의 자질'에서 수업 전문가가 갖추어야 할 교수 기준(teaching standards)과도 일치한다. 이러한 좋은 수업을 만들기 위해서는 무엇보다 수업 전에 체계적인 수업설계가 중요하다.

## 2) 수업설계 과정

수업설계(Instructional Design: ID)는 수업을 어떻게 전개할 것인가를 다루는 활동으로서 특정한 학습내용과 특정 대상의 학생들을 위하여 어떠한 교육방법을 언제 사용할 것인가를 처방해 주는 청사진이라고 볼 수 있다. 제7장에서 학습자에게 바람직하고 가치 있는 교육이 되려면 어떤 내용을 어떻게 효과적으로 가르칠 것인가에 대해 살펴보았다. 학습과 수업의 과정에서 배제될 수 없는 학습내용, 즉 교육과정은 학습자가 교육목표를 달성할 수 있도록 계획한 교수-학습 경험 모두를 일컫는다. 수업은 교육과정에 포함되는 내용을 가르치는 과정이다. 그러므로 교육과정 구성, 내용의 성질이나 구조화된 양식에 따라서 수업방법도 달라진다. 따라서 좋은 수업을 만들기 위해서는 철저한 수업설계가 필요하다. 최근에는 학습경험 및 수업계획보다는 평가계획을 먼저 세운다는 점에서 백워드(backward) 수업설계 모형들도 소개되고 있다(Wiggins & McTighe, 2005).

이와 같이 수업설계에 활용되는 모형은 매우 다양하지만(Dick, Carey, & Carey, 2016; Dick & Reiser, 1999; Sink, 2008; Smith & Ragan, 1999), 일반적으로 수업설계 모형은 어떠한 과정을 거침으로써 학습자의 학업성취를 극대화해 나가는 흐름이다. 체계적이고 조직적인 수업 모형을 최초로 개발한 Glaser(1963)는 수업설계 과정을 수업목표 설정, 출발점 행동 진단, 교수-학습 활동 전개, 학습성과 평가로 이루지는 과정을 피드백을 통하여 상호 의존적으로 연결시키는 과정으로 설명했다.

이러한 관점에서 기본적인 체계적 교수설계(Instructional System Design: ISD) 모

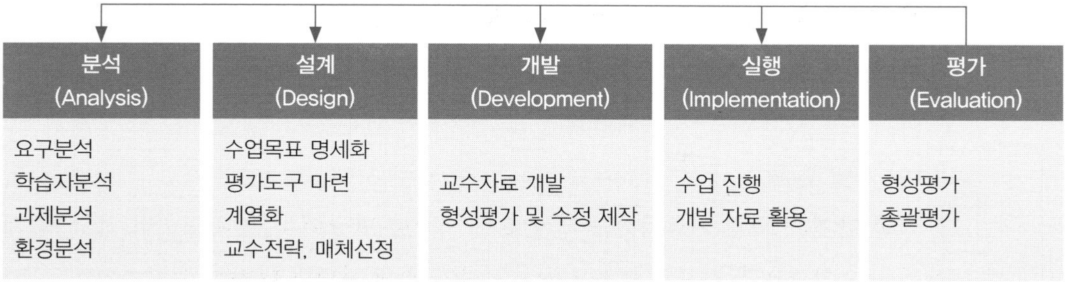


[그림 9-1] **수업설계 모형**

출처: Dick & Reiser (1999).

형은 분석(Analysis), 설계(Design), 개발(Development), 실행(Implementation), 평가(Evaluation)로 이루어진다. 이 다섯 단계의 각 단어의 첫 글자를 따서 'ADDIE'라고 부른다(Dick & Reiser, 1999). [그림 9-1]은 ADDIE 모형을 나타낸 것이다.

### (1) 분석 단계

수업설계의 첫 번째 단계는 가르칠 수업목표(요구), 가르칠 대상(학습자), 가르칠 내용(과제) 그리고 가르칠 환경(환경)을 분석하게 된다. 요구분석은 학습자들이 한 학기 수업이 끝난 후에 무엇을 할 수 있는지 최종 수업목표를 설정하는 것이다. 최종 수업목표는 한 학기 수업을 완전히 끝낸 후에 학습된 결과로 학생들의 계획된 행동 변화를 규정한 것이다. 학습자분석은 수업에 참여할 학생들의 학습스타일(learning styles), 학습동기, 사전 지식 등에 대해 파악하는 것이다. 과제분석은 학습자가 학습을 통해 획득하게 될 다양한 지식, 기술, 태도의 유형과 수준을 명확하게 하는 과정이다. 환경분석은 수업 외적 조건에 대한 분석으로 수업 공간, 활용 매체 정보 등을 검토한다.

### (2) 설계 단계

설계 단계는 매 수업시간의 구체적인 목표를 설정한 다음, 수업목표에 근거하여 학생들의 성취 결과를 확인할 수 있는 방법을 체계적이고 구체적으로 수립하는 과정이다. 체계적이라는 것은 특정 수업목표를 획득하기 위한 전략을 확인, 개발, 평가하는 순차적이고 논리적인 방법을 의미한다. 구체적이라는 것은 그 계획의 각 요소를 상세히 고려하여 적용하는 것을 의미한다. 따라서 수업목표와 수업내용의 순서를 결정한 후, 어떤 방법으로 가르쳐야 효과적일지 수업방법을 선택하고, 수업매체를 선정한다.

### (3) 개발 단계

개발 단계는 목표를 성취하는 데 필요한 자료를 만들어 내는 과정이다. 설계 단계에서 구체적으로 설정한 수업목표를 달성하기 위해 선택한 다양한 수업방법 및 수업매체를 활용하여 자료를 개발한다. 이 단계에서 개발되는 수업자료로는 강의계획서, 수업교안 및 학습자료, 학생 유인물 등이 있다. 이렇게 개발된 수업자료들은 동료 교사나 소수의 학생을 대상으로 형성평가를 해 봄으로써 자료를 수정 및 보완해 나갈 수 있다.

### (4) 실행 단계

실행 단계는 개발된 수업교안이나 교재를 활용하여 교수-학습 활동을 진행하는 과정이다. 수업이 원활하게 진행되기 위해서는 실행을 위한 지원체제가 확보되어야 한다. 교사가 수업을 진행하는 데 있어서 특정한 수업매체가 반드시 필요하다고 판단되면 사용하고자 하는 수업매체 활용법을 사전에 익혀야 한다. 실제로 교사와 학생이 수업 진행 방법이나 활용하게 될 수업매체에 익숙해야만 수업을 원활하게 진행할 수 있다.

### (5) 평가 단계

평가 단계는 수업의 질과 효과성을 평가하는 과정으로, 형성평가와 총괄평가로 이루어진다. 과정 중심의 형성평가는 수업을 설계하는 과정에서 또 수업자료를 개발하는 과정에서 수시로 평가해 보는 방법으로, 이를 통해 학생들의 이해도 및 수업 개선의 방향과 방법을 파악한다. 총괄평가는 학업성취도를 평가하는 것으로, 수업설계를 완성하여 수업을 진행한 후에 수업목표와 학생들의 성취도 결과를 비교하여 수업목표 달성 여부를 파악하는 데 목적이 있다.

## 2. 수업방법 선택

수업방법은 가르칠 수업목표, 수업상황, 학습자료의 특성 등을 고려하여 선택하게 된다. 교사가 수업이 시작되는 처음부터 끝까지 사전에 계획한 대로 설명하는 형식의 수업방법도 있고, 학생들이 어떤 활동에 직접적이고 능동적으로 참여하여 스스로 지식을 찾아가는 형식의 수업방법도 있을 수 있다. 이러한 수업방법들의 특성을 분명히 이해하는 일은 수업목표에 알맞은 수업방법을 선택하는 데 도움이 된다(김경선 외, 2022; 변영계, 이상수, 2010; Ornstein & Levine, 2011).

### 1) 설명식 수업

설명식 수업방법은 교실 수업에서 가장 빈번하고 광범위하게 사용되는 수업방법으로서 비교적 짧은 시간 동안에 학생들에게 많은 자료 및 정보를 전달할 때 활용된다. 이 방법은 대개 다음과 같은 절차에 따라 이루어진다(변영계, 이상수, 2010). 첫째, 교사는 학생들이 학습하게 될 지식(내용)을 사전에 잘 정리한다. 둘째, 학생들은 교사의 설명을 듣고 그 내용을 수용하게 된다. 셋째, 학생들은 각자가 지니고 있는 지적 능력을 동원하여 새로이 수용된 지식을 체계화한다. 넷째, 학생들은 체계화된 지식을 자신의 생활에 적용하거나 기억한다.

이처럼 설명식 수업은 교사의 지식을 학생들이 수용하는 형식으로, 학생들이 수동적으로 학습하게 되어 교육효과가 떨어진다는 단점이 있다. 이러한 단점을 보완하고 학생들의 홍미와 관심을 계속 유지시킬 수 있는 방법으로 Socrates의 문답법과 같이 교사와 학생 간의 질의응답방법을 많이 활용한다. 질의응답은 학생들의 강의내용 인지 수준을 확인하기 위하여 필요에 따라 적절한 수준의 간단한 구두질문을 할 수도 있고, 학생들이 예습 시 이해하지 못한 부분에 대해 질문을 하고, 그에 대한 토론 및 토의 안건을 이끌어 낼 수도 있다.

### 2) 완전학습

초 · 중등학교에서 완전학습(mastery learning) 전략은 Bloom, Carroll 그리고 Block 등의 완전학습방법이 가장 폭넓게 활용되고 있다. Bloom과 Block은 학생의 90%는 실제로 동일한 교육과정을 대부분 완전학습할 수 있다고 보았다. 비록 학습 속도가 느린 학생은 학습시간을 많이 필요로 하지만, 학습을 시작할 때 지식 수준을 정확하게 진단해서 처음 수준에서 출발하여 계열적으로 그에 맞는 자료와 방법을 제시해 주면 학습 속도가 느린 학생들도 완전한 학업성취를 경험할 수 있다고 보았다(Block, 1971; Bloom, 1976).

Carroll(1963)은 모든 학생이 학습시간만 충분하다면 달성해야 할 학업성취를 완전하게 할 수 있다고 주장했다. 학생들이 학습하는 데 필요한 시간을 사용한다면 그들은 학업을 충분히 성취할 수 있다고 보았다. 높은 학업성취력을 가진 학생들은 낮은 학업성취력을 가진 학생들보다 학습에 필요한 시간이 적을 뿐이라는 것이다.

완전학습이 되기 위해서는 수업을 계획하는 데 있어서 수업 단위를 작은 단위로 나누어서 학생들이 다음 단계로 넘어가기 전에 최대한 80~90% 정도를 성취할 수 있도록 수업내용을 조직하여야 한다. 완전학습방법이 수업 상황에서 현실화되려면 학생들의 학습속도에 맞게 처방된 과제를 가지고 학습해 나갈 수 있도록 개별화 수업(individualized instruction)이 이루어져야 한다. 특히, 수업설계를 할 때 학생들의 개인차를 고려하기 위해 여러 가지 수업 방법과 기술이 활용된다. 컴퓨터를 활용한 수업은 학습내용을 연습할 기회를 제공할 뿐만 아니라 학생 수준에 맞게 학습 난이도와 순서를 조정할 수 있다는 효과가 있다.

### 3) 협동학습

협동학습(cooperative learning)은 학습을 소집단으로 구성하고, 공동 목표를 성취하기 위해 구성원들이 함께 학습하는 구조화된 체계적인 수업방법이다. 이 방법은 집단 구성원 간에 적극적인 상호작용을 통해서 학생들의 개별 책무성과 학습참여의 균등한 기회를 제공하는 수업방법이라고 할 수 있다(Slavin, 1983). 일반적으로 학생들도 학습과정에 적극적으로 참여할 때 가장 효과적인 학습이 이루어지며, 수업내용

또한 오랫동안 인지하게 된다고 한다(이지연, 2005). 그리고 협동학습을 지지하는 교사들도 수업에서의 적절한 경쟁은 가벼운 게임과 운동장에서의 경기, 간단한 훈련활동, 학업 중에서도 받아쓰기, 어휘 그리고 수학 계산을 하는 수업에 적절하게 활용한다면 학생들의 학습효과를 증진시킬 수 있다고 본다.

협동학습 모형으로는 Slavin(1983)이 개발한 학생집단성취모형(Student Teams Achievement Division: STAD)과 팀보조 개별학습(Teams Assisted Individualization: TAI) 모형이 대표적이다. STAD 는 4~5명으로 구성된 학습 팀으로 운영된다. 이 모형은 집단 구성원의 역할이 분담되지 않은 공동학습 구조이면서 동시에 개인의 성취에 대해 보상을 해 주는 구조이다. 개인의 성취에 대해 팀 점수가 가산되고 팀에게 집단 보상이 추가로 주어진다.

### 4) 토론학습

토론학습은 학생들이 어떤 주제에 대해 공동으로 탐색하여 서로 견해를 교환하는 수업방법이다. 특히, 학생들의 참여와 역할을 강조하는 학생 중심의 수업방법으로서 학생들의 의사소통능력 향상에도 큰 영향을 미친다. 토론학습은 인지적인 면에서는 창의성과 분석적 사고를 키우고, 나아가 사회성 면에서는 적극적이고 자발적인 학습 태도를, 사회성 면에서는 경청과 합의를 통해 대인관계를 향상시키는 태도 및 기능 등을 배양할 수 있다는 점에서 높은 교육적 가치를 지닌다(이성호, 2000).

토론학습 유형에는 분임토론, 배심토론, 공개토론, 단상토론, 세미나 등이 있다. 분임토론(small group discussion)은 학생들을 여러 개의 소집단으로 나누어서 각 소집단별로 주어진 문제에 대해 분석하고, 해결방안과 행동을 모색하여 이를 발표하고 토론하도록 하는 기법이다. 배심토론(panel discussion)은 토론에 참가하는 소수의 선정된 배심원과 다수의 일반 청중으로 구성되어 사회자의 진행에 따라 토론하는 형태이다. 공개토론(forum)은 1~3인의 전문가가 10~29분간 공개연설을 하고, 이를 중심으로 청중이 질의하고 발표자가 응답하는 방법이다. 단상토론(symposium)은 토론주제에 관해 권위 있는 전문가 몇 명이 서로 다른 각자의 의견을 공식 발표한 후, 이를 중심으로 의장이나 사회자가 토론을 진행하는 방법이다. 세미나(seminar)는 주어진 특정 주제에 대해 토론하는 방법이다. 이외에도 브레인스토밍 및 버즈학습(buzz learning) 방법 등이 있다.

### 5) 문제중심학습

문제중심학습은 말 그대로 '문제(problem)'를 해결해 나가는 과정과 그 결과를 통해 학습이 이루어지도록 하는 수업방법이다. 즉, 학생들이 깊이 있는 사고와 탐색을 필요로 하는 문제를 해결하는 탐구과정을 통해 사고력을 키우게 되는 학습방법이라고 할 수 있다.

이 방법은 Bruner(1966)가 제시한 발견학습(discovery learning)과도 유사하다. 발견학습은 학습과제를 교사의 설명에 의해 해결하는 것이 아니라 학생 스스로 해답을 찾는다는 것을 의미한다. 다시 말해서 지식 습득의 결과보다는 과정을 더 중시한다. 발견학습은 학생 스스로 생각해 보고 문제를 고찰하는 등 학생들을 지식의 과정에 참여시키는 것이지 그 결과를 제시하는 것은 아니라고 본다. 수업과정에서 교사는 자신의 사고, 언어, 표현 등을 감소시켜 나가고, 학생들은 자신의 사고, 언어, 표현을 계속 증대시켜 나가는 수업을 하게 된다.

문제중심학습은 문제제시, 문제분석, 문제해결을 위한 협력(협동)활동 및 논의, 문제해결 및 일반화 과정으로 전개된다. 이 과정 중 가장 핵심이 되는 문제분석 및 협력(협동)학습에서는 먼저 문제를 접한 후에 이전에 알고 있던 지식이나 정보를 갖고 문제를 조망하고(idea, 확산 단계), 문제를 해결하기 위해 자신이 알고 있는 것과 알지 못하는 것이 무엇인지 파악한다(fact, 종합 단계). 다음으로 각각 문제해결을 위해 협력해야 할 사항, 즉 문제해결을 위해 알아야 할 것이나 관련된 자료가 무엇인지 논의한 후(학습과제 규명) 구체적인 실천사항을 논의하게 된다. 따라서 개별적인 자료 수집활동 이후에 다시 문제해결의 과정을 반복하여 문제 정의나 접근방법 수정, 새로운 정보 및 지식을 재종합, 새로운 학습과제 규명 및 분담, 그리고 앞서 세운 실천안을 재설계하게 된다.

### 6) ICT 활용 수업

정보통신기술(Information & Communication Technology: ICT) 활용 수업은 각 교과의 학습목표를 효과적으로 달성하기 위하여 ICT를 적극적으로 활용하는 수업이다. 즉, 교육용 DVD를 이용하여 수업을 하거나, 인터넷 등을 통한 웹 자료를 활용하여 교수-학습을 하는 형태이다(한국교육학술정보원, 2001).

이러한 ICT 활용 교육을 통하여 달성하고자 하는 목적은 학생들의 창의적 사고와 다양한 학습활동을 촉진시켜서 학습목표를 효과적으로 달성할 수 있도록 지원하는 데 있으며, 나아가 학생들로 하여금 미래 사회를 살아가는 데 필요한 사고능력, 학습 능력, 의사소통능력을 향상시키고자 하는 것이다. 이를 통해 궁극적으로 학생들이 창의적이고 능동적인 삶을 영위할 수 있도록 하는 데 있다.

앞서 제시한 수업방법을 중심으로 ICT 활용방법 사례를 제시하면 〈표 9-1〉과 같다.

〈표 9-1〉 **수업방법별 ICT 활용방법**

| 수업방법 | ICT 활용방법 |
|---|---|
| 문제중심 학습 | • 문제의 해결책을 찾는 데 ICT의 기능을 활용한다.<br>• 인터넷을 이용하여 정보를 검색 및 수집한다.<br>• 인터넷 게시판 또는 메일 기능을 이용하여 일정 기간마다 새로 수집한 자료나 진행사항을 공유한다.<br>• 문제해결 결과물을 홈페이지에 공개하고 의견 수렴 및 평가를 받는다. |
| 토론학습 | • 실시간 인터넷 채팅이나 화상으로 원거리의 참여자 간에 토의한다.<br>• 토의하는 과정과 사람들 간의 상호작용 과정을 녹화한다. |
| 협동학습 | • 인터넷을 이용하여 동료, 전문가, 교사, 지역 인사들과 상호 협력이 가능하다.<br>• 메일과 FTP를 이용하여 협력과정의 자료를 교환한다.<br>• 인터넷 화상회의를 이용하여 구성원 간에 회의를 진행한다.<br>• 최종 결과물을 인터넷에 공유한다. |

ICT 활용 수업은 교실 수업 상황에서 교사가 컴퓨터나 각종 멀티미디어를 통해 수업자료를 학생들에게 제공하거나 이를 활용하여 수업하는 경우이기 때문에 디지털 학습자원, 예를 들어 온라인 스토리지(storage)에 저장된 자료, 디지털 교과서, 온라인 수업 및 개별학습 지원을 위한 다양한 온라인상의 학습자료가 개발 및 보급되어야 한다. 에듀넷은 중앙교수학습센터(http://www.edunet4u.net/intro.do)로서 ICT 활용 교육 사이트는 학교현장에서 ICT 활용 수업을 활성화하고자 개발되었으며, ICT 활용 수업에 대한 안내, 관련 수업모형 및 교과목별 수업지도안 및 우수 사례 등 다양한 자료가 제공되어 있다.

### 7) 거꾸로 학습방법

거꾸로 학습, 일명 플립러닝(Flipped Learning)은 학생들의 능동적 참여와 적극적인 사고를 유도하여 지식정보화시대에 요구되는 창의적 능력 배양을 목적으로 수업 전에 VOD 등으로 사전 학습을 하고 수업에서는 능동적 학습활동을 진행하는 수업방법이다.

[그림 9-2]에서 보는 바와 같이, 플립러닝은 수업 전 활동과 수업 중 활동을 구분하여 수업의 흐름을 뒤집는 개념을 적용한 방법이다. 교사는 수업 전에 학생들이 개별 학습을 할 수 있도록 사전에 학습용 강의 동영상을 제작하여 제공하고, 어느 정도 학습준비가 되었는지 퀴즈 및 집단 활동을 통해 확인한다. 이때 사전에 제작되는 강의 동영상 자료는 수업 중에 진행될 핵심 내용을 중심으로 개념, 이해, 기초원리 등 교수자의 도움 없이 학습할 수 있는 수준의 내용을 제작하는 것이 중요하다.

수업 중 활동은 도입, 전개, 마무리로 구분하여 진행한다. 도입과정에서는 간단한 퀴즈를 통한 수업준비도 확인, 기초학습에 대한 질의응답, 핵심 개념을 파악하고 있는지를 점검한다. 전개과정에서 교수자는 학생들의 능동적 활동을 촉진하며, 실제 사례를 통한 문제해결 및 적용 중심의 수업활동을 경험할 수 있도록 한다. 마무리 과정에서는 전체 활동을 최종 피드백하고, 수업 후에 이루어질 학습과 연계할 수 있도록 정보를 제공한다.

수업 후 활동은 학생들이 수업내용을 복습하고, 궁금한 사항에 대해 질문할 수 있는 창구를 마련하고, 더 나아가 심화학습이 가능하도록 다양한 학습자료를 제공해 준다.

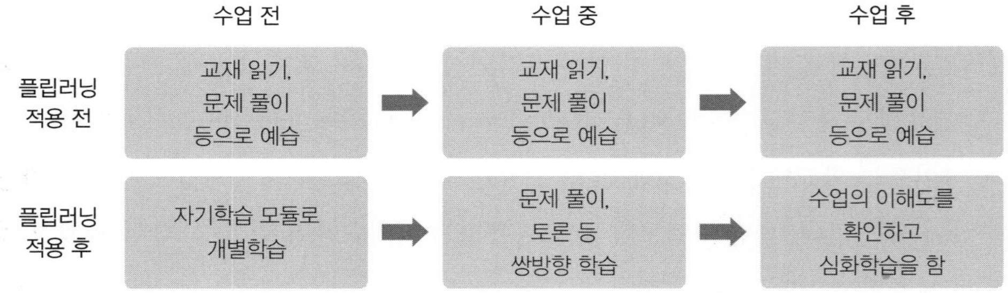


[그림 9-2] 플립러닝 적용 모형

### 8) MOOC 활용 수업

2012년 이후부터 최근 코로나19를 거치면서 우리 교육계에 MOOC라는 존재가 출현하여 많은 사람의 관심을 끌고 있다. MOOC는 Massive Open Online Course의 약어로 온라인 공개강좌를 의미한다. 대규모의 수강 학생을 대상으로 공개된 온라인 교과목을 의미한다. 대규모는 과목을 수강하는 학생이 전 세계적으로 많다는 것을 의미한다. 전통적인 교실 수업 및 이러닝(e-learning) 과정에서와 같이 수백 명 선을 넘어 수십만 명의 수강 학생을 대상으로 한다. 공개한다는 것은 단순히 공개된 형태가 아니라 무료이면서 수강에 대한 별도의 자격 조건을 갖고 있지 않음을 의미한다. 온라인이라 함은 학습자료가 디지털화되어 있어 웹 및 앱 기반의 네트워크를 통해 유통된다는 것을 의미한다. 끝으로 과목(course)은 제공되는 수업자료가 하나의 과목 단위로 제공된다는 것을 의미한다. 또한 교수-학생 간의 질의응답, 토론, 퀴즈, 과제 피드백 등의 학습관리, 학습커뮤니티 운영 등 교수-학습자 간, 학습자-학습자 간의 양방향 학습이 가능한 특징이 있다.

세계적인 MOOC 제공자인 Coursera, Udacity, Edx, Future Learn 등이 서비스를 확대해 나가고 있으며, 교육부는 2015년 2월 K-MOOC 시범운영을 위한 기본계획을 수립하고 2018년 1월 기준 590개 강좌를 서비스하고 있다(한국형 온라인 공개 강좌, www.kmooc.kr).

[그림 9-3] 세계적인 MOOC 지원 기관

이와 같이 MOOC의 활용은 교육방식의 변화에 있다. 이제까지 교육의 주된 모습은 강의실에서 지식 전달 중심의 수업방법에서 온라인을 활용한 자율학습, 문제 풀이 등으로 이루어지고 있다. 다양한 학습 콘텐츠 개발을 통해 학생들이 언제 어디서나 쉽게 새로운 정보를 얻을 수 있도록 발전해 나아가야 할 것이다. 아울러 학습자는 배경지식이 다른 학습자 간에 지식 공유를 통해 대학의 울타리를 넘어 새로운 학습경험을 하게 될 것이다.

### 9) 배움의 공동체

배움의 공동체는 교육현장의 교사들이 중심이 되어 동료 교사들 간에 서로의 수업을 통해 함께 성장을 추진하는 학교변화 운동이다. 특히 학생들이 수업을 통해 무엇을 배우고, 어떻게 배워 나가는지에 대한 학생 중심의 학습활동에 배움의 초점이 있다.

배움의 공동체 수업을 디자인하는 데 있어서 가장 중요한 요소는 '주제'이다. 이 수업에서 학생들과 어떤 배움을 추구할 것인가? 이 수업에서 다루는 주제가 학생들의 성장과 발전을 이끌고 있는가에 대해서 교사가 깊이 생각하고 수업을 디자인하였는가가 배움의 질을 결정짓게 된다.

주제를 선정하면 다음 단계는 수업의 과정을 조직하는 것이다. 좋은 주제라도 풍부한 탐구와 표현 과정이 없다면 배움의 경험은 빈약하게 된다. 배움의 과정은 구체적으로 사물 또는 대상과의 만남과 대화, 친구, 동료 등 타자와의 만남과 대화, 자기 자신과의 만남과 대화를 단원으로 하여 조직된다. 이와 같이 수업은 활동적이고 협력적이며 반성적 배움을 하나의 단원으로 조직하는 수업디자인이 되어야 한다.

배움의 공동체 수업의 기본 흐름은 [그림 9-4]와 같다. 배움의 공동체 수업은 교재, 과제와의 만남을 통한 인지적 실천으로부터 대상과의 대화가 시작된다. 다음 단계는 소집단 협력학습 활동을 통해 이루어지는 타자와의 대화이다. 마지막으로 자기로 돌아와 표현을 통한 전체 공유로 이어진다. 따라서 배움의 공동체 수업은 개인 활동에서 대상을 만나고, 교재를 통해 질문을 찾아내고, 그 질문을 소집단에서 친구들과 함께 탐구하고, 내가 알게 된 것을 표현하는 과정이라고 할 수 있다(서우정, 2014; 손우정, 2012).

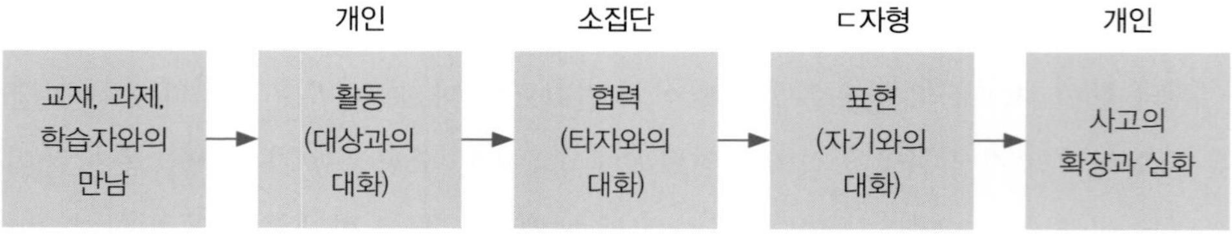


[그림 9-4] 배움이 있는 수업의 기본 흐름

출처: 손우정(2012).

### 10) 하브루타 직소법

생각의 근육을 키우는 하브루타(Havruta) 수업은 동료들 간에 짝을 지어 질문하고, 의견을 나누고, 토론하는 교육방법이다(전성수, 2012). 하브루타의 원래 의미는 짝, 친구, 파트너의 의미로 친구라는 뜻의 하베르에서 유래되었으며, 짝과 함께 질문하고 대화하고 토론하는 형태로 발전되어 왔다.

하브루타 교육원리는 크게 3단계로 구분할 수 있다. 첫 번째 단계는 경청(listening)과 재확인(articulating) 단계로 학생들이 상대방의 의견을 경청하면서 학습내용에 관심을 갖고, 자신의 생각을 명확하게 표현하면서 재확인하는 것이다. 두 번째 단계는 반문(wondering)과 집중공략(focusing) 단계로 학생들이 창의적으로 생각하고, 탐색하며, 상대방의 이야기를 심층적으로 이해하고 결과를 도출할 수 있도록 집중시키는 것이다. 세 번째 단계는 지지와 도전(challenging) 단계로 결론을 이끌어 나가는 과정에서 지속적으로 생각할 수 있도록 격려하고, 강화해 줌으로써 학생들이 스스로 자신의 생각을 명료화해 나갈 수 있도록 돕는 것이다(Kent, 2010).

주어진 시간에 최대한 빨리 정답을 찾는 수업에서 문제의식을 갖고 스스로 문제를 해결할 수 있는 힘을 기르는 하브루타 수업모형은 고정되어 있는 것이 아니라 학습주제, 내용, 수업설계 방법에 따라 수정 및 보완되어야 하지만, 일반적으로 하브루타 수업모형은 〈표 9-2〉의 다섯 가지로 정리할 수 있다(전성수, 고현승, 2015).

〈표 9-2〉 하브루타 수업모형 및 단계

| 하브루타 수업모형 | 단계 |
|---|---|
| 질문 중심 하브루타 | 질문 만들기 → 짝 토론 → 모둠 토론 → 발표 → 전체 토론 |
| 논쟁 중심 하브루타 | 논제 조사하기 → 짝 논쟁 → 모둠 논쟁 → 발표 → 전체 토론 |
| 비교 중심 하브루타 | 비교 대상 정하기 → 조사하고 질문 만들기 → 짝 토론 → 모둠 토론 → 발표 → 전체 토론 |
| 친구 가르치기 하브루타 | 내용 공부하기 → 친구 가르치기 → 배우면서 질문하기 → 입장 바꾸기 → 이해 못한 내용 질문하기 → 전체 토론 |
| 문제 만들기 하브루타 | 문제 만들기 → 짝과 문제 다듬기 → 모둠의 문제 다듬기 → 문제 발표 → 전체 토론 |

출처: 전성수, 고현승(2015).

## 3. 수업매체 선정

### 1) 수업매체 선정 방법

매체(media)란 라티어의 'medius'에서 유래된 말로, 그 의미를 '사이(between)'로 정의하고 있다. 이는 수신자와 송신자 사이에서 주고받는 전달 수단이 된다. 즉, 매체란 정보를 전달하는 과정 속에서 전달을 위해 사용되는 모든 형태의 채널을 의미하며, 교육목표 달성에 아주 중요한 수단이 된다.

교사들은 수업 상황에서 '메시지'를 전달할 적절한 교수매체를 정하는 것은 매우 중요한 일이다. 교육활동의 효과를 극대화시키기 위해서 교사들이 수업장면에 적절한 수업매체를 선정하는 데에는 많은 시간과 노력을 필요로 한다. Heinich 등(2005)은 교수매체와 자료를 효과적이고 체계적으로 활용할 수 있도록 모형을 개발하였다. 이 모형은 학습자 분석(Analyze learners), 목표 진술(State objectives), 교육방법, 매체 및 자료 선정(Select methods, media and materials), 교수매체와 자료 활용(Utilize media and materials), 학습자 참여(Require learner participation) 그리고 평가와 수정(Evaluate and revise) 등의 여섯 단계로 이루어지며, ASSURE 모형이라고도 한다([그림 9-5] 참조).

첫째, 학습자 분석 단계에서는 학습자의 일반적인 특성과 출발점 행동, 학습양식 등을 검사지나 인터뷰를 통해서 분석한다.

둘째, 목표 진술 단계에서는 목표를 제시하고, 그 목표의 성취에 알맞은 교수매체를 선정하여 목표 성취를 위한 평가내용 및 준거를 제시한다.

셋째, 교육방법, 매체 및 자료의 선정 단계에서는 기존의 자료를 검색하여 목표에 맞게 수정하거나 새롭게 개발한다. 교육내용의 성격을 고려하여 가장 효과적인 교수매체를 선택하거나 제작한다.

넷째, 교수매체와 자료 활용 단계에서는 수업에 사용하기 전에 내용을 확인하여 연습한 후에 학습자들에게 미리 매체에 대한 정보를 주어야 한다. 제시 후에는 토론이나 집단활동 및 개별 보고서 등의 사후학습을 계획한다.

다섯째, 학습자 참여 단계에서는 학습자의 참여를 이끌어 낼 수 있는 토의, 퀴즈, 연습문제 등을 준비한다.

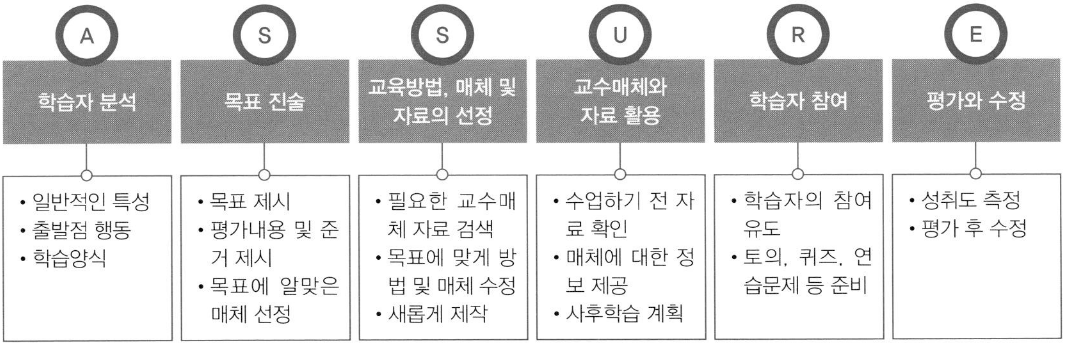


[그림 9-5] ASSURE 모형

출처: Heinich et al. (2005).

끝으로, 평가와 수정 단계에서는 학습자의 성취도를 측정하고, 매체와 방법에 대해 평가한 후에 수정이 필요한 부분을 파악한다.

ASSURE 모형은 실제 교실에서의 수업을 위해 매체와 자료의 활용을 위한 계획 수립에 초점을 맞추고 있다. 이 모형은 일상적인 수업에서 매체와 관련된 교사의 역할을 자세히 기술하고 있어 손쉽게 사용할 수 있다는 장점이 있다.

## 2) 수업매체 활용

효율적인 수업을 위해서 다양한 수업매체를 활용하게 된다. 학자들은 다양한 준거에 따라 교수-학습과정에서 활용될 수 있는 수업매체를 분류해 왔다. Dale(1969)은 우리의 경험을 다양한 매체가 제공하는 구체성의 정도에 따라 '경험의 원추(cone of experience)'라는 모형을 제시하였다.

Heinich 등(1996)은 매체의 상징체계에 따라 시각 매체, 청각 매체, 시청각 매체, 멀티미디어 매체의 네 가지로 분류하였다. Newby, Stepich, Lehman과 Russell(2000)은 교수-학습 효과성에 따라 실물, 텍스트, 칠판, OHP, 슬라이드, 오디오, 비디오, 그래픽, 컴퓨터 소프트웨어 등으로 분류하였다. Smaldino, Lowther와 Russel(2011)은 매체의 포맷(format)에 따라 텍스트, 오디오, 시각물, 비디오, 조작물 그리고 인적 매체 등 여섯 가지 유형으로 분류하였다. 여기서 포맷이란 교수자가 전달하고자 하는 내용이 포함되어 나타나는 물리적 형태를 의미한다(박성익 외, 2012).

이와 같이 수업에 활용되는 교수매체는 그 종류와 형태가 다양하다. 최근 기술의 발달 환경에서 교수매체는 더욱 눈부시게 발전되고 있으며, 그 미래를 예측하기도 쉽지 않다. 이 절에서는 학교에서 주로 제공하는 정보의 형태에 따라 시청각 매체, 방송 매체, 멀티미디어 매체, 인터넷과 웹 매체, 스마트기기와 앱 활용 등에 대해 살펴보고자 한다(박성익 외, 2012; 한정선 외, 2008; Heinich et al., 2005).

### (1) 시청각 매체

청각(recording) 매체는 소리나 음악을 저장하는 자료로서 실제적 감각과 연속성을 지니고 있으며, 반복적으로 제시할 수 있다는 장점이 있다. 특히, 소리 파일을 파워포인트, Hyperstudio와 같은 멀티미디어 파일에 추가하여 발표에 활용함으로써 학습에 대한 흥미를 더 끌어내고, 학생들의 주의집중에 도움을 주는 효과가 있다.

투사(projection) 매체는 학습자료를 강한 빛으로 통과시켜서 학습내용이 스크린에 나타나도록 하는 시각 매체이다. 현재는 컴퓨터를 이용한 자료 제작과 프레젠테이션을 위해서 파워포인트가 널리 활용되고 있다. 파워포인트로 제작된 슬라이드는 텍스트 형식으로만 구성할 수도 있으나, 동영상, 소리, 그래프, 그림 등을 포함시킨 멀티미디어 슬라이드를 효과적으로 만들 수도 있다. 전달하는 방법은 빔(beam) 프로젝터, 액정 디스플레이(Liquid Crystal Display: LCD) 프로젝터를 이용하여 투사하는 등 직접 컴퓨터 슬라이드 쇼로 제시할 수도 있다.

### (2) 방송 매체

정보통신기술(Information and Communications Technology: ICT)의 발전은 지상파 TV방송, 위성방송을 가능하게 하였고, 나아가 인터넷방송 등 디지털 방송시대를 열어 가고 있다. 유튜브와 같은 창작 콘텐츠(User Created Contents: UCC)와는 달리, 방송되는 내용들은 사전에 검토 및 검증을 받기 때문에 보다 객관적이고 정확하며 공정성이 높다.

최근에는 TV방송을 인터넷을 통해 방송 프로그램을 다운로드받아 시청할 수도 있으며, 더 나아가 방영된 프로그램이 디지털 다기능 디스크(Digital Versatile Disc: DVD)에 녹화되어 학습에 활용성을 편리하게 해 주고 있다.

### (3) 멀티미디어 매체

멀티미디어 매체의 교육적 가치는 '여러 매체의 적절한 복합은 하나의 매체보다 교육적 효과가 높다는 것이다'라는 가정을 바탕으로 하고 있고, 시각 매체와 청각 매체의 적절한 결합은 학습효과를 높이며, 정보가 단편적으로 제시될 때보다 상황과 관련되어 제시되었을 때 그 정보가 효율적이라는 것이다. 또한 주어진 학습환경과 상호작용이 높을수록 학습효과는 더욱 더 향상된다고 본다.

멀티미디어로 구현된 영어 회화에 관한 개인교수형(tutorial) 프로그램은 회화 문장의 설명과 함께 실제 원어민과 대화하는 장면이 동영상으로 제시될 수 있다. 나아가 학습자들에게 제시되는 설명을 실제 교수의 목소리로 제시한다면 학습자들은 일대일로 학습하는 듯한 느낌을 받게 될 것이다.

자동차 운전을 배우는 반복 연습형 프로그램은 운전하는 방향에 따라 바깥 풍경을 동영상으로 보여 줌으로써 학습자들이 실제 운전하는 것처럼 느끼게 할 수 있다. 학습자들에게 제시되는 피드백도 실제 교사의 목소리로 제시할 수 있다.

멀티미디어에 의한 게임과 모의실험은 거의 현실과 구별할 수 없을 정도로 정확하게 이루어진다. 용접 기술을 학습하는 멀티미디어 모의실험 프로그램에서는 학습자들은 화면에 제시된 용접할 철문들을 모의 용접봉과 용접기를 접근시켜서 용접하는 경험을 할 수 있다.

특히, 컴퓨터에 멀티미디어 기능의 추가로 컴퓨터를 교육적 매체로 활용할 수 있는 잠재 가능성은 상당히 높아지고 있다. 종전의 단순한 문자나 그림만의 전달 형태에서 실제적으로 생동적인 다양한 그림 및 소리와 움직임을 표현하게 됨으로써 학습자의 욕구를 충족시키고 교육환경의 제약을 극복하는 데 뛰어난 성능을 발휘하게 되었다.

### (4) 인터넷과 웹 매체

웹 매체는 인터넷을 기반으로 가상공간(cyberspace)에 존재하는 문자, 사진, 그림, 음성, 영상 자료 등 수많은 정보를 의미하며, 학생들은 필요한 정보를 검색하고 수집하여 학습에 활용하게 된다. 이러한 인터넷과 웹은 엄청난 정보와 자원을 함유하고 있으며, 교육적 활용 가치가 높기 때문에 인터넷을 활용한 수업(internet-based instruction) 또는 웹 기반 수업(web-based instruction)에 대한 관심이 증가되고 있다.

인터넷 활용 수업은 말 그대로 인터넷을 수업에 활용하는 것이다. 인터넷을 수업에 활용하는 방법, 목적, 형태 등은 다양하지만, 중요한 것은 인터넷 활용 수업 그 자체가 아니라 인터넷의 활용이 수업의 목적이나 수업의 질을 높이는 데 얼마나 도움을 줄 수 있느냐에 있다. 인터넷은 세계 각국의 수많은 통신망들을 서로 연결함으로써 전 세계의 모든 정보를 학생들에게 제공하며, 그림, 영상, 애니메이션, 음향 등을 이용한 생생한 학습환경을 통해 전통적인 수업에서는 가능하지 않았던 새로운 학습경험을 가능하게 한다. 또한 인터넷 자원들은 아주 빠르게 발전해 감으로써 학생들은 보다 최신의 정보를 손쉽게 접할 수 있고, 다양한 분야의 전문가에 의해 제공되는 웹 자원을 제공받을 수도 있다.

웹 기반 수업은 교수-학습 매체로서 웹을 활용하여 수업을 전달하게 된다. 이 접근은 학습의 교육자료 지원을 촉진할 수 있는 유의미한 학습환경을 조성하기 위해서 웹의 속성과 자원을 이용한다. 웹 학습환경은 고도의 상호작용적 의사소통이 가능하기 때문에 다양한 상호작용 기회를 통하여 협동적이고 창의적인 교육에 도움을 줄 수 있다. 특히, 웹은 학습자의 수준에 적합한 개별화 수업을 가능하게 한다.

특히, 사이버 학습 공간, 전자 도서관 등을 제공하게 됨으로써 언제, 어디서나, 누구든지 어떤 내용이라도 마음대로 학습할 수 있는 평생학습사회의 기반을 제공하고 있다. 또한 미래 학교는 학생 중심의 학습활동을 관리하고 이에 필요한 정보와 지식을 체계적으로 축적, 관리, 보급하는 학습센터들이 시 · 도마다 운영되고 있다.

### 3) 스마트기기와 앱 활용

스마트기기란 스마트폰에서 그 이름이 유래된 각종 최신의 핸드폰이나 탭 또는 패드를 총칭하는 용어이다. 기존의 시청각 기자재와 유사한 성능을 지니면서 무선 인터넷을 통한 자유로운 데이터 활용, 편리한 휴대성으로 교수자의 융통성 있는 수업활동을 보장한다는 측면에서 뛰어난 모습을 보이고 있다. 특히, 출력장치뿐만 아니라 입력장치로서의 기능은 또 다른 강점이 된다. 좋은 수업의 특징은 주장하는 이에 따라 다양하지만 중요하게 공통된 부분이 바로 학생과 교수자 또는 학생 간에 다양하고 풍부한 상호작용을 통해 지식의 명료화와 전이를 원활하게 하는 것이다. 학생들에게 생각이나 의견을 드러내도록 하고 적절한 피드백을 제공하는 것은 가장 기본적인 교수원칙이라고 할 수 있다. 이러한 측면에서 수업에서의 스마트기기 활용은 필요하며 권장할 만하다고 할 것이다. 〈표 9-3〉은 교수-학습에 활용 가능한 앱을 나타낸 것이다.

스마트기기를 수업에 활용하는 것은 ① 주의집중 및 흥미 유발, ② 학생의 참여 유도, ③ 학생의 아이디어 발표 및 공유, ④ 편리한 학습내용 제시, ⑤ 다양한 교수방법 활용, ⑥ 연습 및 평가에 대한 원활한 피드백 등과 같은 목적을 위해서이다. 이는 새로운 기기로 인해 학습자의 주의와 관심이 집중되지만 진정한 학습과 연계되지 않으면 그 효과는 금방 사라지고 스마트기기의 뛰어난 성능이 오히려 사고와 학습을 저해할 수도 있다는 것이다. 따라서 잘 짜인 수업전략을 실행하는 데 스마트기기를 적절히 활용하여야 하는 것이지, 스마트기기의 흥미로운 성능이 주가 되어서는 안 된다는 것이다.

〈표 9-3〉 **교수-학습에 활용 가능한 앱**

| 도구 | 설명 |
|---|---|
| 알로(ALLO) | • 화이트보드형 온라인 협업 도구<br>실시간으로 여러 사람이 함께 공동 작업물을 공유하여 자유롭게 의견을 교류하고, 화상통화, 채팅, 실시간 동시 작업 등이 가능한 협업 도구 |
| 패들렛(Padlet) | • 게시물을 한 곳에 모아 볼 수 있는 온라인 플랫폼<br>가상 게시판에 콘텐츠를 업로드 및 공유할 수 있으며, 다수의 사용자들과 함께 실시간으로 학습내용 및 회의내용을 공유할 수 있는 도구 |
| 심플로우(Symflow) | • 실시간 청중 응답 시스템<br>웹 환경에서 발표와 설문, 질의응답을 실시간으로 진행할 수 있는 플랫폼으로, 퀴즈, 설문, 강의 자료, 강의 영상을 자유롭게 배치해 강의 모드를 재구성할 수 있는 도구 |
| 멘티미터(Mentimeter) | • 실시간 상호작용이 가능한 대화형 프레젠테이션<br>교사와 학생이 수업시간 동안에 다양한 방법(투표, 설문조사, 퀴즈, 매트릭스, 워드클라우드 등)으로 실시간 상호작용이 가능한 대화형 프레젠테이션 도구 |
| 카훗(Kahoot) | • 게임 기반 학습플랫폼<br>게임 기반의 온라인 반응 시스템으로, 퀴즈, 토론, 설문을 생성하여 학생들의 학습에 최적화된 도구 |

## 4. 메타버스 기술의 교육적 활용

메타버스의 급격한 부상은 2020년 팬데믹 상황으로 더욱 가속화되었다. 메타버스는 가상, 초월을 뜻하는 메타(meta)와 세계, 우주를 의미하는 유니버스(universe)의 합성어이다. 메타버스는 가상과 현실 공간이 결합된 공간으로, 그 속에서 사회 · 경제 · 문화 활동이 이루어지면서 가치를 창출하는 세상을 의미한다(고선영 외, 2021; 김상균, 2020; 이승환, 2021). 주로 게임, 실감형 콘텐츠, 시뮬레이션 현장실습 등에 활용되었지만, 최근에는 입학식, 졸업식, 수업, 회의 등이 메타버스 상에서 이루어지는 등 확장된 경험을 통해 지식 구성을 촉진하는 기회를 제공하고 있다.

교육기관에서는 팬데믹 상황이 장기화되면서 온라인 수업의 한계점을 보완하기 위해 메타버스를 주목하기 시작했다. 최근 들어 메타버스 플랫폼을 활용한 비몰입형 학습과 메타버스 기술(예를 들어, AR, VR, MR 등)을 활용한 몰입형 학습이 점차 확대되고 있다. 실제 교육 현장에서 사용되는 다양한 유형의 메타버스 교육용 플랫폼을 소개하면 〈표 9-4〉와 같다.

메타버스 플랫폼을 활용한 가상환경에서의 학습은 시공간을 초월한 다양한 교육환경에서 정보 공유, 상호작용 공간으로 활발히 사용되고 있다. 몇 번의 클릭만으로 원하는 가상공간을 꾸밀 수 있으며, 아바타로 자유롭게 이동이 가능하며, 상대방과

〈표 9-4〉 메타버스 교육용 플랫폼

| 플랫폼 | 제페토 | 이프랜드 | 메타버시티 | 인게이지 | 호라이즌 | 스페이셜 | 게더타운 |
|---|---|---|---|---|---|---|---|
| |  |  |  |  |  |  |  |
| 공간 | 3D | 3D | 3D | 3D | 3D | 3D | 2D |
| 접속자 | 16 | 31 | 5,000 | 4 | 0 | 20 | 25 |
| 방식 | M | M | M, P, H | M, P, H | H | M, P, H | P |
| 화면 녹화 | O | O | O | O | O | O | X |
| 화면 공유 | X | O | O | O | O | O | O |
| 아바타 | O | O | O/제한적 | O | O | O | X |

주: 접속자는 무료 기준 동시 접속자이며, 방식은 M: Mobile, P: PC, H: HMD이다.

대화를 나눌 수 있다.

몰입형 학습(immersive learning)은 가상현실, 증강현실, 혼합현실 등의 기술을 기반으로 한 몰입형 학습공간(환경)에서 학습자를 교육하는 경험적 교육방법이다. 학습경험 디자인(learning experience design) 전반에 걸쳐 새로운 기술, 기능, 환경, 교수법 등이 요구된다. 교육 현장에서는 실감 콘텐츠를 활용한 교육이 확대되고 있으며, 의료, 공학, 가상훈련 등 다양한 분야에 적합한 콘텐츠 등이 활용되고 있다. 몰입형 학습은 앞으로 단순히 대면 교육을 가상현실에서 진행하는 것이 아니라 위험하거나, 비싸거나, 접근할 수 없거나, 높은 임장감이 요구되는 교육 분야에 적용될 것이다. 구체적으로 안전교육이나 위기 대응 훈련은 사상자 발생 없이 높은 몰입감을 통해 그 효과성을 극대화할 수 있다. 과학과 공학 분야에서도 방사능, 독성 물질 또는 오염이나 기타 사고 가능성이 많은 교육과 훈련에 큰 효과가 있을 것으로 기대한다. 우주 공간이나 나노 세계 등 현실적으로 접근하기 힘든 영역과 대기 구성 변화에 따른 지구 온난화 파급효과 체험 등 천문학적인 비용이 드는 교육 역시 좋은 적용 대상으로 생각한다. 또한 아바타 기반의 익명성을 제공하는 상담 분야 역시 관심을 가지고 있는 분야이다.

다만 몰입형 학습의 교육효과를 극대화하기 위해서는 헤드셋 도입과 실감형 콘텐츠 확보가 필요하다. 그러나 교육기관들이 헤드셋을 대규모로 도입하는 것이 쉽지 않은 상황이다. 국가 차원에서 실감형 콘텐츠를 개발하여 보급함으로써 학생들의 실재성을 증대시키고, 실재와 유사한 경험 및 감성을 느끼게 하여 학습의 몰입도를 높일 수 있는 다양한 교수-학습 자료가 마련될 것으로 보인다.

## 참고문헌

강현석, 이지은, 유제순(2016). **이해중심 교육과정을 위한 백워드설계의 이론과 실천: 교육혁명**. 서울: 학지사.

고선영, 정한균, 김종인, 신용태(2021). 문화 여가 중심의 메타버스 유형 및 발전 방향 연구. **소프트웨어 및 데이터 공학, 10**(8), 331-338.

교육과학기술부, 한국교육학술정보원(2009). **디지털 교과서: 디지털 교과서 하나면 이 세상 모든 곳이 학교랍니다**.

김경선(2022). 교수역량강화를 위한 교수법 가이드. 서울: 디자인 끌림.

김상균(2020). 메타버스-디지털 지구. 서울: 플랜비 디자인.

나승일(2004). 대학에서의 효과적인 교수법 가이드. 서울: 서울대학교 출판부.

문혜성(2007). 미디어 교수법: 미디어 교육과 미디어 활용을 위한 교수학습 방법. 서울: 한국콘텐츠진흥원.

박성익, 임철일, 이재경, 최정임, 임정훈, 정현미, 송해덕, 장수정, 징경원, 이지연, 이지은(2012). 교육공학의 원리와 적용. 서울: 교육과학사.

박승배, 부재율, 설양환, 이미자, 조주연(2000). 효과적인 교수법. 서울: 아카데미프레스.

변영계, 이상수(2010). 수업설계. 서울: 학지사.

서우정(2014). 고등학교 2학년 수학과에서 '배움의 공동체 수업'의 효과 연구. 한국교원대학교 교육대학원 석사학위논문.

손우정(2012). 교육개혁을 디자인하다. 서울: 학이시습.

유재택(2007). 대학정보화 최신 동향 분석 자료집. 한국교육학술정보원.

이성호(2000). 교수방법론. 서울: 학지사.

이승호, 한상열(2021). 메타버스 비긴즈(BEGINS): 5대 이슈와 전망. 소프트웨어정책연구소.

이승환(2021). 메타버스 비긴즈: 인간×공간×시간의 혁명. 서울: 굿모닝미디어.

이지연(2005). 명강의를 위한 효과적인 수업기술. 서울: 서현사.

임찬빈, 이희진, 곽영순, 강대현, 박역석(2004). 수업평가 기준 개발 연구(I): 일반기준 및 교과(사회, 과학, 영어) 기준 개발. 서울: 한국교육과정평가원.

전성수(2012). 부모라면 유대인처럼 하브루타로 교육하라. 서울: 예담프렌드.

전성수, 고현승(2015). 질문이 있는 교실: 중등편. 서울: 경향BP.

조용개, 신재한(2011). 교육실습 · 수업시연 · 수업연구를 위한 교실수업 전략. 서울: 학지사.

한국교육개발원(2016). 2016년도 온라인 수업활성화 사업 운영 1차 협의회(협의자료).

한국교육학술정보원(2001). ICT 활용 교수-학습과정안 자료집.

한국교육학술정보원(2016). 2016년 교육정보화 백서.

한정선, 김영수, 주영주, 강명희, 정재삼(2008). 미래사회를 위한 교육방법 및 교육공학. 서울: 교육과학사.

Archer, L. B. (1966). *Systematic method for designer.* Council of instructional design. London.

Block, J. H. (1971). *Mastery learning: Theory and practice.* New York: Holt, Rinehart and Winston.

Bloom, B. S. (1976). *Human characteristics and school learning.* New York: McGraw-Hill Book Co.

Bonk, C. J., Lee, M. M., Reeves, T. C., & Reynolds, T. H. (2015). *MOOCs and open education around the world*. New York: Routledge.

Booker, P. J. (1964). *Conference on the teaching of industrial design. Institution of engineering Designers*. London.

Bruner, J. S. (1966). *Toward a theory of instruction*. Cambridge: Harvard University Press.

Carroll, J. S. (1963). A model of school learning. *Teachers College Record, 64*, 723-733.

Chickering, A. W., & Gamson, Z. F. (1987). Seven principles for good practice in undergraduate education. *American Association of Higher Education Bulletin, 39*(7), 3-7.

Dale, E. (1969). *Audiovisual methods in teaching*. New York: Holt, Rinehart and Winston, Inc.

Dick, W., & Reiser, R. A. (1999). **교사를 위한 체제적 수업 설계**(*Instructional planning: A guide for teacher*). (양영선 역) 서울: 교육과학사. (원저는 1998년에 출판).

Dick, W., Carey, L., & Carey, J. O. (2016). **체제적 교수설계**(*The systematic design of instruction*). (김동식, 강명희, 설양환 공역). 서울: 아카데미프레스. (원저는 2009년에 출판).

Glaser, B. G. (1963). Retreading research materials: The use of secondary analysis by the independent researcher. *The American Behavioral Scientist, 6*(10), 11-14.

Gustafson, K. L., & Branch, R. M. (2002). *Survey of instructional design models* (4th ed.). ERIC Clearinghouse on Information & Techlology, Syracuse University. (ERIC Document Reproduction Service No. ED 477517).

Gustafson, K. L., & Branch, R. M. (2014). **교수설계 공학의 최신 경향과 쟁점**(*Trends and issues in instructional design and technology*). (노석준, 소효정, 이지연 공역). 서울: 아카데미프레스. (원저는 2007년에 출판).

Heinich, R,, Molenda, M., Russell, J. D., & Smaldino, S. E. (1996). *Instructional media and technologies for learning*. Upper Saddler River, NJ: Prentice Hall.

Heinich, R,, Molenda, M., Russell, J. D., & Smaldino, S. E. (2005). *Instructional media and technologies for learning* (8th ed.). Upper Saddler River, NJ: Prentice Hall.

Keller, J. M. (1983). Motivation design and instructional design. In C. M. Reigeluth (Ed.), *Instructional design theories and models: An overview of their current status*. Hillsdale, NJ: Lawrence Erlbaum Associates.

Kent, O. (2010). A theory of Havruta learning. *Journal of Jewish Education, 76*(3), 215-245.

Mathur, K. S. (1978). The problem of technology: A proposed technology for design theories and methods. *Design Methods and Theories, 12*(2), 131-137.

Newby, T., Stepich, D., Lehman, J., & Russell, J. (2000). *Instructional technology for teaching and learning: Designing instruction, integrating computers, and using media*.

Columbus, OH: Prentice-Hall.

Ornstein, A. C., & Levine, D. U. (2011). *Foundation of education* (11th ed.). Wadsworth: Cengage Learning.

Sink, D. L. (2008). *Instructional design models and learning theories.* Alexandria: United States.

Slavin, R. E. (1983). *Cooperative learning.* New York: Longman.

Smaldino, S. E., Lowther, D, L., & Russel, J. D. (2011). *Instructional technology and media for learning* (10th ed.). Pearson Education, Inc.

Smith, P. L., & Ragan, T. L. (1999). *Instructional design* (2nd ed.). New York: MaCmillan Publishing Co.

Smith, P., & Ragan, T. (1999). *Instructional design.* New York: John Wiley & Sons.

Wiggins, G., & McTighe, J. (2005). *Understanding by design* (2nd ed.). 강현석, 유제순, 이지은, 김필성 공역(2008). **교육과정 개발: 교과의 진정한 이해를 위한 백워드 설계의 이해.** 서울: 학지사.

Willis, J. W. (2009). *Constructivist Instructional Design(C-ID): Foundations, models and examples.* North Carolina: Information age publishing.

게더타운 https://www.gather.town

멘티미터 https://www.mentimeter.com

메타버시티 https://metaversity.camp

스페이셜 https://www.spatial.io

알로 https://allo.io/ko

이프랜드 https://ifland.io

인게이지 https://engagevr.io

제페토 https://studio.zepeto.me/ko

카훗 https://kahoot.it

패들렛 https://ko.padlet.com

한국형 온라인 공개 강좌 http://www.kmooc.kr

제 10 장

# 생활지도와 상담

학교생활을 하는 가운데 학생들이 직면하게 되는 문제와 위기들은 다양하다. 생활지도와 상담은 이러한 당면한 문제들을 해결해 가는 과정에서 학생들로 하여금 자기 능력을 최대한 계발하여 바람직한 방향으로 자기 성장이 이루어지도록 돕는 활동이다. 따라서 이 장에서는 생활지도의 의미와 기본원리, 생활지도의 목표와 영역, 학생들의 다양한 문제에 적합하게 적용할 수 있는 상담이론과 집단상담의 목표와 특성, 학교폭력의 원인과 대책 방안에 대해서 살펴보고자 한다.

## 1. 생활지도의 이론과 실제

청소년 시기는 급속한 신체발달과 호르몬의 변화, 그리고 부모와의 갈등과 정서적 혼란과 함께 치열한 입시 경쟁, 미래 자신의 진로문제 등의 현실적 문제가 복합적으로 작용하는 시기로서 소외감, 무력감 등의 부적응 문제가 심각하게 나타난다. 따라서 이 절에서는 학생들의 건전한 전인적 발달을 위한 생활지도의 의미와 기본원리에 대해서 살펴보고자 한다.

### 1) 생활지도의 의미

오늘날의 사회가 지식기반사회, 정보화사회로 인해 점차 비인간화되어 가고, 도시화와 산업화로 사회구조가 급격히 변화함에 따라 가족기능이 현저히 약화되고 있다. 그리고 바람직한 전인교육의 본질을 추구하여야 할 학교교육마저 입시 위주의 지식교육과 획일화된 교육으로 전락해 학교폭력, 집단따돌림 등을 포함한 아동 및 청소년의 문제가 날로 심각해지는 상황을 고려하면 생활지도의 중요성은 더욱 절실하다. 이처럼 우리의 교육은 지나치게 지식 위주로 이루어졌기 때문에 우리 자신에 대해서도 학습할 기회를 거의 갖지 못했다. 막상 나는 어떤 사람인가, 나의 가치관은 무엇인가, 나의 삶의 목적은 무엇인가 등의 물음에 직면했을 때 당황하게 된다. 삶의 문제나 진로문제에 대하여 고민하고 있는 학생들에게 자기 자신의 이해와 욕구 발견을 돕고, 그들의 잠재력을 발견하도록 생애 목표를 계발시키고, 이러한 목표를 도와주는 데 행동 계획을 형성하여 자아실현에 도움을 주는 교육과정의 일부로서 생활지도의 필요성이 점증하게 되었다.

생활지도라는 용어는 영어의 'guidance'를 번역한 것으로, 안내, 이끎, 지도라는 어원적 의미를 지니고 있다. 생활지도의 원래 의미는 학생으로 하여금 자기 자신과 자기 자신을 둘러싸고 있는 환경에 잘 적응할 수 있도록 도움을 주는 활동이다. 따라서 생활지도는 학생들의 학업, 진로, 인성 등의 영역에서 발달, 의사결정, 문제해결 등의 과정을 돕는 활동으로서 생활지도와 학생의 행동지도 등을 총칭하는 의미로 사용한다(김계현, 2000).

최근 들어 청소년의 자신에 대한 올바른 이해의 욕구가 점증되면서 이러한 방안의 생활지도에 좀 더 적극적인 활동과 프로그램이 요구되고 있다. 즉, 생활지도란 개인으로 하여금 자기 자신의 이해와 자신을 둘러싸고 있는 환경의 이해를 통하여 건전한 적응을 할 수 있도록 조력하는 조작적인 교육활동이다. 이러한 생활지도의 개념 속에는, 첫째, 생활지도는 인간발달의 전체 과정에서 개인이 직면하는 모든 삶의 문제를 대상으로 하며, 둘째, 생활지도는 개인의 전인적 발달과 함께 사회적 존재로서 개인의 자아실현을 도모하는 것이고, 셋째, 생활지도는 권위적이거나 전제적인 지도방식에 의존하는 것이 아니라 인간을 위한 봉사활동이라는 것이며, 넷째, 생활지도는 학문의 체계이자 실천적인 과정인 동시에 실천의 구체적 내용을 가리키는 의미를 지니고 있음을 알 수 있다.

## 2) 생활지도의 기본원리

오늘날의 교육은 지식기반사회가 요구하는 전문 인력을 위해 지식 정보와 기술 습득을 중심으로 나아가기 때문에 학생들이 학교나 가정 생활을 해 나가는 동안에 부딪히게 되는 많은 정서적인 문제를 소홀하게 취급하거나 무관심한 상태로 방치하기 쉽다. 이러한 경향 속에서 학교교육 현장에서의 생활지도가 보다 적극적이고 체계적으로 이루어져야 할 필요성이 점증되고 있다. 생활지도를 효과적으로 수행하기 위한 지침은 그 초점을 어디에 두느냐에 따라 달라질 수 있지만 일반적인 원리는 다음과 같다(이재창, 2001: 48-50).

첫째, 생활지도는 모든 학생을 대상으로 한다. 생활지도는 개인의 잠재 가능성을 계발시키는 교육적인 활동의 일부이므로 그 대상은 문제를 가진 일부 학생에게만 적용되는 것이 아니라 전체 학생을 그 대상으로 해야 한다.

둘째, 생활지도는 전 연령층의 학생을 대상으로 한다. 생활지도라고 하면 주로 중·고등학교에 국한된 활동으로 생각하는 경향이 있다. 이러한 태도는 생활지도의 의미를 제대로 인식하지 못한 데에서 오는 결과이다. 생활지도의 주된 목표가 개인의 성장과 발달을 도모하는 것이기 때문에 초등학교에서부터 시작해서 중·고등학교에서 대학에 이르기까지 전 연령층을 대상으로 해야 한다.

셋째, 생활지도는 전인적인 발달에 초점을 둔다. 생활지도의 주요한 기능 중의 하나는 개인의 성장과 발달이다. 개인의 성장과 발달은 지적인 발달뿐만 아니라 신체적 · 정서적 발달을 모두 포함할 뿐만 아니라 개인의 잠재능력을 계발하도록 촉진하는 것을 의미한다.

넷째, 생활지도는 개인의 존엄성과 개성 발달에 초점을 둔다. 개인은 하나의 인격체로 존재 가치를 가지며, 모든 인간은 자기만이 가지고 있는 독특한 특성이 있다. 이러한 개성이 인정되고 개발되고 존중되어야 한다.

다섯째, 생활지도는 치료보다는 예방에 초점을 두어야 한다. 생활지도는 개인의 전인적 발달에 초점을 두고 모든 학생을 대상으로 하는 것이기 때문에 이미 발생한 문제의 치료보다는 문제 발생을 예방하는 데 역점을 두어야 할 것이다.

여섯째, 생활지도는 처벌보다는 지도하는 과정이어야 한다. 생활지도는 학생들의 잘못된 행동을 처벌하기보다는 바람직한 행동을 격려하고 북돋아 주어야 한다.

끝으로, 생활지도는 학생들의 올바른 이해와 행동의 객관적이고 구체적인 자료에 기초를 두고 시작하여야 한다. 학생들을 제대로 이해하기 위해서는 여러 가지의 표준화된 검사를 활용하는 것이 필요하다.

### 3) 생활지도의 목표와 영역

생활지도의 궁극적인 목표는 학생으로 하여금 자신에 대한 올바른 이해와 건전한 자기성장과 발달을 돕는 것이다. 개인으로 하여금 주어진 여건과 환경에서 자신을 발견하고, 진로지도 교육과 직업교육, 사회적응 교육, 문제해결 교육을 통하여 자신의 개성과 능력, 흥미를 찾아내고, 이를 건설적으로 실현하여 성숙된 전인으로서 생활할 수 있도록 도와줄 필요가 있다.

이와 같은 생활지도의 목표를 달성하기 위해 학생과 관련된 목표와 학교와 교직원과 관련된 목표를 구분하여 기술하면 다음과 같다.

Humphreys와 Traxler(1954)는 학생 개인을 위한 생활지도의 목표를 다음과 같이 제시하였다. 첫째, 학생의 정확한 자기이해를 돕는다. 둘째, 학생 스스로의 노력으로 자기 능력과 흥미 등 여러 가지 자질을 발견하고 최대한으로 발전시키도록 돕는다. 셋째, 일상생활에서 직면하는 여러 가지 문제를 스스로 해결할 수 있도록 돕는다. 넷째, 변화하는 생활환경 속에서 현명한 선택과 적응을 하도록 돕는다. 다섯째, 건전하고 성숙한 적응을 할 수 있는 기초를 마련하도록 돕는다. 여섯째, 신체적 · 지적 · 정서적 · 사회적으로 조화로운 삶을 누릴 수 있도록 돕는다. 일곱째, 사회를 위해서 공헌할 수 있도록 돕는다.

한편, 교직원 및 학교를 통한 생활지도의 목표로는, 첫째, 교사들로 하여금 학생들을 정확히 이해하도록 다양한 정보 수집 활동을 돕는다. 둘째, 교사들이 학생들의 행동을 분석하고 이해하는 기술을 지닐 수 있도록 돕는다. 셋째, 학생에게 관련된 문제를 교사가 해결하려고 하기보다는 특수한 행동문제에 대해서는 전문가에게 도움을 받도록 조언한다. 넷째, 생활지도와 관련된 연구 활동을 통해 학교의 전체적인 교육계획 수립에 도움을 주도록 한다. 다섯째, 학교와 학부모, 지역사회 간의 유대를 강화하는 데 도움을 준다. 이러한 목표를 달성하기 위한 생활지도의 활동영역은 크게 학생이해활동, 정보제공활동, 상담활동, 정치활동 그리고 추후지도활동으로 구분하여 설명할 수 있는 바, 이를 기술하면 다음과 같다(김충기, 1999: 75-79; 임형진, 이시용, 1998: 45-49).

### (1) 학생이해활동

학생들을 도와주기 위해서는 우선 조력의 대상인 학생에 대한 이해가 앞서야 한다. 학생이해활동은 각 개인이 유사성과 상이성을 함께 지니고 있는 학생의 인적사항을 과학적이고 객관적으로 파악하는 활동을 의미한다. 따라서 학생이해활동은 학생의 개별성을 찾아내는 자료와 이를 통해 얻은 정보는 학생의 인지적 · 정의적 발달을 촉진하기 위한 교육적 경험을 형성하는 기초자료가 된다. 학생이해활동은 학생들의 현재나 미래 활동에 대한 정확한 판단을 목적으로 학생에 관한 정보를 수집하는 과정이다. 학생이해활동이 보다 학생들의 과학적인 자기이해와 문제해결을 돕기 위해서는 다음과 같은 사항을 유의하여야 할 것이다(김충기, 1999: 75; Pietrotesa et al., 1980: 226).

첫째, 학생이해활동은 객관적이고 신뢰도가 높은 조사가 되어야 한다. 둘째, 학생이해활동은 생활지도의 목적에 합당한 것이어야 한다. 셋째, 학생이해활동은 여러 가지 가능한 방법이나 기술을 종합적으로 활용하여야 한다. 넷째, 학생이해활동은 조사 결과를 기록 · 정리 · 보관하여 실제 지도에 유용하게 활용할 수 있도록 해야 한다. 다섯째, 학생이해를 위해 필수적으로 수집해야 할 자료로는 가정환경 및 배경에 관한 자료, 학교에서의 각종 기록, 신체검사 및 건강상태 기록, 지능, 적성, 인성, 흥미 수준 및 경향성, 개인적 · 사회적 · 정서적 특성, 학교 내외에서의 활동 범위 및 유형, 장래에 대한 계획 등이 있다.

### (2) 정보제공활동

정보제공활동은 학생들에게 필요한 각종 정보 및 자료를 제공하여 학생들의 자기 성장과 사회적 적응을 돕기 위한 활동이다. 이러한 활동은 학생 각자에게 당면한 문제들을 스스로 해결하도록 하거나 미래에 대한 계획을 수립할 수 있도록 도와주는 것이다.

생활지도에 필요한 정보는 학교에서 자체적으로 조사할 수도 있고, 각종 간행물이나 전문 서적 또는 지역사회 자원 인사들을 통해 수집할 수도 있다. 정보제공활동에서 가장 중요한 것은 정보의 정확성과 참신성에 있으므로 최신 정보를 정확하게 수집하여 제공해야 한다. 특히 현대사회의 정보화사회, 지식기반사회에서 학생들이 현명하게 선택하기 위해서는 교과목을 포함한 모든 교육활동과 사회생활을 영위하고 미래 사회에 원만히 적응할 수 있게 하기 위해서는 다양한 정보를 제공해야 한다. 그러므로 학생들에게 제공되는 정보는 교육정보, 직업정보, 개인적 · 사회적 정보로 구분할 수 있다.

#### ① 교육정보

학생들이 현재의 학교생활과 관련된 정보나 상급학교와 관련된 문제들을 합리적으로 선택하고 결정하여 교육의 효율성을 높일 수 있도록 관련 정보를 제공하는 것이다.

#### ② 직업정보

현대사회에서 학생들의 소질과 적성을 발견하게 하고, 계발시키며, 그에 알맞은 직업을 선택하여 성공적으로 직업생활을 할 수 있도록 다양한 직업정보를 제공함으로써 직업생활뿐만 아니라 생애문제 전반에 관하여 슬기롭게 대처해 나갈 수 있다.

③ 개인적 · 사회적 정보

개인 및 인간관계에 관한 이해의 폭을 넓혀 주는 데 사용되는 정보로서 신체발달, 행동발달, 정서발달 및 성격발달에 관한 것, 정신위생에 관한 것, 사회관계에 관한 것, 성역할에 관한 것 등이 포함된다. 이러한 정보는 자신에 대한 이해뿐만 아니라 함께 살아가야 할 여러 영역의 사람들과 불필요한 갈등 없이 친밀하고 협동적인 인간관계를 형성함으로써 우리의 삶을 풍요롭고 행복하게 만들어 갈 수 있도록 해 준다.

### (3) 상담활동

상담활동은 생활지도의 가장 핵심적인 활동이다. 상담은 도움을 필요로 하는 학생들을 대상으로 이루어지는 전문적인 활동으로서 학생들의 자율성과 문제해결력을 생성시키는 동시에 학생들의 적절한 감정 처리를 조력함으로써 정신건강을 향상시키고 현명한 선택과 적응을 돕는 데 의의가 있다.

상담활동은 객관적인 학생조사활동과 정보활동을 통하여 획득한 종합적인 자료와 정보를 근거로 상담자와 내담자와의 친밀한 관계 속에서 진솔하게 이루어진다. 상담의 절차와 기법은 다양한 상담이론만큼 다양하며 상담자의 가치관과 인간관에 따라 다양한 방법으로 전개된다.

### (4) 정치활동

정치(定置, placement)활동이란 학생들이 자신의 능력과 적성에 맞게 자신의 진로를 선택하도록 도와주는 활동을 의미한다. 정치활동은 학교 · 학과 선택이나 특별활동 등의 부서와 같은 교육적 배치와 직장의 알선이나 직업선택의 진로선택, 부직 알선과 같은 직업적 정치활동으로 나뉜다.

정치활동은 급격하게 변화하는 사회에서 학생들로 하여금 학교생활 중에 계속적인 선택과 결정을 요구하기 때문에 제4차 산업혁명시대, AI시대에 있어서는 학교에서 더욱 중요한 활동으로 받아들이고 있다. 정치활동의 목적은 연속적인 개인의 결정을 도와주는 데 있다. 따라서 보다 효과적인 정치활동을 수행하기 위해서는 학교 안에 정치활동을 담당하는 전문 부서를 설치하여 운영하는 것이 바람직하다.

### (5) 추후지도활동

추후 또는 추수 지도란 학생을 대상으로 지도한 결과 학생들이 직면한 문제를 해결하고 잘 적응하고 있는지를 검토하고, 부적응에 대한 조력과 보다 나은 적응활동을 위해 계속적으로 관심을 가지며 지도하는 봉사활동이다. 추후지도는 학생들의 인적사항 파악, 각종 정보의 제공, 상담의 실시, 적재적소의 배치 등 상담활동의 종결과정으로서 학생들의 학교생활이나 사회생활, 직업생활 등에서 잘 적응하도록 도와주는 활동이다.

Traxler(1957)는 추후지도활동의 내용으로서 다음과 같은 네 가지를 제시하였다.

첫째, 카운슬러나 교사가 학생들에게 한 지도 조언의 결과를 알아보는 경우 또는 필요한 조력을 하거나 정보를 얻기 위한 추수 면접을 하는 것이다.

둘째, 사례 연구의 대상이 되었거나 집중적으로 교정지도를 받은 학생에 관한 추후지도활동이다.

셋째, 졸업생과 그 밖의 중퇴자에 관한 추후지도활동이다.

넷째, 졸업예정자에 대한 것으로 직장을 얻고자 하는 학생이나 상급학교에 진학하고자 하는 학생들에 관한 추후지도활동이다.

## 2. 상담의 정의와 접근방법

상담은 인간을 긍정적으로 변화시키는 것이 목적이며, 이러한 변화를 달성하기 위해 상담자는 다양한 접근방법을 사용한다. 그 접근방법으로는 정서 변화에 초점을 두는 정의적 접근방법과 사고의 변화에 초점을 두는 인지적 접근방법, 행동의 변화에 초점을 두는 행동적 접근방법이 있다. 이 절에서는 내담자의 변화를 도모하기 위해 인지적 접근방법인 특성 · 요인적 상담, 정서적 경험을 강조하는 정의적 접근인 정신분석적 상담, 행동 변화에 초점을 두는 행동주의 상담, 인간중심 상담, 형태주의 상담 이론에 대해 살펴보고자 한다.

### 1) 상담의 정의와 목표

생활지도의 가장 핵심적인 활동인 상담은 학교에서는 생활지도로 혼용될 만큼 유사한 개념으로 사용되기도 한다. 생활지도는 학생 개인 자신과 그 자신을 둘러싸고 있는 주변 환경을 이해하고 조력하는 과정으로 정의되며, 상담이란 전문적으로 훈련을 받은 상담자와 자기이해와 문제해결, 발전적인 성장을 위한 개선된 의사결정과 행동의 변화, 기술을 얻기 위하여 개인이 생활 적응상의 도움을 찾기 위한 사이의 관계 형성이다(Pietroesa et al., 1980).

현대적 의미에서 상담은 종전의 조언 이외에 심리치료, 태도 변화, 행동수정, 의사결정, 문제해결, 정보제공 등의 기능을 내포하고 있는 것으로 사용되고 있다(김계현, 2000).

교육학사전에 의하면, 상담이란 상담자가 도움을 필요로 하는 사람에게 전문적 지식과 기술을 가지고 피상담자 자신과 환경에 대한 이해를 증진시키며, 합리적이고 현실적이며 효율적인 행동양식을 증진시키거나 의사결정을 내릴 수 있도록 원조하는 활동이라고 정의하고 있다. 또 다른 정의로 임승권(1993)은 내담자와 상담자가 수용적이고 구조화된 관계를 형성하고, 이 관계 속에서 내담자가 자기 자신과 환경에 대하여 의미 있는 이해를 증진하도록 하며, 그 스스로가 효율적으로 의사결정을 하고 여러 가지 심리적 특성을 긍정적 방향으로 변화시키도록, 결과적으로 내담자의 성장과 발전을 촉진시키는 심리적 조력의 과정이라고 하였다. 이와 같이 상담이란 학자의 관점에 따라서 다양하게 정의 내릴 수 있는데, 여러 정의 간에 합의되는 점은 다음과 같다.

- 서로 얼굴을 마주 대하는 1:1의 인간관계로 구성된다.
- 언어를 매개로 하는 역동적인 상호작용의 과정이다.
- 전문적인 조력과정이다.
- 사적이며 비밀적인 관계로 구성된다.

상담이론마다 제시하는 목표가 다양하지만 일반적으로 상담활동에서 이루어지는 상담목표는 다음과 같이 요약할 수 있다(Gerorge & Cristiani, 1995).

#### (1) 행동 변화의 촉진

대부분의 상담학파는 행동의 변화를 상담목표로 고려한다. 사회의 제약 안에서 내담자가 보다 생산적으로 되어 더 만족한 삶을 영위하도록 하는 것이다. 상담학파 간에 행동을 변화시키는 방법은 주장을 달리한다.

#### (2) 대처 기술의 고양

대부분의 개인은 성장과정에 곤란을 겪는다. 발달과업들을 완벽하게 성취하는 사람은 거의 없으며, 따라서 유의미한 타인들에 의해 부과된 부적절한 대처 기술은 재학습을 통해 익혀야 한다.

#### (3) 의사결정력 증대

개인은 개인적 희생, 시간, 에너지, 돈, 모험 등에 대한 결과를 평정할 수 있어야 한다. 상담에서는 의사결정과 관련된 내적 및 외적 영향을 평가하여 올바른 선택을 할 수 있도록 돕는다.

#### (4) 관계 개선

현대사회에서 사람들은 원만하지 못한 인간관계 때문에 힘들어 하며 많은 상처를 받고 있다. 상담활동을 통해 부적절한 의사소통, 부정적인 자기개념, 타인에의 지나친 의존성 등을 개선하도록 돕는다.

#### (5) 잠재력 계발 촉진

상담은 개인의 타고난 능력을 발견하고 계발하여 개인의 자아실현을 돕는 것을 궁극적인 목표로 삼는다. 따라서 상담자는 내담자의 능력과 특성을 발견하도록 조력자의 역할을 할 뿐만 아니라 내담자의 능력과 특성을 발달시켜 나아갈 수 있도록 돕는다.

### 2) 상담이론

현대 상담 및 심리치료에 적용되는 이론에는 여러 가지가 있다. 대표적인 이론으로는 특성 · 요인적 상담, 정신분석적 상담, 행동주의 상담, 인간중심 상담, 형태주의 상담 이론에 대해서 살펴보면 다음과 같다.

### (1) 특성 · 요인적 상담

Williamson(1950)에 의해 주장된 특성 · 요인적 상담은 심리치료적 측면과는 달리 진로의 선택을 포함하는 교육적인 면이 강하다. 그는 상담의 정의를 개인이 학업에 어떤 장애가 있어도 자신이 바라던 바람직한 목표를 찾아 이를 달성할 수 있는 효과적인 방법을 학습하도록 도와주는 것이라고 하였다. 이 정의는 내담자의 적응에 필요한 사항을 카운슬러가 도와주는 데 초점을 두고 있다고 할 수 있다. 그 후 그는 상담은 내담자의 자기이해와 자율성발달이 중요함을 강조하면서 개인의 주체성의 추구, 잠재력과 장단점을 포함한 자기수용과 관련지어 상담을 재정의하였다.

상담을 필요로 하는 내담자는 자기에 대한 이해 부족이나 자신이 지닌 편견 때문에 문제해결에 어려움을 겪는다. 따라서 내담자가 지니고 있는 특성 및 요인들을 분석하고 종합하여 내담자에게 제시하면 내담자는 자기평가를 통해 상담자에 의해 제시된 객관적인 정보와 내담자 자신의 주관적인 경험을 비교하는 합리적인 결정을 하게 된다.

특성 · 요인적 상담자는 내담자 자신의 능력, 적성 및 흥미에 대한 객관적이고 올바른 정보를 제공하여 자신에 대한 올바른 이해를 하도록 도움을 주어야 할 뿐 아니라 내담자가 자신의 가능성을 확인하고 이를 실제로 활용할 수 있도록 이끌어 주어야 한다(Brown, 1990). Williamson이 상담 단계로 제시한 여섯 단계는 다음과 같다.

첫째, 분석은 내담자를 이해하기 위해 여러 가지 정보나 자료를 수집하여 분석하는 것이다. 효과적인 상담을 위해서 내담자의 적성, 흥미, 동기, 건강상태, 정서상태나 학교 또는 직장에서 만족스러운 적응을 촉진하거나 방해 또는 제지하는 요인들과 관련된 정보를 수집하여야 한다. 이러한 정보 수집을 위해서 Williamson이 제시한 여섯 가지 방법은 누가기록, 면접, 시간배당표, 자서전, 일화 기록, 심리검사 등이 있다.

둘째, 종합은 분석 단계에서 얻은 자료들을 정리하고 재배열하여 한 개인의 특성을 전체적으로 조망하는 것이다. 내담자의 장점, 적응, 부적응에 대한 것을 알 수 있도록 분석 단계에서 수집된 자료들을 요약하여 구조화시키는 것이다. 진로상담의 경우에는 진로결정과 관련지어 요약하여 구조화한다.

셋째, 진단은 각종 정보 또는 자료들을 수집 및 분석, 종합하여 진단을 내리기 위한 선행과정이다. 진단은 내담자의 특성과 문제를 파악하고 그 문제의 원인 및 예상되는 결과를 예측하는 것이다.

넷째, 상담은 진단 단계에서 확인된 문제를 해결하기 위해서 또는 목표를 달성하기 위한 상담활동으로 상담자는 내담자를 직접적으로 도와주는 지도의 한 형태이다. 즉, 내담자가 현재 및 미래에 바람직한 적응을 할 수 있도록 무엇을 해야 할 것인가에 대해 상담자가 지도, 조언을 하는 것이다.

다섯째, 추후(수)지도이다. 상담을 종료한 후 상담의 효과를 내담자로부터 확인하거나 다시 문제가 발생했는가를 검토하고 조언한다.

Williamson은 상담의 효과성을 높이기 위해 상담자는 내담자가 가진 문제를 신중성 있게 적절한 기법을 사용해야 한다고 하였다. 그 기법은 다음과 같다(Patterson, 1980).

① 동조를 구하기

상담자가 내담자와 관련된 자료 분석을 토대로 내린 결정을 내담자에게 동조해 줄 것을 요구하는 것이다. 상담자의 결정이 내담자를 위한 최선의 것이라고 할지라도 내담자는 자신이 내린 결정이 아니기 때문에 강요받는다는 느낌을 가질 수 있다. 따라서 상담자는 객관적인 자료를 제시하면서 내담자가 수용할 수 있도록 설득하는 것이 중요하다.

② 환경을 변화시키기

내담자의 상담목표를 달성하는 데 도움이 되기 위해서 내담자의 물리적 환경을 변화시키거나 내담자의 특성을 변화시키도록 지도한다.

③ 적절한 환경을 선택하기

내담자로 하여금 자신의 목표에 맞는 환경을 선택하도록 하는 것이다. 즉, 자신에게 맞는 직업, 진학, 행동 변화를 위한 적절한 환경을 선택하도록 하는 것이다.

④ 필요한 기술을 습득하기

내담자의 상담목표에 맞는 기술을 습득하도록 하는 것이다. 내담자의 잠재력을 실현할 수 있는 것과 관련된 각종 기술을 직접 습득시키거나 습득할 수 있는 정보나 자료를 제시해 주어 기술을 습득할 수 있는 기회를 제공해 준다.

⑤ 태도 바꾸기

내담자가 가지고 있는 특성이 내담자가 처해 있는 환경과 조화를 이룰 수 있도록 내담자의 태도를 바꾸도록 한다. 집단 규준에 맞는 태도를 갖도록 강요할 수는 없지만 내담자의 바람직한 변화를 위해 합리적인 태도를 지니도록 하는 것이다.

### (2) 정신분석적 상담

정신분석적 상담 접근은 Freud에 의해 체계화된 이론이다. Freud는 우리 마음이 구조적으로 조직되어 있다고 하였다. 그는 정신적 기구의 세 가지 주요 부분을 자아, 원초아 및 초자아로 불렀다(이장호, 2001: 41; 장혁표, 신경일, 1993: 21-22; Corey, 1996: 93-94).

자아는 개체를 외부 세계로 지향시키는 일군의 기능을 포함하며, 외부 세계와 내부 세계를 중재한다. 사실상 자아는 충동의 집행자로 활동하며, 이러한 요구들은 적당한 수준에서 양심 및 외부 세계와 관련시킨다. 원초아는 근본적으로 성적이고 공격적인 충동으로서 마음에 대한 본능적인 압력의 총합적 조직을 나타낸다. 초자아는 자아에서 분리된 부분으로, 개인이 어린 시절에 받은 도덕적 훈련의 잔재이며, 가장 중요한 아동기의 동일시와 이상적 포부의 침전물이다. 일상적인 상황에서는 이 마음의 세 주요 요소 간에 두드러진 경계선은 없다. 그러나 정신 내적 갈등이 있을 때 차이와 구별이 분명해진다.

자아가 가진 중요한 기능 중의 하나는 내적 위협으로부터 마음을 보호하는 것이다. 불안은 억압된 무의식적 욕구가 의식 속에 침투할 때 일어나는 압도적인 불안이나 공황의 위험에 대하여 자아에게 경고하는 신호로 작용한다. 일단 경고를 받으면 자아는 그 자신을 보호하기 위하여 여러 가지 방어 중의 어떤 것이라도 실행할 수 있다. 정신분석은 갈등의 관점에서 본 인간의 본성이라고 정의할 수 있다. 정신분석학에서는 마음의 기능을 갈등적인 힘의 표현이라고 본다. 이러한 한 개인이 나타내 보이는 부적응의 원인은 어렸을 때의 경험으로 구성된 무의식적 동기나 욕구에서 찾으려는 입장을 취한다. 문제를 지닌 개인은 자신이 알지 못하는 무의식적 동기에 의해 괴로움을 겪고 있으므로 정신분석적 상담에서는 이러한 개인의 무의식 세계를 분석해서 치료에 들어가게 된다.

정신분석적 상담은 내담자로 하여금 자기통찰을 통해 스스로를 이해하고 불안의 원인을 깨닫게 하는 데 목적을 두기 때문에 내담자의 무의식 세계를 이해하기 위해서 자유연상법, 꿈의 분석, 저항, 전이의 분석과 같은 기술을 사용하게 된다(이장호, 2001: 47-53; Corey, 1996: 95-97; Raymond, 1992).

① 자유연상법

상담자는 내담자를 편안한 상태로 눕게 하거나 앉게 한 후에 내담자로 하여금 떠오르는 느낌이나 생각을 자유롭게 이야기하도록 한다. 연상은 내담자의 과거의 충격적 경험에 대한 재현을 도와주어 그때 상황에서 느꼈던 여러 감정을 정화시켜 자기 자신을 이해하고 통찰하게 한다.

② 저항

상담 진행과정에서 내담자는 자신을 보호하기 위해 무의식적인 행동으로 상담 자체에 대한 강한 거부감을 나타낸다. 저항은 내담자가 상담 약속 시간을 어긴다거나 상담과정 동안에 자신의 감정이나 느낌을 표현하지 않는 침묵으로 일관한다. 상담자는 내담자의 이러한 행동이 내적 갈등의 표현임을 내담자에게 인식시켜 주어야 한다.

③ 전이의 분석

전이는 내담자가 과거에 자신에게 영향을 미쳤던 대상에 대한 정서를 상담자에게 나타내 보이는 것이다. 이러한 전이에 대한 해석을 통해 내담자의 정서적 갈등을 해결하는 계기를 마련해 준다.

④ 해석

상담자는 내담자가 나타내는 저항을 해석하고 방어를 서서히 제거해 주며 무의식적 동기를 해석한다. 이때 내담자로부터 심한 저항을 받으면 다시 처음으로 되풀이

한다. 상담자는 내담자를 지지하면서 안정감을 갖게 하여 자기방어를 풀어 버리도록 한다.

#### ⑤ 꿈의 분석

꿈속에 내재하는 잠재적인 무의식적인 과정을 이해하는 것이 가장 효과적인 방법이다. 수면 중에는 자아 방어기제가 약화되기 때문에 억압된 욕망과 감정이 의식 표면에 떠오르게 된다는 꿈의 특성을 이용한다. 꿈에 나타난 무의식 세계를 통해 내담자로 하여금 자신의 내면 세계와 문제에 대한 통찰이 가능하도록 도와준다.

### (3) 행동주의 상담

행동주의 상담이론은 다른 상담이론에 비해서 비교적 새롭게 등장한 이론으로, 1950년대에 심리 장애를 평가하고 치료하는 체계적인 접근으로 시작하였다. 초기의 행동주의 상담에서는 고전적 조건형성과 조작적 조건형성의 원리를 적용한 임상적인 문제를 치료하는 것으로 정의하였다. 그러나 점차 행동주의 상담은 복잡한 형태의 인간활동에 행동주의를 논리적으로 확장하게 되었다. 따라서 오늘날의 행동주의 상담이론은 다른 이론적 근거를 가지는 광범위하고 다양한 절차가 있으며, 개념적 토대, 방법론상의 필요조건 및 효율성에 대한 증거 등의 측면에서 논쟁이 이루어지고 있다(Kazdin & Wilson, 1978). 행동주의 상담이 확장되어 감에 따라 점차 다른 이론들과 중복되는 점이 많아지게 되는데, 그럼에도 불구하고 행동주의 상담이 지니고 있는 기본 개념의 특징은 분명하다.

행동주의 상담은 학습이론에 기초를 두고 있으며, 부적응 행동을 약화시키거나 제거하여 적응 행동을 강화할 수 있도록 체계화된 학습이론을 적용하고 있다. 행동주의 상담에서 모든 인간행동은 조건화, 강화 및 모방과 같은 학습과정을 통해 형성된다고 보며, 개인이 지닌 부적응 행동도 이러한 학습과정을 거쳐 획득된 것이라고 보기 때문에 반대로 학습원리를 적용하여 부적응 행동도 제거시킬 수 있다고 본다(정원식, 1999).

상담의 목적은 분명하게 구체화되어야 하며, 내담자는 자신이 바라고자 하는 행동이 무엇인지 명확히 얘기해야 한다. 학습이론에 의하면, 개체의 행동이나 성격은 여러 환경과의 상호작용에 의해 결정된다. 상담의 목적은 개체로 하여금 바람직한 행동을 하면 스스로 유쾌해진다는 사실을 경험하여 알게 함으로써 그로 하여금 즉각적 또는 장기적 보상을 얻는 행동을 하게 돕는 것이다. 이러한 상담의 목적을 달성하기 위해 적용되는 상담기법은 다음과 같다(김영환, 1997; 이형득, 1995; 장혁표 외, 1993).

① 주장훈련

대인관계에서 불안이 야기되는 내담자에게 적용되는 상담기법이다. 이러한 불안은 자신의 주장적인 의견과 행동의 표현을 억제하게 하고, 이러한 감정의 억제로 인해 위궤양이나 고혈압 같은 증상을 일으키게 된다. 주장훈련은 내담자로 하여금 타인과 상호작용하는 동안에 이러한 감정을 표출해 보도록 하는 것이다.

상담자는 내담자의 주장적 행동을 유발하고 증진시키기 위해서는 먼저 불안을 유발하는 상황을 상담 장면에서 연출하여 내담자의 감정을 표현하도록 하거나 행동을 하도록 할 수 있다. 일단 상담 장면에서 훈련한 후에 내담자로 하여금 상담 장면 밖에서 같은 종류의 행동을 시도해 보도록 지시한다.

② 체계적 둔감화

이 기법은 역조건 형성(counterconditioning) 원리에 근거를 두고 있는 것으로, 부적응적인 불안을 감소시키기 위하여 내담자로 하여금 이완된 상태에서 불안을 유발하는 상황이나 장면을 상상하도록 함으로써 불안을 이완으로 대치하도록 하는 것이다. 이처럼 체계적 둔감화 방법은 내담자가 불안을 느끼게 하는 상황을 상상하는 것과 이완을 결합시키는 것을 주요 내용으로 한다.

역조건의 과정을 통해 이전의 부적절한 반응을 새롭고 보다 적절한 행동으로 대체시키는 것을 주된 목적으로 한다.

③ 행동계약법

일종의 자기관리 방법으로서 내담자가 미리 정해 둔 구체적인 행동이나 목표를 성취하겠다고 상담자와 계약을 체결하는 방법이다. 내담자는 계약에 의해 설정된 행동을 하면 정적 강화를 받고, 그 행동을 하지 못하면 벌 또는 그에 상응한 대가를 치러야 한다. 내담자에게 주어지는 강화의 종류는 사회적이나 물질적인 것일 수도 있는데, 가장 중요한 것은 바람직한 행동과 바람직하지 않는 행동의 결과로 어떤 보상이나 벌을 받을 것인지 사전에 합의를 해야 한다.

④ 모델링

상담자는 내담자로 하여금 보다 적응적인 행동을 하는 타인을 직접 관찰하게 하거나 영화, 녹음 등을 통한 경험을 통해서 모방학습을 할 수 있게 하는 것이다. 상담과정에서 내담자가 어떤 행동을 해야 할지를 모를 때 실제 인물에 의한 모델링을 사용하면 강력하고 더욱 효과적이다. 모델링에서 상담자의 역할은 내담자로 하여금 요구되는 행동을 정리 및 분석하도록 돕고, 모델링 경험과 연습 기회를 제공하여 내담자가 만족할 수 있는 대안적인 행동을 발달시킬 수 있을 때까지 추후지도를 제공한다.

### (4) 인간중심 상담

인간중심 상담이론은 Rogers가 1940년대에 처음 개발한 이론으로서 인간은 누구나 자기 자신을 향상시켜 나아가려는 자아실현의 동기를 가지고 있다. 따라서 내담자는 상담자와의 관계 속에서 일치, 존경, 감정이입적 이해를 경험하여 이를 받아들이게 되면 자기 자신의 문제를 스스로 해결할 수 있다는 입장을 취한다.

인간중심 상담은 개인의 주관적 세계에 관심을 가진다. 이는 정신분석학이나 행동주의가 가지고 있는 결정론에 반대하여 인간의 자유의지를 강조하기 때문에 심리학의 제3세력이라고 불리기도 한다(Corey, 1996: 199-200; Raymond, 1992). 인간중심 상담에서는 어떤 특별한 행동의 변화에 상담의 목적을 두기보다는 오히려 한 개인이 전체적이고 계속적인 성장의 방향으로 향하도록 하여 궁극적으로는 충분히 기능하는 사람으로 성장하도록 돕는 것을 목적으로 삼는다.

상담은 상담자와 내담자가 신뢰 있는 분위기 속에서 내담자가 자신의 문제를 있는 그대로 자유롭게 이야기하도록 함으로써 자신의 내면 세계를 이해하고 자신의 문제를 제대로 파악할 수 있도록 조력해야 한다. 이를 위해 상담자는 내담자의 현재 상태를 중요하게 생각하며, 내담자로 하여금 자신의 현재 느낌, 감정이나 불안을 있는 그대로 솔직하게 표현하도록 격려해 주어 감정의 정화와 명료화를 경험할 수 있도록 한다.

① 공감

상담자가 내담자를 이해하기 위하여 그의 현상학적인 세계에 초점을 맞추는 것을 말한다. 내담자의 현상학적인 세계를 이해하려면 단순히 내담자의 말을 이해하는 것에서 그쳐서는 안 된다. 상담자는 내담자의 입장이 되어 보려고 시도해야 하며, 그의 마음속 깊은 곳까지 들여다보려고 시도해야 한다. 내담자가 느끼고 있으나 아직 자각하지 못하거나 미처 언어화하지 못한 내용들을 상담자가 이해한 그대로 전달함으로써 내담자 스스로 자신에 대한 이해를 넓히고 자기개념을 확장시킬 수 있게 된다.

긍정적 존중이란 상담자가 내담자에게 무조건적으로 긍정적인 존중을 보인다는 것으로, 어떠한 경우에도 내담자의 행동이나 사고, 가치에 대해서 판단을 하지 않는다는 것을 의미한다. 상담자는 가능한 한 내담자를 전적으로 이해하고 진솔하게 수용하며 내담자가 가지고 있는 자기이해와 긍정적 변화에 대한 자원을 완전히 신뢰해야 한다. 이러한 관계 속에서 내담자는 이전에는 허용할 수 없었던 자신의 자기개념과 불일치하는 내적 경험의 부분과 그가 강하게 방어해 왔던 부분을 점차로 허용할 수 있게 되며, 변화하는 새로운 자기를 긍정적으로 수용할 수 있게 된다.

② 진실 혹은 일치성

상담자 자신의 내적 경험을 통찰하여 자신의 내적 경험의 특성이 상담관계에서 나타날 수 있도록 하는 상담자의 기본 능력을 의미한다. 즉, 어떤 역할을 연기하거나 과장하지 않고 자기 감정이 변하는 대로 그 흐름에 따르며 자신을 솔직하게 내보이는 것을 의미한다. 진솔하거나 일치하기 위해서 상담자는 내담자와의 관계에서 경험하는 그대로 경험하려고 노력해야 한다. 상담 장면에서 상담자는 자신의 유기체적인 반응을 믿고, 그러한 감정들을 내담자에게 솔직하게 전달한다. 이러한 상담자의 자세는 내담자에게 신뢰할 수 있는 현실적인 근거를 제공하고, 긍정적인 변화를 얻기 위한 자원으로 사용된다. 진솔성은 공감적인 이해와 밀접히 관련되어 있다.

**공감 사례: 상담의 실제**

인본주의 상담기법의 하나인 공감을 실제 상담 사례에 적용해 살펴보면 다음과 같다.

**1. 공감 상황 및 반응**

상황: (학생이 교사에게) “지금 제 실력으로는 K대학은 안 될 것 같으니 A대학이나 가야겠어요. 그러는 것이 속 편할 것 같아요.”

• 수준 1.0: 공감 반응

선생님(상담자): (화난 목소리로) 지금 무슨 소리하고 있니? A대학도 학교니? 그 대학을 가려면 아예 대학을 포기해라.

논의: 상대방의 표면적 느낌마저 무시하고 비판적이다.

• 수준 2.0: 공감 반응

선생님(상담자): 네가 자신이 없는 모양이지. 네가 목표로 한 대학을 지금 포기한다는 것은 너무 일러.

논의: 상대방의 부분적 느낌을 반영하나 말의 내용을 무시했다.

• 수준 3.0: 공감 반응

선생님(상담자): 자신이 없어 막상 K대학을 포기하자니 속이 상하겠구나.

논의: 상대방의 표면적 느낌을 반영하고 말의 내용의 핵심을 지적하였다.

• 수준 4.0: 공감 반응

선생님(상담자): K대학을 가자니 자신이 없고, A대학을 가자니 속이 상하고……. 그래서 갈등이구나.

논의: 상대방이 현재 표현하고 있는 내용 이상의 심층적 느낌을 언급하고 있다.

**2. 공감(empathy) 척도**

- 수준 1.0: 상담자가 내담자의 표면적 느낌에 적절하게 주의를 기울이지 않음으로써 부적합하고 기분 상하게 하는 반응
- 수준 2.0: 상담자가 내담자의 표면적 느낌을 알고 있다는 사실이 조금은 전달되는 반응
- 수준 3.0: 내담자가 자기 자신을 상담자에게 나타내어 보이는 만큼 상담자는 그를 이해할 수 있음을 보여 주는 반응
- 수준 4.0: 상담자는 내담자의 심층적인 느낌까지 이해하는 반응

이처럼 상담자가 내담자에게 수준 4.0의 공감 반응을 했을 때 내담자로 하여금 있는 그대로 자신에게 보다 더 가깝게 접근해 갈 수 있도록 격려하고, 보다 깊이 있고 강한 경험을 할 수 있다. 그리하여 내담자 자신 내에 존재하는 자아와 유기체 경험 간의 불일치성을 인지하고 해결할 수 있도록 도울 수 있다.

**3. 공감 실습**

다음에 주어진 상황에 공감 반응을 해 보세요.

- 상황1: (학생이 교사에게) 선생님, 시험이 다가오고 있는데 어디서부터 시작해야 할지 너무나 막막해요. 그냥 아무 생각 없이 멍한 상태로 있어요.

공식 반응: ____________________ 하기 때문에

자연 반응: ____________________________________________________________

- 상황2: (학생이 교사에게) 수업시간에 제가 발표를 할 수 있었으면 좋겠어요. 그런데 손을 들고 발표하려니까 틀리면 어쩌나 하는 생각이 들어 손을 못 들겠어요.

공식 반응: ____________________ 하기 때문에

자연 반응: ____________________________________________________________

- 상황3: (학생이 교사에게) 선생님, 저는 친구들과 친하게 지내고 싶은데 친구들이 저를 좋아하지도 않고 놀자고 하지도 않아 속상해요.

공식 반응: ____________________ 하기 때문에

자연 반응: ____________________________________________________________

### (5) 형태주의 상담

형태주의 상담은 Perls에 의해 창안된 상담이론으로서 1960년대에 미국에서 널리 알려져 심리치료, 개인 및 집단 상담, 가족상담, 참만남 운동에 많은 영향을 미쳤다. 형태주의란 전체(whole) 또는 형태(configuration) 등의 의미를 지닌 독일어 Gestalt에서 유래하였다. 전체성이나 완성에 관심을 갖는 형태주의 상담은 전체로서의 유기체를 다루며, 여기 그리고 지금(here and now)에 초점을 두는 실존주의 상담방법이라고 할 수 있다.

형태주의 상담은 특히 경험의 즉각성, 비언어적 표현, 말보다 행동을 강조한다. 형태주의 상담은 비해석적이다. 상담은 개인의 경험에 대한 현재의 각성을 강조하기

때문에 원인이나 목적에 대한 인지적인 설명이나 해석을 거부한다. 따라서 상담자는 내담자의 전이나 역전이의 의미를 해석하는 입장에 서기보다는 내담자 자신을 그대로 유지하는 입장에 서게 된다. Perls는 인간은 과거에 의해 구속받기보다는 현재에 충실한 삶을 살 수 있다고 믿었다. 따라서 인간은 스스로 선택할 수 있는 자유의지를 갖고 있고, 자기의 행동에 대해 책임을 질 수 있다고 본다. 형태주의 상담에서 보는 인간의 성격은 자아, 자아상, 존재의 세 가지로 구성되며, 이 성격은 개인의 지각된 환경과의 상호작용을 통해서 생겨난다.

형태주의 상담에서는 상담의 목표를 크게 두 가지로 생각할 수 있다. 첫째, 내담자를 성숙시키고 성장시키는 것이다. 인간은 외부 환경에 의존하던 개인이 자기에게로 방향을 돌리게 될 때, 즉 책임이 있는 인간이 될 때 성숙이 이루어진다. 둘째, 목표는 통합이다. 내담자로 하여금 감정, 지각, 사고, 신체가 모두 하나의 전체로서 통합된 기능을 발휘하도록 도와주는 것이다. 형태주의 상담에서는 상담의 초기부터 내담자가 자신에 대하여 책임감을 갖도록 격려하여야 한다. 상담자는 내담자의 성장과 자아발견을 촉진하기를 원하지만 상담자 혼자서 내담자를 변화시킬 수 없다는 사실을 알려야 한다. 그리고 상담자는 내담자로 하여금 개방적이고 정직한 상호작용을 할 수 있도록 노력한다. 특히 형태주의 상담을 하기 위해서 지켜야 할 일반적인 규칙은 다음과 같다(Corey, 1996: 235-236).

'지금-여기'에서의 경험을 중시한다. 지나간 과거에 대해서는 더 이상 생각하지 말고 아직 오지 않은 미래에 대해서 걱정하지 않으며 현재의 체험을 중시하는 것이 형태주의 상담의 기본이다. 형태주의 상담에서는 여러 가지 다양한 기법을 상담 장면에 적용하고 있지만 형태주의 상담에서 진정한 상담이란 기법이나 기술을 의도적으로 사용하지 않고 상담자와 내담자와의 진정한 만남 속에서 이루어진다고 본다. 여기서 소개되는 상담기법은 상담활동을 돕기 위한 보조 수단으로 사용하여야 할 것이다(김정규, 2001; 이형득, 1999; Corey, 1996).

① 욕구와 감정 자각

형태주의 상담에서 가장 중요한 것은 '지금-여기'에서 체험되는 욕구와 감정을 자각하는 것이다. 내담자에게 미해결 과제가 있는 경우에 이는 대개 억압된 감정이나 욕구의 형태로 존재하므로 이러한 감정이나 욕구를 자각하고 전경으로 떠올림으로써 미해결 과제를 해결할 수 있다. 반대로 미해결 과제가 없는 경우에는 '지금-여기'에 중요한 욕구와 감정을 자각함으로써 현재 순간의 유기체 현실을 실현시킬 수 있다.

② 책임 자각

내담자는 흔히 어떤 상황에 처해서 결정을 못 내림으로써 그 상황을 얼버무리거나 회피하는 것을 볼 수 있는데, 결정을 못 내리는 것은 결과에 대한 책임이 두려워서이다. 결정을 내린다는 것은 자신의 행동을 스스로 선택한 것이고, 그러한 결과에 대한 책임을 지겠다는 의미를 포함한다. 따라서 이 상담기법의 목적은 내담자의 생각, 행동에 대해 다른 누군가가 아닌 바로 내담자 자신에게 책임이 있음을 인식하도록 돕는 것이다.

③ 상황 실연

내담자 자신에게 중요했던 과거의 어떤 상황이나 혹은 미래에 일어날 수 있는 상황을 현재 상황에서 장면을 상상하며 어떤 행동을 실제로 연출해 보는 것을 의미한다. 그렇게 함으로써 내담자는 자기가 자각하지 못했던 자신의 감정이나 행동패턴을 발견할 수 있고, 회피했던 행동들을 실현해 볼 수 있다.

④ 빈 의자 기법

내담자로 하여금 갈등 상태에 있는 어떤 감정문제를 해결하는 데 도움이 되는 기법이다. 내담자로 하여금 자신이 지니고 있는 감정들을 빈 의자에 투사하게 함으로써 그 감정을 스스로 확실히 체험하고 각성할 수 있도록 하는 것이다. 예를 들면, 평소 내담자가 자신과 갈등 상황에 있는 인물이 빈 의자에 앉아 있다고 생각하고 그에게 향하는 부정적인 감정을 표현하게 한다. 빈 의자 기법은 내담자가 자신의 문제에 집착한 나머지 상대방의 감정이나 행동에 대한 이해가 부족한데, 빈 의자에 앉아 봄으로써 상대방의 심정을 이해하는 기회를 가지게 된다. 그리고 빈 의자와의 대화는 외부로 투사된 자신의 욕구나 감정, 가치관을 자각하게 해 준다.

⑤ 관계 중심

형태주의 상담의 본질은 상담자와 내담자가 상호 교류를 하면서 순수한 대화적인 관계에 있다고 볼 수 있다. 즉, 상담자는 내담자에게 특정한 기법을 적용시키는 것이 아니라 자기 자신을 내담자와의 관계 상황에 투여함으로써 그러한 관계를 통하여 변화하고 성장할 수 있다. 형태주의 상담에서는 자연적으로 발생하는 전이 현상을 인정하지만 그것을 분석하는 대신에 상담자 자신의 감정을 내담자에게 분명하게 표현하도록 한다. 그 결과 '지금-여기'에서의 상호 관계에 초점을 맞춤으로써 내담자의 왜곡된 자각을 상담자와의 관계를 통해 현재의 새로운 경험을 통합할 수 있도록 이끌어 준다.

⑥ 직면하기

내담자는 자신의 욕구나 감정을 회피함으로써 미해결 과제를 쌓아 간다. 따라서 상담자는 내담자의 이러한 회피 행동을 지적하는 동시에 내담자의 동기를 직면시켜 줌으로써 미해결 과제를 해소해 준다.

⑦ 과장하기

내담자의 특정한 행동이나 언어를 과장해서 표현하도록 함으로써 내담자로 하여금 자신의 무의식적인 욕구나 감정 혹은 행동을 명료하게 자각하도록 도와줄 수 있다.

⑧ 반대 행동하기

내담자로 하여금 평소에 그가 하는 행동과 정반대되는 행동을 하게 함으로써 자신이 생각하지 않았던 행동영역과 접촉하게 하면 새로운 행동 가능성을 발견하게 되어 자신의 고정된 행동 패턴에서 벗어날 수 있다. 내담자는 자신이 하는 행동과 실제 욕구가 상반되는 경우가 많다. 화를 내거나 짜증을 내고 싶지만 오히려 친절하게 행동을 하는 경우가 있다. 이러한 경우에 상담자는 내담자로 하여금 자신의 감정과 욕구를 직면하고 밖으로 표출하게 함으로써 자신이 억압했던 행동을 자각하고 통합할 수 있는 기회를 갖게 한다.

⑨ 투사하기

다른 사람이 잘난 체 한다고 불평하는 내담자의 경우에는 내담자에게 잘난 체 하는 행동을 해 보도록 함으로써 그것이 내담자 자신의 욕구나 감정인 것을 인식하도록 해준다.

**직면화 사례: 상담의 실제**

형태주의 상담기법의 하나인 직면화(confrontation)를 실제 상담 사례에 적용해 살펴보면 다음과 같다.

**1. 직면화 상황 및 반응**

상황: (학생이 교사에게) 공부를 포기하려고 합니다. 저는 아무래도 공부를 잘할 수 없을 것 같아요. 나름대로 열심히 노력했지만 잘 되지 않습니다. 성적이 우수한 것이 전부는 아니라는 생각이 들어 졸업 후에라도 활용할 수 있는 것을 배우고 싶은데, 제 실력으로는 그렇게 될 수가 없어요.

• 수준 1.0: 직면화 반응

선생님(상담자): 너는 좋은 성적을 얻고 있어. 그것은 네가 이미 성공을 하고 있다는 증거야.

논의: 학생이 느끼고 있는 실망감을 무시하고 학생 자신을 성공자로 인식하도록 설득하고 있다.

• 수준 2.0: 직면화 반응

선생님(상담자): 너의 성적이 네 실력을 말해 주고 있는데, 수업시간에 별로 얻는 것이 없다고 생각하기 때문에 불만을 느끼는구나.

논의: 상대방의 불일치나 갈등을 충분히 그리고 정확하게 표현하지 못하고 있다. 학생은 자신의 성적이 배우는 것 자체를 그대로 말해 주는 것이라고 여기지 않는다.

• 수준 3.0: 직면화 반응

선생님(상담자): 다른 사람의 기준으로 보았을 때 네가 성공하고 있다고 할지라도 너의 느낌은 네가 실패하고 있다고 말하고 있구나.

논의: 학생의 불일치에 대해서 감정적인 진술을 하되, 그가 행동할 수 있는 방향에 대한 지시는 없다.

• 수준 4.0: 직면화 반응

선생님(상담자): 너는 지금 자신을 좌절시키고 있어. 너의 성적이 곧 성공을 나타낸다는 사실을 부인하고 있고, 그러면서도 너의 배움을 네게 의미 있게 하기 위해서 네가 무엇을 할 수 있는지에 대해서는 아직 명백히 하지를 않았어. 지금 네 자신을 위해서 목표를 정하는 일은 너에게 달려 있어.

논의: 학생에게 그의 문제에 대한 또 다른 견해를 제시하고 있다. 이 직면화에서 상담자는 내담자에게 그의 갈등을 해결하는 방향으로 움직이도록 하기 위해 그가 택할 수 있는 행동에 대해 설명

함으로써 방향을 제시해 주고 있다.

**2. 직면화(confrontation) 척도**

- 수준 1.0: 수용, 반박 무시, 서투른 충고
- 수준 2.0: 불일치에 대해 언급하지 않음
- 수준 3.0: 불일치에 대해 서두르지 않는 표현이나 탐구
- 수준 4.0: 불일치에 대한 확고한 지시적인 진술

이처럼 수준 높은 직면화는 상담자가 내담자의 행동에서 나타나는 모순, 즉 내담자가 자신에 관하여 이야기한 내용과 실제로 그가 행동하는 것 사이의 불일치를 지적해 줌으로써 자신을 각성하게 도와주는 상담기법이다.

**3. 직면화 실습**

상황 1. 상담과정 동안에 약속을 지키지 않아서 대인관계에 어려움이 있는 것이 관찰된 상황
반응: "자네가 친구관계에서나 상담 시간을 어기는 것을 볼 때 나중에 대학을 가거나 취직을 해서도 그런 행동이 되풀이되면 다른 사람들에게 게으르고 무능한 사람으로 인식될 것 같아 걱정이 되네. 이런 네 행동에 대해 깊이 한번 생각해 보았으면 좋겠어."

상황 2: 상담과정 동안에 자신이 한 행동의 책임을 회피하는 행동 패턴을 보일 경우
반응: ______________________________

______________________________

## 3) 집단상담

### (1) 집단상담의 목표

집단상담은 집단 지도성 훈련을 받은 전문가의 지도 아래 여러 명의 집단 구성을 중심으로 집단의 역동적 상호작용을 활용하여 구성원들이 각 개인의 문제를 해결하거나 성장 및 발달을 촉진시켜 나가는 과정을 의미한다. 우리가 흔히 집단지도, 집단상담, 집단치료를 구분하여 사용하지 않고 혼용하여 사용하는 경우가 있는데, 집단상담에 대한 명확한 이해를 돕기 위해 이들 간의 차이를 살펴보면 다음과 같다(박성수, 1999: 43-48; 이형득, 1995: 21-24; Hansen et al., 1976: 7-8).

Mahler(1971)는 집단지도, 집단치료, 집단상담은 공통점도 있지만 세 가지는 분명히 구별되는 특성이 있다고 하였다. 집단지도는 정보제공을 포함한 교육적 경험의 내용을 주제로 다룬다. 학교 장면에서의 집단지도는 학생들이 필수적으로 알아야 할 내용을 학생들에게 제공하는 방향으로 이루어진다. 집단치료는 심각한 적응적·정서적 문제를 가진 사람들을 대상으로 이루어진다. 문제의 심각성 때문에 치료과정이 수개월, 수년간에 걸쳐서 진행될 수 있다. 집단상담의 주된 목적은 집단지도에서처럼 행동일반의 변화에 대한 정보제공이 아니라 구성원 개개인의 실제적 행동의 변화이다.

집단 상황 과정은 집단 구성원들이 정서적인 압력이나 위압감을 받지 않고 모두가 있는 그대로 자신을 이해하고 수용하면서 자기를 남에게 개방할 수 있는 태도와 능력을 길러 자기를 발전시켜 나가는 과정이라고 할 수 있다. 집단상담은 정상인의 발달문제를 주로 다루지만 집단치료보다 가벼운 부적응적인 행동의 문제를 다루는 것이 특징이다.

이러한 집단상담의 목표는 집단활동을 통해 자신과 타인을 신뢰하는 것을 배우며 특수한 인간관계의 경험을 통하여 일상생활의 적응력을 향상시키고자 하는 데 있다. 또한 집단상담을 통해 내담자는 자신의 욕구와 문제를 스스로 인지하고 그것을 합당한 방법으로 해결하는 방법을 배우게 되며, 자신에 대한 새로운 관점을 가지기 위하여 자기수용, 자기확신 및 자기존중을 증가시키는 데 있다.

### (2) 집단상담의 특성

우리가 살아간다는 것은 끝없이 많은 사람과 관계를 맺어 가는 것이라고 해도 과언이 아니다. 그 관계 속에서 우리는 격려나 지지를 받기도 하고, 때로는 그 관계가 원만치 못하여 고통과 좌절을 경험하기도 한다. 따라서 집단상담이란 인위적으로 소집단을 구성하여 자신들이 갖고 있는 문제를 노출함으로써 다른 사람들의 도움을 받기도 하면서 다른 사람들과의 자연스러운 인간관계를 좀 더 실제생활에 적용할 수 있는 기회를 가질 수 있다.

집단상담의 특성을 구체적으로 요약하면 다음과 같다(이형득, 1998: 25-29; Dies, 1983: 27-28).

첫째, 집단상담은 개인상담에서 오는 심리적 부담감을 줄일 수 있다. 집단상담은 여러 명의 구성원으로 이루어지기 때문에 자신의 감정에 따라 침묵하기도 하고, 자기가 참여하고 싶을 때 자발적으로 편안하게 참여하여 자신의 문제를 노출할 수 있기 때문이다.

둘째, 집단상담은 집단 구성원으로 하여금 외적인 비난이나 징벌에 대한 두려움 없이 새로운 행동을 검증해 볼 수 있는 기회를 제공해 준다. 즉, 집단의 분위기가 안전하고 위협적이지 않을 뿐만 아니라 새로운 행동을 실험해 보도록 장려하기 때문에 자유로운 분위기에서 자신의 행동을 시험해 볼 수 있다.

셋째, 집단상담에서는 서로의 관심사나 감정을 털어놓기 때문에 쉽게 소속감과 의식을 발전시킬 수 있다. 집단 구성원이 똑같은 문제를 갖고 있지 않더라도 각기 자기 나름대로의 문제를 가지고 있다는 사실을 인식하게 됨으로써 자기 자신이나 타인을 보다 잘 이해할 수 있다.

넷째, 집단상담의 구성원들은 각기 다른 배경과 학력을 가진 다른 연령대의 집단 구성원들이 함께 참여함으로써 풍부한 학습 경험의 기회를 가질 수 있다.

다섯째, 지도성의 측면에서 볼 때 집단상담은 개인상담의 경우보다 훨씬 유리하다. 개인상담에서는 한 사람의 상담자뿐이지만 집단상담에서는 집단 구성원 모두가 지도자 역할을 수행할 수 있기 때문에 상담자 수가 많다. 집단 구성원들은 상호 간에 경청하고 수용하고 지지하고, 맞닥뜨림을 하며 해석해 주는 역할을 수행하게 된다.

여섯째, 집단상담은 개인으로 하여금 자기탐색과 통찰의 기회를 제공한다. 집단상담을 통해 자신의 발달과 적응에 관련된 개인의 욕구, 관심사, 문제뿐만 아니라 집단 속에서 개인의 지각, 감정, 사고, 행동 등을 탐색할 수 있게 된다.

끝으로, 집단 구성원으로 하여금 개인상담에 참여할 수 있는 기회를 제공해 준다. 개인상담을 필요로 하지만 여러 가지 이유로 개인상담을 기피하는 경우가 있는데, 집단상담을 통하여 개인상담의 필요성을 느끼게 되고 용기를 내어 개인상담에 참여할 수 있게 된다.

### (3) 집단상담과정의 발달 단계

집단상담을 진행하는 데 있어서 집단상담의 과정에 대한 명확한 이해가 필수적이다. 집단전개과정에 대한 이해는 집단 지도자로 하여금 집단 구성원이 집단상담에 참여하는 욕구와 목표에 맞게 집단을 이끌어 갈 수 있게 해 줄 뿐만 아니라 집단을 효과적으로 발전시킬 수 있다. 집단상담과정의 발달 단계 구분은 학자 및 특정 집단의 성격에 따라 다양하지만 여기서는 Hansen 등(1976)의 구분을 중심으로 살펴보면 다음과 같다(이형득, 1998: 95-98; Dies, 1983: 27-28; Robinson et al., 1990: 3-18).

① 시작 단계

집단의 시작 단계에서는 집단 구성원들이 상호 간에 조심스럽게 탐색활동을 하기 시작한다. 이때 집단 구성원은 집단이 어떻게 진행될 것인가, 참여자들은 어떤 사람들인지, 노출은 어느 정도 할 것인지에 대해서 긴장하고 불안을 느껴서 집단 지도자에게 보다 의존적인 경향을 띄게 되는 것이 이 단계의 특징이다. 따라서 집단 지도자는 집단 구성원이 예상하는 불안을 감소시키고 긴장을 풀어 줌으로써 신뢰 있고 안정된 분위기를 조성하도록 해야 한다.

② 준비 단계

집단 구성원은 집단활동과 특정 구성원에 대해 불편한 감정을 나타내기 시작하며, 구성원은 집단활동이 기대했던 대로 진행되지 않을 때 요구 불만에 사로잡혀서 집단 지도자를 공격하기도 하고, 집단 구성원 간에도 갈등 상태에 놓이게 된다. 그러나 이와 같은 갈등 상황은 집단상담의 특성상 필연적이라고 말할 수 있다. 일반적으로 집단 구성원은 집단 지도자가 집단을 전적으로 책임을 지고 지도하리라는 기대를 가지고 집단에 참여하는데, 모든 것이 집단 자체에 맡겨질 때 집단 구성원은 당황하게 되고, 주어진 자유에 대한 불안을 느껴 불안을 해소하는 방법으로 집단 지도자를 공격하거나, 집단을 독점하거나, 집단에 참여하지 않고 관찰만 하는 등의 행동이 나타난다.

③ 응집성의 발달 단계

갈등의 단계를 넘어서면 집단은 점차 응집성을 발달시키게 된다. 따라서 집단 구성원은 갈등을 처리하고 나면 점차 조화적이고 신뢰가 가는 분위기를 형성하게 된다. 집단 구성원들은 서로 간에 신뢰하고 애착을 가지며 동질감을 느끼게 된다. 그 결과 집단 구성원은 서로 간에 개방적이 되며 더 깊은 수준에서 자기 자신을 노출하게 된다. 그러나 이 단계에서 발달된 응집성은 자기만족과 다른 사람에게 인정을 받으려는 경향에서 초래된 것이기 때문에 아직 생산적이지 못하다. 집단 구성원들은 이 단계가 너무나 안정적이고 편안하기 때문에 응집성의 단계에 머물려고 하는 경향이 있다. 응집성의 단계에 머무르는 이상 진정한 자기이해와 자기발전을 이루지 못한다.

④ 생산적 단계

집단 구성원은 갈등에 직면해 이미 갈등을 취급하는 방법을 학습하였기 때문에 당황하지 않고 좀 더 적극적으로 집단활동에 참여하게 된다. 집단활동을 통해 사람들의 다양한 가치관과 행동에 대해 보다 수용적이며 자신에 대한 깊은 통찰을 경험하기도 한다. 그 결과 자신의 행동을 변화시킬 수 있는 준비도 이루어진다. 따라서 집단 구성원은 상호 간에 보다 깊은 정서를 경험하게 된다. 이를 통하여 개인은 자기이해를 얻게 되고 행동의 변화를 가져오게 된다.

⑤ 종결 단계

집단 구성원이 시작 단계에서 설정한 목표에 어느 정도 도달하였을 때 종결 단계에 이르게 된다. 이 단계에서 집단 구성원은 자신의 문제도 어느 정도 해결되었기 때문에 자기노출이 감소되는 경향을 나타내며, 또 한편으로는 이제까지 맺어 온 깊은 유대관계에서 분리되어야 하는 아쉬움을 경험하게 된다. 집단상담에서 준비 단계가 중요한 것처럼 종결 단계도 매우 중요한 의미를 가진다. 종결 단계가 적절하게 다루어지지 못하면 집단 구성원은 집단활동을 통해 학습한 것을 실제 생활에 적용하는 데 지장을 받게 될 뿐만 아니라 집단상담 자체에 대한 부정적인 감정을 지니고 떠날 가능성이 있기 때문에 종결 단계를 잘 마무리해야 할 것이다.

## 3. 학교폭력의 실태와 예방

오늘날 학교폭력의 심각성은 학교만의 문제가 아니라 사회 전반의 문제로 확대되어 가고 있다. 학교폭력의 피해로 인한 자살 증가, 학교폭력의 저연령화, 집단화, 폭력에 대한 인식 부족, 폭력의 잔인화로 학교폭력의 피해 정도의 수준이 증가하고 있으며, 학생들 사이에서 심각한 문제로 대두되고 있다.

또한 가해학생들의 학교폭력에 대한 인식이 무감각하고 일상화되어 아무런 죄책감을 느끼기 어렵고, 폭력을 목격한 학생 역시 적절하게 대처하지 못하고 있어 그 심각성이 날로 더해지고 있다. 더 나아가 폭력을 많이 본 학생들은 폭력행동을 모방하고 학습한다는 것이 더 큰 문제이다. 따라서 이 절에서는 학교폭력의 유형과 원인을 살펴보고 학교폭력 예방을 위한 근원적이고 실제적인 방안을 제시하고자 한다.

## 1) 학교폭력의 정의와 유형

일반적으로 학교폭력의 개념은 학교에서 일어나는 폭력을 의미하지만 폭력의 가해자와 피해자, 폭력의 발생 장소, 폭력의 원인에 따라 다양하게 접근할 수 있다. 심각한 사회문제로 대두되었던 학교폭력의 문제에 효과적으로 대처하기 위하여 2004년에 제정되었던 「학교폭력예방 및 대책에 관한 법률」은 그동안 몇 차례의 전부개정과 일부개정을 거쳐서 2012년 3월에 개정된 법에서는 학교폭력의 개념을 '학생을 대상으로 한 행위'로 확대하고, 사이버 따돌림도 학교폭력의 유형에 추가하였다. 따라서 「학교폭력예방 및 대책에 관한 법률」 제2조 제1항에 의하면, 학교폭력은 학교 내외에서 학생을 대상으로 발생한 상해, 폭행, 감금, 협박, 약취, 유인, 명예훼손 · 모욕, 공갈, 강요 · 강제적인 심부름 및 성폭력, 따돌림, 사이버 따돌림, 정보통신망을 이용한 음란 · 폭력, 정보 등에 의하여 신체 · 정신 또는 재산상의 피해를 수반하는 행위를 말한다고 명시되어 있다.

오늘날 학교폭력 가해행위는 지속적이고, 체계적으로 착취하고, 괴롭히고, 학대한다. 금품 갈취, 몸에 상처가 나지 않도록 하는 신체적 폭행 및 감금, 위협, 성적 수치심을 유발하는 언어적 폭력과 모욕적인 가학행위, '빵셔틀' 등 강제심부름은 물론이고, 심지어 물고문과 같은 충격적인 폭력도 있다. 이들은 가정불화와 학업 스트레스 등 스스로 감당하지 못하는 문제로 인하여 자신의 분노와 불만을 정면 대응하지 않고 약한 친구를 협박, 폭행, 착취하며 대리만족을 한다. 특히 가해자들은 자신의 부모나 성인들로부터 약한 사람을 지능적으로 괴롭히고 착취하는 방법을 배운다.

일반 학생들은 '나만 아니면 돼'의 심리로서 알면서 모른 체 침묵한다. 친구가 지속적으로 따돌림을 당하는 사실을 알고, 또한 폭력을 당하는 상황을 알고도 대개 눈을 감아 버리는 방관자가 된다. 이러한 방관자도 일종의 가해자라고 할 수 있다. 폭력은 이런 분위기를 좋아하며, 이를 바탕으로 독버섯처럼 자라나게 된다. 학교폭력 피해 경험 연령이 점차 낮아지고, 언어폭력, 사이버폭력 등 정서적 폭력이 부각되고 있다. 2022년 '학교폭력 실태조사'에서 초등학생의 학교폭력 피해 응답률(3.8%)은 중 · 고등학생 피해 응답률 각각 0.9%, 0.3%에 비해 상대적으로 높게 나타났다.

2022년 교육부의 학교폭력 실태조사를 중심으로 학교폭력의 유형을 기술하면 다음과 같다.

- 신체폭력: 신체폭력은 신체적 고통이나 상해를 가할 의도나 그러한 의도가 있다고 인식되는 행위를 의미한다. 때리기, 밀기, 발 걸기, 머리 톡톡 치기, 침 뱉기 등이 해당한다. 신체폭력은 신체적 고통뿐만 아니라 지속적인 두려움과 우울감을 갖게 하며, 때로는 자살과 같은 극단적인 선택을 하기도 한다.
- 언어폭력: 욕이나 심한 말을 하는 행동, 위협하기, 비웃기, 이상한 소문내기, 약점 건드리며 놀리기, 싫어하는 별명 부르기, 흉내를 내며 놀리기, 신체외모 놀리기 등 인격적인 모욕감을 주는 행위를 말한다.
- 금품 갈취: 돈 뺏기, 돈을 억지로 빌리고 돌려 주지 않기, 학용품을 억지로 빌리고 돌려주지 않기, 학용품 등을 망가뜨리기, 학용품 등의 물건 훔치기 등으로 선후배관계를 이용한 폭력 금품 갈취가 심각하다. 금품 갈취는 특히 초등 저학년의 경우에 피해 사실에 대한 민감성 및 대응력이 약하여, 더 큰 피해가 발생할 가능성이 있다.
- 집단따돌림: 집단적으로 상대방을 의도적 · 반복적으로 피하는 행위로 무시하기, 말 걸지 않기, 같이 밥 먹지 않기, 물어봐도 대답 안하기, 물어봐도 못 들은 척하기, 고립시키기, 좌석 배치 시 옆자리 기피 등이 해당한다. 권이종(2000)의 연구에서는 친구들로부터 따돌림을 당한 피해자들은 외로움, 분노, 억울함, 자책감과 같은 감정을 느끼는 것으로 나타났다. 여학생은 외로움, 슬픔, 우울 등과 같은 자기 내면 세계로 들어가면서 위축된 반응을 보인 반면, 남학생은 분노, 모욕감, 억울함과 같은 공격적인 감정 반응이 많아 남녀별로 따돌림을 당했을 때의 느낌이 차이를 보였다. 따돌린 친구들에 대해서는 복수심, 증오, 피하고 싶은 느낌을 가지며, 남학생이 여학생보다 분노 감정이 강하게 표출되는 것으로 나타났다.
- 강요: 강요는 폭행 또는 협박으로 상대방의 권리행사를 방해하거나 해야 할 의무가 없는 일을 하게 하는 행위로서 속칭 빵셔틀, 와이파이셔틀, 억지로 심부름시

키기, 귀찮게 하기, 숙제시키기, 청소시키기, 돈을 훔치게 하기, 가방 등을 숨기기, 과잉친절로 불안하게 하기, 옷을 벗기려고 하기, 상대방이 원하지 않는 행동을 강요하기 등이 해당한다. 2012년 정부가 발표한 '학교폭력근절 종합대책'에서는 사소한 괴롭힘도 폭력임을 단계적으로 교육하여 학교폭력 예방교육활동을 실시하도록 하고 있다.

- 성폭력: 성폭력은 폭행 또는 협박을 통해 강제적 성행위 및 성적 모멸감을 주는 신체적 접촉행위를 의미하며, 성적인 말과 행동으로 상대방에게 성적 굴욕감, 수치심을 주는 행위도 이에 해당한다. 2014년에 개정된 「아동·청소년의 성보호에 관한 법률」에 의하면, 누구든지 아동·청소년 대상 성범죄의 발생 사실을 알게 된 때에는 수사기관에 신고할 수 있고, 특히 학교나 의료기관, 복지시설 등의 단체장과 종사자는 직무의 성격상 아동·청소년 대상 성범죄 발생 사실을 알게 된 때에는 즉시 수사기관에 신고하여야 한다(「아동·청소년의 성보호에 관한 법률」 제34조의2).
- 사이버폭력: 사이버 따돌림, 정보통신망을 이용한 음란·폭력 정보 등에 의해 신체·정신·재산상의 피해를 수반하는 행위를 말한다. 특정인에 대한 모욕적인 언사나 욕설 등을 인터넷 게시판, 채팅, 카페 등에 올리거나, 허위 글이나 사생활에 관한 사실을 인터넷, SNS, 카카오톡 등에 공개하는 행위 등이 해당한다. 이런 일들이 가상공간에서 벌어지다 보니 가해학생들이 별다른 죄의식을 느끼지 않고 교사나 학부모들도 이를 제재하기가 쉽지 않다. 2012년에 개정된 「학교폭력 예방 및 대책에 관한 법률」에는 인터넷, 휴대전화 등 정보통신망을 이용하여 학생들이 특정학생들을 대상으로 지속적·반복적으로 심리적 공격을 가하거나 특정 행동과 관련된 개인정보 또는 허위 사실을 유포하여 상대방이 고통을 느끼도록 하는 행위도 '사이버 따돌림'으로 보아 처벌하도록 하고 있다(「학교폭력예방 및 대책에 관한 법률」 제2조 제1의3).

## 2) 학교폭력의 원인

학교폭력의 예방 및 대책을 마련하기 위해서는 먼저 원인을 살펴보는 것이 필요하다. 학교폭력의 원인으로 학생의 인성 및 사회성 함양을 위한 교육적 실천 미흡, 교사가 적절한 생활지도를 하기 어려운 교육적 여건, 학부모의 자녀교육에 대한 관여 부족, 인터넷 게임, 영상매체의 부정적인 영향력 증가 등이 제시되고 있다(교육과학기술부, 2012). 일반적으로 학교폭력을 설명하는 이론적 관점으로는 개인적 특성의 차이, 발달과정에서 나타나는 현상, 사회·문화적 현상, 사회적 맥락의 매우 복잡한 현상으로, 한 개인이나 이유로 발생하기보다는 다양한 요인이 상호작용하여 나타난다.

### (1) 개인적 요인

Crick와 Dodge(1996)의 개인의 특성과 학교폭력에 관한 연구에 따르면, 분노나 충동성과 같은 정서 조절 및 행동통제능력, 자아개념, 적대적 귀인과 같은 사회인지 요인이 학교폭력 관련 요인이라고 하였다(정미경 외, 2008). 폭력행동을 하는 청소년에게서 나타나는 특성 중 가장 많은 부분을 차지하는 것은 공격성이다. 공격성이 높은 사람은 사회 질서나 규범을 고려하지 않고 자기중심적으로 행동하는 경향이 있다. Salmaivalli와 Nieminen(2002)의 연구에서도 폭력의 가해청소년은 일반청소년들보다 공격성이 더 높은 것으로 나타났다. 또한 가해청소년의 대부분이 상대방의 권리와 감정을 무시하고 친구를 지배하려는 강한 욕구인 공격성을 가지고 있으며, 반면에 자존감, 공감능력, 관점채택능력, 자기통제, 학교 적응 등이 학교폭력 발생을 억제하는 요인으로 나타났다(문용린 외, 2006).

이러한 선행연구들에 따르면, 자기통제능력이나 정서 조절이 부족한 아동의 경우에는 공격적이고 난폭하게 행동하는 경향이 강한 반면에 자존감, 공감 및 관점채택능력 등의 특성이 잘 발달되어 있고, 충분히 성숙한 아동의 경우에는 사회적으로 바람직하고 수용될 수 있는 적절한 방식으로 갈등을 해결하려는 경향이 강하기 때문에 학교폭력 발생이 억제된다는 것이다. 특히 청소년기는 신체적·심리적으로 급격한 변화를 겪는 시기로서 인생의 어느 시기보다 많은 심리적 갈등과 혼란을 경험하게 된다. 더구나 치열한 입시경쟁, 미래 자신의 진로문제 등의 현실적인 문제와 복합되어 상당히 힘든 시기를 보내고 있다. 따라서 이 시기에는 자신의 감정을 통제하기가 어렵다. 사소한 일에도 민감하게 반응하거나 작은 일에도 화를 참지 못하고 공격적인 행동으로 나타나게 된다.

선행연구에서 인구학적 요인, 특히 성별과 연령의 학교폭력 피해에 대한 영향력은 일관성 있게 나타나고 있다. 정서적으로 불안정한 시기에 있는 청소년들은 사소한 일에도 예민하게 반응하거나, 끓어오르는 분노를 참지 못하고 통제력을 잃고 상대방에게 적대적인 행동을 하거나 공격을 행사하는 등의 폭력적인 행동을 선택하게 된다(이승출, 2012). 일반적으로 남학생이 여학생보다 학교폭력 피해를 더 빈번히 경험하지만 여학생들은 보다 높은 비율의 언어폭력을 경험하는 것으로 나타났다(김선애, 2007). 즉, 청소년기는 사회적 성별 모델의 강화가 일어나는 시기이므로 남학생들은 남성적 역할의 동일시로 인해 학교폭력의 가해 및 피해가 더 많이 나타났다(황혜원 외, 2006).

### (2) 가정환경적 요인

가정환경은 청소년의 행동 특성에 영향을 미치는 중요한 요소 중의 하나이다. 가족 구조의 변화로 가정에서의 자녀지도에 대한 교육적 기능과 사회적 기능이 부족하다. 현대의 가정은 핵가족화, 이혼의 증가로 인한 한부모가족, 혼합가족 등의 형태로 가족의 결속과 교육적 기능은 점차 약해지고 있다. 양종국(2002)의 비행청소년에 대한 연구에 의하면, 청소년들은 학교 결석, 약물복용, 가출 등의 비행적인 행동이 환경적 요인보다 가족의 무관심 등 심리적 요인에 더 큰 영향을 받는 것으로 나타났다. 이 연구에 의하면, 가족의 관심과 지지를 받지 못하는 경우에 청소년의 비행이 증가되었다. 부모-자녀관계와 관련해서 폭력 가해청소년은 부모와 갈등적인 관계에 놓여 있는 것으로 나타났으며(Björkqvist et al., 1982), 자녀가 부모와의 관계를 긍정적으로 지각하는 경우에 학교폭력과 연관될 위험성이 적은 것으로 밝혀졌다(Rigby, 1993).

또한 가족관계에 있어서도 가해청소년들은 가족 구성원이 서로 친밀하지 못하다고 생각하고, 가족에 대한 유대감을 덜 느끼며, 가족 구성원 각자가 서로의 문제와 요구에 대해 관심을 갖지 않는다고 생각하는 것으로 나타났다(문용린, 2006). 어린 시절에 폭력 장면에 많이 노출된 청소년은 공격적인 방법으로 문제를 해결하며, 대인관계에서도 적대적인 감정을 표현하는 것으로 나타났다(양경화, 2015). 가정에서 부모 간 폭력을 많이 목격한 학생일수록 학교폭력의 가해가 증가하는 것으로 나타났다(김재엽, 이순호, 2011). 이처럼 가정폭력에 노출된 청소년이 학교폭력에 더 많은 영향을 미치고 있다. 이순래(2002)의 연구에서도 부모나 교사와의 애착관계가 강할수록 학교폭력을 자제하는 경향이 있는 것으로 나타났으며, 부모 애착 효과와 교사와의 애착을 비교했을 때 그 차이는 뚜렷하지 않았지만 부모 애착의 경우가 교사와의 애착보다 중요하게 작용한다고 나타났다.

이처럼 가정환경, 특히 부모와의 관계가 자녀의 행동 특성과 밀접하게 관련된다는 것을 알 수 있다(Sweeney, 1989). 우리나라 부모는 자녀에 대한 교육열은 높으나 자녀와의 대화, 학교교육 참여 기회가 부족하여 학교폭력으로 인한 이상 징후를 즉각적으로 발견하지 못하며, 맞벌이가정이 늘어나면서 자녀를 돌보는 기능이 약해지고 있다.

### (3) 학교환경적 요인

학교 차원에서 학교폭력 발생을 유발하는 위험요인은 학급의 과도한 경쟁, 소외나 외톨이, 학급 규칙의 부재나 비일관성, 교사의 폭력적 언어나 행동, 학교폭력에 대한 교사의 무관심과 방임인 것으로 나타났다(박영신, 김의철, 2000; 이상균, 2005). 지금까지 우리의 교육제도, 특히 학교제도는 인성교육이나 정의적 교육에 강조를 두기보다는 지적교육 중심으로 이루어져 왔다. 그 결과 지적 중심의 교육은 인성교육의 부재를 가져왔으며, 그로 하여금 학생들의 입시 위주의 교육으로 핵심 가치인 인성교육을 소홀히 하게 되었다.

학급 내에서 발생한 학교폭력은 단순 우발적인 경우도 있겠지만 대부분 학급 구성원의 사회적 관계 속에서 발생하므로 지속적으로 유지되는 경우가 많다. 학급 분위기, 학급 응집력, 담임교사의 지도성, 학교생활 만족도가 학교폭력 발생과 밀접한 관련이 있다(문용린 외, 2006). Smith와 Shu(2000)의 연구에 따르면, 학교폭력 피해청소년은 학교가 자신들에게 안전하지 못한 곳이라고 느끼는 것으로 나타났다. 교사의 과도한 업무로 인하여 교사가 적절한 생활지도를 하기 어려운 교육적 여건은 학교폭력 양상이 지속적으로 변화하고 있으나 이에 대응하여 학생들을 효과적으로 지도할 수 있는 방법과 관련 제도가 미흡한 것도 학교폭력을 부추긴 셈이라고 할 수 있다.

### (4) 사회환경적 요인

오늘날 우리 사회의 전반적인 윤리의식의 부족과 지나친 개인주의 팽배 등으로 인간 이해에 많은 도전을 받고 있다. 이러한 긴장과 혼란 속에서 전통적인 인간 이해와 삶에 대한 본질을 점차 잃어 가고 있으며, 물질화되어 가는 사회와의 갈등 또한 극심하다. 이처럼 현대사회 구조의 급격한 변화 속에서 인간은 자신을 상실하게 되고, 인간의 존엄성을 잃어버릴 위기에 직면하게 되었다. 이와 함께 우리 사회에 팽배해 있는 폭력 무감각주의 생명 경시 주의와 치안 부재는 청소년 폭력을 부추기고 있다. 퇴폐 폭력문화를 조장하는 유흥업소, 비디오방, 락카페 등 청소년 유해환경의 잦은 노출 역시 청소년 폭력을 조장하는 요인으로 지적된다.

학교폭력 가해자의 왜곡된 가치관 형성은 학교생활 부적응으로 인해 사회 적응을 어려워하여 자아실현의 기회를 놓치는 심리적 장애 발생 확률이 높고, 성인이 되어서도 반사회적 행동을 지속할 확률이 높다고 보고되고 있다(박은경, 2014; 염숙현, 2015). Farrington과 Loeber(2000), Bender와 Losel(2011)에 의하면, 학교폭력 가해청소년의 약 25%가 성인이 되어 범법자가 되는 것으로 보고되었다. 특히, 오늘날 우리 사회는 IT산업의 발전으로 인하여 사이버 공간이 급격하게 확산되었고, 이로 인해 인터넷을 통하여 폭력물, 음란물 등의 동영상을 많이 접함으로써 청소년들의 폭력에 대한 인식이 둔감해지고 반복되는 영상물의 접촉으로 모방행동이 이루어지고 있다(교육과학기술부, 2012).

이춘화(1999)의 연구에서도 보호관찰 청소년 중에 폭력 비행 경험 집단이 무경험 집단보다 음란비디오나 폭력매체를 접촉한 경험이 많은 것으로 나타났다. 이처럼 폭력물에 대한 청소년의 노출은 청소년들이 갈등과 문제를 해결하는 방법으로 폭력을 수용하도록 학습시키며, 대중매체를 통해 언어적이고 신체적인 폭력을 많이 경험한 청소년일수록 학교폭력 경험이 많은 것으로 나타났다(Murray, 1999). 또한 사회가 폭력에 대해 얼마나 허용적인 분위기인가를 생각해 볼 수 있다. 폭력에 대한 허용 수준은 개인의 공격적인 상호작용뿐만 아니라 다양한 매체에서 폭력적인 요소로 나타나고, 이는 구성원들의 폭력에 노출되는 빈도에 영향을 미친다(이규미 외, 2014).

### 3) 학교폭력의 예방 및 대책 방안

학교폭력이 근절되기 위해서는 학교의 노력뿐만 아니라 가정에서 부모의 관심과 노력도 필요한 바, 학교폭력이 발생한 경우에 가해학생의 부모도 특별교육을 받도록 하여 부모의 책임성을 강조하고 있다. 또한 학교폭력 예방에 기여한 자에 대해서는 상훈을 수여하거나 근무성적 평점에 가산점을 부여하는 등 인센티브를 지급하도록 하여 교직원들이 보다 적극적으로 학교폭력에 대처할 수 있도록 하였다. 그러나 대부분의 대책은 학교폭력 발생 후의 대처 방안이고, 그마저도 학교폭력 가해자, 피해자에게만 초점을 맞추고 있다.

2012년에 정부가 발표한 학교폭력근절 7대 실천정책에는 '학교폭력 없는 행복한 학교'를 목표로 사소한 괴롭힘도 범죄라는 인식하에 학교폭력에 철저히 대응하는 네 가지의 직접 대책과 학교, 가정, 사회가 함께하는 인성교육을 위한 세 가지의 근본대책으로 구성되어 있다. 당시 이 정책에는 강력한 대책과 함께 학생들의 인성교육을 강화하는 근본적인 대책도 포함했지만 폭력발생 시 가해학생에 대한 처벌과 격리 등 외부적 강제와 규제 중심의 방안에 집중되어 있다고 해도 과언이 아니다.

인성교육 차원도 국어 · 도덕 · 사회 교과의 '인성 핵심 역량' 요소를 강화하고, 국어 시간에 바른 언어 습관, 체육 시간에 신체활동 욕구가 강한 중학생의 체육활동을 50%로 증대 등에 초점을 맞추었지만 이것은 다소 형식적이고 소극적인 대책으로 보인다.

학교폭력 예방을 위한 다양한 노력은 학교폭력에 대한 정보와 대처방법을 알려 주는 데 주안점을 두고 있을 뿐 현실적인 적용점에 있어서 어려운 부분도 많이 있다. 물론 이 정책에는 강력한 대책과 함께 학생들의 인성교육을 강화하는 근본적인 대책도 포함하며, 폭력발생 시 가해학생에 대한 처벌과 격리 등 외부적 강제와 규제중심의 방안을 강조한 측면이 있었다.

이러한 정책을 실시한 결과 학교폭력 안전 인프라의 양적 확충, 맞춤형 예방교육 강화, 단위학교의 대응능력 및 책무성 제고, 피해자 치유 및 가해자 선도 시스템의 질 향상, 존중과 배려의 학교문화 조성, 지역사회와 함께하는 학교안전망 구축 등의 부분에서는 성과를 이루었다. 그러나 아직 여전히 해결해야 할 과제로는 학교폭력 안전 인프라의 질적 제고, 학부모나 교원 등 학교구성원 전체가 참여하는 예방교육, 학교폭력 신고 후 조치에 대한 불만, 가정과 사회의 공동 노력을 통한 폭력문화의 개선 등을 들 수 있다. 관계부처 합동으로 발표한 '제3차 학교폭력 예방 및 대책 기본계획'에서는 이러한 과제를 해결하고자 하였다.

2019년에 제3차 기본계획이 종료되었으나 여전히 학교폭력이 중요한 사회문제로 인식되는 상황을 고려하여 범부처 대책 수립이 요구되었다. 특히 인프라 구축에 상응하는 정책의 질적 제고를 위해 정책환경 변화를 반영한 제4차 학교폭력 예방 및 대책을 수립하였다.

제4차 학교폭력 예방 및 대책에서는 학교공동체 역량 제고를 통한 학교폭력 예방 강화, 학교폭력에 대한 공정하고 교육적인 대응 강화, 피해학생 보호 및 치유 시스템

강화, 가해학생 교육 및 선도 강화, 전사회적 학교폭력 예방 및 대응 생태계 구축 등으로 구성되어 있다. 이러한 기본계획을 토대로 하여 학생들의 인성교육 강화, 교사교육, 학부모교육 등에 대한 구체적인 대책 방안을 제시하고자 한다.

첫째, 학교폭력 예방을 위해 인성교육을 강화하는 것이다. 범정부 차원에서 학교폭력에 대처하기 위해서 많은 노력을 기울이고 있지만 우리나라에서 실시되고 있는 학교폭력 예방 프로그램은 대부분 학교폭력에 대한 개념 이해와 대처 방안에 치중되어 있어 예방적인 차원에서 인성교육이 부족하다.

청소년들의 학교폭력 및 비행 행동을 예방하기 위해서는 인성교육에 초점을 두어야 한다는 것에는 이견이 없다. 오늘날 우리 사회나 학교가 전인적 성숙과는 거리가 먼 입시 위주의 지식만으로 학생들을 평가하고, 그 틀 속으로 몰아가려는 현실이 두드러지고 있으며, 동시에 도덕교육의 부재, 인성교육의 상실에 대한 우려의 목소리가 높아지고 있다. 청소년의 학교폭력 예방을 위해서는 무엇보다 인성교육에 초점을 두어야 함을 공통적으로 제안하고 있다. 즉, 학교폭력 예방을 위해서는 폭력에 대한 구체적인 정보도 중요하나 기본적으로 갖추어야 하는 타인에 대한 배려, 책임감, 자기조절 등 덕목 중심의 인성교육이 근본적인 해결방안임에는 이견이 없다(박효정, 정미경, 박종효, 2006). 김상돈(2012)은 학교폭력은 가해학생의 도덕성에 문제가 있다는 것이다. 즉, 가해학생의 도덕적 무관심 및 무감각적인 도덕의 무지가 학교폭력의 주된 원인으로 지적되고 있다.

인성교육은 다양한 개념과 의미를 가지기 때문에 한마디로 규정하기가 어렵지만 그것은 기존의 인지적으로 편중된 교육 상황에서는 별로 다루지 않은 정의적 측면 및 인간의 본성과 관련한 것으로 학습자로 하여금 전인적인 능력을 갖춘 민주시민으로 성장하고 생래적인 본성을 실현함으로써 보다 풍부하고 자유로운 삶을 살 수 있도록 하기 위한 교육적 경험을 제공해 주는 것이라고 할 수 있다(한국교육학회, 2001). 결국 인성교육은 전인적인 인간교육을 위해 필수적인 과정임에 틀림없다. 따라서 학교폭력 예방교육을 인성교육과 연계시킴으로써 학교폭력 발생을 줄여 나가고 학생들의 협동성, 결속감을 증대시킬 수 있는 교과 외 활동을 강화할 필요가 있다.

이를 위해서는 창의적 재량활동시간을 활용하여 지역사회나 어려운 이웃을 위한 봉사활동이나 자율활동 등의 다양한 체험학습도 효과적일 것이다. 체험활동을 통한 인성교육을 실시하기 위해서는 학교, 교사, 학생과 학부모, 지역사회 관계자들의 긴

밀한 협조가 선행되어야 할 것이다. 그러나 무엇보다 우선해야 할 것은 교사 스스로 인성교육의 중요성을 지각하고 도덕의식을 고취하여 그것을 실천하고자 하는 의지가 가장 중요하다.

둘째, 청소년의 정서조절능력을 증대시킬 수 있는 정서교육에 초점을 두어야 할 것이다. 지금까지 우리의 교육은 자신의 감정을 표현하고 조절하는 정서교육에 대해서는 관심을 가지지 않았기 때문에 청소년들이 자신의 내면적인 문제나 스트레스를 효율적으로 다룰 수 있는 방법에 대해 잘 알지 못한다. 정서교육은 인간의 정서를 순화시키고, 청소년의 신체적 · 심리적인 특성을 잘 이해하여 학업과 진로, 친구와의 관계 등 인간관계로 인한 청소년의 스트레스를 잘 관리하도록 지도함으로써 분노나 화 같은 감정을 조절할 수 있는 정서조절능력을 증대시킬 수 있다. 실제로 학교 현장에서 발생하는 집단괴롭힘, 학교폭력, 부적응 등은 상대방에 대한 배려의 부족, 분노를 조절하는 능력의 부족 등으로 보는 견해가 일반적이다.

청소년의 정서 조절은 개인의 성숙, 독립성, 상상력, 사회적 능력, 또래 인기도, 또래관계에 있어서의 효과적인 사회적 기술과 관련이 있으며, 더 나아가 이들의 정서조절이 인지발달과 인지적 과업의 성공적인 수행 등에도 영향을 미치는 것으로 나타났다(Polan, Sieving, & McMorris, 2013).

정서조절능력의 발달은 여러 가지 경험적인 활동으로도 할 수 있겠지만 소집단 활동을 통해서 이루어질 수 있다. 집단활동프로그램을 통한 대인관계의 경험 및 정서적 경험은 타인과 자신에 대한 객관적인 이해뿐만 아니라 자신을 긍정적으로 발달시킴으로써 자신의 감정을 왜곡하지 않고 건설적인 방법으로 표출하도록 한다. 이처럼 정서조절능력은 자신의 감정 상태를 인식하고 조절하면서 상대방의 사고와 감정을 이해하는 능력이기 때문에 청소년기에 일어날 수 있는 정서문제와 갈등을 해결하는 데 중요한 영향을 미친다고 할 수 있다. 따라서 정서문제를 가지고 있는 청소년들에게 다양한 경험상의 정서문제를 인식시키고, 정서적 · 인지적 · 사회적 유능감을 증진시킬 수 있는 정서 조절은 매우 중요하다(김수정, 손경숙, 2007). 이러한 의미에서 정서조절능력을 향상시키는 정서교육은 청소년의 화, 분노 등의 정서를 적절하게 표현하지 못하여 발생하는 학교폭력을 예방할 뿐만 아니라 자신의 감정을 조절하여 또래집단과의 바람직한 사회적 관계도 증진될 것이다.

셋째, 학교폭력의 예방 및 해결을 위해 교사교육을 강화시키는 것이다. 그러기 위해서는 모든 교사를 대상으로 학교폭력 예방 및 대처 방안에 관한 교육을 의무화하여 정기적으로 연수회를 개최하여야 할 것이다. 아무리 학교폭력 예방을 위한 효율적인 대책을 수립하고 법령을 제정하여도 교사가 학교폭력을 예방하고 학생들을 보호하겠다는 의지가 없으면 학교폭력은 근절되지 않을 것이다. 일부 교사는 승진점수를 의식하여 학교폭력문제가 드러나는 것을 꺼린다는 지적도 있다. 학교폭력문제가 외부에 알려지면 교사들에게 불이익이 돌아가고 학교의 이미지가 좋아지지 않는다는 이유로 어떻게든 드러내지 않고 넘어가려는 폐쇄적인 학교문화도 학교폭력 문제해결에 걸림돌이 되고 있다고 지적하고 있다(김영화, 2012).

학교폭력의 예방 및 해결을 위해서는 교사의 문제해결 의지와 실제 능력이 중요하다. 그러나 교사들은 학교폭력의 현상이 사회적으로 심각한 문제라고 인식하고 있으나 학교 및 학급에서는 별로 심각하지 않는 것으로 인식하고 있어 학교폭력에 대한 일반적인 인식과 실제 지각 간에 차이가 있음이 나타났다. 그리고 학교폭력의 가장 효과적인 주체로 교사들은 학생 자신을 꼽고 있어 본인들에 대한 책임감은 상대적으로 적은 것으로 나타났다(조학래, 2002). 따라서 학교 내에서의 효과적인 문제해결을 위해 학교폭력의 정확한 실태와 실제적인 대처 요령에 대한 교사교육이 요구된다고 할 수 있다.

교사는 학교폭력이 일어나기 전에, 혹은 지속적으로 반복되기 전에 학생들의 행동 변화를 민감하게 감지해 조기에 예방하여야 한다. 학교폭력이 발생하였을 때 교사는 반드시 객관적으로 판단하고 적극적으로 개입하여 사건을 해결하여야 한다. 폭력사건을 은폐하려고 하거나 소극적으로 대처하면 피해학생뿐 아니라 가해학생 및 대다수의 학교폭력 방관 학생에게 폭력을 묵인하는 결과를 초래하여 또 다른 폭력사건을 야기할 수 있다. 학교폭력 예방을 위해 교사는 학생들에 대한 지속적인 관심과 체계적인 노력이 필요하다.

넷째, 부모교육의 강화와 학교폭력 예방 지킴이로서 부모의 역할을 수행하는 것이다. 부모의 양육태도가 학교폭력과 상관이 있다는 것을 앞에서 살펴보았다. 따라서 부모가 자녀를 올바로 이해하고 지도할 수 있는 부모교육을 형식적이고 일회성이 아닌 지속적이고 체계적으로 실시하는 것이 필요하다.

이를 위해서는 관련 교과와 연계하여 교육과정의 일부분으로서 부모를 대상으로 부모교육을 의무화하여 자녀와 부모가 함께하는 활동프로그램이나 자녀의 발달시기에 맞는 부모 역할에 대한 교육을 실시하는 것이다. 더 나아가 학생들을 가장 잘 이해하고 학생과 감정을 공유하고 의사소통할 수 있는 부모에게 학교 내에서 폭력문제 해결과 학생들의 인성 및 전인 교육을 담당할 수 있는 주체로서의 역할을 수행하도록 하는 것이다. 따라서 정부가 추진하고 있는 학교폭력 근절 및 예방을 위한 목표를 달성하는 데 기여할 수 있는 부모 멘토전문가를 양성하는 프로그램을 실시할 수 있다. 부모를 학교폭력 멘토전문가로 활용하게 되면 다음과 같은 효과를 기대할 수 있다. ① 부모가 학교교육에 직접 참여하면서 현실적인 학교폭력 현장의 대안 방안을 마련하고, 이에 대해 더 나은 의견을 제시할 수 있다. ② 학부모 멘토전문가 과정 이수 후 학교폭력 예방 지킴이로서 학교폭력 사전 예방과 지역사회의 안전에 기여할 수 있다. ③ 부모의 바람직한 학교 참여 문화를 확산하고 학교 현장에서 부모 친화적 지원을 돕는 역할을 할 수 있다. ④ 부모교육 프로그램을 통해 부모는 학교폭력 예방과 진로 적성 상담의 구심점 역할을 담당함으로써 학생뿐만 아니라 정부 지원의 취약계층과 소외계층의 부모를 위한 멘토 역할을 담당할 수 있다.

부모 멘토프로그램을 효율적으로 운영하기 위해서는 교육부의 취약계층 지원 방안과 학교폭력 근절 방안을 연계하여 부모 멘토전문가 과정을 현실화하고, 정부의 부모교육 자원봉사 확대 정책을 심도 있게 파악하여 부모교육 프로그램의 지속적인 발전 방안을 모색해 나가야 할 것이다.

다섯째, 청소년들이 건전한 놀이문화를 즐길 수 있는 문화공간의 확보와 다양한 프로그램의 개발이 필요하다. 청소년들을 위한 청소년 문화회관과 수련시설이 예전에 비해 많이 건립되었으나 아직도 많이 부족한 상태이다. 학교뿐만 아니라 우리 사회가 청소년들에게 깊은 관심을 가지고 청소년들이 건전한 놀이문화를 즐길 수 있는 문화 공간의 확보와 더불어 청소년이 건전한 문화를 즐길 수 있는 다양한 프로그램의 개발을 통해 청소년들이 심신을 건전하게 단련시켜서 성숙한 인격으로 성장해 가도록 끊임없이 노력해야 할 필요가 있다.

이외에도 학교 안에서 발생하는 폭력에 대해서 적극적으로 제지하거나 피해자를 보호하는 역할을 하지 않는 대부분의 학교폭력 방관자의 교육에도 관심을 가져야 할 것이다. 물론 학교폭력이 발생했을 때 가해자의 처벌과 심리치료, 피해자의 심리치료와 보호 등이 급선무이지만 학교폭력이 문제가 되는 것은 이들 방관자가 언제든지 잠정적인 가해자로 학교폭력을 이행할 수 있는 집단이기 때문이다. 따라서 이들을 위한 프로그램 개발과 함께 지속적인 프로그램 운영에도 관심을 가져야 할 것이다.

## 참고문헌


강선보, 박의수, 김귀성, 송순재, 정윤경(2008). **인성교육**. 서울: 양서원.

교육부(2012). 학교폭력근절종합대책.

교육부(2022). 2022년 전국 학교폭력 실태조사 보고서.

권이종(2000). 학교 내에서의 집단 따돌림의 발생원인과 해결방안에 관한 연구: 학교 내의 폭력을 중심으로. **청소년학연구**, 7(2), 1-38.

김계현(2000). **상담심리학**. 서울: 학지사.

김계현, 김동일, 김봉환, 김창대, 김혜숙, 남상인, 조한익(2000). **학교상담과 생활지도**. 서울: 학지사.

김명자(2001). 중학생의 학교폭력에 영향을 미치는 요인. **정신간호학회**, 10(2), 241-253.

김상돈(2012). 학교폭력: 도대체 무엇이 잘못되었는가?. **윤리연구**, 85, 235-262.

김선애(2007). 가정, 학교, 친구 관련변인과 학교폭력과의 관계. **청소년학연구**, 14(1), 101-126.

김수정, 손경숙(2007). 가출청소년의 정서조절 능력증진을 위한 집단상담 프로그램 개발 및 효과검증. **사회복지연구**, 35(35), 409-439.

김영화(2012). **학교폭력, 청소년 문제와 정신 건강**. 경기: 한울아카데미.

김영환(1997). **행동적 상담**. 서울: 교육과학사.

김재엽, 이순호(2011). 청소년의 부모 간 폭력 목격경험이 학교폭력 가해에 미치는 영향과 공격성의 매개효과: 군산지역 청소년을 대상으로. **한국사회복지조사 연구**, 26, 109-137.

김정규(2001). **게스탈트 심리치료**. 서울: 학지사.

김정희 역(1992). **현대심리치료**. 서울: 중앙적성출판사.

김충기(1999). **생활지도 상담진로지도**. 서울: 교육과학사.

김하영, 최석환, 심승보(2023). 학교폭력 유형과 예방대책에 대한 인식: 교육대학원 예비교사를 중심으로. **Asian Joural of Physical and Sport Science**, 11(3), 90-107.

문용린, 김준호, 임영식, 곽금주, 최지영, 박병식, 박효정, 이규미, 임재연, 정규원, 김충식, 이정희, 신순갑, 진태원, 장현우, 박종효, 장명배, 강주현, 이유미, 이주연, 박영진(2006). **학교폭력예방과 상담**. 서울: 학지사.

박성수(1999). **생활지도**. 서울: 정민사.

박영신, 김의철(2000). 폭력가해, 폭력피해, 폭력무경험 집단의 인간관계와 심리행동 특성의 차이. **2000년도 한국심리학회 연차학술발표대회 논문집**, 88-89.

박은경(2014). 초기 청소년의 학교폭력 경험에 대한 생태학적 변인의 영향 연구. 전남대학교

대학원 박사학위논문.
박효정, 정미경, 박종효(2006). 학교폭력 대처를 위한 국내 · 외 지원체제 구축사례집. **한국교육개발원 연구보고**, RR 2006-92.
삼성사회정신건강연구소(2010). **학교폭력예방을 위한 시범학교 운영매뉴얼**. 경기: 교육과학사.
서울대학교 교육연구소(1994). **교육학용어사전**. 서울: 하우.
양경화(2015). **학교폭력의 예방 및 대책**. 서울: 공감플러스.
양종국(2002). 비행청소년의 비행 위험요인 및 보호요인과 재비행간의 관계. 건국대학교 대학원 박사학위논문.
염숙현(2015). 학교폭력 가해행동 유형별 관련 요인에 대한 메타분석. 한국교원대학교 대학원 석사학위논문.
이규미, 지승희, 오인수, 송미경, 장재홍, 정제영, 조용선, 이정윤, 유형근, 이은경, 고경희, 오혜영, 이유미, 김승희, 최희영(2014). **학교폭력 예방의 이론과 실제**. 서울: 학지사.
이상균(2005). 가출비행청소년을 위한 효과적인 사회복지 실천 전략의 모색. **사회복지연구**, 10, 87-112.
이순래(2002). **학교폭력의 원인 및 대처방안에 관한연구**. 한국형사정책연구원.
이승출(2012). 청소년의 가정폭력 노출경험과 학교폭력에 관한 연구. **청소년문화포럼**, 29, 116-135.
이장호(2001). **상담심리학**. 서울: 박영사.
이재창(2005). **생활지도**. 서울: 문음사.
이춘화(1999). **학교 내 비폭력문화 프로그램 개발**. 한국청소년개발원.
이형득(1995). **상담의 이론적 접근**. 서울: 형설출판사.
이형득(1998). **집단상담의 실제**. 서울: 중앙적성 출판사.
이형득 편저(1999). **상담이론**. 서울: 교육과학사.
임규혁(2001). **교육심리학**. 서울: 학지사.
임승권(1993). **교육심리학**. 서울: 학지사.
장혁표(2000). **집단상담의 이론적 접근**. 서울: 문음사.
장혁표, 신경일 역(1993). **상담과 심리치료의 이론 및 실제**. 서울: 교육과학사.
정미경, 박효정, 진미경, 김효원, 박동춘(2008). **학교폭력 예방 프로그램 적용효과 분석 연구**. 연구보고 RR2008-02. 한국교육개발원.
정하은, 전종설(2012). 청소년 학교폭력의 위험요인. **청소년복지연구**, 14(1), 195-212.
조학래(2002). 중학생 집단따돌림 실태와 대응방안. **연세사회복지연구**, 8, 1-27.
청소년폭력예방재단(2012). 2011년 전국 학교폭력 실태조사 보고서.
한국교육학회(2001). **인성교육**. 서울: 문음사.
한국발달상담연구소(2002). 중등교원 직무연수 교재. 울산광역시 교육청 울산교육 연수원.

황혜원, 신정이, 박현순(2006). 초기청소년의 학교폭력에 대한 생태학적 요인들 간의 경로분석. **아동권리연구**, 10(4), 497-526.

Bender, D., & Losel, F. (2011). Bullying at school as a predictor of delinquency, violence and other anti-social behavior in adulthood. *Criminal Behavior and Mental Health, 21*(2), 99-106.

Björkqvist, K., Ekman, K., & Lagerspetz. K. M. (1982). Bullies and victims: Their ego picture, ideal ego picture and normative ego picture. *Scandinavian Journal of Psychology, 23*, 307-313.

Corey, G. (1996). *Theory and practice of counseling and psychotherapy*. California: Brooks/Cole Publishing Company.

Crick, N. R., & Dodge, K. A. (1996). Social information-processing mechanism reactive aggression. *Child Development, 67*, 993-1002.

Dies, T. T. (1983). *Clinical implications of research on leadership in short-term psychotherapy: Integrating research and practice* (pp. 27-28). New York: International Universities Press.

Farrington, D. P., & Loeber, R. (2000). Epidemiology of juvenile violence. *Child and Adolescent Psychiatric of North America, 9*(4), 733-748.

Gazda, G. M. (1971). *Group counseling: A developmental approach*. Boston: Allyn and Bacon.

Gelso, C. J. (2000). *Counseling psychology*. Fortworth: Harcourt College Publishers.

George, J. P., & Christiani, T. S. (1995). *Counseling: Theory and practice*. Boston: Allyn and Bacon.

Glanz, E. C., & Hayes, R. W. (1967). *Groups in guidance*. Boston: Allyn and Bacon.

Grimm, D. E. (1994). Therapist spiritual and religious values in psychotherapy. *Counseling and values, 38*(3), 154-164.

Hansen, J. C., Warner, R. W., & Smith, E. M. (1976). *Group counseling: Theory and process*. Chicaco: Rand McNally College Publishing Company.

Humphreys, J. A., & Traxler, A. E. (1954). *Guidance service*. Chicago: Science Research Associates.

Kazdin, A. E., & Wilson, G. T. (1978). *Evaluation of behavior therapy: Issues, evidence, and research strategies*. Ballinger.

Mahler, C. A. (1971). *Group counseling in school*. Boston: Houghton Mifflin.

Murray, J. P. (1999). Impact of television violence. In K. S. Manhattan (Ed.), *School of family studies and human services*. Kansas State University.

Patterson, C. H. (1980). *Theories of counseling and psychotherapy* (3rd ed.). New York: Harper Row.

Perls, F. S. (1969). *Gestalt therapy verbatim*. Moab, UT: Real People Press. New York: Bantam Books.

Pietroesa, J. J., Bernstein B. Minor, J., & Stanford, S. (1980). *Guidance: An introduction*. Chicago: Rand McNally.

Polan, J. C., Sieving, R. E., & McMorris, B. J. (2013). Are young adolescents' social and emotional skills protective against involvement in violence and bullying?. *Health Promotion Practice, 14*(4), 599-606.

Raymond J. C. (1992). *Current psychotherapies*. 김정희 역(2007). 현대 심리치료. 서울: 중앙적성출판사.

Rigby, K. (1993). School children's perceptions of their families an their families and parents as a function of peer relations. *Journal of Genetic Psychology, 154*, 501-513.

Robinson, F. F., Stockton, R., & Morran, D. K. (1990). Anticipated consequences of self-disclosure during early therapeutic group development. *Journal of Group Psychotherapy, Psychodrama, and Sociometry, 43*(1), 3-18.

Rogers, C. M., Smith, M. D., & Coleman, J. M. (1987). Social comparison in the classroom: The relationship between academic achievement and self-concept. *Journal of Educational Psychology, 70*, 50-57.

Rutter, M. (1985). Family and social influences: Meanings, mechanism and implication. In A. R. Nichol (Ed.), *Longitudinal studies in child psychology and psychiarty*. New York: Wiley.

Salmaivalli, C., & Nieminen, E. (2002). Proactive and reactive aggression among school bullies, victims, and bully-victims. *Aggressive Behavior, 28*(1), 30-40.

Shertzer, B., & Stone. S. C. (1980). *Fundamental of guidance* (4th ed.). Boston: Houghton Mifflin.

Smith, P. K., & Shu, S. (2000). What good schools can do about bullying: Findings from a survey in English schools after a decade of research and action. *Chilhood, 7*, 193-212.

Sweeney, T. J. (1989). *Adlerian counseling: A practical approach for a new decode* (3rd ed.). Muncie Indiana: Accelerated Development.

Traxler, A. B. (1957). *Techniques of guidance*. New York: Haper & Brothers.

Traxler, A. E., & Robber, D. N. (1969). *Techniques of guidance*. New York: Happer and Row Publishers.

Willamson, E. G., & Donald, A. B. (1975). *Student personnel work: A program of developmental relationships*. New York: John Wily & Sons Inc.

Willamson, E. G. (1950). *Counseling adolescents*. New York: McGraw-Hill Book Company.

법제처 「학교폭력예방 및 대책에 관한 법률」. https://www.law.go.kr/LSW/lsSc.do?dt=20201211&subMenuId=15&menuId=1&query=%ED%95%99%EA%B5%90%ED%8F%AD%EB%A0%A5%EC%98%88%EB%B0%A9+%EB%B0%8F+%EB%8C%80%EC%B1%85%EC%97%90+%EA%B4%80%ED%95%9C+%EB%B2%95%EB%A5%A0#undefined

# 제 11 장

# 교직사회와 학교조직의 이해

효과적인 교육을 위해서 우수한 교원을 확보하고 교직에 전념할 수 있는 환경을 조성해 주는 노력이 요구된다. 이 장에서는 일선에서 교육활동을 수행하는 교원들에 대한 이해를 위해 교직의 특성을 파악하고 교사로서 갖추어야 할 자질과 능력을 논의한다. 그리고 최근 교육계에서 부각되고 있는 학생, 학부모, 교원의 교육권에 대해 기술한다.

학교조직의 구조와 특성을 '사회체제로서의 학교'로 파악하고, 교육행정의 개념, 성격, 원리에 대해 기술한다. 끝으로 학교조직을 효율적으로 경영할 수 있는 학교경영체제에 대해 살펴본다.

## 1. 교직의 의의

한 개인의 삶과 국가의 미래에 있어 교육은 중요한 의미를 가지며, 그 교육의 역할을 담당하는 중핵에 교직이 자리 잡고 있다. 특히, 직접 교수-학습활동을 담당하는 교사의 존재 가치는 매우 중요하다. 최근 교수프로그램의 발달과 학습을 조력할 수 있는 다양한 소프트웨어의 증가는 교수-학습과정에서 기존의 교사의 역할을 변화시키고 있다. 그러나 여전히 교사는 교육에서 중요한 위치를 차지하고 있으며, 교직에 대한 사회적 관심과 기대는 교사의 역할 범위를 더욱 확장시키고 있다.

### 1) 교직의 성격

교직은 일반 직업과 공통되는 특징을 가지는 동시에 일반 직업군과 구분되는 교직만의 특성을 가지고 있는 바, 이를 제시하면 다음과 같다(기순신, 2001: 25-27; 이수덕, 1993: 72-73; 이윤식 외, 2008).

첫째, 교직은 전인으로서 인간을 대상으로 한다. 교육은 인간의 어느 한 부분적인 기능만을 대상으로 하는 것이 아니라, 지적 · 정신적 · 신체적 · 정서적 · 사회적 · 문화적 · 정치적인 복합적 특성을 지닌 인간 그 자체를 대상으로 한다.

둘째, 교직은 미성숙자를 대상으로 한다. 교사는 현재의 미성숙자를 무한한 가능성을 가진 한 인간으로 성장 및 발달할 수 있도록 도와줌으로써 개인의 삶을 변화시킨다.

셋째, 교직은 봉사활동이다. 교직은 경제적 이윤 추구를 목적으로 하는 여타 전문직에 비해 봉사직으로서의 특징이 강조된다. 교사는 자신이 가진 지식과 기술, 정서를 학습자에게 끊임없이 제공해 주어야 한다. 일과가 끝난 후에도 계속되는 생활지도, 상담활동 등은 봉사자로서의 사명감 없이는 불가능하다.

끝으로, 교직은 국가와 사회에 지대한 영향을 미친다. 교직은 교육을 매개로 학생들을 사회, 국가의 일원으로서 이해하고 적응할 수 있도록 조력하며, 나아가 미래 사회의 형태(가치, 문화, 경제발전)를 결정할 만큼 파급효과가 크다.

## 2) 교직관의 유형

교직관은 교사들의 업무나 지위에 대한 인식으로, 일반 대중이 교직을 바라보는 관점이라고 할 수 있다. 교직을 파악하는 관점은 크게 세 가지로 구분되는 바, 세속적인 삶과는 거리가 먼 정신적으로 이상지향적인 성직자로 보는 관점, 교원을 육체적 노동 대신 정신노동을 통해 재화를 획득하는 노동자로 보는 관점, 고도의 전문성을 필요로 하는 전문직으로 보는 관점 등을 들 수 있다(기순신, 2001; 서정화, 1986; 윤종건, 김하찬, 1985; 이칭찬, 1996; 정일환, 권상혁, 1995).

### (1) 성직으로서의 교직

성직으로서의 교직은 제5장에서 기술한 서양교육사 중에서 중세교육과 관련된다. 중세교육이 교회, 수도원 등의 종교기관을 통해 이루어지는 경우가 많았고, 주로 성직자들이 교사의 역할을 담당하게 되면서 교직은 성직과 동일시되었다. 이들은 학생에게 학문을 전수할 뿐만 아니라, 그들의 일상활동은 학생들과 일반 대중에게도 본보기가 되었다.

현대에는 교사가 성직자는 아니지만 여전히 성직자의 역할을 요구한다. 교권이 추락했다고는 하지만 국민은 교사에게 성직자의 자질과 자세를 기대하며 자녀에게는 물론이고 일반 국민에게 삶의 지표가 되어 주기를 요구한다. 일반 대중에게 교육자의 사회적 일탈행위는 타 분야 직업인의 일탈행위보다 큰 실망감을 안겨 준다. 그 지역 내에서 전통이나 문화에 반하는 일탈행위를 할 경우에 법적인 처벌이 없다고 하더라도 교사의 사회적 지위(교사로서 존경)는 크게 손상되며, 계속적인 직업 유지마저 위협받을 수 있다. 이는 교사가 일반인(세속인)과는 다른 비세속인으로서 학교 밖 일상 속에서도 항상 성직자로서의 교사를 기대하는 대중들의 요구를 반영한 것이다. 이런 대중의 기대는 교사에 대한 공식적 · 비공식적 규제로 작용하여 희생과 봉사를 요구하기도 한다.

1922년 미국 위스콘신주의 교사 채용 계약서에 나타난 내용의 일부를 소개하면 다음과 같다(Ornstein & Levine, 2000: 51-52).

① 결혼하지 않겠다. 만일 결혼하면 이 계약은 즉시 무효가 된다. ② 남성과 교제하지 않겠다(여성의 경우). ③ 도심을 배회하지 않겠다. ④ 담배를 피우지 않겠다. ⑤ 술

을 마시지 않겠다. ⑥ 아버지나 남자 형제 이외의 어떤 남자와도 마차나 자동차를 함께 타지 않겠다. ⑦ 머리를 염색하지 않겠다. ⑧ 발목 위 2인치 이상 짧은 옷을 입지 않겠다. ⑨ 교실 청결을 유지하겠다. ⑩ 화장을 하지 않겠다 등이 그것이다.

이러한 내용은 시대적 상황이 많이 변모하였지만 교사에 대한 사회 구성원의 기대를 반영한다고 할 수 있다. 이러한 기대는 교사에게 성직자와 다름없는 정도의 사회생활을 요구하고 있음을 알 수 있다.

### (2) 노동직으로서의 교직

노동직으로서의 교직관은 육체적 노동을 하는 다른 직업과 마찬가지로, 정신노동을 하는 노동자로 보는 관점이다. 교사는 노동의 대가로 노동 3권을 주장할 수 있고, 노동의 대가나 기타 근무환경 개선을 위해 세속적인 투쟁을 할 수 있다는 것이다. 세계적인 추세를 보면 대부분의 선진 국가에서 교원노동조합이 결성되어 교원의 노동환경 개선을 위해 노력하고 있다. 우리나라의 경우에도 1989년에 전국교직원노동조합(이하 전교조)이 결성되면서 사회 쟁점화되었을 당시에 정부는 교사는 노동자가 될 수 없다는 점을 부각시키면서 전교조 불가 방침을 세웠으며, 일부 교원조차도 교원의 사회적 지위를 실추시켰다고 강력 반발하였다.

그러나 국제노동기구의 압력과 기타 국내의 상황 변화로 2000년에 교원노동조합의 합법화[1)]가 이루어져 국내 교원들의 근로환경 개선을 위해 교섭활동을 하고 있으므로 앞으로 집단의 이익을 위해 투쟁하는 교사를 당연한 것으로 받아들여야 할 것이다.

그러나 '교직은 노동직이다'에 대한 전교조의 입장은 교사를 단순한 노동자라고 주장하는 것이 아니라 '교육노동자'라고 주장하는 것이다. 즉, 교사는 고용관계에서는 사용자인 정부와 시립학교 재단에 대해서 노동자이며, 그 직무와 관련해서 학생을 가르치는 교육자이다. 그리고 전교조가 교사를 교육노동자로 파악한다고 해서 다양한 사회적 관계를 부정하는 것도 아니다. 교사는 제자에 대해서는 '스승'이며, 국가에 대해서는 공무원이자 국민이며, 직무 성격상 전문직이기도 한 것이다. 이러한 관계는

---

1) 최근에 전교조가 법외노조가 된 것은 「노동조합 및 노동관계조정법」 제2조 제4호를 위반하여, 즉 해직된 전교조 교사를 조합원 자격을 부여하고 있는 전교조에게 행정법원이 법으로 보호할 수 있는 법내노조가 아닌 「노동조합 및 노동관계조정법」상 보호받지 못하는 법외노조로 판결하였다.

교사가 노동자라 해서 하등 달라질 것이 없다는 입장이다(전국교직원노동조합, http://www.eduhope.net).

### (3) 전문직으로 보는 관점

이 관점은 교직을 현대에서 가장 보편적으로 받아들이고 있는 관점으로, 누구나 원하는 모든 사람이 교사의 역할을 할 수 있는 것이 아니라 특정 지식, 자격 요건을 갖춘 사람들에게만 개방되어 있는 분야로 간주한다. 교사가 되기 위해서는 장기적이고 전문적인 직전교육과 그 자격증을 갖추어야 한다는 입장이다.

Liberman(1956: 1-6)은 교사의 전문적인 기준으로 독특한 사회봉사, 고도의 지적 기술에 대한 강조, 장기간의 전문화된 교육, 실천면에서 개인적 · 집단적으로 폭넓은 자율성 부여, 전문적 자율성의 범위 안에서 내려진 결정과 행위에 대한 책임의 수용, 전문직 집단활동에서 사적으로 개인이 얻는 경제적인 이득보다 제공되는 서비스에 대한 강조, 그리고 전문가 집단의 자기통제 기구 및 윤리강령 등을 들었다.

Corwin(1965)은 전문직의 특성으로 공공서비스의 의식, 일반인들의 이해 수준을 넘어선 지식과 기술의 총체를 정의, 인간문제에 대한 실제의 연구와 이론의 적용, 장기간의 전문적 훈련, 자격 기준, 업무영역에 대한 의사결정의 자율성, 판단에 대한 책임의 수용, 서비스를 제공하기 위해 관련된 합의 이행, 그들의 성취 노력에 대한 구성원들의 의식 공유, 직업상의 업무 촉진을 위한 행정적 관행, 상세한 직무관리로부터 상대적인 자유, 직업 구성원에 대한 자기통치 조직의 구성, 개인적 성취를 위한 인식을 제공하는 엘리트 집단이나 직업협회, 서비스를 제공하기 위한 윤리 규범, 사적(개인적) 직무에 종사하는 사람들에 있어서의 높은 수준의 신뢰와 공적 신임, 높은 명성과 경제적 지위 등을 들었다.

이 중 일반인들의 이해를 넘어선 지식과 기술의 총체를 정의, 면허 표준 설정 혹은 진입 조건 통제, 업무의 선택된 영역에 대한 의사결정의 자율성, 높은 명성과 경제적 지위를 특히 중요한 요소로 강조하였다.

한편, Huggett와 Stinnett(1963: 57-68)은 교사의 전문성에 대하여 전문적 지식, 자격증, 장기간에 걸친 준비교육, 계속적인 현직 연수를 통한 자기성장, 연속적인 근무와 경력, 사회적 봉사 수행, 전문적 집단과 조직 등을 들었다. Hoy와 Miskel(2001: 118-119)은 교직이 성숙한 전문직인지 아닌지는 다소 논쟁의 여지가 있음을 지적하였다. 이들은 교사가 육체 노동직이나 사무직보다는 전문적 특성이 높은 것은 분명하지만, 의사, 변호사들보다 전문적 속성이 낮은 것으로 인식된다고 했다. 그럼에도 불구하고 교직에 관한 이론과 지식의 증가, 교사교육에 대한 요구, 학생복지에 대한 교사들의 책임, 강력한 전문단체 그리고 교사의 자율성 증가는 교직을 전문직으로 생각하는 근거로 작용하고 있음을 지적하였다.

또한 교직을 전문화시키려는 운동 이면에는 보다 향상된 지위에 대한 요구와 업무에 대한 자율권의 요구가 존재하는데, 이는 교사의 책임감과 전문적 권위, 권력 획득, 향상된 지위, 업무에 대한 자율적 통제 요구가 있기 때문이다. 교사들은 전통적으로 방과 후에도 학생들의 학업을 돕는 것이 전문적 의무라고 믿었으나, 최근에는 수업자료와 절차, 교사 채용 시 자신의 의견을 반영할 수 있는 전문적 권리를 요구하고 있다. 한명희(1997: 173)는 교사의 전문성을 '교원의 직무수행에 필요한 능력, 자질, 성향, 가치, 행동양식 등과 이를 가능하게 하는 여러 가지 요인을 포함하는 것'으로 규정하였다.

이들 전문직의 특성에 비추어 교직은, 첫째, 고도의 지적 능력을 필요로 하며, 교직수행을 위하여 계속적으로 노력이 요구된다. 둘째, 장기간의 직전교육이 필요하며, 교원이 된 후에도 계속적인 자기성장을 위하여 노력해야 한다. 셋째, 교직은 서비스를 제공하며, 역할에 있어 사회적 책임이 강조된다. 넷째, 교원들이 지켜야 할 윤리강령을 가지고 있다. 끝으로, 교사는 업무 수행에 있어서 자율권을 가지며, 단체교섭활동을 위한 자치적인 조직이 구성되어 있다는 점에서 전문직으로 분류될 수 있다.

## 2. 교직 입문과 교사의 자질

### 1) 교직 입문의 동기

교사가 되고자 하는 사람이나 교사가 된 사람들의 교직 입문의 동기는 다양하다. 일반적으로 적성, 보수, 근로조건, 사회적 지위, 자아실현, 사회 기여도 등은 사람들이 직업을 선택할 경우에 일반적으로 고려되는 요건이다. 동시에 이러한 조건은 사회 상황에 따라 변화하는 요소들이다. 사람들은 각기 다른 이유로 교육활동에 이끌린다. 가르치는 일에 대한 약간의 관심, 동기, 가르침에 대한 적성, 가르침에 대한 애정, 옛 스승으로부터의 영향, 봉사에 대한 희망, 다양한 학습자를 가르치는 데 대한 보상, 그리고 교수활동의 실제 이익(보수 등)은 교직 입문을 결심할 때 주로 고려되는 요소들이라고 할 수 있다.

1987년에 미국에서 교육대학 등 76개 대학의 대학생들을 대상으로 이루어진 한 조사에서 교직을 선택하는 이유로 아동의 성장과 학습지원, 도전해 볼 만한 직종으로 여김, 좋은 근무조건, 교사를 선호하는 사회적 분위기, 직업의식과 가르치는 데 대한 명예, 사명감 등으로 나타났다. 교사가 되는 동기로 아동에 대한 사랑, 지식 전수 욕구, 가르치는 데 대한 관심과 열정, 사회에 대한 다양한 봉사 수행 희망 등을 주된 동기 요인으로 제시하였으며, 그 외에 직업적 안정, 연금 수익, 다른 직업에서 요구되는 훈련에 비해 상대적으로 교수활동 준비가 용이한 점 등을 들었다(Ornstein & Levine, 2000: 5).

Parkay(1995: 9-10)는 교직 입문의 동기를 교직이 주는 실제적 혜택, 즉 근무시간과 방학, 급여 인상, 교직 입문의 용이성 등을 들었다. 교사의 근무시간이 짧은 것은 아니지만, 실제적으로 학교에서 보내는 시간은 많지 않으며, 근무시간 중에 융통성을 가질 수 있어 다른 직종에 비해 여유시간을 많이 가질 수 있다는 것이다. 긴 방학은 대학원 진학 등을 통한 자율연수나 각종 연수를 통해 교사들의 재충전 기간으로 자기계발 및 연수로 활용할 수 있어 다른 직업 분야에 비해 큰 매력으로 인식되고 있다. 급여는 다른 직종에 비해 높은 수준이라고 할 수는 없지만, 계속되는 노력의 결과로서 타 직종과 비슷한 수준으로 계속해서 증가 추세에 있으며, 우리나라의 경우에도 교원의 지위 향상을 위한 방안으로 교사의 급여 인상을 중요한 요소로 고려하고 있다.

## 2) 유능한 교사

### (1) 교사의 자질

초기 인류의 비의도적 · 비형식적 교육에서는 부모가 교사의 역할을 주로 담당하였으며, 주로 생활 속에서 모방을 통한 교육이 이루어졌다. 제1장에서도 기술한 바와 같이, 점차 산업화되면서 형식교육의 필요성이 대두되고, 복잡 다양한 현대의 사회 상황은 학교 교사의 역할 범위를 점점 확대시키고 있다.

교사가 갖추어야 할 자질로서 김종서(1998)는 자격(전문성 고취), 교육애(사랑, 인격체로 존중), 기본적 태도 고취(교직에 대한 신념)를 들었고, Combs(1972)는 교과목에 대한 풍부한 지각, 학생과 동료 교사에 대한 이해, 교사 자신에 대한 긍정적 지각, 학습 목표와 과정에 대한 풍부한 지각, 적절한 교수방법에 대한 지각을 들었으며, Lepper는 인격적인 교사의 자질로 학생을 사랑하는 교사, 신뢰성이 높은 교사, 학생과 일하기를 좋아하는 교사, 사교성이 풍부한 교사, 온화하고 인내심이 강한 교사 등을 제시하였다(윤종건, 김하찬, 1985: 78-79).

Patterson(1973)은 인간적 측면에서의 교사의 자질로 진실된 교사, 아동을 하나의 인격체로 존중하는 교사, 공감적 이해를 제시하였다(장상호, 1980; 정일환, 권상혁, 1995: 54-59). 즉, 진실된 교사는 자신의 감정이나 사상 및 사고방식을 학생에게 투사하지 않으며, 자신의 행동에 책임을 질 수 있다. 아동을 하나의 인격체로 존중하는 교사는 학생 스스로를 존중하는 태도를 길러 주고 아울러 자신을 신뢰할 수 있게 된다. 학생에 대한 공감적 이해는 교사가 자신을 학생의 입장으로 바꾸어 놓고 거기서 진행되는 사실에 대해 민감하게 지각하고 느끼게 되는 것으로, 교사가 갖추어야 할 중요한 자질이다.

한편, 전문적 측면에서 갖추어야 할 자질은 교직을 전문직으로 보는 교직관과 맥을 같이한다. 교사의 중요한 역할 중의 하나를 지식의 전수라고 볼 때, 교사는 전공지식은 물론이고 지식을 전달하는 효과적인 교수–학습기법 등의 지식을 갖추어야 한다.

이를 위해, 첫째, 투철한 교육관을 가져야 한다. 즉, 국가, 사회, 인간과 시대적 가치의 인식과 교육이념, 철학을 지녀야 한다. 둘째, 교직 수행에 필요한 전문적인 소양, 예를 들어 교수–학습지도, 교육과정 계획 및 운영, 교육평가, 학생에 대한 상담, 사무처리, 학부모와 지역사회 관계 등에서 전문적인 능력을 갖추어야 한다. 셋째, 고등 정신 기능의 소유자로서 교육활동에 중요한 수단인 설명력, 분석력, 종합력 등을 갖추어야 한다.

여러 학자의 의견을 종합하면 교사가 갖추어야 할 자질은 인격적 측면을 강조하는 인간적 자질과 전공지식 · 교양 교수 기술능력 등의 전문가적 자질로 구분될 수 있다. 인간적 측면에서의 교사 자질은 미성숙자인 아동 및 청소년을 대상으로 한다는 측면에서 중요하다. 교사의 인간적 감화는 지식의 전수 못지않게 중요하다고 할 수 있다.

### (2) 교사가 지녀야 할 지식

Parkay(1995: 61-65)는 전문적 교사는 교육의 본질적 지식과 기술을 활용할 수 있어야 한다고 제시하였다. 이 중 본질적 지식은 교사 자신과 학생에 관한 지식, 교과목에 관한 지식, 교육 이론과 연구방법에 관한 지식으로서 이 세 가지 지식을 지녀야 합법적으로 인정받고, 자신감 있게 교실로 들어갈 수 있다고 지적하였다.

#### ① 교사 자신과 학생에 관한 지식

유능한 교사는 자신에 대해 잘 알고 있으며, 학생들의 요구에 대해 민감하다. 교사들은 학생을 가능한 한 깊이 이해하여야 하며, 이런 이해는 교사 자신에 대한 이해와 관련된다. 만일 교사들이 자신의 욕구에 대해 잘 알고 있을 경우에 그들은 학생들을 조력하기가 쉽다. Jersild(1955)는 교사 자신의 이해와 수용은 학생을 이해하는 데 도움을 주며, 자아-수용의 건강한 태도를 얻는 요인으로 지적하였다. 이는 교사가 학생으로 하여금 스스로를 지각하는 것을 도와주고, 자기-수용의 건강한 태도를 가지도록 하는 필요충분조건이 된다.

학생에 대한 지식 역시 중요하다. 교사는 어디서든 학생을 파악할 수 있어야 한다. 학생의 특성에 대한 이해 없이 학생의 성장이나 학습을 조력하는 교사의 노력은 적절하지 않으며, 경우에 따라서는 역효과를 가져올 수도 있다.

#### ② 교과목에 관한 지식

교사는 전문적 지식인으로 전제된다. 일반인들은 교사들에게 모든 정보에 대해 준비된 준거 자료를 기대한다. 교사의 수업방법에 대한 훈련은 지성인의 발달을 촉진하는 지식, 시각, 지적 습관을 모두 제공하지는 않는다. 그러나 일반 대중은 '내가 모르고 있는 것을, 내가 알고 싶어 하는 모든 분야에 대한 지식을 가진, 인간이라기보다는 신에 근접한 폭넓은 지식을 가진 존재'로서 교사를 기대한다.

교사들의 교과에 대한 폭넓은 지식은 학생의 학습을 조력하기 위한 준비이다. 왜냐하면 교사들은 교과에서 어떤 지식을 가르치는가에 대한 풍부한 이해를 바탕으로 교과를 조직하고, 창조하며, 실제 세계에 적용하고, 다른 훈련과 연계시키게 된다. 또한 교재에 대한 폭넓은 이해는 학생들에게 집중하고 그들의 반응을 관찰하여 학업에 있어서 의문사항이나 행동, 정교한 심적 상태 등을 올바른 자세로 풀어 주고 격려할 수 있다. 아울러 교사는 '변형적인 지성인'과 '변화 촉진자'가 될 필요가 있다.

O'Reilly와 Green(1983: 57)은 교수행위가 사람들을 바꾸게 하고, 실제 살고 있는 세계에 대한 인식을 고양하는 일을 한다는 것이다. 바꾸어 말하면 교수행위는 다른 사람에 의해 쉽게 흔들리는 위치에 있는 학생들을 그들 자신이 조정할 수 있는 사람으로 지도해야만 하는 것이다.

한편, Dewey는 교과지식과 함께 교과서와 수업계획을 넘어선 지식의 풍부성을 강조하였는데, 이는 교사에게 유연성을 부여하며, 경험의 교육적 잠재력을 발견하게 해줄 뿐만 아니라, 새로운 교육경험을 정립하고, 예상하지 못했던 교육목적의 성과를 가져다주기도 한다고 지적하였다(Simpson & Jackson, 1997: 192-193).

③ 교육 이론과 연구방법에 관한 지식

다양한 욕구와 배경을 가진 학생들을 가르치는 어려움에도 불구하고, 교사가 큰 가치를 두는 학습자와 학습에 관한 이론과 실제는 비교적 많이 알려져 있다. 제6장에서 살펴본 Piaget, Montessori, Dewey, Erikson, Skinner 등에 의해 발전되어 온 인지이론과 행동주의 등의 학습이론은 미래의 교사에게 학습자와 학습에 관한 다양한 시각을 제공한다. 학습이 어떤 과정을 거쳐 일어나는지에 대한 이해를 증진시키기 위해 아동 혹은 성인 발달, 그리고 교육심리학적 지식을 배워야 한다.

학습자와 학습에 대한 이론은 전문적 교사의 의사결정을 안내한다. 학생의 학습 유용성을 묘사하기 위해 학습의 기본 기술 향상을 발견한 교육학자 Rosenshine(1988)의 여섯 가지 교수 기능을 제시하면 다음과 같다.

① 매일 복습하고, 과제를 점검하고, 가능할 경우에 다시 가르친다. ② 소단원에서 새로운 내용과 기술을 신속히 제시한다. ③ 교사에 의한 철저한 통제와 함께 학생 경험을 안내한다. ④ 관련 피드백과 수업을 강화한다. ⑤ 학업성취도 90% 이상의 학습자에 대해서는 자율학습과 과제에 자율성을 부여한다. ⑥ 매주, 매달 복습한다. 각 기능의 효과성은 실제 학습에 대한 주의를 바탕으로 설계된 접근 연구에 의해 지지된다는 것이다.

높은 수준으로 학습자의 사고 기술의 향상을 위해 Rosenshine과 Meister(1992)는 유능한 교사는 다음의 단계를 활용하고 있음을 기술하였다.

① 새로운 인지 전략을 제시한다. ② 실행하는 동안에 난점을 통제한다. ③ 학생을

위한 다양한 학습 상황을 제공한다. ④ 피드백을 제공한다. ⑤ 학생의 책무성을 증대시킨다. ⑥ 독립적 경험을 제공한다는 것이다.

학습자의 경험을 안내할 엄격한 규칙과 함께 제공되는 방법적 지식은 교사로 하여금 교육적 연구에 대한 인식을 증진시킬 수 있다. 교수활동에는 교사가 선택하고, 개발하고, 제시하고, 시도하고, 모형화를 산출 및 제시하는 장치 등이 포함된다고 할 수 있다.

### (3) 효과적인 교사

효과적인 교사(effective teacher)의 특성은 학급경영방법을 통해 찾을 수 있다. 효과적인 교사의 특성으로 Cullingford(1995)는 수업에서의 공감대 형성, 각 학생의 요구 지각, 의도적이고 잘 조직화된 학급, 학업성취에 대한 보상 등을 들었다. 각 특성은 학급에 들어가는 순간에 매우 빠르게 간파할 수 있지만 성취를 위해서는 시간을 필요로 한다. 그들은 요행을 바라지 않으며, 끊임없는 노력을 필요로 한다.

교사는 특별한 인성 유형으로서 규정되지는 않지만, 교사는 일정한 인성 유형으로 형성될 수 있다. 많은 교사가 교사의 역할을 성공적으로 수행하려고 노력하지만, 몇몇 사람은 성공하는 데 실패하기도 한다. 이러한 실패는 지적 능력이나 인성적 결점 때문에 발생하는 것이 아니라 전문적 교사로서 갖추어야 할 중요한 자질과 조화되지 않은 데에서 생기게 된다.

Cullingford(1995: 10-21)는 효과적인 교사의 특징으로 성실한 자세, 탐구, 학급경영의 구조화, 구성원과의 의사소통, 유머 감각을 들었다. 이들에 대한 질적 유지는 효과적인 교육의 핵심이며, 반복훈련을 통해 발전될 수 있다. Cullingford가 제시하는 효과적인 교사의 특징을 구체적으로 기술하면 다음과 같다.

#### ① 성실한 자세

효과적인 교사는 성실하며, 일반적으로 그들의 특성은 최선을 다해 업무를 수행하고, 겸손하며, 지나치게 자의식(self-consciousness)이 강하지 않은 사람이다. 교사는 결코 완벽하지 않은 존재이므로 항상 교육활동에 전력을 다해야 한다. 교사는 교육활동에 있어서 기본적으로 성실한 자세를 지녀야 하는데, 성실은 교사가 경험을 통해 배울 수 있는 태도이다.

교사가 하는 일에 불만을 느끼거나 교사가 다르게 행동하기를 바라는 사람들이 항상 존재하기 마련이다. 교사들은 심사숙고하여 이들의 지적을 겸허히 받아들이면서 성실히 업무를 수행해야 할 것이다.

② 연구활동

교사는 새로운 것에 대해 관심을 갖고 끊임없이 탐구를 하여야 한다. 가르치는 활동은 지식과 통찰을 얻을 수 있는 기회이다. 학습의 과정은 모든 단계에서 유사하며, 교사는 늘 연구하는 자세를 지녀야 한다.

학습이라는 단어는 다양한 의미로 사용될 수 있다. 즉, 경험과 지식의 축적과정이며, 우리의 발달과정을 변화시키며, 지식 그 자체를 나타내기도 한다. 인간과 학습은 함께해야 한다. 지식 없이 가르친다는 것은 불가능하며, 심지어 사고과정 없이 지식획득이 가능하다는 가정은 불가능하다. 따라서 교사에게는 새로운 지식에 대한 적극적인 수용의 자세가 요구된다.

③ 학급경영의 구조화

집단 혹은 개인으로서 학급을 운영하는 경우에 지식과 마찬가지로 충분한 준비, 분명한 규칙, 기대, 상세한 주의를 통해 학급기능의 활용을 최상으로 발휘하게 함으로써 학급경영의 질을 향상시킨다.

학급경영의 근원은 개인의 요구에 대한 업무의 조화에 있으며, 이는 복잡한 과정이다. 교사는 각 학생의 관심과 능력, 기술을 위한 준비 요구를 수용하여야 하고, 불가능한 과제 부여를 피하고, 수행 가능한 과업을 부과하여 학생들이 무가치한 것을 배우지 않도록 해야 한다. 또한 교사가 과제 부여를 위한 준비는 결코 쉽지 않으며, 관례화된 과업을 피하는 것도 쉽지 않다.

④ 구성원과의 의사소통

의사소통은 타인, 학생과 동료 교사 모두에 대한 관심의 수준을 나타내며, 아울러 공유된 가치와 함께 이야기나 아이디어를 통해 어떤 관심사항에 대해 설명을 가능하게 한다. 이러한 의사소통능력은 다른 사람들에 대한 호기심으로부터 파생한다. 이는 단지 가능한 한 똑똑히 발음하거나 순발력을 발휘하는 것 이상이다. 의사소통은

쌍방향적 과정으로, 동료 교사 간 또는 교사가 학생에게 이야기하면서 학생으로 하여금 말해 보도록 권하며, 말하는 만큼 많이 듣는 과정이다.

⑤ 유머 감각

교사는 인간적인 미덕과 더불어 유머 감각을 요구한다. 유머는 중요한 주제이다. 이는 유머 감각이 없는 사람에게 특히 중요하다. 교사들은 효과적인 수업활동을 위해 유머를 필요로 한다. 교사가 아동들에게 학습을 강요할 수 없을 때 유머는 다른 경로가 될 수 있다. 유머는 학습 거부나 부진을 직접적으로 다루기보다는 오히려 동기부여를 통해 학생들을 조력할 수 있는 보다 미묘한 수단이 된다. 특히, 유머는 학생들에게 아이러니, 상황의 복잡성에 대한 이해 등을 쉽게 해 주고 교육활동을 방해하지 않으면서 수용되는 특징이 있다.

## 3. 인간의 기본권으로서 교육권

실정법상으로 「대한민국헌법」 제31조 제1항에서 "모든 국민은 능력에 따라 균등하게 교육을 받을 권리를 가진다."라고 명시되어 있는데, 이는 교육권의 개념에 대한 출발점이라고 할 수 있다. 교육권이란 교육에 관한 일정한 권리를 보호하기 위하여 법 이 특정한 개인 또는 단체에 부여하여 그 의사를 우선적으로 주장하고, 남을 지배할 수 있는 힘이며, 어떠한 교육이 어떻게 이루어져야 할 것인가를 결정하는 데 있어서 각 주체들의 발언권이나 참여권이라고 할 수 있다(강인수, 1989: 23-24).

인권으로서 교육권의 개념에 대한 접근은 「대한민국헌법」 제31조와 「교육기본법」을 근거로 하는 법률적 접근방식(법적 해석 방식)이 주를 이루고 있다. 「대한민국헌법」 제31조 제1항의 기본적 인권으로서의 '교육받을 권리'를 지칭하며, 교육을 받을 권리로서의 교육권은 국가, 친권자, 교사, 학교의 설치 또는 설립자와 그 권리를 배분하지 않고는 보장되지 않음을 주장하고 있다(안기성, 1989: 123).

## 1) 학생의 교육권

학생의 교육권은 학생으로서 학습권리의 보장이라고 할 수 있다. 학습권은 학습과 지적 탐구라는 인간의 본성에 근거한 권리로서 인간적인 성장 및 발달의 권리이자 문화적인 생존권이며, 국민주권의 원리를 실현하는 권리이기도 하다(정현승, 2003: 229).

학습권은 교사의 가르칠 권리에 대응하는 학생의 배움에 대한 권리로 받아들이기도 하였으나, 오늘날 교육권은 수학권의 개념을 넘어 학습을 통해 인간적인 성장 및 발전할 수 있는 권리로 이해되고 있다. 즉, '타자교육'만을 전제로 하는 '배울 권리' 내지 교육을 받을 권리보다는 훨씬 더 넓은 개념으로서 자기교육, 인격 형성까지 그 전제로 하는 '공부할 권리' 내지 학습할 권리로 파악할 수 있다(신현직, 1990: 90-93; 안주열, 2003: 149; 이종근, 2012: 59).

이러한 학생의 교육권리를 보장하기 위해 기본적으로 갖추어야 하는 것이 균등교육이다. 「대한민국헌법」 제31조 제1항의 균등교육, 제31조 제5항의 평생교육에 대한 균등을 명시하고 있으며, 「교육기본법」 제3조에서 모든 국민은 평생에 걸쳐 학습하고, 능력과 적성에 따라 교육받을 권리를 보장하고 있다. 「교육기본법」 제4조에 "모든 국민은 성별, 종교, 신념, 인종, 사회적 신분, 경제적 지위 또는 신체적 조건 등을 이유로 교육에서 차별을 받지 아니하며, 국가와 지방자치단체는 학습자가 평등하게 교육을 받을 수 있도록 지역 간의 교원 수급 등 교육 여건 격차를 최소화하는 시책을 마련하여 시행하여야 한다."고 명시되어 있다. 한편, 유네스코의 교육상 차별금지 · 철폐협약 제1조에 의하면 차별이란 인종, 피부색, 언어, 종교, 정치, 민족, 사회적 출신 배경, 경제적 조건, 출생 배경에 따른 교육상의 균등한 처우를 무력화시키거나 손상시키는 목적이나 효과를 가진 일체의 구별, 배제, 제한 또는 특혜 조치 등으로 정의되고 있다.

한국은 의무교육을 통해 국민의 교육받을 권리를 보장하고 있다. 의무교육은 교육 관련 비용의 무상과 교육의 중립성을 필수로 한다. 교육의 무상성은 교육 관련 직접비(수업료, 취학, 수학에 필요한 경비)의 무상성이 확보되어야 함을 의미한다. 「대한민국헌법」 제31조 제3항에 "의무교육은 무상으로 한다."라고 명시되어 있는데, 판례(헌법재판소, 2012. 4. 24. 자 2010헌바164 결정)에 의하면 의무교육의 무상의 범위는 「대한민국헌법」상의 교육의 기회 균등을 실현하기 위해 필수 불가결한 비용으로,

즉 모든 학생이 의무교육을 받음에 있어서 경제적 차별 없이 수학하는 데 반드시 필요한 비용에 한한다.

수업료, 입학금, 학교와 교사 등 인적 · 물적 시설 및 그 시설을 유지하기 위한 인건비와 시설유지비, 그 외에 의무교육을 받는 과정에 수반하는 비용으로서 의무교육의 실질적인 균등 보장을 위해 필수 불가결한 비용은 무상의 범위에 포함된다고 적시하고 있다. 한국의 경우에 초등학교 무상 의무교육은 1959년부터, 중학교 무상 의무교육은 1985년부터 도서 · 벽지 지역을 시작으로 하여 2005년에는 전국에서 전면 실시되었다. 이에 의해 초 · 중학생의 연간 수업료와 입학금, 교과서 값 등이 면제되었고, 초등학교의 경우에는 1997년, 중학교의 경우에는 2012년부터 학교운영지원비 징수가 폐지되었다. 교육의 중립성은 학생(유 · 초 · 중등)이 정치(당파) · 종교 편향성 등이 배제된 교육을 제공받아야 함을 의미한다. 이는 성장과정에 있는 학생들은 정치적 · 종교에 대한 가치관이 정립되는 시기에 공교육에서의 특정 종교나 정당에 대한 숭배 혹은 배척과 같은 활동은 지양되어야 함을 의미한다.

## 2) 부모의 교육권

부모는 자녀의 보호와 인격 발현을 전제로 자녀의 교육에 대한 목표와 수단에 관한 결정 권리를 가진다. 따라서 자녀의 양육과 교육은 일차적으로 부모의 천부적인 권리인 동시에 부모에게 부과된 의무로서 자녀의 교육에 관하여 전반적인 계획을 세우고, 자신의 인생관 · 사회관 · 교육관에 따라서 자녀의 교육을 자유롭게 형성할 권리를 가지며, 부모의 교육권은 다른 교육의 주체와의 관계에서 원칙적인 우위를 가진다(헌법재판소, 2000. 4. 27. 98헌가 16). 이는 미성숙한 자녀를 위한 친권자로서의 권리라고 할 수 있다. 미성숙한 자녀(학생)는 자신에게 어떠한 교육을 어떤 방법으로 할 것인가에 대해 스스로 결정할 수 있는 능력이 미흡하다. 따라서 자녀의 이익을 가장 우선적으로 고려할 수 있는 대리인으로서 부모에게 위임된 권한이라고 할 수 있다.

공교육에 대한 부모의 자녀 교육권은 권리와 의무로 작용한다. 부모는 자녀를 취학시킬 의무와 학교 선택권, 학교 참여권을 가진다. 교육에 대한 부모의 취학 의무는 최초의 의무 교육령인 '고타교육령'이나 '매사추세츠 교육령'에도 나타나 있다. 「대한민국헌법」 제31조 제2항에 "모든 국민은 그 보호하는 자녀에게 적어도 초등교육과 법률이 정하는 교육을 받게 할 의무를 진다."라고 명시되어 있다. 과외금지 해제 조치 역시 부모의 자녀교육(과외시킬 권리)을 침해할 수 없다는 가치에 의해 이루어졌다. 부모의 학교 참여권은 부모가 학교의 교육과정에 참여하여 교육의사를 피력함으로써 학생의 학습권을 보장하고자 인정되는 권리이다.

### 3) 교사의 교육권

자연법상으로는 부모의 신탁에 의한 것이고, 실정법상으로는 공교육의 책임이 있는 국가가 학생의 교육받을 권리를 보장하기 위하여 위임한 것이다(김재웅, 2000). 교사가 가지는 교육권은 국민 교육의 자유를 보장하기 위해 인정되는 협의의 교육권이라고 할 수 있다(신현직, 1990: 116). 「교육공무원법」 제43조에 "교권은 존중되어야 하며, 교원은 그 전문적 지위나 신분에 영향을 미치는 부당한 간섭을 받지 아니한다."라고 명시되어 있다.

교원의 교육권은 학생과 교사와의 관계에서는 직무권한으로서의 성질을 가지며, 교사와 국가권력과의 관계에서는 직무권한의 성격과 기본권으로서의 성격을 가진다. 직무권한으로서의 교육권은 교사라고 하는 직위에서 성립하는 것으로, 교사 개인의 무제한적 자유를 의미하는 것은 아니다. 교사는 전문적인 업무에 대해 자주적인 판단을 할 수 있다. 이러한 교사의 자유는 학생지도에 있어서 학생의 전인적인 성장과 학생의 학습권 보장을 전제로 하며, 아울러 교사의 전문적 능력을 기반으로 한다. 개별 학생의 발달적 특성에 대한 이해가 전제되지 않은 학생지도는 교육적 한계를 가질 수밖에 없으며, 교사는 개별 학생의 특성과 교사의 전문성을 잘 조화시켜야 한다.

학교에서 교사의 전문성이 인정되는 영역은 교재 선택, 교육의 내용이나 방법, 생활지도, 학생 평가, 학생 징계 등 학생 교육 전반으로 볼 수 있다. 그러나 현행법상 교사가 가지게 되는 교육의 자유, 교육과정 편성권, 교재의 작성 및 선택의 자유, 교육방법과 내용의 결정권 등은 법률적 규정에 의해 상당히 제한적이라는 문제점을 지니고 있는 것으로 나타났다(양건 외, 2003: 55-62). 교사의 전문적 자유가 상대적으로 보장되는 영역에서도 학생의 학습권 보장 차원에서 교직윤리와 같은 자기제약은 필수적으로 작용하게 된다.

### 4) 국가의 교육권

국가의 교육권은 교육사무의 외적 조건의 정비나 확보뿐만 아니라 수학권의 보호와 사회공공의 이익 증진을 위해 필요하다고 인정되는 상당한 범위 내에서 교육내용의 결정권을 포함한다고 할 수 있다(헌법재판소, 1992. 11. 12. 선고, 89헌마 88 결정). 국가는 국민의 교육받을 권리를 보장하기 위하여 국민에게 제공하는 교육의 양과 질을 감독 및 통제하는 감독권으로 지칭되기도 한다. 국가교육권의 주요 내용으로 교육제도 확립권, 교육수준 확보를 위한 기준 설정권 및 감독권, 재정원조권, 국립학교 설치권, 조정권을 들 수 있다(강인수 외, 1996: 97; 안기성, 1989: 130; 허종렬, 1994: 188).

- **교육제도 확립권**: 국가는 모든 국민이 균등한 교육기회를 보장받을 수 있도록 교육제도를 확립하여야 한다. 학제의 수립, 교육연한, 교육과정 편성, 무상 의무교육제도, 학비보조제도 채택뿐만 아니라, 성, 거주 지역, 종교 등으로부터 차별을 받지 않도록 교육법 제도의 구축과 제도를 시행하기 위한 조직을 체계화하여야 한다.
- **권고권**: 국가는 적절한 교육수준의 교육이 이루어질 수 있도록 교육사업을 조사 및 연구하고 적절한 교육이 이루어질 수 있도록 지도, 조언, 권고하여야 한다.
- **기준 설정권 및 감독권**: 교육수준을 확보하기 위한 기준을 설정하고, 그것에 비추어 교육사업(행위)이 집행될 수 있도록 지도 및 감독하게 된다.
- **재정원조권**: 교육기회의 제공이 표준 이하인 경우에 재정을 지원하여 균등한 기회를 제공하여야 한다.
- **국립학교 설치권**: 필요한 경우에 국가가 직접 교육을 제공하는 국립학교를 설치할 수 있다. 국립학교는 교육정책, 교육과정, 교육방법 및 교육자료 등과 관련된 문제를 연구하고, 그 결과를 보급 및 활용함으로써 교육발전에 기여하기 위해 상설 연구학교가 된다.
- **조정권**: 사법적 기능으로 교육 현장에서 일어나는 교육 관련 분쟁이나 운영상 이견에 대해 둘러싼 분쟁(학교폭력, 학생 처벌, 교원 징계, 학교안전, 사학분쟁 등)에 대해 판결하고 조정할 수 있다.

# 4. 학교조직의 구조와 특성

## 1) 사회체제로서의 학교

사회체제(social system)라는 관점은 일반적으로 의도적으로 짜인 사회적 조직에 적용될 수 있는 용어이다. 학교를 흔히 사회적 상호작용이 이루어지는 체제 혹은 조직이라고 본다. 사회체제로서의 학교는 각 요소, 혹은 부분들마다 환경과의 복잡한 사회적 관계를 가지며, 그 나름의 독특한 문화를 형성하는 특징을 지닌다.

사회체제는 폐쇄체제와 같이 조직 내부의 정적인 관계의 틀이라기보다는 개방체제와 같이 환경과의 역동적인 변화를 의미하기 때문에 체제의 모든 요소가 상호 의존적이고 서로 영향을 주고받는 관계에 있다고 할 수 있다. 사회체제는 개방체제로서 지역사회, 정치와 역사에 의해 영향을 받는다. 조직 구성원의 욕구와 역할에 따라 그들은 행동하게 되며, 상호 독립적인 부분들과 특징들 그리고 활동으로 구성된다. 사회체제는 목표지향적이므로 학교조직에서는 학생의 교수-학습과 통제가 주요 목적이 된다. 또한 학교조직은 다른 조직과 마찬가지로 관료적이고 규범적이다. 그리고 정치적이어서 조직의 규모와 상관없이 목적에 있어서 한 학급이 하나의 사회체제가 될 수도 있고, 한 학교나 한 학교구가 사회체제가 될 수도 있다. 결론적으로 모든 공식 조직은 사회체제로서 파악될 수 있다.

Getzels와 Guba(1957)는 인간의 사회적 행동이 유발되는 경로를 규범적 차원과 개인적 차원으로 제시하고, 두 차원의 구성요소인 조직 내 역할과 개인의 인성이 상호 결합되어 인간의 행동이 발생된다고 설명하였다. 이후에 인간의 행동은 단순히 조직과 개인의 차원에서만 이루어진다고 보았다(Getzels & Thelen, 1960). 수정된 사회체제 모형에서는 규범적 차원과 개인적 차원에 인류학적 차원, 조직풍토 차원, 생물학적 차원을 추가하여 보다 다양한 사회적 행동이 되고 있다.

또한 Hoy와 Miskel(2013: 23-34)은 조직과 환경과의 상호작용을 강조하는 개방체제적 관점에서 기존의 연구들이 통합 및 확장한 사회체제 모형을 [그림 11-1]과 같이 제시하였다. 이 모형은 학교체제를 환경으로부터 여러 가지 투입요소를 받아들여 학교체제 내의 전환과정을 통해 산출물들을 환경으로 내보내는 과정이 순환적으로 이

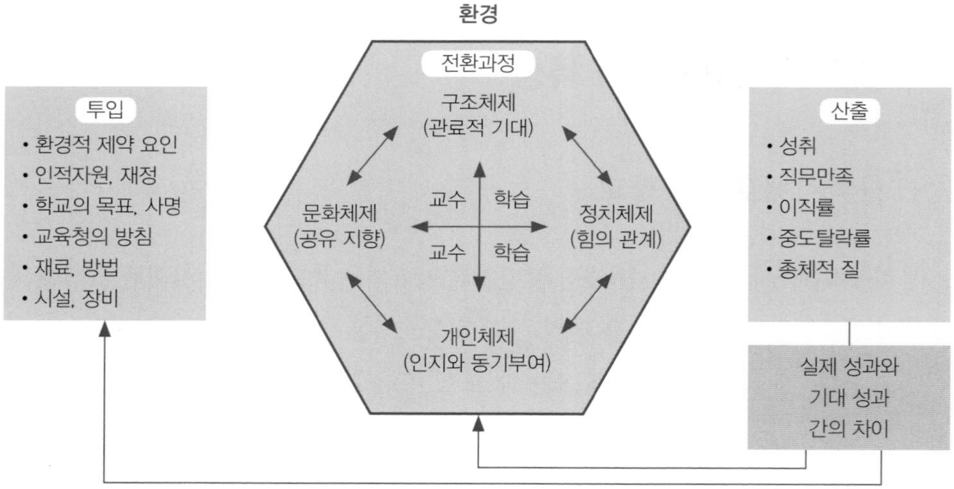


[그림 11-1] **사회체제로서의 학교**

출처: Hoy & Miskel (2013: 33).

루어지는 개방체제로 이해하고 있다. 학교체제를 구성하는 네 가지 하위체제, 즉 구조체제(structural system), 문화체제(cultural system), 정치체제(political system), 개인체제(individual system)가 상호작용과정을 통해 여러 가지 산출물로 전환시켜 환경으로 내보내는 개방체제로 보고 있다.

앞서 기술한 바와 같이, 학교조직을 사회체제로서 파악하는 관점은 다양하고 복잡하고 학교조직을 좀 더 쉬우면서도 구체적으로 생각할 수 있는 기회를 제공해 준다.

학교조직이 가지는 여러 가지 속성과 특징은 사회체제라는 시각에서 네 가지 하부체제로 나뉘며, 그 하부체제들 간에 다양한 역동성으로 파악할 수 있다.

## 2) 조직으로서의 학교

### (1) 학교조직의 특성

학교조직 혹은 교육조직은 일반 조직과는 구별되는 조직적 특성을 가진다. 학교의 조직은 외형적으로 피라미드(pyramid) 형태로 권위의 위계가 존재하지만, 하위자 역시 고도의 전문교육을 받은 전문가라는 점에서, 그리고 직원의 채용은 전문적 능력을 기초로 이루어지며, 교사의 수업활동에 대한 재량권 등은 교육조직, 특히 학교조직이 관료제적 측면과 느슨하게 결합된 체제로서의 특징을 동시에 지닌다.

① 관료제적 조직으로서 학교

관료제(bureaucracy)는 조직을 관리하는 가장 효율적인 방법으로 인식되며, 학교조직 역시 관료제에 의한 운영을 한다. 관료제가 가지는 특징들인 권위의 위계, 몰인정성, 규정과 규칙, 분업화, 전문화, 경력 지향성의 중심 가치를 학교조직 역시 지니고 있다.

Hoy와 Miskel(2013: 110-112)은 학교조직의 구조를 파악하면서 Weber의 관료제적 모형의 특징을 관료제적 요소(권위의 위계, 직원을 위한 규칙, 절차 명세서, 몰인정적 특성)와 전문적 요소(조직과 기술적 능력, 전문화의 특징)로 구분하고, 각 요소의 수준의 결합으로서 [그림 11-2]에서 제시한 바와 같이 학교의 구조를 Weber형, 권위주의형, 전문형, 무질서형(혼란형)으로 구분하였다.

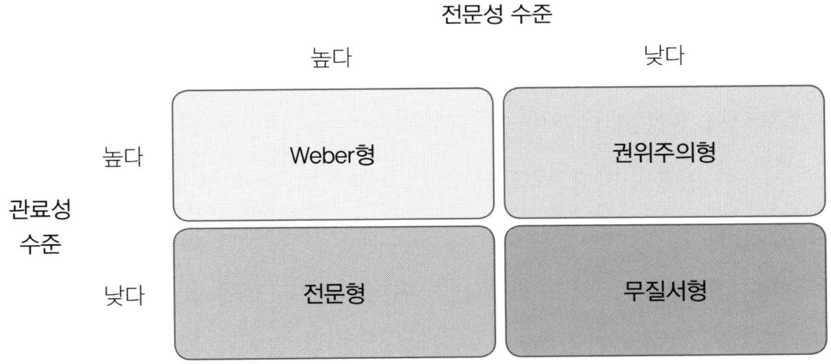


[그림 11-2] **학교조직 구조의 유형**

출처: Hoy & Miskel (2013: 110).

Weber적 학교조직은 전문화와 관료화가 모두 높고, 보완적인 상태에 있는 조직이다. 이 패턴은 Weber가 묘사하고 있는 이상적 유형과 유사하다. 따라서 이 유형은 'Weber적 구조'라고 부른다.

권위주의적 조직은 관료적 특징들에서 높게 평가되고, 전문적 특징들에서 낮게 평가되는 조직이다. 따라서 위계상의 지위를 근거로 한 권위가 강조된다. 규칙, 규정 그리고 지시에 대한 훈련된 복종이 운영의 기본원리이다. 따라서 '권위주의적'이라고 부른다. 권력은 집중되어 있으며, 위에서 아래로 흐른다. 규칙과 절차는 비정적(非情的, impersonal)으로 적용된다. 최후의 결정권은 언제나 상위자에게 있다. 뿐만 아니라 행정적 지위를 향한 승진은 전형적으로 조직과 상위자들에게 충성을 보여 온 사람들에게 돌아간다.

전문적 조직은 행정가들과 전문적 직원들 간에 의사결정의 분담을 강조한다. 직원은 조직의 중요한 결정을 할 수 있는 전문적 지식과 능력을 가진 전문인들로 간주된다. 규칙과 절차는 획일적으로 적용될 엄격한 양식이라기보다는 지침으로 작용한다. 특별한 사건들은 예외보다는 규칙이 되는 경향을 가지며, 교사들은 조직의 의사결정 과정에서 많은 사람에 의해 이루어진다. 이러한 유형의 학교구조를 우리는 '전문적'이라고 한다.

무질서(혼란)한 조직은 관료화와 전문화의 정도가 낮은 조직이다. 따라서 혼동과 갈등이 하루하루 운영의 전형이 된다. 불일치, 모순, 비효과가 혼돈구조에 널리 만연되어 있다. 다른 구조적 유형으로 나아가려는 강력한 압력이 끊임없이 제기될 것이다.

② 느슨하게 결합된 체제로서의 학교

학교조직은 교육이 가지는 특수성으로 인해 명확한 의사결정이 어렵고, 교육의 목적은 구체적이지 못하고 자주 변화되기도 한다. 또한 교사와 교육행정가, 장학사가 사용하는 기술은 불분명하고, 숙달되어 있지 않으며, 조직에서 참여가 유동적이고 간헐적이라는 점에서 느슨하게 결합된 조직으로서의 특징을 동시에 가진다. 교사들이 거의 모든 일에서 허락을 얻고 승인을 받아야만 한다고 주장한다면, 이것은 아마도 학습지도 행동을 제외시키고 하는 말일 것이다. 학습지도에 관한 교사들의 전문적 인식은 대단히 광범위하고, 아울러 교사들의 자율성도 매우 크기 때문에 이들에 대한 감독의 문제는 학교경영과 학급관리의 실제를 맡고 있는 교원들에 의해 고려되어야만 할 것이다.

Deal과 Celotti(1980)는 학교의 공식적 구조와 행정이 학급 수업방법에 중요한 영향을 미치지 못하고 있다고 주장하였다. 유사하게 March와 Olsen(1976)은 교육조직을 '조직화된 무정부(organized anarchy)'로 보았다. Weick(1976)과 Aldrich(1979)는 조직에서 요소들 혹은 하위체제들은 느슨히 결합되어 있다고 제안하며, 교육기관은 느슨하게 결합된 체제의 좋은 예임을 주장하였다. Meyer와 동료들은 관료제적 구조와 학습지도가 연결되어 있지 않다고 확신하였다. 예컨대, 학교는 모호한 목적, 불분명한 기술, 유동적 참가, 조직되지 않은 활동, 느슨하게 연결된 구조적 요소들 그리고 결과에 별 영향을 미치지 못하는 구조를 가진 조직으로 파악되고 있다(Meyer &

Rowan, 1977; Meyer & Scott, 1983).

한편, Bidwell(1965)은 학교조직의 '구조적 이완성'을 분석한 바 있다. 그는 매일매일 변화하는 학생들의 문제에 대처하기 위해서 교사들에게 전문적 판단을 내릴 수 있는 자율성이 필요하다고 지적하였다. 교사들은 학급에서 혼자 일하며, 동료들과 학교행정가들에게 비교적 관찰되지도 않고, 학생들에 대해서 광범위한 권한을 가지고 있다. 그 결과, 학교의 구조적 이완성으로 나타난다. 마찬가지로 구조적 이완성은 체제 내 학교 단위들 사이에서도 존재한다. 각 학교의 행정가들과 교사들은 교육과정, 학습지도 방법 그리고 교사 선발 등의 문제에서 광범위한 권한을 행사한다. 학교의 '구조적 느슨함'은 조직의 전문적 토대를 지원한다. 그러나 획일적 결의 요구, 질서 있는 과정으로 학생들이 상급 학년에 진급하고 상급학교에 진학해야 할 필요성, 장기간에 걸친 학생들의 학교교육은 제반 활동의 관례화와 결국에는 학교조직의 관료제적 토대를 요구한다. 이를 바탕으로 Bidwell(1965)은 학교조직은 관료제와 구조적 이완성이 독특하게 배합된 것으로 묘사하였다.

Weick(1976: 5)이 제시한 이완결합은 결합된 사건들은 대응하고 있으나, 각 사건은 또한 자신의 정체성과 물리적 혹은 논리적 분리성의 증거를 가지고 있다는 이미지를 나타내는 것을 의미한다. 이완결합은 최소한으로 상호 의존하고 있는 요소들 사이에 결합이 미약하고 드물게 묶여 있음을 의미한다. 따라서 이는 상황의 다양성을 언급하는 것으로 보인다.

Weick의 논제는 Meyer와 Rowan(1977)에 의해 확대되었다. 이들은 교육자들이 전형적으로 조직의 구조를 학습지도 행동과 결과에서 '분리'시키며, '신뢰의 논리(logic of confidence)'에 의지하고 있다고 주장하였다. 학교는 기본적으로 사람을 보증하는 사회기관이라는 것이 이들의 논지이다. 표준화된 교육과정과 자격이 인정된 교사들은 표준화된 유형의 졸업생을 길러내며, 졸업생들은 보증된 교육적 배경을 기초로 경제적 · 계층적 체제에서 적절한 위치를 갖게 된다. 초등교사, 영어교사, 교장, 대학을 준비하는 학생과 같은 관습적 분류를 엄격하게 구조화된 교육조직의 바탕을 제공한다.

학교는 광범위한 사회의 법적 및 규범적 표준에 순응함으로써 지역사회의 지지와 합법성을 획득한다. 철저한 감독과 경직된 평가는 학습지도 프로그램의 기본적 결함을 폭로하고 불확실성을 가져올 수 있기 때문에 학습지도 행동에 대해서는 통제가 크게 가해지지 않는다. 교수-학습과정의 효과성을 평가하기보다는 추상적 · 관례적 분류에 순응하는 것이 훨씬 더 쉬운 일이다. 지역사회는 지방의회 의원들을 신뢰하고, 다음으로 교육의원들은 교사들을 신뢰하고 있다. 이러한 복합적 신뢰의 교환은 학교 교직원들이 전문인으로 보증받아 온 과정의 지속적 신념에 의해서 지지되고 있다.

## 5. 교육행정의 의의

### 1) 교육행정의 개념과 성격

#### (1) 교육행정의 개념

교육행정학은 1950년대 이후 독자적인 응용학문 분야로서 행정학, 정치학, 경제학, 정책학, 사회학, 심리학 등의 기초 학문에 토대를 두고 형성된 것이다. 이에 교육행정학에서 논의되고 있는 교육행정의 개념은 여러 학자에 의해 다양하게 제시되고 있다.

교육행정을 수행하는 형태에 따라 교육 이념이나 정책을 강조하는 공권설, 교육조건의 정비에 초점을 두는 기능설, 교육목표나 내용을 강조하는 경영설 등으로 구분하여 그 개념을 규정하기도 한다. 교육행정의 개념에 대한 논의들은 크게 '교육에 관한 행정'과 '교육을 위한 행정'으로 구분하여 파악하고 있다. 먼저, '교육에 관한 행정'이라는 입장은 교육행정이 교육법규를 해석하고 그대로 집행하는 것에 중점을 둔다. 이는 교육행정이 공권설적 입장이나 행정일반론 및 행정과정론적 입장을 강조하는 것으로, 행정작용에 있어 권력적 · 강제적 · 감독적 성격을 나타낸다. 그리고 학교교육활동에 있어서도 국가에서 정한 법규, 규정 그리고 공식적 교육조직에서 상급자의 명령에 복종하는 것이 교육행정의 임무라고 본다.

따라서 교육행정의 작용에 있어 권력적 · 강제적 요소를 강조하고, 일반행정 속에 내포되어 교육행정의 전문성과 특수성을 찾아볼 수 있다. 이러한 점에서 교육의 자주성을 중시하며, 교육행정의 전문성을 강조하는 현대 교육행정의 입장에서는 다소 바람직하지 못한 면이 있다. 그러나 교육수요자들에게 양질의 교육서비스를 제공해야 하는 현대 교육행정의 기능 확대는 필연적으로 교육행정 이외에 타 부문과의 협력체제가 요구되는 측면이 많다. 지나친 교육행정의 자주성, 독립성은 타 부문과의 경쟁에서 낙후되고 교육의 질적 저하를 가져올 수도 있기 때문에 보다 타 분야 행정과의 유기적인 협력체제가 요구된다고 할 수 있다.

'교육을 위한 행정'이라는 측면은 최종적으로 교육활동이 수행되는 단위학교에서 다양한 학교경영활동과 조직 구성원들의 협력을 통하여 교육목표 달성을 극대화할 수 있도록 인적 · 물적 자원을 지원, 조장, 감독하는 일련의 행위로서 교육행정을 보는 입장이다. 교육행정이 아무리 좋은 교육목적이나 교육목표를 수립하여도 이의 달성을 위한 인적 · 물적 조건의 정비 없이는 소기의 목적을 달성할 수 없다는 입장이며, 이러한 측면에서 교육행정은 조장적 · 봉사적 성격이 강하다. 특히, 조건정비론이나 기능설에서 강조하는 학교의 교수–학습의 효율화를 위하여 제반 교육조건을 정비하려는 봉사적 활동으로 교육행정을 규정하는 것과 동일한 입장이다.

따라서 교육행정은 '교육을 위한 행정'이라는 측면에서 파악되어야 하며, 교육활동에 대한 지원체제로서, 특히 교수–학습활동의 지원에 초점을 두어 교육발전을 도모하는 봉사적 · 조장적 성격으로 이해해야 할 것이다. 궁극적으로 교육행정은 다양하고 창의성 있는 교육활동을 통하여 교육의 수월성과 경쟁력 제고를 위하여 국가나 사회에서 설정한 교육목표를 효율적으로 달성하기 위하여 제반 인적 · 물적 자원을 지원 및 조장하는 수단적 · 봉사적 활동으로 보아야 할 것이다(정일환, 2003).

### (2) 교육행정의 성격

앞서 기술한 교육행정 개념 규정에 대한 입장들은 교육행정이 지니고 있는 여러 가지 성격이나 특성의 한 측면을 강조한 것이다. 따라서 교육행정에 대한 성격 규명은 교육행정에 대한 종합적인 정의에서 나타나게 된다. 이와 같은 입장에서 교육행정을 크게 일반적 성격과 교육행정이 타 부문의 행정과 구별되는 독자적인 성격으로 구분할 수 있다.

#### ① 공공적 성격

교육은 어느 특정한 개인의 이익을 위한 사업이 아니라 모든 국민과 관계되는 공익사업이라고 할 수 있다. 우리나라에서 국민이 교육을 받을 수 있는 권리와 그 권리를 보장하기 위하여 교육제도를 비롯한 제 교육조건의 마련을 법률로 정하고 있는 점은 교육행정의 공공성을 보여 주는 것이다. 즉, 국가와 지방자치단체가 교육기관을 직접 경영하고 지원할 뿐만 아니라 사립학교에 대하여도 사회적 공기(社會的 公器)로서의 그 기능과 역할을 수행할 수 있도록 감독과 지원을 하고 있다.

② 조장적 · 봉사적 성격

조건정비론의 입장에 의하면, 교육행정은 학교의 교수-학습을 위하여 제반 교육조건을 정비하려는 봉사활동으로 나타나기 때문에 조장적 · 봉사적 성격이 강하게 나타난다. 수업의 목적을 달성하기 위하여 필요한 인적 · 물적 조건을 정비 및 확립하는 교육행정은 교육목적 달성을 위한 하나의 수단으로서 조장적 · 봉사적 성격을 띠게 된다.

③ 감독적 성격

행정일반론적 입장이나 공권설적 입장에 의하면, 교육행정은 국가가 권력작용을 통하여 교육정책을 실현하려고 하는 것이기 때문에 감독적 성격이 강하게 나타나게 된다. 즉, 교육 관련 법규나 지침 또는 시책에 따라 교육행정을 수행하고, 법규나 지침에 있는 내용의 실현 여부가 행정의 주요 목적이 되기 때문에 법규나 명령 또는 지침에 따른 감독적 성격이 가장 잘 나타난다고 볼 수 있다.

### 2) 교육행정의 원리

정치, 경제 및 사회체제의 변화, 교육수요자의 다양한 요구, 교육여건의 개선과 교육개혁, 교육과정의 개편 그리고 교육투자의 확대 등 교육체제 환경의 변화에 따라 현대 교육행정은 변화하고 있으며, 이에 대응하기 위해서는 현상 유지보다는 쇄신과 발전에 치중하는 역동적 행정으로 변모되어야 할 것이다. 교육행정이 설정한 목표를 효율적으로 달성하고 기능을 발휘하기 위해 제시되는 원리는 시대와 장소, 강조되는 이념 등에 따라 다양하게 논의될 수 있으나 여기서는 실제 교육업무나 활동의 수행 과정에서 적용되는 원리를 중심으로 기술하면 다음과 같다(정일환, 2003).

### (1) 자율성의 원리

자율성의 원리는 각종 교육기관이나 지방 교육행정기관이 해당 업무를 자주적으로 운영하는 것을 의미한다. 이 원리는 일선 학교와 지방 교육행정기관이 그 조직의 관리 및 운영에 관하여 필요한 기준을 자주적으로 설정, 집행하며, 조직 발전에 필요한 제반 정책을 독자적으로 결정하는 것을 의미한다. 이는 중앙정부의 지나친 통제 위주의 집권적 행정체제를 지양하고 지방분권을 도모함으로써 교육행정의 자율적 운영을 실현하고자 하는 원리이다. 이 원리는 자율의 폭을 학교행정(학교경영, 학급경영)에까지 확대되도록 추구하고 있으며, 개방 사회에서 새로운 적응을 위해서 다양성과 창의성이 존중되고 환경과 여건 변화에 신축성 있게 대응할 수 있는 능동적 행정체제를 구축하려는 이념이다.

### (2) 민주성의 원리

민주성의 원리는 교육에 관한 중요한 정책을 수립하는 데 있어서 광범위한 교육 관련 집단들의 참여를 통하여 공정한 민의를 반영하도록 하며, 결정된 정책의 집행과정에서는 권한 이양을 통하여 기관장의 독단과 전제를 막는 것을 의미한다.

교육행정기관이나 교육 관련 기관의 장이 그 기관의 운영에 관한 궁극적인 책임을 가지고 있음에도 불구하고 교육행정 기관장이 정책자문위원회, 각종 심의위원회 등을 두어 시책의 결정과정에서 중지를 모으는 것이나 교장이 학교운영위원회, 직원회, 협의회, 연구회 등을 두어 의사소통의 길을 열고, 일방적인 명령이나 지시보다는 협조와 이해를 바탕으로 업무를 집행해 나가는 것은 모두 민주성의 원리에 입각한 것이다. 민주성의 원리는 다음의 효율성 원리와는 배타적일 수도, 독립적일 수도 있으며, 자율성의 원리와는 그 이념상 같은 맥락을 가지고 있는 것으로 파악할 수 있다.

### (3) 효율성의 원리

효율성의 원리는 교육행정이 능률적이고 효과적으로 집행되어야 함을 의미한다. 교육조직을 둘러싸고 있는 여러 가지 상황의 변화들, 예를 들면 교육에 대한 사회적 책무성의 점증과 교육조직 규모의 확대와 기능의 복잡화 등은 효율성의 이념을 부각시킨다. 교육에 있어서 능률이란 교육활동에 최소한의 인적·물적 자원과 시간을 투입하여 최대의 교육적 성과를 가져오게 하는 것을 의미한다. 그리고 교육행정이 조장적 · 봉사적 기능뿐만 아니라 변화와 발전을 주도하기 위하여 새로운 정책목표를 세우고 이를 실천하는데, 효율성의 원리는 바로 교육정책 목표 달성을 극대화하려는 개념이다.

#### (4) 합목적성의 원리

합목적성의 원리는 바람직한 교육정책을 수립하고 그 정책목표에 타당한 교육행정활동이 수행되어야 한다는 것이다. 즉, 목표와 수단 간에 괴리가 있어서는 안 된다는 것이다. 그리고 앞서 살펴본 바와 같이, 교육행정의 본질은 그 자체의 목적을 가지고 있다기보다는 교육목표 달성을 위한 수단적 활동이며, 바람직한 교수-학습활동이 전개되도록 하고, 그 성과를 높이는 데 있다. 따라서 '교육을 위한 행정'의 입장에서 교육계획에서부터 집행, 평가에 이르기까지 교육행정의 전 활동이 타당성 있고 합목적적으로 수행되어야 한다는 원리이다.

#### (5) 합법성의 원리

합법성의 원리는 모든 교육행정의 활동이 합법적으로 제정된 법규나 관례, 즉 「대한민국헌법」을 비롯한 법령, 규칙, 조례 등에 의거하여 운영되어야 한다는 원리이다. 즉, 교육행정은 「대한민국헌법」 제31조를 기초로 하는 「교육기본법」 「초 · 중등교육법」 「고등교육법」 「지방교육자치에 관한 법률」 「교육공무원법」 그리고 「사립학교법」을 기초로 하는 대통령령, 교육부령, 훈령 등에 의거하여 이루어져야 한다. 따라서 법치행정의 원리에 있어 문제가 되는 것은 법률이 「대한민국헌법」의 규정을 벗어나서는 안 되고, 각종 명령이 「대한민국헌법」 및 각종 법률의 취지를 벗어나서는 안 된다는 것이다. 또한 지방교육자치제의 실시로 지방정부에서 각종 조례, 규칙을 제정할 때 상위의 법률 취지를 벗어나서는 안 된다.

합법성에 의하여 국민의 교육권이 보장되고, 국가 예산이 효율적으로 집행되며, 교육공무원의 부당한 직무수행과 행정재량권의 남용이 방지될 수 있다. 그러나 합법성을 지나치게 강조하면 행정의 합목적성, 전문성 그리고 기술성이 경시되고 법규 만능으로 인하여 형식적이며 경직화되는 경향이 강하게 되며, 관료의 형태 여하에 따라 교육권이나 교육에 관한 공익이 침해될 위험도 있다.

### (6) 안정성의 원리

안정성의 원리는 교육활동의 지속성, 안정성을 확보하기 위한 원리이다. 이는 빈번한 교육정책의 개편이나 개혁은 행정의 낭비뿐만 아니라 혼란을 초래할 수 있다. 또한 교육정책의 일관성과 교육활동을 충분히 지원해 줄 수 있는 재원의 확보가 이루어져야 한다는 점이다. 이 외에도 교육행정의 기본이념 내지 원리로서 합리성, 전문성, 융통성, 도덕성, 인간성 등을 들 수 있으며(노종희, 1992: 16-21), 이러한 교육행정의 기본원리는 교육행정의 기능 수행은 물론이고 학교경영이나 학급경영에도 적용될 수 있는 확대된 개념으로 사용되고 있다.

## 6. 학교경영의 체제적 접근

### 1) 학교경영의 개념과 영역

일반적으로 학교경영(school management)은 학교장을 중심으로 학교를 운영 및 관리하며, 변화하는 환경 여건 속에서 학교를 유지 및 발전시켜 나가는 활동, 학교 교육목적을 효율적으로 달성하기 위하여 교장의 자주적 관점에서 인적 · 물적 자원과 기술정보의 활용을 조정 및 통합하는 활동, 교수-학습의 원칙이나 준거에 따라 교육과정의 효율성을 극대화하고 생산성을 높이기 위하여 학교경영의 조직, 운영, 평가를 포함하는 일련의 과정, 학교의 교육목표 및 경영목표를 설정하고 이를 달성하기 위해 학교체제 내의 제반 인적 · 물적 자원 및 기술정보를 확보하여 그것을 계획, 조직, 조정, 평가하는 일련의 활동과정 등으로 다양하게 논의되고 있다(김세기, 1984; 김종철 외, 1990; 남정걸, 1993; 남한식, 1992; 문낙진, 1993; 정태범, 1992).

따라서 학교경영이란 일선 초 · 중등학교에서 교육목표를 설정하고 이를 달성하기 위하여 프로그램 및 인적, 물적, 기타 지원 조건을 정비 및 확립하고, 계획 · 집행 · 평가 과정을 통하여 학교의 교육활동이 효과적으로 수행되도록 지원하는 일련의 활동이라고 할 수 있다. 아울러 학교경영은 학교조직에서 조직구성원의 집단적 행동을 통하여 목표를 달성하는 것을 본질로 하는 작용이라고 할 수 있다.

이러한 학교경영은 그동안 관료적 · 권위적 관행과 풍토에서 수요자 중심의 교육,

단위학교 중심의 학교경영으로 변화하고 있다. 단위학교 중심의 학교경영은 교육행정기관 중심의 지시적 · 명령적 · 수동적 학교경영 방식에서 벗어나 자율적 · 민주적 · 협력적 · 능동적인 학교경영 방식으로의 전환과 더불어 궁극적으로 학교 구성원들, 특히 학생의 다양한 요구를 충족시키면서 잠재적 능력을 극대화시켜 줄 수 있는 학교조직, 교수-학습활동, 업무 수행 등을 지향한다고 볼 수 있다.

학교경영의 영역은 경영과업과 경영과정으로 구분할 수 있다. 김종철 등(1990: 33)은 우리나라 초중등학교에서의 학교경영은 교육활동의 우선순위를 고려하면서 학교경영의 과업영역으로 교육목표, 교육경영 목표, 교육프로그램, 교직원의 인사와 인간관계, 아동 및 학생의 지도, 시설, 재무, 사무 등의 관리 그리고 지역사회와의 관계 등의 영역을 포함시킨다고 하였다. 그리고 학교경영의 영역을 과정요인에 따라 기획, 의사결정, 조직, 의사소통, 지도, 조정, 통제 및 평가의 여덟 가지로 세분화하고, 이를 다시 기획과 결정, 집행, 통제와 평가의 세 가지 과정으로 구분하여 기술하였다.

학교경영의 주요 활동으로는 교육이상을 실현하기 위하여 적절한 시설과 설비 등 물적자원의 정비와 유지활동, 인적자원인 교직원의 유기적 조직과 학생의 기능적 편성활동, 학교의 전체 편성에 관한 활동, 학교의 안전과 질서를 유지하기 위한 관리활동, 각종 기록문서의 작성 및 보관 등의 교육 사무활동, 가정 및 각종 사회단체와의 섭외활동 등을 들 수 있다. 학교경영의 과업과 과정 및 활동에 대한 영역들은 학생들에게 양질의 교육을 제공하고, 개성과 창의성 제고를 위한 측면에서 편제 및 운영되어야 할 것이다.

### 2) 학교경영의 체제적 접근과 실제

학교경영의 활동과 과업은 그것이 이루어지는 과정, 즉 계획, 집행, 평가의 순환적인 흐름 속에서 바람직한 학교경영의 요소들을 구체화시켜 유기적으로 통합되는 체제의 측면에서 파악할 수 있다(서정화, 1987: 113-114). 학교조직의 목표를 달성하기 위해 학교경영체제는 교육목표를 달성하는 데 있어 학급, 학년 및 학교를 중심으로 이를 둘러싼 환경 속에서 투입(계획), 전환과정(집행), 산출(평가)의 순환적인 과정을 통하여 그 본질적인 기능을 수행하게 된다.

계획 단계에서는 학교교육 목표의 설정, 학교경영목표 및 방침 설정, 활동계획 수립 등이 주요 내용이 된다. 집행 또는 실천 단계는 계획에 따라 인적 · 물적 자원을 조직 및 배분하여 교육과정 운영과 생활지도 등이 효율적으로 이루어지도록 지원, 관리, 실천하는 단계이다. 그리고 평가 단계는 경영목표의 달성도를 인식하고 점검하는 단계로서 평가목표 설정, 평가의 영역 및 기준 설정, 평가 실시 및 활용 등의 과정을 포함한다. 이를 구체적으로 기술하면 다음과 같다(문낙진, 1993: 47-49).

### (1) 계획 단계

학교경영에 있어서 계획 단계(planning phase)는 상부 교육행정기관에서 설정한 교육목표와 학교와 지역사회의 여건, 학교조직 구성원의 요구 등을 고려하여 일정한 목표를 설정하고, 이를 달성하는 데 필요한 상황이나 여건에 대한 예측, 자원의 확보 등 합리적인 행동을 계획하는 것을 말한다. 학교경영의 첫 번째 단계인 계획 단계의 주요 활동으로는 문제 규명, 목표 및 방향 설정, 활동계획, 조직계획, 평가계획 등을 포함한다. 이를 제시하면 [그림 11-3]과 같다.

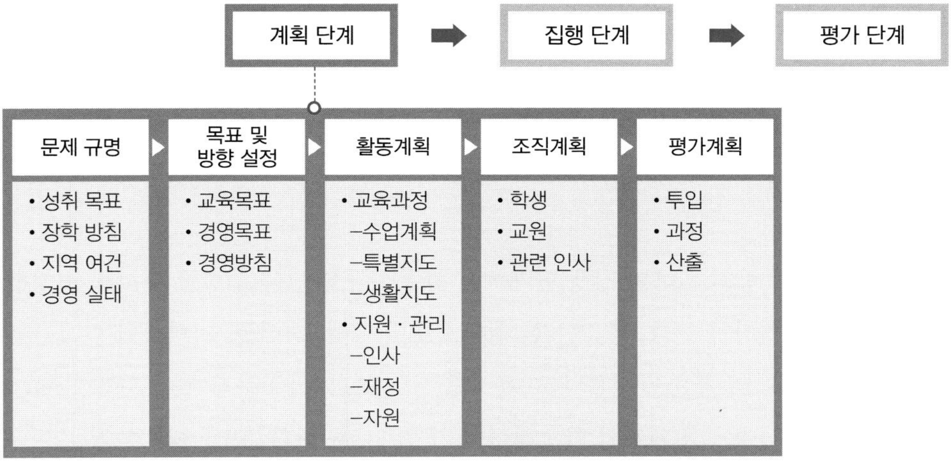


[그림 11-3] **학교경영 계획 단계의 주요 활동**

① 문제 규명

학교경영 계획을 수립하는 기초단계로서 학교교육에 대한 학교체제를 진단하기 위하여 학교교육의 상위목표, 지역사회 및 학교 외 여건을 중심으로 분석한다.

② 목표 및 방향 설정

학교 교육목표는 장기적인 안목에서 학생들이 궁극적으로 도달해야 할 인간상을 제시하거나 그 행동 특성을 종합적으로 명시한 것이다. 이것은 학교 내의 모든 교육활동이 나아가야 할 방향을 제시해 주며, 또한 학교 교육활동에 대한 의사결정 시 적절성 및 타당성의 근거가 된다. 학교 경영목표는 교육목표를 달성하기 위해 수행되어야 할 경영상의 기본 방향을 제시한 것으로, 집행과정과 성과의 평가에 대한 주요한 지침이 된다. 경영방침은 정부의 국정지표, 교육부의 교육지표, 장학 방침과 주요 과제, 시 · 도 교육청, 시 · 군 · 구 교육지원청의 교육방향과 주요 시책 그리고 학교의 여건과 지역사회 특성 등을 고려하여 설정한다.

③ 활동계획

활동계획은 경영목표를 달성하고 경영방침을 실천하기 위한 일련의 세부 활동계획이다. 이는 경영방침에 따라 구체적인 과업이나 활동을 합목적적으로 연결시키는 경영활동과 사업들을 계획하는 과정으로, 활동계획에는 교과지도, 특별활동, 생활지도를 중심으로 하는 교육과정 운영과 이를 효율적으로 운영하기 위한 지원 · 관리 기능이 포함된다. 이 활동은 교육과정 운영을 중핵으로 하여 지원 · 관리 기능이 유기적으로 상호 관련되도록 학교경영의 전 영역을 포함한다.

④ 조직계획

활동계획이 수립되고 나면 집행 단계에서 활동이나 과업을 수행할 부서를 편성하고 담당자를 배정하게 된다. 학교는 한 집단으로서 학생, 교직원, 지역사회 인사들로 조직될 수 있으므로 목표 달성을 위하여 교육지도 조직, 사무분장 조직 그리고 운영조직 등을 만들어 협력체제로서 학교경영이 가능하도록 한다. 또한 학생조직은 교육지도 조직과 밀접히 관련될 수 있도록 편성한다.

⑤ 평가계획

계획 단계의 마지막 과정은 계획 수립의 타당성에 대한 평가와 학교경영평가에 관한 계획을 수립한다. 즉, 학교경영계획에서 계량적으로 설정된 목표들이 달성될 수 있도록 모든 체제의 하위요소들을 적절하게 투입하고, 전환과정에서는 최적으로 상호작용하여 그 산출을 극대화할 수 있는지를 검토하는 계획을 말한다. 설정한 학교경영의 목표 달성이 가능한가에 대한 투입요인을 중심으로 평가하고, 투입에서 산출에 이르는 과정도 평가하며, 목표 달성이 되었는지를 확인하고, 그 결과(산출)를 평가하는 것 등에 관한 평가의 영역, 내용, 방법, 도구의 작성 등 총괄적 학교평가 차원에서 계획과 피드백의 절차를 마련하여 계획을 완성한다.

### (2) 집행 단계

학교경영에서 집행 단계(implementation phase)는 계획 수립 후에 그것이 종료되는 단계까지를 말한다. 다시 말하면 학교경영활동이 시작되는 학년 초부터 그 활동이 끝나는 학년 말까지 계획된 활동을 효율적으로 수행해 나가는 모든 관리과정으로, 수립된 계획을 효율적으로 집행하여 학교경영의 효과를 극대화하기 위한 절차와 과정이 이루어지는 단계라고 할 수 있다. 학교경영의 집행과정은 실제적으로 학교 교육활동이 전개되는 것으로, 복잡하고 다양한 활동을 포함하며, 여기에는 교수–학습활동, 생활지도, 인적 · 물적 자원의 배치 및 운용 등이 역동적으로 이루어지는 과정이 된다. 여기에는 학교경영조직의 편성, 교육과정의 운영, 그리고 지원 · 관리 활동이 주가 된다. 이를 제시하면 [그림 11–4]와 같다.

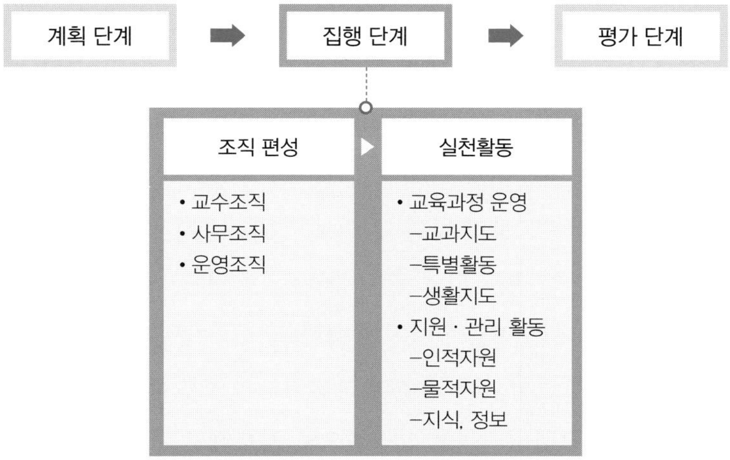


[그림 11–4] **학교경영 집행 단계의 주요 활동**

① 조직 편성

학교조직을 구조적 측면에서 볼 때 교수조직, 사무조직, 운영조직으로 나눌 수 있다. 교수조직은 교육과정 운영을 직접적으로 담당하고, 사무조직은 교육과정 운영을 간접적으로 지원해 주는 사무처리를 위해서, 운영조직은 학교경영활동에 대해 의사결정의 합리화를 위해 편성된다.

교수조직은 교장–교감–부장교사–교사로 이어지는 조직 형태로서 교육과정 운영을 직접 담당한다. 이 조직은 학교조직의 근간을 이루는 것으로 계선조직(line organization)의 성격을 갖는다. 사무조직은 교장–교감–부장(교무, 연구, 학생지도 등)–부원으로 연결되면서 교육과정 운영을 간접적으로 지원해 주기 위하여 전문직·사무직 직능을 담당하는 조직 형태를 말한다. 그리고 운영조직은 학교운영위원회, 직원회, 각종 운영위원회, 기획위원회 등을 포함하는 조직(staff organization)의 형태로서 특정한 목적을 달성하기 위해서 집단적 행위를 하며 의사소통과 조정을 주요 기능으로 한다.

② 실천활동

조직이 편성되면 분업적 협동체제 형태로 제반 경영활동이 전개된다. 경영활동은 교육과정 운영과 지원·관리 활동으로 나눌 수 있으며, 학교의 교육과정 운영은 교과지도, 생활지도, 특별활동을 포함한다. 교과지도는 교과수업의 계획, 지도 및 평가를 총칭하는 것으로서 수업의 절차를 거친다. 특별활동과 생활지도는 연간계획에 따라 세부운영을 위한 계획–실천–평가의 과정을 거쳐 이루어진다.

집행과정에서 지원·관리 활동은 학교의 교육목표 달성을 위하여 교육과정이 합리적으로 운영되도록 인적·물적 자원 및 정보·기술의 제공과 관련되는 모든 활동이 포함된다. 즉, 조직관리, 인사관리, 사무관리, 교원연수, 시설 및 기자재 관리, 재무관리, 평가관리 및 대외관계 등이 여기에 속한다. 이와 같은 지원 조건이 교육과정 운영을 위해 적절하게 마련되고 운영될 때 학교경영의 효과성은 높아진다. 학교경영의 효율화를 위하여 학교경영계획을 합리적으로 집행하고 관리하는 데 도움을 주는 다양한 경영기법, 예를 들어 비용–수익 분석(cost-benefit analysis), 비용–효과 분석(cost-effectiveness analysis), 목표에 의한 관리(MBO), 기획예산제도(PPBS) 등을 활용할 필요가 있다.

### (3) 평가 단계

학교경영에서 평가 단계(evaluation phase)는 평가계획에 따라 계획 및 집행과정과 학교경영의 성과를 분석 및 검토하여 교육의 효율성과 생산성을 측정하는 과정이다. 평가 결과는 학교경영과정에 재투입되어 경영 개선을 위한 자료로 활용된다. 이러한 피드백은 학교경영의 장단기 계획에 반영된다.

평가 단계는 계획–집행–평가로 이어지는 순환적 흐름 속의 마지막 단계에 해당되는 것으로, 계획 단계에서 수립된 평가계획에 따라 일정 기간의 실천과정을 거친 모든 교육활동에 대해서 경영목표의 달성 여부 및 그 정도를 종합적으로 평가하게 된다.

이와 같이 평가 단계에서는 수립된 평가계획에 따라 학교의 경영목표에 비추어 투입요인별로 투입평가를 실시하고, 그다음에 일정 기간의 집행과정을 거치면서 각종의 경영활동이 무리 없이 진행되고 있는가를 확인하는 과정평가를 실시한다. 마지막으로 집행의 결과 경영계획에서 정한 목표 달성이 어느 정도 이루어졌는가를 측정하는 산출평가를 실시하게 된다.

학교경영은 학교–학년–학급단위에서 계획–집행–평가의 과정을 거치므로 학교경영 평가는 학년 및 학급 경영 평가를 토대로 이루어져야 한다. 학교경영 평가의 주요 활동을 제시하면 [그림 11–5]와 같다.

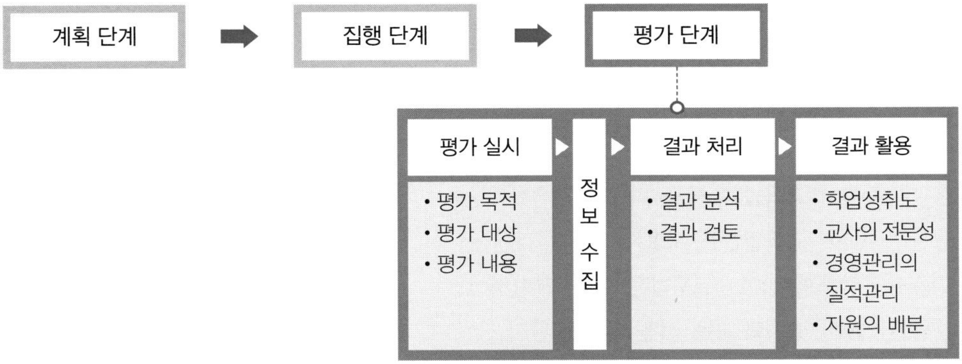


[그림 11–5] **학교경영 평가 단계의 주요 활동**

① 평가 실시

학교교육계획에서 설정한 교육목표나 경영목표의 달성 정도를 평가하기 위해 평가의 목적을 분명히 인식하여 평가 관점을 정립하고, 평가 대상과 평가 내용을 결정한 후에 평가영역에 따라 항목별로 평가 문항을 작성 및 실시한다.

② 정보 수집

학교경영평가에 대한 정확한 정보를 수집하기 위해 각종 학교교육활동의 자료와 문서의 분석과 더불어 조직 구성원들을 대상으로 한 질문지 조사, 관찰, 상담 등 다양한 방법을 활용한다.

③ 결과 처리

각 부문별 혹은 영역별로 수집된 자료는 분석 및 관리하여 학교경영목표를 기준으로 해석하고 평가하여 기록한다.

④ 결과 활용

분석된 다양한 정보는 학급–학년–학교의 경영단위에서 학생지도의 자료로서, 그리고 교사의 교육활동에 대한 개선 자료로서 또는 다음 학년도 경영계획 수립의 자료로서 활용된다. 평가 결과는 학생들의 학업성취도 수준을 파악하게 되며, 경영과정의 효율적 관리에 관한 자료와 학교자원의 합리적 배분에 관한 자료를 얻게 되고, 끝으로 교사의 전문성 제고에 관한 정보를 얻게 된다.

## 참고문헌

강인수(1996). **교육법론**. 서울: 하우.

강인수(1989). **교육법연구**. 서울: 문음사.

교육법전편찬회(2001). **교육법전**. 서울: 교학사.

권낙원(1998). **교사와 교육**. 서울: 형설출판사.

기순신(2001). **교사론**. 서울: 학지사.

김남순(1991). **교사평가론**. 서울: 세영사.

김세기(1984). **현대학교경영**. 서울: 정민사.

김영돈(1983). **학급경영론**. 서울: 교육과학사.

김재웅(2000). 교사의 교육권과 학생의 학습권: 학교와 홈스쿨링을 중심으로. **아동권리연구**, 4(2), 57-75.

김종서, 이성덕, 정원식(1998). 최신 교육학개론. 서울: 교육과학사.
김종철, 진동섭, 허병기(1990). 학교 학급경영론. 서울: 한국방송통신대학교출판부.
김종철(1985). 교육행정학 신강. 서울: 세영사.
남궁용권(1995). 신교육학총론. 서울: 양서원.
남정걸(1993). 교육조직행위론. 서울: 교육과학사.
남한식(1992). 학교와 학급경영 총론. 서울: 형설출판사.
노종희(1992). 교육행정학: 이론과 연구. 서울: 문음사.
문낙진(1993). 학교 학급경영의 이론과 실제. 서울: 형설출판사.
서정화(1986). 교사와 교직사회. 서울: 배영사.
서정화(1987). 학교경영평가, 초중등학교 자체평가방안. 한국교육개발원.
서정화(2002). 한국교육의 발전을 위한 교원단체의 역할. 한국교원교육학회.
신현직(1990). 교육기본권에 관한 연구. 서울대학교 대학원 박사학위논문.
안기성(1989). 교육법학 연구. 서울: 고려대학교 출판부.
안주열(2003). 어린이 학습권에 관한 법적 고찰. 교육법학연구, 15(2), 145-174.
양건, 이성환, 김유환, 노기호(2003). 교육주체상호간의 법적 관계: 교육권의 갈등과 그 조정. 현안보고 OR 2003-3. 한국교육개발원.
양용칠, 조용기, 이원희, 유승구, 한일조, 정일환, 권대훈, 이종원(2013). 교육의 종합적 이해. 경기: 교육과학사.
윤정일, 송기창, 조동섭, 김병주(1994). 교육행정학원론. 서울: 학지사.
윤종건, 김하찬(1985). 교사론. 서울: 정민사
이수덕(1993). 신교육학개론. 서울: 교육출판사.
이윤식, 김병찬, 김정휘, 박남기, 박영숙(2008). 교직과 교사. 서울: 학지사.
이종근(2011). 경기도학생인권조례에 대한 평가와 향후 과제. 학생인권정책토론회, 국가인권위원회.
이종근(2012). 교사의 교육권, 학부모의 자녀교육원, 학생의 학습권의 내용 및 상호관계. 법과 인권교육연구, 5(3), 47-68.
이칭찬(1996). 교사론. 서울: 동문사.
장상호(1980). 인간주의 교육. 서울: 배영사.
정일환, 권상혁(1995). 교사론. 서울: 교육출판사.
정일환, 정현숙, 김정희(2013). 교육행정 및 교육경영. 대구: 대구가톨릭대학교출판부.
정일환(2003). 교육행정학의 탐구: 개념과 실제. 서울: 원미사.
정태범(1992). 교육경영, 김병성 외, 교육학총론. 서울: 양서원.
정현승(2003). 학생의 학습권과 교사의 교육권의 관계. 교육법학연구, 15(2), 223-252.
한명희(1997). 교육경험의 재개념화와 교사역할의 조망, 21세기 한국교육정책의 전략. 대한 교과서주식회사.

허종렬(1994). 교육에 관한 권한과 그 한계: 독일기본법상 교육고권에 관한 학설과 판례를 중심으로. 성균관대학교 대학원 박사학위논문.

헌법재판소, 2000. 4. 27. 98헌가16, 98헌마429(병합).

헌법재판소, 2012. 4. 24. 자 2010헌바164 결정.

헌법재판소, 1992. 11. 12. 선고, 89헌마 88 결정.

황석근(2001). 교원단체 교섭제도의 현황과 문제점, 미발표 자료.

Aldrich, H. E., & Pfeffer, J. (1976). *Environments of organizations. Annual Review of Sociology, 2,* 79-105.

Aldrich, H. E. (1979). *Organizations and environments*. Englewood Cliffs, NJ: Prentice-Hall.

Bidwell, C. E. (1965). *The school a formal organization. Handbook of organization.* Chicago: Rand McNally.

Campbell, R. F., et al. (1967). *Introduction to educational administration* (3rd ed.). Boston: Allyn and Bacon, Inc.

Cohen, M, D., March, J. G., & Olsen, J. P. (1972). A Garbage can model of organizational choice. *Administration Science Quarterly, 17,* 1-25.

Combs, A. W. (1971). The personal approach to good teaching. In R. T. Hyman (Ed.), *Contemporary thought on teaching.* New Jersey: Prentice-Hall.

Corwin, R. G. (1965). Professional persons in public organizations. *Educational Administration Quarterly, 1*, 19-28.

Cullingford, C. (1995). *The effective teacher.* London: Cassell Villiers House.

Deal, T. E., & Celotti, L. D. (1980). How much influence do (and can) educational Administrators have on classrooms?. *Phi Delta Kappan, 61,* 471-473.

Getzels, J. W., & Guba, E. H. (1957). Social behavior and the administrative process. *The School Review, 65*(4), 423-441.

Getzels, J., & Thelen, H. (1960). The classroom as a unique social system. *National Society for the Study of Education Yearbook, 59*, 53-81.

Harmon, M., & Mayer, R. (1986). *Organization theory for public administration.* Little, Brown and Company.

Hoy, W. K., & Miskel, C. G. (2001). *Educational administration: Theory, research, and practice* (6th ed.). New York: McGraw-Hill Companies, Inc.

Hoy, W. K., & Miskel, C. G. (2013). *Educational administration: Theory, resarch, and pracice* (9th ed.). New York: McGraw-Hill Companies, Inc.

Huggett, A. J., & Stinnett, T. M. (1963). *Professional problems of teachers*. NY: Macmillan.

Immergart, G. L., & Pilecki, F. J. (1973). *An introduction to system for the education administrator, reading.* Massachustees: Addison-Wisley publishing Copmpany, Inc.

Jersild, A. T. (1955). *When teachers face themselves*. New York: Teachers College, Columbia University.

Liberman, M. (1956). *Education as a profession.* New Jersey: Prentice-Hall, Inc.

Lipham, J. M., & Hoeh, J. A. Jr. (1974). *The principalship: Foundations and functions.* New York: Harper & Row, Publishers.

Lunenburg, F. C., & Ornstein, A. C. (2000). *Educational administration: Concepts and practices* (3rd ed.). Belmont: Wadsworth.

March, J. G., & Olsen, J. P. (1976). *Ambiguity and choice in organizations*. Bergen: Universitets for laget.

Meyer, J., & Rowan, B. (1977). Institutionalized organizations: Formal structure as myth and ceremony. *American Journal of Sociology, 83,* 440-463.

Meyer, J. W., & Scott, W. R. (1983). *Organizational environments: Ritual and rationality.* Beverly Hills: Sage Pub.

Mith, J. K., & Smith, L. G. (1994). *Education today: The foundations of profession*. New York: St. Martin's Press.

O'Reilly, R. C., & Green, E. T. (1983). *School law for practitioner.* Westport, Connecticut: Greenwood Press.

Ornstein A. C., & Levine, D. U. (2000). *Foundations of education* (7th ed., pp.4-64). New York: Houghton Mifflin Company.

Parkay, F. W. (1995). *Becoming a teacher* (3rd ed.). Boson: Allyn and Bacon.

Patterson, C. H. (1973). *Englewood cliffs*. New Jersey: Prentice-Hall.

Pauls, P. C. (1979). *Teacher burnout*. New York: Scholastic.

Rosenshine, B. (1988). Expect teaching. In D. Berliner & B. Rosenshine (Eds.), *Talks to teachers.* New York: Randim House.

Rosenshine, B., & Meister, C. (1992). The use of scaffolds for teaching higher-level cognitive strategies. *Educational Leadership, 50*, 26-33.

Silver, P. (1983). *Educational administration: Theoretical perspectives in practice and research*. New York: Haper & Row.

Simpson, D. J., & Jackson, M. J. B. (1997). *Education reform: A Deweyan perspective.* New York: Garland Publishing, Inc.

Thompson, J. (1999). Challenging the future: Teacher union in the United States. (사)한국교육연구소 (Ed.), *Educational reform and the role of teachers union*. 112-128.

Urban, W., & Wagoner, J. (2000). *American education: A history*. New York: McHraw-Hill.

Weick, K. E. (1976). Educational organizations as loosely coupled systems. *Administrative Science Quarterly, 21*(1), 1-19.

전국교직원노동조합 http://www.eduhope.net

한국교원단체총연합회 http://www.kfta.or.kr

제 12 장

# 교육의 경제적 가치

교육의 경제적 가치와 효과에 대한 논의는 사회과학 이론에 따라 달리 해석 및 적용되어 왔지만, 본질적으로 개인 및 사회 발전을 위한 교육투자의 경제적 가치에 대한 중요성은 항상 강조되어 왔다. 1950년대 후반부터 미국에서 '인적자본의 개념' '교육의 경제적 가치 평가'에 대한 연구가 시작되면서 교육의 경제적 가치와 효과에 대한 연구가 활발하게 이루어지고 있다.

이 장에서는 먼저 교육의 경제적 가치 및 특징을 살펴보고, 인적자본의 개념과 의의를 탐색하여 제시한다. 이를 토대로 교육경제학의 성격, 영역 및 관점 등을 살펴본다. 그리고 교육투자의 경제적 효과를 경제성장, 소득 증대 및 분배 그리고 외부편익 효과로 구분하여 기술한다.

## 1. 교육의 경제적 가치와 인적자본

이 절에서는 교육의 경제적 가치를 교육에 대한 투자, 즉 인적자본의 형성에 초점을 두어 인적자본이 지니는 경제적 가치와 효과를 파악하기 위하여 그 개념과 의의, 교육의 경제적 가치를 탐색하여 제시한다.

### 1) 교육의 경제적 가치 및 특성

교육의 경제적 가치에 대한 관심은 제2차 세계대전 이후, 특히 교육이 경제성장을 촉진하는 요인으로 주목받게 된 것에서부터 찾을 수 있다. 즉, 전후 선진국의 지속적인 경제성장, 구 소련의 스푸트니크(sputniks) 인공위성 발사 성공, 패전국 일본과 독일의 빠른 부흥과 높은 경제성장력 그리고 1970년대의 신흥 공업 국가들의 눈부신 고도성장 등은 선진국이나 개발도상국에 있어서 물적자본(physical capital)의 중요성을 인식하고, 학문적으로 이에 대한 인과관계 및 요인 분석 등을 탐구하는 데 중점을 두게 하였다(이종재, 이욱범, 1995; Sobel, 1978). 현대의 정보화사회는 지식의 습득과 축적이 경제적 수준을 결정하는 중요한 척도가 되었으며, 정규학교에서의 교육 정도는 미래의 사회적 · 경제적 지위를 예견할 수 있는 기반이 된다.

한편, 경제학의 학문적 진전은 경제학에서 인적자본과 관련된 교육에 대한 연구의 비중을 높였으며, 계량경제학의 발달은 교육과 경제활동과의 관계를 정량적 방법으로 파악하도록 촉구하게 되었다. 정량적인 연구는 여러 변수 간의 상관관계를 구하는 일, 잔여를 구하는 방법, 교육의 수익 혹은 인적자본의 이론적인 접근, 인력 수요 접근 등으로 나타났다(이종재 외, 1995).

경제학자들이 주로 생각하는 교육경제학은 그 시작을 인적자본이라는 개념에서 찾고 있으며, 인적자본의 가치는 적어도 초기 성서 시대까지 거슬러 올라갈 수 있다. 즉, 인간이 신의 가치에 따라 신에게 맹세할 때, 20세에서 60세의 남자이면 그 가치는 50세겔(shekel; 유대에서 쓰던 무게의 단위)로 결정되었고, 여자이면 10세겔의 가치로 매겨졌다(레위기, 26: 3-6). 레위기의 인용구문에서 살펴본 바와 같이, 나이와 성에 따라 인적자본의 가치를 달리 적용했음을 알 수 있다. 특히, 20세에서 60세의 남성은 여성보다 더 광범위한 노동시장을 지니고 있다는 가정하에 보다 큰 가치를 가지고 있다. 이후 인적자본에 대한 경제적 가치를 평가하고자 하는 연구는 지속적으로 성장하였다(Cohn & Geske, 1990).

이러한 인적자본에 대한 중요성은 성서의 기록으로부터 16~17세기의 Petty와 Smith 시대를 거치면서 미약하나마 경제 분석에 도입되기 시작하였지만, Schultz가 교육경제학이라는 학문과 연관시키면서 경제 분석에 본격적으로 도입 및 사용하기 시작하였다(백일우, 1994, 1998, 2000: 80-86). 특히 Schultz에 의해서 주창된 인적자본론은 그가 1960년대에 미국경제학회에서 '인적자본에 대한 투자(investment in human capital)'라는 제목으로 회장직 수락 연설에서 찾을 수 있다. Schultz(1961)는 교육비는 소비가 아니라 상품을 생산하는 데 필요한 관점에서 학교교육은 물적자본을 변화시키지 않더라도 노동자 1인당 더 높은 산출을 기대할 수 있는 경제적 수익성을 가져오는 투자라고 보았다. 그리고 교육을 통해 축적된 생산력은 결국 노동소득과 연결된다는 측면에서 인적자본은 교육에 대한 투자 효과가 강조된 것이다.

인적자본론의 중요성과 이에 대한 투자를 증대시켜야 한다는 주장이 Denison(1961), Becker(1964), Harbison과 Myers(1964), Psacharopoulos(1972), Mincer(1974) 등 소위 인적자본론을 주창하는 학자들에 의해 교육투자 효과를 경제적 측면에서 분석하려는 시도가 크게 늘어났다.

일반적으로 교육의 경제적 접근은 두 가지의 기본적인 입장에서 논의되고 있다. 첫째, 소비로서 현재 또는 일시적인 만족을 갖게 하는 경우와 투자로서 미래 또는 장래에 만족을 갖게 하는 경우, 즉 소비의 측면과 투자의 측면을 동시에 가지고 있다는 것이다. 둘째, 교육투자가 개인적 측면에서는 개인의 자아실현을 위한 기회를 확대하고 능력을 향상시키게 되며, 사회적인 측면에서는 국가와 사회의 발전을 가속화시키게 하는 양면적인 수익을 갖게 된다는 것이다.

오랫동안 교육활동을 소비적인 성격으로 규정하여 여기에 투입되는 지출은 자연히 소비적인 성격으로 보아 왔다. 이는 교육의 재화 투입에 대하여 만들어진 산출의 대부분이 인격, 이성, 지식 등과 같이 무형적이고 관념적인 것이었기 때문이다. 그러나 오늘날에 와서 교육에 대한 투자가 소비적인 성격만을 갖고 있는 것이 아니라 동시에 투자적인 성격도 가지고 있다는 것이 대두되었으며, 특히 지식기반사회에서는 더욱 그러하다.

또한 Schultz(1971)는 교육에 대한 투자는 소비적 · 투자적 성격, 그리고 반소비 · 반투자적 성격을 지니고 있다고 기술하였다. 이러한 성격에 비추어 교육을 분류한다면 자신의 생산성을 높이기 위하여 받는 직업기술교육이나 전문교육은 투자적 성격이 강한 반면에 일반교육은 소비적인 성격이 강하다고 볼 수 있다. 그러나 대부분의 학교교육은 순수한 투자나 소비로 분류될 수 없고, 반소비, 반투자의 상호 보완적인 성격으로 보아야 할 것이다. 배종근(1998)은 학교교육을 반소비, 반투자로 다시 분류하여 초등교육은 본질적으로 소비나 부차적으로 투자인 교육활동으로, 중등교육은 소비와 투자가 반반인 교육활동으로, 그리고 대학교육은 본질적으로 투자이나 부차적으로는 소비적인 것으로 구분하였다.

교육의 경제적 효과에 대한 논의는 결국 교육을 투자재의 성격으로 귀착시키게 된다. 투자적 성격으로서 수입보다도 중요한 경제적 효과는 장래에 소득을 향상시킬 수 있는 능력의 향상이 된다고 할 수 있다. 이러한 능력의 향상은 한 나라의 경제성장 또는 사회적 부의 증식에 대하여 교육이 기여하는 정도를 밝히는 거시적 측면과 한 가계에 있어서 교육투자가 가계의 소득 증대에 미치는 효과를 밝히는 미시적인 측면으로 파악할 수 있다.

또한 교육의 경제적 효과가 누구에게 귀속되느냐에 따라서 개인에게 귀속되는 개인적인 효과와 사회 구성원 모두에게 귀속되는 사회적 효과로 구분할 수 있다. 그러나 엄격하게 말하면 개인은 사회 구성원의 일부이기 때문에 개인적인 효과는 사회적인 효과의 일부라고도 볼 수 있다. Zymelman(1973)은 교육투자의 효과를 사회와 개인적인 측면으로 구분하여 사회적 효과로는 더 나은 시민생활, 더 좋은 문화관, 부양가족의 감소 그리고 범죄의 감소 등을 들었으며, 개인적 효과로는 보다 나은 생활, 보다 나은 권위자의 지위, 보다 나은 직업, 그리고 보다 바람직한 사회계층의 변화 등을 들었다. 이종재와 이욱범(1995)은 교육투자의 사회적 가치를 두 가지 영역으로 나누어 설명한 바, 첫째는 개인적인 가치가 창출되는 과정에서 사회가 얻게 되는 개인들의 세금, 둘째는 교육투자의 결과 발생한 경제적 가치 중에서 개인이 그 가치를 소유할 수 없고, 사회에 파급되는 외적 가치(external benefit)를 들었다.

교육투자의 경제적 효과를 소비 또는 투자의 관점이나 그 효과가 귀속되는 대상의 관점 이외에도 Weisbrod(1964)는 경제적 기회의 관점에서, 그리고 Cohn은 교육투자의 경제적 가치를 다양하게 개념화하여 경제적 기회와 직접 연결되는 가치와 직접적으로 경제적 기회로의 연결이 어려운 비경제적 기회 가치로 분류하였다. 그리고 Cohn(1979)은 교육투자의 세대 간 효과로서 부모가 교육수준이 높으면 그 자녀도 수준이 높은 교육을 받는 경향이 있고, 그 결과 그 자녀의 잠재적 소득 수준도 향상된다고 지적하였다. 이는 물론 그 사회의 귀속주의 적용에 따라 세대 간에 걸쳐 지속되는 교육의 가치는 차이가 있을 것이다. 그러나 부모의 세대와 자녀 세대 간의 교육수준에 높은 상관관계가 있다는 많은 연구 결과로 교육투자의 세대 간 효과를 입증하고 있는 것이라고 볼 수 있다.

### 2) 인적자본의 의의

자본에 대한 일반적인 개념은 Fisher(1930: 12)가 정의한 '소득 흐름에서 야기되는 특정 자산'으로 이해된다. Fisher의 정의에 따르면, 인적자본은 미래 금전적 소득을 창출하는 데 있어 인간 속에 내재하고 활용되는 자산이라고 할 수 있다. 여기서 소득은 비금전적 자산의 형태가 노동시장에서 평가받지 못하더라도 개인의 복지 증진에 기여하는 한 이는 개인의 금전 소득과 동등한 것으로 간주할 수 있다. 따라서 내구소비재는 현재의 유용성에 대한 결정이 투자활동에 의해 지배받는다는 것을 설명하려고 노력하였다. 이러한 인적자본의 개념은 다음의 세 가지 측면에서 고찰할 수 있다.

첫째, 일반화된 정의로서 인적자본은 인간으로부터 분리될 수 없고 미래 금전적 소득과 소유주의 미래 소비의 비금전적 형태를 증가시키기 위해 사용되는 자산이라는 것이다. 이 정의에서 단순한 비숙련된 노동은 교육성취, 건강, 현직훈련, 이주 그리고 개인의 미래의 유용성을 증가시키기 위한 활동일 뿐만 아니라 인적자본의 한 부분으로 보게 된다. 이와 같은 정의에서 개인은 단순히 미래 금전적 소득을 평가하여 행동하기보다는 인적자본 투자에서 나타나는 여러 가지 결과에 대해 평가하여 그 중요도에 따라 다양한 행동을 결정할 것이다.

이러한 인적자본에 대한 접근은 Haveman과 Welfe(1983)의 실증적인 연구에서 찾을 수 있는 바, 그들은 교육을 많은 양의 비금전적 수익으로서 측정하였다. 다시 말해서 그러한 수익을 지불할 개인의 의지를 측정해서, 그리고 측정된 가격을 적용해서 총 합계를 계산한 후에 그 편익을 산출하였다. 또한 Haveman과 Wolfe의 연구가 비금전적 수익의 원천으로서 단지 교육을 포함시켰더라도 그것은 현직훈련, 이주, 건강

등과 같은 인적자본 투자의 다른 형태로부터 모든 비노동시장의 이익을 연구한다면 하나의 획기적인 아이디어를 제공할 수 있다.

둘째, 인적자본에 대한 금전적 정의로서 개인의 미래 금전적 소득과 관련된 좁은 의미의 개념이다. 이는 국내총생산(GDP)과 개인의 소득과 같은 수량적으로 측정할 수 있는 대부분의 통계가 단지 금전적 보상의 형태라는 것을 고려한다. 인적자본은 인간으로부터 분리될 수 없고, 소유주의 미래 금전적 소득을 증가시키기 위해 사용된다. 이러한 정의는 인적자본의 범위 내에서 단순히 단순한 비숙련된 노동을 포함한다. 그러나 주된 기능은 미래 비금전적 수익을 증가시키는 자산의 축적은 인적자본으로부터 배제될 것이다. 그러한 정의의 가장 직접적이고, 단순한 실행은 생애 소득의 현재 가치를 측정하고, 이를 인적자본이라고 지칭하는 것이다.

셋째, 비숙련된 노동을 배제하는 것으로서 인적자본의 금전적 정의이다. 즉, 인간으로부터 분리될 수 없고 단순한 비숙련된 노동에 의해 획득된 소득을 넘어 소유주의 미래 금전적 소득을 증가시키기 위해 사용되는 자산이다. 이러한 인적자본에 대한 개념 정의는 현재의 교육경제학이나 노동경제학 분야 연구에서 지지하고 있는 입장이다. 많은 연구는—명시적이든 묵시적이든—인적자본의 이러한 종류의 정의를 활용하고 있다. 대표적으로 『인적자본에 대한 투자(Investment in human capital)』라는 책에서 Schultz(1971: 35)는 인적자본의 개념을 명확히 밝히기 위해 노력했던 바, 이는 본질적으로 앞서 기술한 협의의 인적자본의 개념과 동일하다고 할 수 있다.

인적자본은 양적 · 질적인 측면의 속성을 지니고 있으므로 인구수, 생산직에 종사하는 비율, 노동시간 등과 같은 요인들은 본질적으로 양적인 특성이다. 반면에 생산적인 작업을 하기 위해 특별한 인간 능력에 영향을 주는 기술, 지식 및 이에 대한 기여 등은 질적인 요소들이라고 할 수 있다. Schultz는 인적자본으로부터 단순한 양적 노동요소를 배제하였으며, 따라서 인적자본은 노동의 소득능력을 증가시키면서 미래의 생산성 가치를 높이기 위한 자질을 가져야 한다는 것이다(Park, 1997).

이를 종합하면 자본은 일반적으로 현금, 원료, 부동산, 기계류, 설비와 같은 유형자산과 아이디어, 발명, 창조와 같은 지적 자산으로 구분된다. 경제학자들은 오랫동안 인적자본의 개념을 인식해 오면서 사람이 가진 지식, 기술, 태도 및 사회적 기술을 인간에 대한 자산으로 보았다. 즉, 인적자본의 개념은 인간이 교육, 훈련 또는 활동을 통하여 자기 자신에게 투자한다는 사실과 관계있으며, 이런 활동들은 그들의 삶에서

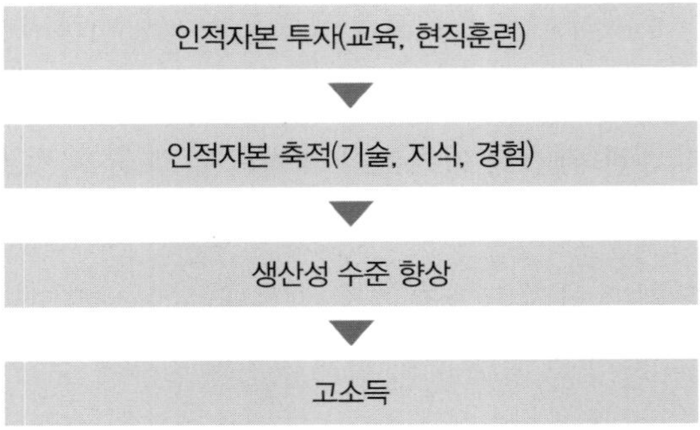


[그림 12-1] **인적자본 투자와 소득 사이의 연관성**
출처: Beaulieu와 Mulkey(1995: 4)를 재구성함.

소득을 증가시켜서 장래의 수익을 높이는 데 기여하게 된다는 것이다.

따라서 인적자본에 대한 개념 정의를 살펴본 결과, 인적자본의 축적과 획득을 위한 투자는 매우 중요한 것으로서 인적자본 투자와 소득 사이의 연관성을 제시하면 [그림 12-1]과 같다.

## 2. 교육의 경제학적 접근

이 절에서는 정신적 가치를 지향하는 교육이나 교육활동을 물질적 가치에 관심을 두고 효율화를 추구하는 교육경제학의 학문적 성격이나 영역 그리고 교육경제학의 관점을 살펴본다. 이러한 교육경제학에 대한 학문적 탐구는 이 절에서 다루는 교육의 경제적 가치 및 효과를 분석하는 이론적 근거를 제시해 준다.

### 1) 교육경제학의 성격

교육과 경제와의 관계를 체계적으로 연구하고자 하는 시도는 1960년대를 전후하여 교육경제학(economics of education)이 독립된 학문 분야로 생성 및 발전하면서 교육 부문에서 경제학적 지식을 접목시킴으로써 이루어졌으며, 이후 교육에 대한 경제학적 접근의 관심이 고조되었다. 우선 경제학과 교육에 대한 정의를 여러 학자에 따라 살펴본 후, 교육경제학이 어떠한 학문적 성격을 지니고 있는가를 기술한다.

먼저, Samuelson(1961: 6)은 경제학을 간단히 정의하기 어렵다고 지적하면서 경제학은 현재나 미래의 개인과 사회가 화폐를 사용하든 그렇지 않든 간에 다양한 상품을 생산하고, 그것을 사회의 다양한 사람에게 분배하기 위해 희소한 생산적 자원들을 사회가 어떻게 사용할 것인가에 관하여 연구하는 학문이라고 규정하였다. 그리고 Rogers와 Ruchlin(1971: 5)은 경제학을 욕구와 자원에 초점을 두었으며, 욕구는 인간의 심리적인 측면과 관련이 있고 자원은 물질로부터 생겨나는 것으로 자연과 연관이 있다는 것이다. 이러한 두 가지 경제적 사안은 서로 상반된 힘이 대립되어 있을 때 갈등을 유발한다. 즉, 욕구는 무한하지만 자원은 유한하기 때문에 갈등이 발생한다. 그러므로 최소한의 자원 투입으로 가능한 욕구를 만족시키는 데 초점을 두며 이러한 합리적인 방법의 선택을 연구하는 것이 경제학이라고 설명하였다.

또한 박홍립(1991: 24)은 경제학이란 개인 또는 사회가 그들의 희소한 자원을 선택적으로 사용하여 재화를 생산, 분배, 교환, 소비하는 데에서 발생하는 여러 가지 경제현상으로, 법칙과 질서를 체계적으로 연구하여 자원배분의 효율성과 비효율성을 분석하고, 나아가 경제의 양적 · 질적 발전을 통한 인간의 복지 향상을 가져올 여러 가지 방안을 연구하는 학문으로 정의를 하였다. 조순과 정운찬(1995: 22)은 경제생활의 이면에 흐르는 논리를 밝혀냄으로써 경제생활에서 나타나는 다양한 경제문제를 해결하기 위해 등장한 사고체계를 다루는 학문이 경제학이라고 기술하였다. 그리고 이근식과 안철원(1997: 16)은 경제학이란 사회가 희소한 자원을 이용하여 인간생활에 필요한 여러 가지 생산물을 생산하며, 생산된 생산물을 사회 구성원 간에 분배하며, 개인이나 집단이 분배받은 생산물을 소비하는 데 관련된 사회현상을 분해하는 학문으로, 즉 경제문제를 분석하는 학문으로 정의하였다. 따라서 본질적으로 경제학은 어떤 유형의 재화와 무형의 서비스 등과 같은 개개인의 욕구를 충족시키는 모든 희소한 자원에 대한 생산과 분배에 관한 연구라고 볼 수 있다.

한편, Webster(1962: 461)의 세계사전에 따르면, 교육은 특히 형식교육(formal education)에 의한 지식, 기술, 정신, 성격 등을 훈련하고 개발하는 과정을 의미한다. 교육에 대한 정의는 학자들에 따라 다양하게 규정되고 있는 바, 기능적 측면에서는 사회문화의 계승 및 발전의 수단으로, 목적론적 측면에서는 자아실현과 사회적 공헌의 극대화로, 조작적 측면에서는 인간 행동의 계획적인 변화 활동이라고 정의할 수 있다. 그리고 교육활동은 모든 형식(정규)교육기관에서 지식의 생산과 분배를 포괄하고, 이러한 교육활동의 대부분은 공사립 초등학교, 중등학교 그리고 고등교육기관 등과 같은 형식교육기관에서 발생한다. 또한 다양한 내용의 실질적인 교육활동은 군대나 교회, 각종 단체, 회사 기업 등과 같은 비형식(비정규)교육기관에서도 실제로 많이 발생하고 있다.

Cohn과 Geske(1990)는 Samuelson(1961)의 경제학에 대한 정의와 Webster(1962: 461)에서 제시한 교육의 정의를 토대로 교육경제학의 학문적 성격을 규정하였다. 즉, 현재와 미래에 사회의 다양한 사람과 집단이 화폐의 사용 여부에 관계없이 형식교육에 의해 다양한 유형의 훈련과 지식, 기술, 정신, 성격 등을 개발하고, 이를 분배하기 위해 어떻게 희소한 생산적 자원을 사용할 것인가를 연구하는 학문이 교육경제학이라고 기술하였다. 백일우(2000)는 Blaug(1970), Benson(1988), Cohn과 Geske(1990) 등의 학자들에 따라 다양하게 규정된 교육경제학의 학문적 성격을 토대로 교육재화의 생산 및 분배를 위해 교육 분야에서 이루어지는 일체의 경제행위를 연구하는 학문으로 규정하였다.

이를 종합하면 교육과 관련된 모든 활동에 대해 경제적인 분석을 시도하는 교육경제학은 교육이 산출되는 과정, 경쟁하는 집단과 개인 사이에서의 교육분배, 그리고 사회 혹은 사회 구성원인 개인에 의해 얼마의 적절한 투자가 어떤 유형의 교육활동에 필요한지에 관한 질문에 답하기 위한 학문이라고 할 수 있다. 또한 교육경제학의 주요 이슈는 부족한 자원의 풍부한 사용에 관한 문제도 포함되며, 이는 경제학자들의 경제적 분석이 교육학자, 사회학자, 심리학자 등과의 협력을 통해 교육의 여러 문제를 해결하기 위한 적절한 대안을 찾기 위해서 필요하다는 것을 의미한다.

### 2) 교육경제학의 영역 및 관점

교육경제학의 학문적 영역을 주요 학자들의 저서에서 나타난 것을 토대로 살펴보면 다음과 같다. 먼저, Blaug(1970)는 인적자본의 형성, 사적·사회적 투자로서의 교육, 교육의 경제성장 기여도, 교육계획, 인력 수요 접근법, 비용-수익 분석(사적 측면), 비용·수익 분석(사회적 측면), 비용-수익 분석의 응용, 미시적 교육경제학, 교육재정으로 구분하였다. 그리고 Rogers와 Ruchlin(1971)은 경제학과 교육학, 국민소득의 개념, 수요 공급 그리고 기업 이론, 교육 수요 및 공급의 기초, 생산분석, 교육함수의 기초, 투자분석, 교육투자의 기초, 경제성장과 계획, 교육 부문에서의 경제성장 및 계획으로 제시하였다.

Sheehan(1973)은 교육자원, 교육수요, 교육의 사적 투자 수익, 교육의 사회적 투자 수익, 수익률 분석의 다른 관점, 교육과 경제성장, 교육정책과 계획, 교육과 인력, 교육과 노동시장, 교사 공급과 수요, 교육재정, 교육의 효율성과 생산성으로 나타냈다. Psacharopoulos(1987)는 인적자본론, 교육생산 함수, 교육수익, 교육과 고용, 노동소득 분석, 교육산출의 분배, 능력과 선별, 교육과 인력 계획, 교육계획 모형, 교육의 종단자료 분석, 교육비용, 교육재정으로 나누고 인적자본론을 교육경제학의 중요한 영역으로 제시하였다.

Cohn과 Geske(1990)는 교육경제학을 이해하기 쉽게 다섯 가지의 중요한 범주로서 교육의 경제적 가치의 확인과 측정, 교육자원의 배분, 교육계획, 교사급여, 교육재정으로 분류하여 제시하였다. Blaug(1992)는 교육경제학의 주요 연구영역을 인적자본론, 선별 · 신호 이론, 교육의 효율성, 교육과 경제발전, 학교교육의 정치경제로 구분하였다.

앞서 제시한 학자들에 따른 교육경제학의 학문적 영역을 살펴보면 교육경제학에서 인적자본론이 차지하는 비중이 크며, 이 분야는 아울러 교육경제학의 다른 영역들에 대해 기저가 되고 있음을 알 수 있다. 교육경제학의 이론적 관점은 학자들에 따라 다양한 견해로 설명할 수 있다. 특히, 인적자본론은 교육경제학의 이론에 주된 역할을 하고 있으며, 그 의의와 가치에 대해서는 제6장의 기능주의 접근에서 제시되었다. 1960년대 이후 널리 적용되었던 인적자본론은 발전경제론자들이 주장하는 근대화이론과도 같은 견해를 취하는 것으로, 1970년대에 접어들면서 제3세계 국가들에서도 도입하여 적용되었다.

인적자본론은 제3세계 국가들에게 교육기회를 확대하였음에도 불구하고, 경제발전이 성공적으로 달성되지 못하자 거센 비판을 받게 되었다. 이러한 인적자본론에 대한 반론이 제3세계에서는 종속이론, 세계체제이론, 신마르크스이론 등으로 전개되었으며, 선진국에서는 지위경쟁이론으로 발전하였다. 이런 비판적 입장은 사회주의, 공산주의, 제3세계에서 인적자본론과 근대화이론을 비판하였지만 근본적으로 발전에 대한 궁극적인 목표는 동일하다고 볼 수 있다. 비판이론에 의하면, 많은 개발도상국이 그동안 교육기회를 대폭 확대하여 왔음에도 불구하고 교육이 경제발전을 촉진시켰다고 생각하기보다는 오히려 경제발전이 교육을 발전시켰다고 생각하여 교육은 경제성장에 대한 원인적 요인이 될 수 없다고 보고 있다. 이러한 비판적 입장을 규명한 학자로는 Santos, Arnau, Carnoy, Berg, Fuller, Thurow 등을 들 수 있다(정일환 외, 2013). 따라서 다양한 교육경제학의 이론을 교육의 경제적 효과의 정당성을 강조한 근대화이론, 인적자본론, 성장이론, 기술기능이론과 이에 대하여 달리 해석하거나 비판적인 입장인 종속이론, 세계체제이론, 신마르크스이론, 선별·신호 이론, 지위경쟁이론 등으로 구분하여 제시할 수 있다.

## 3. 교육투자의 경제적 효과

이 절에서는 앞에서 고찰한 교육의 경제적 가치를 토대로 교육에 대한 투자가 경제적으로 어떠한 효과가 있는가를 선행연구에서 밝힌 실증적 연구 및 자료를 분석하여 제시한다. 이를 위해 교육투자의 경제적 효과를 경제성장, 소득 증대 및 분배 그리고 외부편익으로 구분하여 기술한다.

### 1) 경제성장

국가, 지역사회, 개인, 국가 간에 교육투자의 경제적 효과를 논할 때 일반적으로 교육이 경제성장을 증대시킨다고 한다. 교육투자의 경제성장에 대한 효과는 교육이 인간 재능의 계발에 기여하고, 인간 재능 계발이 경제성장에 긍정적인 효과를 가져온다는 것이다. 교육의 경제적 가치를 강조한 Schultz(1963: 39-42)는 교육의 수익을 산업체가 교육 및 연구로부터 얻는 수익, 잠재능력의 발전과 계발, 경제성장에 따른 취업, 사회의 변화에 대한 적응력 향상, 교육의 전통적 기능인 교수활동을 담당하는 교원 양성 그리고 경제성장에 고급 기술 인력 수요 충족 등이라고 하였다(강무섭 외, 1983).

이는 학교교육을 더 많이 받는 사람이 학교교육을 덜 받는 사람보다 고위 직종을 가지고 높은 임금을 받으며, 또한 많은 사람이 학교교육을 더 받는다면 그들 모두가 고임금의 더 나은 생산적인 직종을 가지게 되며, 이들에 의해 결과적으로 한 국가의 경제는 확장 및 성장한다는 것이다. 이러한 주장은 인적자본론의 토대가 되며(Becker, 1964; Schultz, 1961), 학교교육의 증대는 사람들에게 이미 존재하고 있는 충분한 직종에 있어서 현 직업보다 더 생산적인 직업을 창출하게 된다는 입장이다(Fuller & Rubinson, 1992).

일반적으로 경제발전이 경제성장과 유사하게 쓰이기도 하지만 경제성장은 산출, 즉 생산량의 증가를 나타내는 반면에 경제발전은 경제성장과 더불어 경제구조가 바람직한 방향으로 변화하는 과정을 의미한다(조순, 정운찬, 1995). 이러한 관점에서 경제발전은 양적 증대뿐만 아니라 구조적인 변화(생산량), 분배구조의 변화, 생산구조의 변화 등에 대한 개념까지 고려한 종합적인 복지와 더불어 사회구조의 질적인 변화를 포함한다고 할 수 있다.

경제성장과 발전을 논할 때, 투입과 관련하여 교육의 역할을 간과할 수 없는 바, 여기에는 노동생산력, 자본축적 및 기술혁신을 요구하게 된다. 훈련과 교육에 의한 노동인구의 질적 향상은 자본축적의 핵심적인 요소로서 교육을 통해 습득된 기술과 지식은 생산력과 혁신을 촉진시킬 수 있다. 또한 경제발전은 과학기술의 발전, 경제구조의 변화, 사람의 태도와 가치관의 변화, 생활 형태와 환경의 변화 등과 관련되며, 이러한 요소의 변화는 교육의 확장과 개선을 가져오게 된다. 이와 같은 교육과 경제성장과의 관계를 제시하면 [그림 12-2]와 같다.

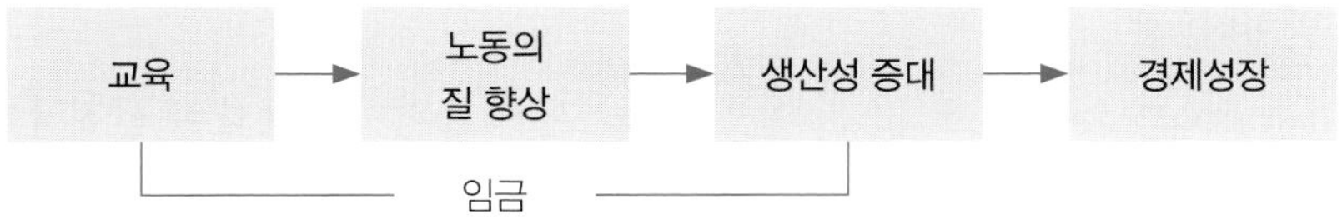


[그림 12-2] **교육과 경제성장과의 관계**

출처: 한유경(1992: 22).

우리나라에서 교육의 경제성장에 대한 기여도를 분석한 선행연구 결과를 살펴보면, 연구자에 따라 교육에 대한 투자 효과가 경제성장에 기여하는 비율이 다소 상이한 것은 대상 기간의 설정이나 측정방법에 따라 교육의 경제성장에 대한 기여도가 과대 혹은 과소 평가되었을 가능성과 자료 수집과 접근방법 자체가 지니는 한계점 등에 따라서도 달라질 수 있다. 그러나 지속적인 경제성장에 미치는 여러 가지 요인 중에서 교육에 대한 투자, 즉 교육이 중요한 요인 중의 하나라는 것을 실증적으로 보여 준다고 할 수 있다.

### 2) 소득 증대 및 분배

교육에 대한 투자는 개인적 또는 사회적으로 미래 수익의 증대, 즉 개인적 소득증대와 사회적 부를 토대로 하고 있다. 이는 개인적으로 현재 자신이 처한 경제적 지위를 개선하기 위한 수단으로 교육투자를 하게 될 것이고, 사회적으로는 개인의 부의 증대가 결국 전체 사회의 부를 증대시킬 뿐만 아니라 간접적인 외부효과까지 산출한다는 논리에서 개인의 교육 수요를 충족시켜 주는 차원 이상으로 교육에 대한 투자를 증대시키고자 한다는 것이다(공은배, 천세영, 1989). 개인 및 사회 소득의 증대에 대한 교육투자의 효과는 개인적 및 사회적 수익률 측정방법에 의해 밝혀진다.

Psacharopoulos(1972, 1981, 1985)는 교육투자의 개인적 및 사회적 수익률을 측정하기 위하여 1965년에서 1978년 동안에 44~61개국을 대상으로 교육 정도에 따라 근로자 소득을 근거로 분석하였다. Psacharopoulos(1985)는 저개발, 개도국, 선진국에서 초등 · 중등 · 고등 교육의 개인적 및 사회적 수익률을 측정하였던 바, 개인적이든 사회적이든 초등교육에 대한 투자 수익률이 모든 교육수준 중에서 가장 높으며, 개인적 수익률은 특히 고등교육 단계에서 사회적 수익률을 초과했다. 또한 대체적으로 개인적 및 사회적 수익률은 10% 이상으로 나타나 교육에 대한 투자는 매우 효과적인 것으로 밝혔다.

Psacharopoulos와 Woodhall(1985)은 인적자본과 물적자본에 대한 선진국과 개발도상국의 수익률을 모두 분석하였다. 그 연구 결과, 개발도상국에서는 인적 및 물적인 형태의 자본에 대해 모두 수익률이 높고, 특히 인적자본은 개발도상국에서 더 우월한 자본으로 나타났다. 여기서 선진국에 포함된 국가로는 미국, 영국, 캐나다 등이며, 개발도상국은 멕시코, 콜롬비아, 칠레, 우간다 등의 국가를 대상으로 하였다.

한편, 우리나라의 교육수준별 투자 수익률을 분석한 연구 결과들을 살펴보면 1970년대 초까지는 중등교육의 교육투자 수익률이 고등교육보다 높은 것으로 나타났으나, 1970년대 후반부터는 오히려 고등교육의 수익률이 중등교육보다 높은 것으로 나타났다. 이러한 교육투자 수익률 분석 결과가 교육의 경제성장에 대한 기여치로서 사용되는 근거는 교육수준별 근로자의 소득 차가 곧 한계생산성을 반영하는 것이라는 인적자본론의 가설적 주장에 있다. 즉, 보다 높은 교육수준의 근로자가 그보다 낮은 교육수준의 근로자보다 많은 임금을 받는 것은 그만큼 높은 생산성을 나타내기 때문이라는 것이다(Psacharopoulos, 1980).

또한 교육은 소득 증대 및 분배에 주는 효과와 교육받은 결과로 고용기회가 확대되고, 소득 재분배가 질적으로 균등하게 이루어진다는 것이다. 유경준과 한유경(1997)은 한국의 1970년대 이후의 임금 소득 불평등 정도는 지속적인 감소 추세를 보이며, 1976년 0.446에서 1991년 0.281로 15년 사이에 37% 감소하였다고 분석함으로써 임금 소득 불평등 감소에 교육이 가장 중요한 요인이라고 주장하였다. 이러한 연구 결과는 교육에 대한 투자 효과가 국민들의 소득 증대 및 분배에 상당히 긍정적으로 기능하고 있음을 뒷받침한다고 할 수 있다.

백일우와 김동훈(2013)의 연구 결과에 의하면, 개인의 고등교육에 대한 투자 가치가 타 학교급에 비해 높게 나타났으며, 이는 현재 시장이자율보다 개인의 고등교육에 대한 수요가 높음을 나타낸다. 그리고 김지하 등(2016)에 따르면, 대학교육의 전공계열별, 개인적 · 사회적 교육투자 수익률이 모든 계열에서 사회적 투자수익률보다 개인적 투자 수익률이 높은 것으로 나타났다. 이는 개인의 대학교육에 대한 투자의 수익이 상대적으로 높게 나타난 것으로 볼 수 있다.

최근 최강식과 박철성(2021)의 연구에 의하면, 대학교육의 평균 투자 수익률은 노동시장의 수요와 공급의 상황에 따라 변화하지만 9~17%로 추정되어 급격한 과학기술의 변화, 제4차 산업혁명 등으로 인한 노동구조 변화 속에서 고등교육에 대한 투자의 경제적 가치가 높다고 볼 수 있다. 그리고 백일우와 김동훈(2013)은 여성이 남성보다 고등교육에 대한 높은 수익률을 나타내고, 이는 고등교육 진학에 있어 남녀 간 의 차이가 사라지고, 여성이 고학력 전문직 노동시장으로 진출이 커지고 있음을 나타낸 것으로 해석할 수 있다.

### 3) 외부편익

교육의 경제효과에 대한 대부분의 연구는 교육으로 인하여 발생하는 수익이 이웃, 고용주, 동료 및 일반 사회의 복지를 향상시킨다는 것을 간과하고 교육을 직접적으로 받는 사람들의 수익만을 측정하는 것과 관련되었다. Weisbrod(1964)는 거주 관련 편익, 고용 관련 편익, 사회 전반적인 편익의 세 가지로 분류하여 교육을 직접 받은 사람은 물론이고 교육을 받지 않은 다른 사람에게도 교육에 대한 외부편익이 있다는 것을 제시하였다. 이러한 교육의 외부편익 효과는 교육이 제공하는 학교구(school district) 내에서는 물론이고 그 지역 이외의 사람에게도 교육의 외부편익이 발생한다고 기술하였다(강무섭 외, 1983; 정일환, 2000).

첫째, 거주 관련 편익은 교육을 직접 받은 사람과 그 주위 지역주민 사이의 관계에서 발생하게 되는 편익이며, 여기서 혜택을 받는 대상은 학생의 현재 가족, 학생의 미래 가족(세대 간 편익), 이웃 및 학생들이 거주하는 다른 지역의 주민이 되는 것이다.

둘째, 고용 관련 편익은 교육을 받은 사람이 취업을 함으로써 그 직장에 편익이 발생하는 것으로서 교육받은 사람으로 인하여 상품 질의 개선, 생산성의 향상이 이루어졌을 때 그 영향이 동료 및 고용주에게 미치게 되는 것이다. 또한 동료 간 및 고용주와 피고용인들 간에 우호적인 관계를 유지한다.

셋째, 사회 전반적인 편익은 교육이 사회 전반적인 문제해결과 정치 · 경제 체제 전반에 대해 안정을 유지하게 해 주며, 이는 시장경제 중심과 경쟁의 유지, 정치 민주화, 기회 균등의 실현, 문화발전 등에 영향을 미치게 되는 것이다. 또한 교육의 경제적 편익은 〈표 12-1〉에서 제시한 바와 같이, 금전적 또는 비금전적, 그리고 사적(개인적) 또는 사회적 편익 등으로 나눌 수 있다. 교육의 금전적 편익은 측정될 수 있고 대개 비용-수익 분석(cost-benefit analysis)[1]에서 활용되지만, 교육에 대한 사회적 외부편익은 양화하기 어려우며, 또한 교육에 대한 투자수익률로서 측정하기 어렵다. 개인의 야망, 가족관계, 부모의 사회 · 경제적 지위, 유산, 인종, 성별 그리고 부모의 교육 정도 등에 대한 선천적 능력은 미래 잠재적 소득과 관계가 있지만 정확하게 양화할 수 없다.

구체적으로 살펴보면 외부효과에 대한 사적 편익으로 교육은 노동시장뿐만 아니라 가정에서도 생산성을 높인다는 것이다. 이러한 교육투자의 외부편익 효과의 가정은 사적 및 사회적 측면에서 개인, 배우자 그리고 자녀에게 편익이 돌아가게 된다는 것이다. 가족 구성원의 건강은 부모의 교육, 특히 어머니의 교육 정도에 따라 긍정적

---

1) 비용-수익 분석은 프로그램이나 사업의 총비용에 대한 총수익의 가치를 측정하는 기법으로서 이 방법은 자연자원 개발 프로젝트의 비용과 수익을 측정하기 위하여 처음으로 사용되었다. 이 분석방법은 자원의 최적 배분, 즉 주어진 비용 수준에서 수익을 극대화하든지 혹은 정해진 수익하에서 비용을 최소화하는 데 그 초점을 둔다(정일환 외, 2018).

〈표 12-1〉 **교육의 개인적 및 사회적 편익**

| 구분 | | 개인적 편익 | 사회적 편익 |
|---|---|---|---|
| 직접적 편익 | 금전적 | • 교육비용이 지출된 후에 순소득 증가<br>• 부가적인 편익 | • 교육의 결과로서 나타나는 교육비용의 증가는 교육받은 사람에게 제공됨 |
| | 비금전적 | • 학생과 부모 모두를 새로운 지식과 문화적 기회에 노출시킴으로써 만족 증대 | |
| 간접적 편익 | 금전적 | • 각 교육수준에서 유망한 직업 선택<br>• 가외수당으로 재화와 용역 소비 증대 | • 기타 소득의 증가<br>–세대 간 효과로 아동이 더 나은 교육을 받게 됨으로써 미래의 생산성 증가<br>–과세 효과로 조세부담 감소<br>–간접 소득효과로 노동자의 생산성과 소득 증가 |
| | 비금전적 | • 부모와 자녀 사이의 세대 간 효과<br>• 직업 만족 | • 고용주는 잘 훈련되고 숙련된 노동력을 활용<br>• 이웃의 향상된 생활조건 |

출처: John, Morpht & Alexander (1983: 541).

으로 영향을 받는다. 어머니의 교육 정도는 아동의 건강에 대하여 아버지의 교육 정도보다 훨씬 더 큰 영향을 미치며, 이러한 관계에 직접적인 유전인자를 가지지는 않는다. 이 관계는 일반적으로 두 가지 경로를 따라 발견되었는데, 첫째, 교육을 더 많이 받을수록 구체적인 건강 투입에 대한 효과에 더 많은 정보를 가지며, 둘째, 투입에 더 나은 혼합요소를 선택하게 된다는 것이다(Grossman & Joyce, 1989). 따라서 건강과 교육의 정적 상관은 교육과 건강 지식 간의 정적 상관을 나타낸 것이다(Kenkel, 1991).

앞서 기술한 바와 같이, 교육의 외부편익 효과는 교육으로 인하여 발생하는 수익이 자신과 가족의 건강증진, 합리적인 소비생활, 범죄 감소 및 사회의 안녕과 복지를 향상시키는 결과를 가져오고, 그로 인한 혜택은 교육을 직접 받는 사람들뿐만 아니라 그 주변의 사회 구성원과 사회 전체에도 영향을 주게 된다.

## 참고문헌


강무섭, 정일환, 박영숙(1983). 직업교육의 비용-효과/수익분석. 서울: 한국교육개발원.

공은배, 천세영(1989). 한국 교육투자정책의 진단. 서울: 한국교육개발원.

교육부, 한국교육개발원(2017). 교육통계연보.

김영화, 박용헌, 한승희(1997). 한국의 교육과 국가발전(1945~1995). 서울: 한국교육개발원.

김영화, 한유경, 최돈민, 양승실, 조준래(1996). 국가 발전에서의 교육의 역할 분석연구(1): 연구 모형의 설정과 해방 이후 한국교육의 전개 과정 분석(1945~1995). 서울: 한국교육개발원.

김지하, 우명숙, 박상욱, 김태우(2016). 대학교육의 계열별 투자수익률 분석. 교육재정경제연구, 25(2), 255-280.

박홍렵(1991). 현대경제원론. 서울: 경세원.

배종근(1978). 교육투자의 적정화와 경제적 효과에 관한 연구. 서울: 한국교육개발원.

백일우(1994). 교육경제학의 학문적 성격. 교육재정 · 경제연구, 3(1), 53-90.

백일우(1998). 교육경제학(pp. 376-385). 교육학대백과사전. 서울: 하우동설.

백일우(2000). 교육경제학. 서울: 학지사.

백일우, 김동훈(2013). 교육경제학적 관점에서의 교육투자수익 분석: 더미 도구변수를 이용한 학교급별 수익률 추정. 교육재정경제연구, 22(1), 93-111.

유경준, 한유경(1997). 교육의 소득분배에 대한 기여와 전망. 교육재정 · 경제연구, 6(1), 75-104.

이근식, 안철원(1997). 경제원론. 서울: 한국방송대학교출판부.

이종재, 이욱범(1995). 교육경제학의 전개. 서울: 교육과학사.

정일환(2000). 교육과 사회발전. 서울: 중앙적성출판사.

정일환, 김정희, 정현숙(2018). 교육행정학 탐구. 경기: 양성원.

정일환, 김정희, 주동범(2013). 사회발전과 인적자본론. 경기: 교육과학사.

조순, 정운찬(1995). 경제학원론. 서울: 법문사.

최강식, 박철성(2021). 대학교육의 가치와 교양교육의 중요성: 경제적 접근. 교양교육연구, 15(4), 11-21.

한유경(1992). 국가 기간산업으로서의 교육: 교육투자의 확대 논리 연구. 서울: 한국교육개발원.

Beaulieu, L. J., & Mulkey, D. (1995). Human capital in rural America: A review of theoretical perspectives. *Investing in people, rural studies series.* New York: Wstview Press, 3-21.

Becker, G. (1964). *Human capital*. New York: Columbia University Press.

Benson, C. S. (1988). Economics of education: The U.S. experience, in O'Connell, R. T. (Ed.), *Handbook of research on educational administration*. New York: Longman Inc,

355-372.

Blaug, M. (1976). The empirical status of human capital theory: A slightly jaundiced survey. *Journal of Political Economy, 14*(3), 827-855.

Blaug, M. (Ed.). (1992). *The economic value of education: Studies in the economics of education*. Cambridge University Press.

Carnoy, M. (Ed.). (1995). *International encyclopedia of economics of education* (2nd ed.). Oxford: Elsevier Science Ltd.

Cohn, E. (1979). *The Economic of education* (2nd ed.). Cambridge: Ballinger Publishing Company.

Cohn, E., & Geske, G. (Ed.). (1990). *The economics of education* (3rd ed.). New York: pergamon press.

Denison, E. F. (1961). *The sources of economic growth in the United States and the alter natives before us*. Washington D.C.: Committee for Economic Development.

Fisher, I. (1930). *The theory of interest, as determined by impatience to spend income and opportunity tp invest it*. New York: MacMillan.

Fuller, B., & Geske, G. (Ed.). (1992). *Specifying the effects of education on national economic growth. The political construction of education: The state, school expansion and economic change*. New York: Praeger Publishers.

Grossman, M., & Joyce, T. (1989). Socio-economic status and health: A personal research perspective. in Bunker, J. et al. (Eds.), *Pathways to health: The role of social factors*. California: Kaiser Foundation.

Harbison, F., & Myers, C. S. (1964). *Education, manpower and economic growth: Strategies of human resources development*. New York: McGraw-Hill Inc.

Haveman, R., & Welfe, B. (1983). *Education and economic well-being: The role of non-market effects*. University of Wisconsin-Madison Discussion Paper, 716-782.

John, R. L., Morpht, E. L., & Alexander, K. (1983). *Human capital and the economic benefits on education, The economics and financing of education* (4th ed.). N.J.: Prentic-Hall Inc.

Kenkel, D. (1991). Health behavior, health knowledge and schooling. *Journal of Political Economy, 99*(2), 287-305.

Leigh, J. P. (1983). Direct and indirect effects of education of health. *Social Science and Medicine, 17*(4), 227-234.

Mincer, J. (1974). *Schooling, experience and earnings*. New York: National Bureau of Economic Research.

Park, W. J. (1997). *Measuring human capital, human capital utilization and its consequences on economic growth.* Unpublished Ph. D. Dissertation, Indiana University.

Psacharopoulos, G. (1972). *Returns to education: An international comparison*. San Francisco: Jossey-Bass Inc.

Psacharopoulos, G. (1980). Returns to education: An updated international comparison. In T. King (Ed.), *Education and income*. Washington D.C.: The World Bank.

Psacharopoulos, G. (1981). *Conceptions and misconceptions on human capital theory. Konzept und kritik des humankapitallansatzes.* Berlin: Duncker and Humblot, 9-12.

Psacharopoulos, G. (Ed.). (1987). *Economics of education: research and studies*. New York: Pergamom Press.

Psacharopoulos, G., & Woodhall, M. (1985). *Education for development: An analysis of investment choices.* Washington D.C.: The World Bank.

Rogers, D. C., & Ruchlin, H. S. (1971). *Economics and education-principles and application*. New York: The Free Press.

Samuelson, P. A. (1961). *Economics*. New York: McGraw-Hill.

Schultz, T. W. (1961). Investment in human capital. *American Economic Review, 5,* 1-17.

Schultz, T. W. (1963). *The economic value of education.* New York: Columbia University Press.

Schultz, T. W. (1971). *Investment in human capital: The role of education and research*. New York: The Free Press.

Sheehan, J. (1973). *The economic of education*. London: George Allen & Unwin Ltd.

Sober, I. (1978). The human capital revolution in economic development: lts current history and status. *Comparative Education Review,* June, 278-308.

Webster. (1962). *Webster's New World Dictionary*.

Weisbrod, B. A. (1964). *External benefits of public education: An economic analysis*. New Jersey: Princeton University Press.

Wu, H. (1992). human capital and the wage generating process. Two essays in the theory of human capital. Republic of China: the Institute of economics, August.

Zymelman, M. (1973). *Financing and efficiency in education.* Boston: Nimrod Press.

# 제 13 장

# 특수교육의 이해

이 장에서는 특수교육의 정의, 현황 등을 파악하여 특수교육에 대한 전반적인 이해를 돕고자 한다. 이에 이 장에서는 특수교육의 개념, 특수교육대상자, 특수교육 제공 단계 및 절차 그리고 우리나라 특수교육의 현황과 중장기 특수교육종합계획에 대해 기술한다.

# 1. 특수교육의 의의

## 1) 특수교육의 개념

특수교육(special education)의 정의, 접근방법 등은 학자마다 다양하게 논의되고 있지만, 현재 우리나라 학교교육 차원에서 특수교육의 정의, 특수교육대상자 등을 이해하기 위하여 특수교육의 법적 근거를 살펴보면 다음과 같다.

특수교육은 「대한민국헌법」(제31조), 「교육기본법」(제3조 학습권, 제4조 교육의 기회균등 등, 제8조 의무교육, 제18조 특수교육), 「유아교육법」(제15조 특수학교 등), 「유아교육법 시행령」(제25조 특수학교의 교직원), 「초 · 중등교육법」(제2조 학교의 종류, 제12조 의무교육, 제19조 교직원의 구분, 제21조 교원의 자격, 제55조 특수학교, 제56조 특수학급, 제58조 학력의 인정, 제59조 통합교육), 「초 · 중등교육법 시행령」(제11조 평가의 대상 구분, 제14조 위탁시의 협의, 제40조 특수학교 등의 교원, 제43조 교과, 제45조 수업일수, 제57조 분교장, 제58조 국 · 공립 학교운영위원회의 구성, 제63조 사립학교의 운영위원회), 「장애인 등에 대한 특수교육법」(전체), 「장애인 등에 대한 특수교육법시행령」(전체), 「장애인 등에 대한 특수교육법 시행규칙」(전체), 「특수학교시설 · 설비기준령」(전체), 「장애인복지법」(제2장 제20조 교육), 「장애인차별금지 및 권리구제 등에 관한 법률」(제2장 제2절 교육) 등이 정한 규정에 의해 이루어지고 있다.

'특수교육'이란 「장애인 등에 대한 특수교육법」(약칭: 「특수교육법」) 제2조 제1호에 의거하면, 특수교육대상자의 교육적 요구를 충족시키기 위하여 특성에 적합한 교육과정 및 제2호에 따른 특수교육 관련 서비스 제공을 통하여 이루어지는 교육이라고 규정하고 있다. 여기서 제2조 제2호 '특수교육 관련 서비스'란 특수교육대상자의 교육을 효율적으로 실시하기 위하여 필요한 인적 · 물적 자원을 제공하는 서비스로서 상담지원 · 가족지원 · 치료지원 · 지원인력배치 · 보조공학기기지원 · 학습보조기기지원 · 통학지원 및 정보접근지원 등을 의미한다. 그리고 「장애인 등에 대한 특수교육법」 제2조(정의)에 명시된 특수교육에 관한 주요 용어에 관해 제시하면 다음과 같다.

- '특수교육교원'이란 「초 · 중등교육법」 제2조 제4호에 따른 특수학교 교원자격증을 가진 사람으로서 특수교육대상자의 교육을 담당하는 교원을 말한다.
- '보호자'란 친권자 · 후견인, 그 밖의 사람으로서 특수교육대상자를 사실상 보호하는 사람을 말한다.
- '통합교육'이란 특수교육대상자가 일반 학교에서 장애유형 · 장애 정도에 따라 차별을 받지 아니하고 또래와 함께 개개인의 교육적 요구에 적합한 교육을 받는 것을 말한다.
- '개별화교육'이란 각급학교의 장이 특수교육대상자 개인의 능력을 계발하기 위하여 장애유형 및 장애특성에 적합한 교육목표 · 교육방법 · 교육내용 · 특수교육 관련서비스 등이 포함된 계획을 수립하여 실시하는 교육을 말한다.
- '순회교육'이란 특수교육교원 및 특수교육 관련서비스 담당 인력이 각급학교나 의료기관, 가정 또는 복지시설(장애인 복지시설, 아동복지시설 등을 말한다. 이하 같다) 등에 있는 특수교육대상자를 직접 방문하여 실시하는 교육을 말한다.
- '진로 및 직업교육'이란 특수교육대상자의 학교에서 사회 등으로의 원활한 이동을 위하여 관련 기관의 협력을 통하여 직업재활훈련 · 자립생활훈련 등을 실시하는 것을 말한다.
- '특수교육기관'이란 특수교육대상자에게 유치원 · 초등학교 · 중학교 또는 고등학교(전공과를 포함한다. 이하 같다)의 과정을 교육하는 특수학교 및 특수학급을 말한다.
- '특수학급'이란 특수교육대상자의 통합교육을 실시하기 위하여 일반 학교에 설치된 학급을 말한다.

### 2) 특수교육대상자

「장애인 등에 대한 특수교육법」 제2조와 제15조에서 특수교육대상자는 특수교육을 필요로 하는 사람으로 선정된 사람으로서 그 선정은 교육장 또는 교육감이 다음 어느 하나에 해당하는 사람 중 특수교육이 필요한 사람으로 진단 · 평가된 사람을 특수교육대상자로 선정함을 명시하고 있다. 즉, ① 시각장애, ② 청각장애, ③ 지적장애, ④ 지체장애, ⑤ 정서 · 행동장애, ⑥ 자폐성장애(이와 관련된 장애를 포함한다),

⑦ 의사소통장애, ⑧ 학습장애, ⑨ 건강장애, ⑩ 발달지체, ⑪ 그 밖에 두 가지 이상의 장애가 있는 경우 등 대통령령으로 정하는 장애를 포함하고 있다.

특수교육대상자는 유치원, 초중고 과정의 의무교육과 전공과와 3세 미만의 장애 영아 교육은 무상교육을 받으며, 2013년 86,633명, 2015년 88,067명, 2017년 89,353명, 2018년 90,780명, 2019년 92,958명, 2020년 95,420명, 2021년 98,154명, 2022년 103,695명으로 증가하는 추세를 보이고 있다. 특수교육대상자를 선정하는 기준은 다음과 같다[「장애인 등에 대한 특수교육법 시행령」(개정 2022. 6. 28.) 제10조].

• 시각장애를 지닌 특수교육대상자

시각계의 손상이 심하여 시각기능을 전혀 이용하지 못하거나 보조공학기기의 지원을 받아야 시각적 과제를 수행할 수 있는 사람으로서 시각에 의한 학습이 곤란하여 특정의 광학기구 · 학습매체 등을 통하여 학습하거나 촉각 또는 청각을 학습의 주요 수단으로 사용하는 사람

• 청각장애를 지닌 특수교육대상자

청력 손실이 심하여 보청기를 착용해도 청각을 통한 의사소통이 불가능 또는 곤란한 상태이거나, 청력이 남아 있어도 보청기를 착용해야 청각을 통한 의사소통이 가능하여 청각에 의한 교육적 성취가 어려운 사람

• 지적장애를 지닌 특수교육대상자

지적 기능과 적응행동상의 어려움이 함께 존재하여 교육적 성취에 어려움이 있는 사람

• 지체장애를 지닌 특수교육대상자

기능 · 형태상 장애를 가지고 있거나 몸통을 지탱하거나 팔다리의 움직임 등에 어려움을 겪는 신체적 조건이나 상태로 인해 교육적 성취에 어려움이 있는 사람

• 정서 · 행동장애를 지닌 특수교육대상자

장기간에 걸쳐 다음 각 목의 어느 하나에 해당하여 특별한 교육적 조치가 필요한

사람

가. 지적 · 감각적 · 건강상의 이유로 설명할 수 없는 학습상의 어려움을 지닌 사람
나. 또래나 교사와의 대인관계에 어려움이 있어 학습에 어려움을 겪는 사람
다. 일반적인 상황에서 부적절한 행동이나 감정을 나타내어 학습에 어려움이 있는 사람
라. 전반적인 불행감이나 우울증을 나타내어 학습에 어려움이 있는 사람
마. 학교나 개인 문제에 관련된 신체적인 통증이나 공포를 나타내어 학습에 어려움이 있는 사람

• 자폐성장애를 지닌 특수교육대상자

사회적 상호작용과 의사소통에 결함이 있고, 제한적이고 반복적인 관심과 활동을 보임으로써 교육적 성취 및 일상생활 적응에 도움이 필요한 사람

• 의사소통장애를 지닌 특수교육대상자

다음 각 목의 어느 하나에 해당하여 특별한 교육적 조치가 필요한 사람
가. 언어의 수용 및 표현 능력이 인지능력에 비하여 현저하게 부족한 사람
나. 조음능력이 현저히 부족하여 의사소통이 어려운 사람
다. 말 유창성이 현저히 부족하여 의사소통이 어려운 사람
라. 기능적 음성장애가 있어 의사소통이 어려운 사람

• 학습장애를 지닌 특수교육대상자

개인의 내적 요인으로 인하여 듣기, 말하기, 주의집중, 지각(知覺), 기억, 문제해결 등의 학습 기능이나 읽기, 쓰기, 수학 등 학업성취영역에서 현저하게 어려움이 있는 사람

• 건강장애를 지닌 특수교육대상자

만성질환으로 인하여 3개월 이상의 장기 입원 또는 통원 치료 등 계속적인 의료적 지원이 필요하여 학교생활 및 학업 수행에 어려움이 있는 사람

• 발달지체를 보이는 특수교육대상자

신체, 인지, 의사소통, 사회 · 정서, 적응행동 중 하나 이상의 발달이 또래에 비하여 현저하게 지체되어 특별한 교육적 조치가 필요한 영아 및 9세 미만의 아동

• 두 가지 이상 중복된 장애를 지닌 특수교육대상자

다음 각 목의 구분에 따른 장애를 지닌 사람으로서 제1호부터 제6호까지의 규정에 따른 특수교육대상자에 대한 각각의 교육지원만으로 교육적 성취가 어려워 특별한 교육적 조치가 필요한 사람

가. 중도중복(重度重複)장애: 다음의 구분에 따른 장애를 각각 하나 이상씩 지니면서 각각의 장애의 정도가 심한 경우. 이 경우 장애의 정도는 법 제14조 제1항에 따른 선별검사의 결과, 제9조 제4항에 따라 제출한 진단서 및 「장애인복지법 시행령」 제2조 제2항에 따른 장애의 정도 등을 고려하여 정한다.

－지적장애 또는 자폐성장애

－시각장애, 청각장애, 지체장애 또는 정서 · 행동장애

나. 시청각장애: 시각장애 및 청각장애를 모두 지니면서 시각과 청각에 의한 학습이 곤란하고 의사소통 및 정보 접근에 심각한 제한이 있는 경우

### 3) 특수교육 제공 단계 및 절차

장애를 가지고 있거나 장애를 가지고 있다고 의심되는 영유아 및 학생을 발견한 때에는 교육장 또는 교육감에게 진단 · 평가를 의뢰하여야 한다. 다만, 각급학교의 장이 진단 · 평가를 의뢰하는 경우에는 보호자의 사전 동의를 받아야 한다(「장애인 등에 대한 특수교육법」 제14조; [그림 13-1] 참조). 그리고 특수교육대상자를 선별검사나 진단 및 평가를 실시하는 경우에 검사 및 평가 영역은 〈표 13-1〉과 같다(「장애인 등에 대한 특수교육법 시행규칙」 제2조).

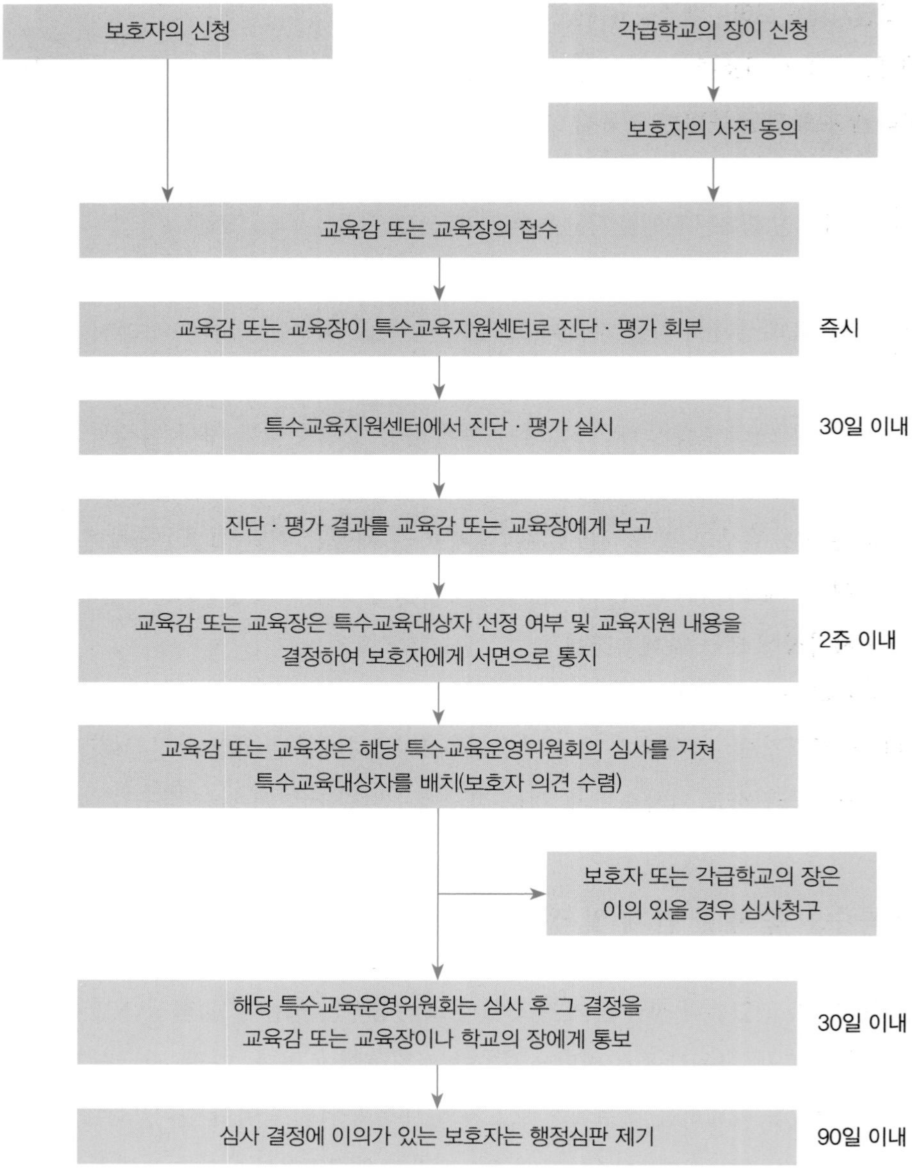


[그림 13-1] **특수교육대상자 진단 · 평가 의뢰서 제출 및 처리 절차**

출처: 「장애인 등에 대한 특수교육법 시행규칙」 제2조 제1항 관련 별지 제1호 서식.

〈표 13-1〉 **특수교육대상자 선별검사 및 진단 · 평가 영역**

| 구분 | | 영역 |
|---|---|---|
| 장애 조기 발견을 위한 선별검사 | | 1. 사회성숙도검사<br>2. 적응행동검사<br>3. 영유아발달검사 |
| 진단 · 평가 영역 | 시각장애, 청각장애 및 지체장애 | 1. 기초학습기능검사<br>2. 시력검사<br>3. 시기능검사 및 촉기능검사(시각장애의 경우에 한함)<br>4. 청력검사(청각장애의 경우에 한함) |
| | 지적장애 | 1. 지능검사<br>2. 사회성숙도검사<br>3. 적응행동검사<br>4. 기초학습검사<br>5. 운동능력검사 |
| | 정서 · 행동장애, 자폐성 장애 | 1. 적응행동검사<br>2. 성격진단검사<br>3. 행동발달평가<br>4. 학습준비도검사 |
| | 의사소통장애 | 1. 문구검사<br>2. 음운검사<br>3. 언어발달검사 |
| | 학습장애 | 1. 지능검사<br>2. 기초학습기능검사<br>3. 학습준비도검사<br>4. 시지각발달검사<br>5. 지각운동발달검사<br>6. 시각운동통합발달검사 |

출처: 「장애인 등에 대한 특수교육법 시행규칙」 제2조 제1항 관련 별표.

## 2. 특수교육의 현황

### 1) 특수학교 및 특수교육대상자 현황

여기서 기술하는 특수교육 현황은 「장애인 등에 대한 특수교육법」 제12조에 의거하였으며, 특수교육의 주요 현황과 정책에 관한 매년 연차보고서를 토대로 주요 내용을 제시하였다.

2022년 4월 기준으로 전국의 특수학교 수는 192개교이며, 1962년의 10개교에 비해 19.2배 이상 증가하였다. 전국 192개 특수학교를 설립별로 구분하면 국립 5개교, 공립 97개교, 사립 90개교로 공립학교 비율이 46.9%이다(〈표 13-2〉 참조).

**〈표 13-2〉 연도별 특수학교 수** (단위: 개교)

| 연도 | 1962 | 1967 | 1972 | 1977 | 1982 | 1992 | 1997 | 2003 | 2006 | 2009 | 2013 | 2015 | 2016 | 2018 | 2019 | 2020 | 2021 | 2022 |
|---|---|---|---|---|---|---|---|---|---|---|---|---|---|---|---|---|---|---|
| 학교 수 | 10 | 22 | 38 | 51 | 65 | 103 | 114 | 137 | 143 | 150 | 162 | 167 | 170 | 175 | 177 | 182 | 187 | 192 |

출처: 교육부(2022b), p. 15.

또한 전국 192개 특수학교를 장애영역별로 구분하면 시각장애학교 13개교, 청각장애학교 14개교, 지적장애학교 137개교, 지체장애학교 21개교, 정서장애학교 7개교로 지적장애학교가 전체의 71.4%로 나타났다(〈표 13-3〉 참조).

**〈표 13-3〉 2022년 설립별 및 장애영역별 특수학교 수** (단위: 개교)

| 구분 | 시각장애 | 청각장애 | 지적장애 | 지체장애 | 정서장애 | 소계 |
|---|---|---|---|---|---|---|
| 국립 | 1 | 1 | 1 | 1 | 1 | 5 |
| 공립 | 2 | 3 | 85 | 6 | 1 | 97 |
| 사립 | 10 | 10 | 51 | 14 | 5 | 90 |
| 계 | 13 | 14 | 137 | 21 | 7 | 192 |

주: 장애영역별 구분은 주 장애영역을 말함.
출처: 교육부(2022b), p. 39.

2022년 특수교육대상자는 103,695명으로, 장애영역별로는 지적장애 53,718명(51.8%)으로 가장 많으며, 자폐성장애 17,024명(16.4%), 발달지체 11,087명(10.7%), 지체장애 9,639명(9.3%) 등의 순으로 나타났다(〈표 13-4〉 참조).

**〈표 13-4〉 2022 장애영역별 특수교육대상자 현황(2022년 4월 기준)** (단위: 명, %)

| 시각장애 | 청각장애 | 지적장애 | 지체장애 | 정서·행동장애 | 자폐성 장애 | 의사소통 장애 | 학습장애 | 건강장애 | 발달지체 | 전체 학생 수 |
|---|---|---|---|---|---|---|---|---|---|---|
| 1,753 (1.7) | 2,961 (2.9) | 53,718 (51.8) | 9,639 (9.3) | 1,865 (1.8) | 17,024 (16.4) | 2,622 (2.5) | 1,078 (1.0) | 1,948 (1.9) | 11,087 (10.7) | 103,695 (100) |

출처: 교육부(2022b), p. 23.

최근 통합교육의 중요성이 대두되면서 일반 학교에 특수교사 및 특수보조교사 배치, 특수교육대상자를 위한 물리적 지원 시설 등을 확충하여 특수교육대상자를 일반 학교에 배치하여 통합교육을 실시하고 있다. 장애아통합교육은 특수교육대상 아동의 사회성 발달과 비장애 학생의 장애인에 대한 반편견 교육으로서 의미를 가진다.

특수교육대상자 배치 현황을 살펴보면 〈표 13-5〉와 같다. 특수교육대상자의 72.8% 정도가 일반 학교에 배치되어 있어 물리적 통합을 넘어서서 교육과정 및 사회적 통합을 위한 지원 등이 요구된다고 볼 수 있다.

〈표 13-5〉 **연도별 특수교육대상자 배치 현황(2022년 4월 기준)** (단위: 명, %)

| 연도 | 특수학교 및 특수교육지원센터 배치 학생 수 | 일반 학교 배치 학생 수 | | | 전체 학생 수 |
|---|---|---|---|---|---|
| | | 특수학급 | 일반학급 | 소계 | |
| 2013 | 25,522<br>(29.5) | 45,181<br>(52.2) | 15,930<br>(18.4) | 61,111<br>(70.5) | 86,633<br>(100) |
| 2014 | 25,827<br>(29.6) | 45,803<br>(52.5) | 15,648<br>(17.9) | 61,451<br>(70.4) | 87,278<br>(100) |
| 2015 | 26,094<br>(29.6) | 46,351<br>(52.6) | 15,622<br>(17.7) | 61,973<br>(70.4) | 88,067<br>(100) |
| 2016 | 25,961<br>(29.5) | 46,645<br>(53.0) | 15,344<br>(17.4) | 61,989<br>(70.5) | 87,950<br>(100) |
| 2017 | 26,199<br>(29.3) | 47,564<br>(53.2) | 15,590<br>(17.4) | 63,154<br>(70.7) | 89,353<br>(100) |
| 2018 | 26,337<br>(29.0) | 48,848<br>(53.8) | 15,595<br>(17.2) | 64,443<br>(71.0) | 90,780<br>(100) |
| 2019 | 26,459<br>(28.5) | 50,812<br>(54.7) | 15,687<br>(16.9) | 66,499<br>(71.5) | 92,958<br>(100) |
| 2020 | 26,615<br>(27.9) | 52,744<br>(55.3) | 16,061<br>(16.8) | 68,805<br>(72.1) | 95,420<br>(100) |
| 2021 | 27,288<br>(27.8) | 54,266<br>(55.3) | 16,600<br>(16.9) | 70,866<br>(72.2) | 98,154<br>(100) |
| 2022 | 28,233<br>(27.2) | 57,948<br>(55.9) | 17,514<br>(16.9) | 75,462<br>(72.8) | 103,695<br>(100) |

출처: 교육부(2022b), p. 16.

### 2) 특수교육 교육과정 운영

2022년도 특수교육 운영계획(교육부, 2022a)에서는 생애단계별 맞춤형 교육으로 특수교육대상자의 성공적 사회통합 실현을 비전으로 균등하고 공정한 교육 기회 보장, 통합교육 및 특수교육 지원의 내실화, 진로 및 고등 평생교육 지원 강화, 장애공감문화 확산 및 지원체제 강화 등을 중점 추진과제로 설정하였다. 이를 위하여 가정-학교-사회 간, 관계부처(기관) 간에 종합적 · 체계적 지원체계 구축이 견고하게 이루어져야 할 것이다.

또한 2022 특수교육 교육과정 개정에서는 통합교육 확대에 따른 초 · 중등학교 교육과정과 특수교육 과정의 연계 강화 필요성을 고려하였다(교육부, 2022c). 특수교육대상 학생의 장애 특성과 교육적 요구 등을 반영하여 교과와 연계한 실생활 중심의 '일상생활 활동'을 신설하였다. 또한 장애 특성 및 교육적 요구, 고등학교 졸업 후 가정생활 및 지역사회 적응 준비 등을 위한 과목을 신설하거나, 예를 들면 '시각장애인 자립생활' 및 '농인의 생활과 문화' 과목을 창의적 체험활동에서 직업생활 교과(군) 선택과목으로 전환하였다(교육부, 2022d).

### 3) 중장기 특수교육종합계획

「장애인 등에 대한 특수교육법」 제5조에 의하면, 특수교육대상자에게 적절한 교육을 제공하기 위하여 장애인에 대한 특수교육종합계획의 수립을 국가 및 지방자치단체의 임무로 명시하고 있다. 그동안 중장기적 특수교육종합계획의 수립 및 추진 내용을 제시하면 〈표 13-6〉과 같다.

〈표 13-6〉 **교육부 제1~제5차 특수교육발전 5개년 비전 및 추진 과제 요약**

| 구분 | 비전 및 추진 과제 |
|---|---|
| 제1차 특수교육발전 5개년<br>(1997~2001) | • 비전: 우리나라 실정에 맞는 21세기 복지사회형 장애아교육 모형 정립<br>-'교육복지 종합대책' 안에 '특수교육발전방안'을 포함해서 추진하였으며, 교육수혜 범위의 확대를 목표로 장애 정도를 고려한 다양한 배치 모형을 제시 |

| | |
|---|---|
| 제2차 특수교육발전 5개년<br>(2003~2005) | • 비전: 일반교육과 특수교육의 책무성 공유에 의한 모든 학생의 교육성과 최대화<br>• 과제: 지역별 · 학교과정별 균형적인 특수교육 기회 보장, 일반학교의 사회적 · 물리적 환경 개선, 지역사회 중심의 특수교육 지원체제 구축 및 지원 확대 |
| 제3차 특수교육발전 5개년<br>(2008~2012) | • 비전: 장애 유형 · 정도를 고려한 교육지원으로 모든 장애인의 자아실현과 사회통합 기여<br>• 과제: 국가의 책무성 강화 및 장애인의 교육접근 보장, 통합교육 지원 확대 및 장애이해교육 강화, 특수교육의 분권화 및 체계화 |
| 제4차 특수교육발전 5개년<br>(2013~2017) | • 비전: 꿈과 끼를 키우는 맞춤형 특수교육으로 장애학생의 능동적 사회참여 실현<br>• 과제: 특수교육 교육력 및 성과 제고, 특수교육지원 고도화, 장애학생 인권 친화적 분위기 조성, 장애학생 능동적 사회참여 역량 강화 |
| 제5차 특수교육발전 5개년<br>(2018~2022) | • 비전: 생애단계별 맞춤형 교육으로 특수교육대상자의 성공적 사회통합 실현<br>• 과제: 균등하고 공정한 교육기회 보장, 통합교육 및 특수교육 지원의 내실화, 진로 및 고등 · 평생 교육지원 강화, 장애공감 문화 확산 및 지원체제 강화 |

출처: 교육부(2022d).

최근 교육부(2022c)가 발표한 제6차 특수교육발전 5개년(2023~2027) 계획은 장애 유형 · 정도에 따른 맞춤형 특수교육을 제시하였다. 구체적으로 제6차 특수교육발전 5개년 계획의 주요 정책은 4대 추진 전략 11개 주요 과제로 제시하면 [그림 13-2]와 같다.

앞에서 기술한 자립과 통합의 특수교육 지원이 학교에서 정착 및 운영되기 위해서는 특수교육의 질이 제고되어야 한다. 즉, 맞춤형 특수교육을 위해서는 교육과정 편성 및 운영의 내실화, 특성화 고등학교 교육과정 개발, 장애학생 진로 · 직업 교육의 내실화, 장애인의 고등 · 평생 교육 기회 확대, 특수교육지원센터 운영의 활성화, 특수학교(학급) 방과 후 학교프로그램 운영의 활성화 등이 수반되어야 할 것이다.

[그림 13-2] **비전 및 중점과제**

출처: 교육부(2022d), p. 11.

## 참고문헌

교육부(2022a). 2022년도 특수교육 운영계획.

교육부(2022b). 특수교육연차보고서.

교육부(2022c). '초중등학교 및 특수교육 교육과정' 개정안 행정예고 보도자료.

교육부(2022d). 제6차 특수교육발전 5개년 계획.

김동일, 이태수, 김익수, 김혜영, 박유정(2004). 장애인 고등교육의 현황과 문제점 및 개선방안. **장애인 교육, 52**, 5-24.

김동일, 김경선, 김우리야, 이기정, 이해린(2013). 장애대학생의 성공적인 대학 적응을 위한 통합 예비대학 프로그램 개발 연구. **특수교육재활과학연구, 52**(2), 359-384.

김영욱, 김원경, 박화문, 석동일, 이해균(2012). **특수교육학**. 경기: 교육과학사.

이미숙, 구신실, 노진아, 박경옥, 서선진(2016). **예비교사를 위한 특수교육학개론**. 서울: 학지사.

이호섭, 김정희(2013). 대학의 특수교육대상자 특별전형 운영실태 분석. **지체 · 중복 · 건강장애연구, 56**(4), 127-146.

McLesket, J., Rosenberg, M, S., & Westling, D. L. (2010). *Inclusion: Effective practices for all students*. Boston: Pearson.

Papay, C. K., & Bambara, L. M. (2011). Postsecondary education for transition: Age students with intellectual and other decelopmental disabilities-A national survey. *Education and Training in Autism and Developmental Disabilities, 46*(1), 78-93.

법제처 국가법령정보센터 http://www.law.go.kr

교육부 국립특수교육원 http://www.nise.go.kr

# 찾아보기

## 인명

## 내용

# 저자 소개


## 정일환(Chung, Il-hwan)

경북대학교 사범대학 교육학과 학사

서울대학교 행정대학원 행정학과 석사

미국 Pennsylvania State University 교육정책학 전공(Ph.D)

전 대구가톨릭대학교 사범대학장, 교육대학원장

한국교육개발원 교육행정연구부장, 한국연구재단 전문위원(파견근무)

한국대학교육협의회 정책자문교수(상근), 국가교육과학기술자문회의 위원

대통령실 교육비서관, 한국비교교육학회 회장, 한국교육정치학회 회장

(사)한국교육학회 회장 역임

현 대구가톨릭대학교 사범대학 교육학과 교수

〈주요 저서〉

『교육사회학(개정판)』(공저, 양성원, 2023), 『교육행정학(개정판)』(공저, 양성원, 2023), 『교육정책학』(공저, 학지사, 2021), 『교육정치학: 이론과 적용』(공저, 학지사, 2020), 『비교교육학과 교육학』(공저, 양성원, 2018), 『한국 교육정책 현안과 해법』(공저, 교육과학사, 2013) 외

## 정재걸(Jung Jae-Geol)

서울대학교 사범대학 교육학과 학사

서울대학교 대학원 교육학과 석사

서울대학교 대학원 교육학과 박사

현 대구교육대학교 교육학과 명예교수

〈주요 저서 및 논문〉

『우리 안의 미래교육』(살림터, 2019), 『삶의 완성을 위한 죽음교육』(한국방송통신대학교 출판부, 2010), 『오래된 미래교육』(살림터, 2010), 『만두모형의 교육관』(한국교육신문사, 2001), 「금강경의 무아사상과 교육」(2021), 「『요가수트라』의 교육적 의미: 붇디의 기능을 중심으로」(2017) 외

**주동범(Ju, Dong-Beom)**

경북대학교 사범대학 교육학과 학사

경북대학교 대학원 교육학과 석사

미국 Pennsylvania State University 교육사회학 전공(Ph.D)

전 국립한국해양대학교 교수

현 국립부경대학교 미래융합대학 평생교육 · 상담학전공 교수

〈주요 저 · 역서〉

『교육사회학(개정판)』(공저, 양성원, 2023), 『비교교육학과 교육학』(공저, 양성원, 2018), 『비교교육학: 접근과 방법(2판)』(공역, 교육과학사, 2017) 외

**류영숙(Young-Suk Ryu)**

대구가톨릭대학교 사범대학 교육학과 학사

대구가톨릭대학교 대학원 교육학과 석사

대구가톨릭대학교 대학원 교육학과 박사

전 대구가톨릭대학교 겸임교수

현 한국발달상담연구소 선임연구원

〈주요 저서 및 논문〉

『생활지도와 상담』(공저, 공감플러스, 2017), 『교육방법론』(공감플러스, 2015), 「학교폭력의 실태와 대처방안에 관한 연구」(2012) 외

**조태윤(Cho, Tae-Yoon)**

대구가톨릭대학교 사범대학 교육학과 학사

대구가톨릭대학교 대학원 교육학과 석사

독일 훔볼트대학교 철학박사: Humboldt University in Berlin 교육학 전공(Ph.D)

현 대구가톨릭대학교 사범대학 교육학과 강사

〈주요 논문〉

「헤르바르트 일반교육학의 교육과정적 함의」(2019), 「문제중심학습이 학교폭력예방에 주는 시사점」(2018) 외

## 김경선(Kyeong Sun Kim)

대구가톨릭대학교 대학원 교육학과 박사

전 한동대학교, 대구가톨릭대학교 외래 교수

한국비교교육학회, 한국교육학회 위원

현 포스텍 교육혁신센터 부센터장(연구부교수)

포스텍 전자전기공학과 겸임교수

한국고등교육직업학회 창의융합콘텐츠개발원 연구위원

〈주요 저서 및 논문〉

『대학의 메타버스 활용』(공저, 한국교육학술정보원, 2022), 『사이디오 시그마』(공저, 아시아, 2020), 「Teaching Methodology for Understanding Virtual Reality and Application Development in Engineering Major」(2023), 「Impact of Immersive Virtual Reality Contents Using 360-degree videos on undergraduate education」(2022), 「글로벌 수준의 인재양성과 창업 촉진을 위한 글로벌 메타버스 인재양성소 구축 계획 연구」(2022)

## 김정희(Kim, Jung Hee)

대구가톨릭대학교 사범대학 교육학과 학사

대구가톨릭대학교 대학원 교육학과 석사, 박사

대구대학교 대학원 특수교육학과 박사

전 한국대학교육협의회 정책연구팀장, 대입공정성지원팀장

현 한국대학교육협의회 책임연구원, 장애인고등교육지원센터장

〈주요 저서 및 논문〉

『교육행정학(개정판)』(공저, 양성원, 2023), 「한국 비교교육학의 연구 동향: 『비교교육연구』(2010~2022)를 중심으로」(2023), 「미국 대학의 갭이어 사례」(2022), 「대학생 맞춤형 진로교육 모형 개발을 위한 델파이 조사 연구」(2021), 「The Analysis and Implications of Special Selection for Special Education Subjects in Korean Universities in the Perspective of Special Education Support in America and Japan」(2019) 외

## 정현숙(Hyun Sook Jung)

대구가톨릭대학교 대학원 교육학과 석사

대구가톨릭대학교 대학원 교육학과 박사

현 대구가톨릭대학교 강의전담교수


〈주요 저서〉

『교육행정학(개정판)』(공저, 양성원, 2023), 『소규모학교의 교육』(공저, 가람문화사, 2022), 『학교폭력 예방과 인성교육』(공저, 양성원, 2018), 『사회과학적 사고와 표현』(공저, 대구가톨릭대학교 출판부, 2013) 외


## 손판이(Son, Pan YI)

대구가톨릭대학교 사범대학 교육학과 학사

대구가톨릭대학교 대학원 교육학과 석사

대구가톨릭대학교 대학원 교육학과 박사

전 한국교육학회 사무국장


〈주요 저서 및 논문〉

『교육행정학(개정판)』(공저, 양성원, 2023), 「초・중등 통합운영학교 추진과정과 운영성과 분석: CIPP 평가모형 중심으로」(2024), 「기숙형고등학교 정책변동 및 성과분석」(2018)

# 교육학개론

Introduction to Education

2024년 2월 20일 1판 1쇄 인쇄
2024년 2월 25일 1판 1쇄 발행

지은이 • 정일환 · 정재걸 · 주동범 · 류영숙 · 조태윤
김경선 · 김정희 · 정현숙 · 손판이

펴낸이 • 김진환
펴낸곳 • (주)학지사
04031 서울특별시 마포구 양화로 15길 20 마인드월드빌딩
대표전화 • 02-330-5114 팩스 • 02-324-2345
등록번호 • 제313-2006-000265호

홈페이지 • http://www.hakjisa.co.kr
인스타그램 • https://www.instagram.com/hakjisabook

ISBN 978-89-997-3068-9 93370

정가 23,000원